教育部高等学校旅游管理类专业教学指导委员会规划教材

旅游目的地管理

LÜYOU MUDIDI GUANLI

◎ 张朝枝 陈钢华 编著

重庆大学出版社

内容提要

本书是高等学校旅游管理类专业四门核心课程教材之一,是编者根据教育部高等学校旅游管理类专业教学指导委员会对核心课程的要求和对知识结构、知识要点与学习要点进行系统性研究之后的教学成果。根据新时代旅游地发展与管理面临的背景,本书内容分为旅游目的地管理概述、旅游目的地利益相关者管理、旅游目的地运营管理、旅游目的地发展管理四部分,部分结构与内容具有原创性。

本书可供高等学校旅游及相关专业本科、研究生使用。

图书在版编目(CIP)数据

旅游目的地管理 / 张朝枝,陈钢华编著. -- 重庆:
重庆大学出版社,2020.9
教育部高等学校旅游管理类专业教学指导委员会规划
教材
ISBN 978-7- 5689- 2410- 8

Ⅰ.①旅… Ⅱ.①张… ②陈… Ⅲ.①旅游地—旅游
资源—资源管理—高等学校—教材 Ⅳ.①F590.3

中国版本图书馆 CIP 数据核字(2020)第 152534 号

教育部高等学校旅游管理类专业教学指导委员会规划教材
旅游目的地管理
张朝枝 陈钢华 编著
责任编辑:马 宁 史 骥 版式设计:史 骥
责任校对:邹 忌   责任印制:张 策
*
重庆大学出版社出版发行
出版人:饶帮华
社址:重庆市沙坪坝区大学城西路 21 号
邮编:401331
电话:(023)88617190 88617185(中小学)
传真:(023)88617186 88617166
网址:http://www.cqup.com.cn
邮箱:fxk@ cqup.com.cn(营销中心)
全国新华书店经销
重庆华林天美印务有限公司印刷
*
开本:787mm×1092mm 1/16 印张:20.25 字数:483千
2021 年 1 月第 1 版   2021 年 1 月第 1 次印刷
印数:1—3 000
ISBN 978-7- 5689- 2410- 8 定价:49.50 元

编委会

总序

一、出版背景

教材出版肩负着吸纳时代精神、传承知识体系、展望发展趋势的重任。本套旅游教材出版依托当今发展的时代背景。

一是落实立德树人这一根本任务，着力培养德智体美劳全面发展的中国特色社会主义事业合格建设者和可靠接班人。以习近平新时代中国特色社会主义思想为指导，以理想信念教育为核心，以社会主义核心价值观为引领，以全面提高学生综合能力为关键，努力提升教材思想性、科学性、时代性，让教材体现国家意志。

二是世界旅游产业发展强劲。旅游业已经发展成为全球经济中产业规模最大、发展势头最强劲的产业，其产业的关联带动作用受到全球众多国家或地区的高度重视，促使众多国家或地区将旅游业作为当地经济的支柱产业、先导产业、龙头产业，展示出充满活力的发展前景。

三是我国旅游教育日趋成熟。2012 年教育部将旅游管理类本科专业列为独立一级专业，下设旅游管理、酒店管理、会展经济与管理 3 个二级专业。来自文化和旅游部人事司的统计，截至 2017 年年底，全国开设旅游管理类本科的院校已达 608 所，其中，旅游管理专业 501 所，酒店管理专业 222 所，会展经济与管理专业 105 所。旅游管理类教育的蓬勃发展，对旅游教材提出了新要求。

四是创新创业成为时代的主旋律。创新创业成为当今社会经济发展的新动力，以思想观念更新、制度体制优化、技术方法创新、管理模式变革、资源重组整合、内外兼收并蓄等为特征的时代发展，需要旅游教材不断体现社会经济发展的轨迹，不断吸纳时代进步的智慧精华。

二、知识体系

本套旅游教材作为教育部高等学校旅游管理类专业教学指导委员会（以下简称"教指委"）的规划教材，体现并反映了本届教指委的责任和使命。

一是反映旅游管理知识体系渐趋独立的趋势。经过近 30 年的发展积累，旅游管理学科在依托地理学、经济学、管理学、历史学、文化学等学科发展基础上，其知识的宽度与厚度在不断增加，旅游管理知识逐渐摆脱早期依附其他学科而不断显示其知识体系成长的独立性。

二是构筑旅游管理核心知识体系。旅游活动无论作为空间上的运行体系,还是经济上的产业体系,抑或是社会生活的组成部分,其本质都是旅游者、旅游目的地、旅游接待业三者的交互活动,旅游知识体系应该而且必须反映这种活动的性质与特征,这是建立旅游知识体系的根基。

三是构建旅游管理类专业核心课程。作为高等院校的一个专业类别,旅游管理类专业需要有自身的核心课程,以旅游学概论、旅游目的地管理、旅游消费者行为、旅游接待业作为旅游管理大类专业核心课程,旅游管理、酒店管理、会展经济与管理3个专业再确立3门核心课程,由此构成旅游管理类"4+3"的核心课程体系。确定专业核心课程,既是其他管理类专业成功且可行的做法,也是旅游管理类专业走向成熟的标志。

三、教材特点

本套教材由教育部高等学校旅游管理类专业教学指导委员会组织策划和编写出版,自2015年启动至今历时3年,汇聚了全国一批知名旅游院校的专家教授。本套教材体现出以下特点:

一是准确反映国家教学质量标准的要求。《旅游管理类本科专业教学质量国家标准》既是旅游管理类本科专业的设置标准,也是旅游管理类本科专业的建设标准,还是旅游管理类本科专业的评估标准。其重点内容是确立了旅游管理类专业"4+3"核心课程体系。"4"即旅游学概论、旅游目的地管理、旅游消费者行为、旅游接待业;"3"即旅游管理专业(旅游经济学、旅游规划与开发、旅游法)、酒店管理专业(酒店管理概论、酒店运营管理、酒店管理案例分析)、会展经济与管理专业(会展概论、会展策划与管理、会展营销)的核心课程。

二是汇聚全国知名旅游院校的专家教授。本套教材作者由教指委近20名委员牵头,全国旅游教育界知名专家和教授,以及旅游业界专业人士合力编写。作者队伍专业背景深厚,教学经验丰富,研究成果丰硕,教材编写质量可靠,通过邀请优秀知名专家和教授担纲编写,保证了教材的水平和质量。

三是"互联网+"的技术支撑。本套教材依托"互联网+",包括线上线下两个层面,在内容中广泛应用二维码技术关联扩展教学资源,如导入知识拓展、听力音频、视频、案例等内容,以弥补教材固化的缺陷。同时,也启动了将各门课程搬到数字资源教学平台的工作,实现网上备课与教学、在线即测即评,以及配套老师上课所需的教学计划书、教学PPT、案例、试题、实训实践题,以及教学串讲视频等,以增强教材的生动性和立体性。

本套教材在组织策划和编写出版过程中,得到了教指委各位委员、业内专家、业界精英以及重庆大学出版社的广泛支持与积极参与,在此一并表示衷心的感谢!希望本套教材能够满足旅游管理教育发展新形势下的新要求,为中国旅游教育及教材建设开拓创新贡献力量。

教育部高等学校旅游管理类专业教学指导委员会

2018年4月

前言

进入新时代以来,我国旅游目的地发展与管理面临的基本背景发生了根本性变化,主要表现在以下3个方面:

一是社会主要矛盾发生根本转变对旅游目的地提出新定位。2017年10月18日,习近平同志在十九大报告中强调,中国特色社会主义进入新时代,我国社会主要矛盾已经转化为人民日益增长的美好生活需要和不平衡不充分的发展之间的矛盾。如何更好地满足人民的旅游需求,提供有数量、有质量的旅游休闲产品以服务人民的美好生活成为旅游目的地管理的重要使命,也是对旅游目的地管理的全新定位。

二是生态文明建设对旅游目的地资源管理提出新标准。自2012年党的十八大提出"生态文明建设"以来,我国生态环境保护力度不断加大。随着建设以国家公园为主体的自然保护地体系的快速推进,一些旅游目的地的重要旅游资源如世界遗产地、风景名胜区、自然保护区、森林公园等都将面临全面改革与调整,各类旅游活动将受到更严格、更规范的管理,作为旅游目的地的重要吸引物组成部分,相关政策的变化会对旅游目的地管理产生长远的影响。在未来的旅游目的地管理中,应该更加强调环境与资源管理,旅游企业、旅游者等利益相关群体的社会责任。

三是全面复兴中华传统文化对旅游目的地管理提出新使命。2017年1月25日,中共中央办公厅、国务院办公厅印发《关于实施中华优秀传统文化传承发展工程的意见》(以下简称《意见》),该《意见》提出全面复兴中华传统文化并以此增添中国人民和中华民族内心深处的自信和自豪。随着传统文化复兴速度的加快,旅游目的地的文化吸引物不断被丰富与完善,对旅游目的地的文化体验管理要求也不断上升。如何通过旅游目的地管理传播中华文化、增强文化自信也因此成为旅游目的地管理的新使命。

针对以上根本性变化,本书在前人研究的基础上,结合作者近20年来的相关研究成果,对旅游目的地管理的知识结构、知识要点与研究方法进行系统梳理和全新建构,主要考虑以下3个方面的因素进行旅游目的地管理的内容重构:

一是中国情境下的旅游目的地管理更多的是中观层面的发展与管理。由于西方国家政府的职能定位以及旅游发展阶段的不同,其旅游目的地管理通常围绕旅游目的地营销展开,重点关注旅游目的地品牌形象、产品设计、营销渠道以及相应的市场化管理手段,因此其旅游目的地管理机构也通常是一个营销管理机构。而中国的旅游目的地管理是地方政府公共管理的一部分,中国的旅游目的地管理机构往往还承担着旅游相关的社会公共事务管理,这也注定了中国情境下的旅游目的地管理既要考虑目的地管理的"人"与"事"的问题,也要考虑"谋"与"术"的问题,因此本书在知识体系建构时充分考虑了这一特点,重点围绕旅游目的地利益相关者管理、旅游目的地运营管理、旅游目的地发展管理3个知识板块展开,并分别回应前文提及的3个根本性变化。

二是文旅融合发展背景下旅游目的地管理者更需要目的地发展规律和管理原理的相关知识。现有旅游目的地管理教材多以旅游区或旅游景区管理的知识与技能诉求为基础展开,这种知识架构体系有利于学生尽快理解旅游目的地管理实务,但近几年文旅产业快速发展表明,无论是旅游行政管理部门领导干部,还是文旅行业投资、运营者都需要更深层次地认识与理解旅游目的地的发展规律与基本管理原理,更多地从综合层面去认识与理解旅游目的地管理,因此本书在内容设计上,更加强调旅游目的地发展基本原理和理论学习、强调从综合管理的角度理解旅游目的地管理,以适应文旅产业越来越综合化的趋势。

三是尽可能地吸纳最新研究成果并对旅游目的地管理知识体系进行再梳理。近些年国内外旅游目的地发展与管理研究成果倍出,有很多成果已经得到广泛应用与实践检验,本书在编写过程中已尽量将这些规律与原理吸纳进来,同时根据最新研究成果,对相应的知识体系组织逻辑进行重新梳理,如旅游目的地社区管理、旅游目的地旅游企业管理、旅游目的地交通管理、旅游目的地发展演化等。

本书由中山大学张朝枝、陈钢华编著。张朝枝负责全书的结构体系与知识要点设计,并对全书进行修改与定稿,陈钢华负责第3、6章的初稿撰写并参与架构设计讨论。熊佳、周小凤、吴辉、李子帅、于佳平、彭程参与了相应章节的资料收集与初稿撰写工作。

感谢教育部高等学校旅游管理类专业教指委主任、云南大学田里教授的信任,感谢重庆大学出版社马宁老师的督促,没有他的督促就没有本书的成稿。

张朝枝

2020 年 6 月

目 录

第1章
旅游目的地管理导论

【教学目标与要求】

理解：
- 旅游目的地概念产生的背景
- 旅游目的地管理的基本含义
- 新时期旅游目的地管理面临的基本环境

熟悉：
- 旅游目的地管理知识体系的学科地位
- 旅游目的地的分类
- 旅游目的地管理的层次性

掌握：
- 旅游目的地的基本构成要素
- 旅游目的地的基本特征
- 旅游目的地管理的基本内容

【知识架构】

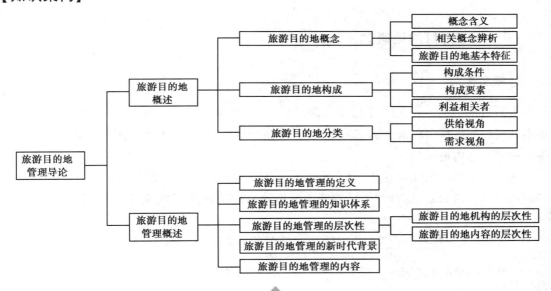

【导入案例】

国务院出台《"十三五"旅游业发展规划》
——实施"旅游+"战略,旅游目的地建设成重点

2016年12月26日,国家旅游局在京举行《"十三五"旅游业发展规划》新闻发布会,对2016—2020年旅游业发展做出全景式规划,对"十三五"期间旅游业发展目标和方向做出战略部署。

《"十三五"旅游业发展规划》(以下简称《规划》)尤其强调旅游目的地建设,提出:做强5个跨区域旅游城市群,推进8大特色旅游目的地建设,打造10条国家精品旅游带,培育20个跨区域特色旅游功能区,重点建设25条建设国家旅游风景道,创建500个左右全域旅游示范区。《规划》指出,我国旅游业将迎来新一轮黄金发展期,"十三五"期间,应积极加强目的地建设,构建新型住宿业,积极发展旅游购物,推广"景区+游乐""景区+剧场""景区+演艺"等景区娱乐模式,鼓励在线旅游企业进行全产业链运营,推动传统旅行社转型发展,促进形成一批大型旅游企业集团,大力提振入境旅游,大力实施"旅游+"战略,使"旅游+文化""旅游+医疗""旅游+教育""旅游+体育"进一步融合。而乡村旅游、红色旅游、MICE、邮轮旅游以及"旅游+保险""旅游+互联网"受到消费者青睐。

资料来源:搜狐网,2017-01-01.

1.1 旅游目的地概述

1.1.1 旅游目的地概念

1)概念含义

旅游目的地是一个相对于旅游客源地的概念,最早源于1972年美国学者冈恩(Gunn)提出的目的地区域(Destination Zone)概念,他认为目的地区域包括吸引物组团、服务社区、中转通道和区内通道等[1]。

从传统地理学角度来看,旅游目的地强调空间概念,具有明确的区域边界,国家、城市或岛屿都可以作为旅游目的地[2]。随着旅游地理学的发展,旅游目的地被进一步理解为在一定

---

[1] 克莱尔·A.冈恩,特格特·瓦尔.旅游规划理论与案例:第4版[M].吴必虎,吴冬青,党宁,译.大连:东北财经大学出版社,2005.

[2] 霍洛韦.论旅游业[M].孔祥义,译.北京:中国大百科全书出版社,1997.

地理区域和空间上的相关旅游自然资源、旅游专用资源以及旅游基础设施结合在一起的供旅游者停留和活动的目的地,即旅游地①,旅游目的地的划分标准比较宽泛,它既可以是某一个特定的旅游地点,也可以是某一个具有旅游功能的重要城市,甚至可以将整个国家归为旅游目的地②;从营销管理的角度来看,旅游目的地不仅是一个区划清晰的地理区域,更是一个将旅游规划和与营销相关的法律和政策制度集合在一起的功能实体③。旅游目的地是一个集旅游资源、旅游活动项目、旅游设施、交通条件、旅游产业链条与旅游市场需求于一体的复合空间结构④。

从市场供给角度来看,旅游目的地可以理解为用来满足旅游者需要的设施和服务的集合⑤,或者是包含旅游者需要消费的一系列产品和服务⑥。从旅游者需求角度来看,旅游目的地就是人们旅行的地方,是人们选择逗留一段时间以体验某些特色的地方⑦,或者是人们选择的一个完全不同于其惯常环境去旅行的地方⑧。

一些国际组织从操作性角度给旅游目的地进行了定义,如 2004 年联合国世界旅游组织(UNWTO)将旅游目的地定义为"旅游者至少停留一晚的地理空间"。

综合现有各种概念,旅游目的地概念包括以下内涵:

①是一个具有某种吸引属性及相应产品的地理区域。

②能够为游客活动提供相应的设施和服务。

③有相对完整的针对旅游发展的法律法规、规划设计、营销管理体系。

因此,旅游目的地可以定义为:能够诱发旅游者产生旅游动机、做出旅游决策并满足其旅游需求的各类旅游吸引物、旅游设施和服务要素的集合并具有明确的管理主体和相应的旅游发展、营销与管理体系的地理空间。

2)相关概念辨析

(1)相似概念

旅游景点,一般是指旅游目的地中某一具体旅游吸引物及其旅游游览活动发生地。

旅游景区,一般是指旅游目的地中某一类型旅游吸引物的集合并供旅游者游览活动的一个有明确地理边界的区域,通常包括一系列组合的旅游景点。

旅游区,一般是指有统一管理机构,具有参观、游览、度假、康乐、求知等功能,并提供相应旅游服务设施,以发展旅游为主目的,有范围明确的地理空间,它可能包括一个或多个旅游景区。

旅游圈,一般是指根据游客的空间行为规律,围绕某一条或多条旅游线路,以相互关联

①　保继刚,等.旅游开发研究——原理·方法·实践[M].北京:科学出版社,1996.
②　吴必虎.区域旅游规划原理[M].北京:中国旅游出版社,2001.
③　DIMITRIOS B. Marketing the competitive destination of the future[J]. Tourism Management, 2000, 21(1):97-116.
④　徐虹,路科.旅游目的地管理[M].天津:南开大学出版社,2015.
⑤　COOPER C, FLETCHER J, GILBERT D, et al. Tourism:principles and practice[M]. New York:Longman, 1998.
⑥　ROBBINS J. Tourism and transport:globals perspectives[M]. London:Routledge, 2007.
⑦　LEIPER N. Tourism management[M]. Collingwood, VIC:TAFE Publications, 1995.
⑧　DREDGE D, JENKINS J. Tourism planning and policy[M]. Melbourne:Wiley Australia Ltd., 2007.

的系列旅游吸引物为纽带而形成的地理空间,空间内各种旅游要素相互联系、相互作用。旅游圈可能包括一个或多个旅游区。

旅游地,泛指旅游目的地,但通常指中小尺度旅游目的地,使用这一概念时往往不强调其地理边界,更多地强调其功能与要素的集合。

(2)相关概念

客源地,一般指具有一定人口规模和社会经济能力,能够向旅游目的地提供一定数量旅游者的地区或国家。旅游客源地首先是一个地域概念,即由一定规模的人口在特定的社会经济结构下所构筑的地域。地域范围按行政区划分为县、市、省(州)和国家。其次它又是一个空间概念,即与旅游目的地形成对应,存在一定空间距离,产生客流的输出与输入。距离的远近会对客源地旅游者选择旅游目的地产生影响。

过境地,相对于旅游目的地,一般是指旅游者在达到或离开主要旅游目的地的过程中所经历的地方,或单纯过境,或作短暂停留并参与消费,或游览一些景点并参与消费。旅游过境地和旅游目的地之间往往存在相互博弈的利益关系,并随着旅游发展而动态变化。

集散地,一般是指旅游者到达某个旅游目的地或旅游圈、旅游区等区域后的第一个交通中转的地理区域,旅游者能前往区域内进行相应旅游活动,或者离开某个旅游目的地或旅游圈、旅游区等区域前的最后一个交通中转回客源地的地理区域,该地往往是区域内的中心城市或具有口岸、交通枢纽功能的地理单元。与过境地不同,集散地更强调旅游目的地门户功能,不仅有完善的交通,还有完善的配套服务设施。

客源地是旅游者出发的起点,目的地是旅游者到达的终点,过境地是旅游者顺路到访的地点,而集散地是旅游者必经的抵离集散的地点,各点相互联系,共同构成一个完整的旅游者出游行程路线。

3)旅游目的地基本特征

(1)具有吸引物属性

拥有一个或多个旅游吸引物是旅游目的地吸引旅游者到访的前提条件,其吸引力的大小决定了旅游目的地的成长空间。

(2)服务对象多样性

旅游目的地的部分设施与服务通常既服务外来旅游者,也服务社区居民;既服务旅游用途,也服务非旅游用途;既服务一般大众游客,也服务部分小众游客。旅游目的地服务对象的多样性决定了其设施与服务功能的兼容性,其服务对象的多样性程度决定了旅游目的地的类型与发展规律。

(3)具有动态成长性

旅游目的地并非静态、固定的,而是受旅游者需求偏好、外部交通条件、内部政策导向和一些其他因素的综合影响而不断成长与变化的。比如,非旅游目的地可以转变成旅游目的地,小众旅游目的地可以转变为重要旅游目的地,旅游目的地也可以直接降级为非旅游目的地。

1.1.2　旅游目的地构成

1）构成条件

旅游目的地构成至少包括以下条件：
①具有产生一定吸引半径的旅游吸引物。
②拥有一定距离范围的客源市场。
③对潜在市场具有合理的可进入性。
④其社会经济基础能够达到支持旅游业发展的最低限度水平。
⑤具有一定水平与规模的设施与服务。
⑥拥有明确的管理主体及相应的法律法规和制度。

2）构成要素

库珀（Cooper，1998）把旅游目的地的构成要素归纳为"4A"模型：吸引物（Attractions）；接待设施（Amenities），如住宿设施、餐饮设施、娱乐设施和其他服务设施；进入通道（Access），如交通网络或基础设施；辅助性服务（Ancillary Service），如地方旅游组织[①]。

布哈里斯（Buhalis，2000）认为旅游目的地是旅游产品的集合体，包括与之有关的一切旅游产品和服务，并向旅游者提供完整的旅游活动。在 Cooper 的"4A"模型的基础上，布哈里斯增加了包价服务（Available Package）和活动（Activities），推广为"6A"模型[②]，各构成要素的具体描述如表 1-1 所示。

表 1-1　布哈里斯的旅游目的地"6A"模型构成要素

构成要素	具体描述
旅游吸引物（Attractions）	自然风景、人造景观、人工物品、主题公园、遗产、特殊事件、风俗节庆等
接待设施（Amenities）	包括住宿设施、餐饮设施、娱乐设施、零售点、其他旅游服务
进入通道（Access）	包括有形硬件设施如路线、站点和工具等，也包括无形的政策保障
包价服务（Available Package）	旅游中介和主管机构预先安排好的旅游服务
活动（Activities）	包括所有在旅游目的地可以参加的活动，以及旅游消费者在目的地游览、逗留期间所进行的各种消费活动
辅助性服务（Ancillary Service）	旅游者可能用到的一切服务，包括银行、通信设施、邮政、医疗等

---

① COOPER C, FLETCHER J, GILBERT D, et al. Tourism：principles and practice[M]. New York：Longman，1998.
② DIMITRIOS B. Marketing the competitive destination of the future[J]. Tourism Management，2000，21（1）：97-116.

3) 利益相关者

旅游目的地通常被认为是一个由众多利益相关者所构成的复杂网络系统,至少包括以下利益相关者:

（1）社区居民

社区居民是旅游目的地最重要的利益相关者。第一,社区居民往往是旅游目的地服务提供者和生产者,旅游目的地的可持续性直接影响社区居民的可持续生计。第二,社区居民的生产、生活场景往往是旅游吸引物的组成部分,其对旅游发展的态度、对外来游客的友好程度直接影响旅游者的体验。第三,社区居民是旅游目的地经旅游发展带来的各种影响（包括正面和负面的影响）的承担者,其对各种影响的容忍度直接影响了旅游目的地的发展程度。第四,社区居民是旅游目的地发展政策与规划的直接或间接的参与者,他们的立场影响了旅游目的地的发展方向。

（2）旅游者

旅游者决定了何处是旅游目的地。旅游者的需求催生了旅游目的地的产生,他们是旅游目的地旅游活动的主体,是当地旅游企业和从业人员的服务对象,是旅游目的地的主要消费对象,是当地旅游收入的主要来源。旅游目的地管理是围绕提升旅游者的体验展开的,旅游者满意度是评价旅游目的地质量或管理水平的重要标准。

（3）旅游企业

旅游企业是指以营利为主要目的,为旅游者提供各种满足其需要的组织。旅游目的地的旅游企业包括旅游产品提供商,如旅游景区开发与运营企业、旅游住宿接待与服务企业、旅游中介服务企业、旅游商品开发与销售企业等。旅游企业是连接旅游者与旅游目的地、社区居民的纽带,旅游企业为旅游者提供产品与服务,为旅游目的地创造税收,为社区居民创造就业机会。同时,旅游企业的社会责任感又是旅游目的地可持续发展的关键,因此,旅游企业是旅游目的地的关键利益相关者。

（4）政府部门

政府部门是旅游目的地的公共产品提供者和公共秩序监督管理者。旅游目的地的政府部门通过提供与完善道路、通信、交通、卫生等公共产品与服务来不断提升旅游目的地的竞争力,同时政府部门也不断通过制定旅游发展政策、推动旅游形象营销、开展旅游市场秩序监督、控制旅游的负面影响等来提升旅游目的地的形象和促进旅游目的地的可持续发展。

（5）其他利益集团

旅游目的地在发展过程中往往会涉及一些并非每个地方都必需但经常会出现的利益集团,如地方商会、行业协会、非政府组织、学术机构、公众媒体等,它们对旅游目的地的发展也会产生重要影响。因此,旅游目的地想要可持续发展就需要协调与它们之间的利益关系。

1.1.3　旅游目的地分类

从不同的角度可以对旅游目的地进行分类。从供给和需求的角度来看,旅游目的地可以根据不同的划分标准进行分类(见表 1-2)。

表 1-2　旅游目的地分类表

划分视角	划分标准	旅游目的地类型
供给视角	行政区域	国家级旅游目的地、跨区域旅游目的地、省级旅游目的地、市(县)级旅游目的地、景区型旅游目的地
	结构形态	板块型旅游目的地和点线型旅游目的地
	开发时间	传统旅游目的地和新兴旅游目的地
	资源类型	自然山水型旅游目的地、都市商务型旅游目的地、乡野田园型旅游目的地、宗教历史型旅游目的地、民族民俗型旅游目的地、古城古镇型旅游目的地
需求视角	旅游者需求	观光型旅游目的地、休闲度假型旅游目的地、商务型旅游目的地、特种型旅游目的地
	距离	远程旅游目的地、中程旅游目的地、近程旅游目的地

资料来源:基于文献整理。

1)供给视角

(1)按照行政区域划分

按照旅游目的地空间所涉及的行政区域大小,可以将旅游目的地划分为国家级旅游目的地、跨区域旅游目的地、省级旅游目的地、市(县)级旅游目的地以及景区型旅游目的地。

(2)按照结构形态划分

旅游目的地在其构造方式上可以是板块型的,也可以是点线型的。板块型旅游目的地中的旅游吸引物紧密地集中在某一特定区域内,所有的旅游活动在空间上都围绕这个特定区域展开,都是以这个旅游目的地的服务设施以及旅游体系为依托。点线型旅游目的地中的旅游吸引物分散于一个较广泛的地理区域内,在不同的空间点上各个旅游吸引物之间的吸引力是相对均衡的,没有明显的中心吸引点。它是通过一定的旅行方式和组织将这些不同的空间点上的旅游吸引物以旅游线路的形式结合在一起,旅游者在某一空间点只停留一段时间。

(3)按照开发时间划分

按照开发时间和发展方式不同,可以将旅游目的地划分为传统旅游目的地和新兴旅游目的地。崔凤军(2002)将我国传统旅游目的地与新兴旅游目的地的(时间)界线划在 20 世纪 80 年代中期,并将北京、上海、广州、苏州、杭州、西安、桂林等旅游发展历史较长的城市划分为传统旅游目的地,这些城市目前依然是中国旅游的重心和旅游"热点"城市;将三亚、珠海、海口、北海、延边、威海、丽江等旅游发展历史较短的城市划分为新兴旅游目的地,这些城市旅游增长速度快,是中国重要的旅游目的地①。

（4）按照资源类型划分

按照资源类型不同,可以将旅游目的地划分为自然山水型旅游目的地、都市商务型旅游目的地、乡野田园型旅游目的地、宗教历史型旅游目的地、民族民俗型旅游目的地和古城古镇型旅游目的地。自然山水型旅游目的地以自然山水旅游资源为主要吸引物,可细分为山岳型旅游目的地、水域型旅游目的地、森林草原型旅游目的地、沙漠戈壁型旅游目的地等;都市商务型旅游目的地是凭借大城市作为区域内政治、经济、文化中心的优势进行发展的;乡野田园型旅游目的地凭借农村生活环境、农业耕作方式、农田景观及农业产品来吸引旅游者;宗教历史型旅游目的地是凭借宗教历史文化、宗教历史建筑、宗教历史遗迹等形成的具有浓厚文化底蕴的旅游目的地;民族民俗型旅游目的地凭借不同地区、不同民族之间的民俗文化和民族传统上的差异,依托独特的地方民俗文化和民族特色而进行发展;古城古镇型旅游目的地凭借在历史发展中保存下来的古色古香的城镇风貌和天人合一的居民生活环境来吸引旅游者②。

2) 需求视角

（1）按照旅游者需求划分

按照旅游者需求不同,可以将旅游目的地划分为观光型旅游目的地、休闲度假型旅游目的地、商务型旅游目的地和特种型旅游目的地。观光型旅游目的地是指那些资源性质和特点适合于开展观光旅游活动的特定区域,按属性不同主要包括自然观光地、城市观光地、名胜观光地三种;休闲度假型旅游目的地是指那些旅游资源性质和特点能够满足旅游者度假、休闲和休养需要的旅游地,主要有海滨度假地、山地温泉度假地、乡村旅游度假地三种类型;商务型旅游目的地是指有适当的会展设施,同时又能提供一定的旅游休闲机会的地方,一般是基础设施发达、经济发达和市场活跃的地方;特种型旅游目的地是指那些为满足特殊旅游需求(如探险、修学、购物等)而提供产品服务的旅游地。

（2）按照与客源地距离划分

在旅游活动中,目的地与客源地之间的距离是旅游者选择旅游目的地的重要因素,按照目的地与客源地之间的距离不同可将旅游目的地划分为远程旅游目的地、中程旅游目的地、近程旅游目的地。

① 崔凤军.中国传统旅游目的地创新与发展[M].北京:中国旅游出版社,2002.
② 邹统钎.旅游目的地管理[M].北京:高等教育出版社,2011.

1.2　旅游目的地管理概述

1.2.1　旅游目的地管理的定义

旅游目的地是指能够诱发旅游者产生旅游动机、做出旅游决策并满足其旅游需求的各类旅游吸引物、旅游设施和服务要素的集合并具有明确的管理主体和相应的旅游发展政策、营销管理体系的地理空间。

旅游目的地管理就是对旅游目的地的吸引物系统、产品与服务系统和支持系统进行统筹与协调，以提升旅游目的地的竞争力和维持旅游目的地的可持续发展。

1.2.2　旅游目的地管理的知识体系

旅游学是研究人类为了追求精神愉悦和身体健康而产生的流动以及相应的社会要素响应总和的学科。旅游学研究的三大主题是"人""地"和"要素响应"，"人"主要指旅游者、社区居民和经营者等利益相关者，"地"主要是指目的地和客源地，"要素响应"则包括围绕游客流动产生的各种需求与供给总和。由此可见旅游目的地管理知识体系的重要性。

旅游目的地管理的重点在于目的地与旅游休闲相关的公共性事务管理、旅游与休闲产业管理，以及如何通过旅游发展更好地提升目的地居民生活品质和幸福感。主要包括旅游目的地开发与规划、旅游目的地营销管理、主客关系管理、游客管理、旅游吸引物（景区）管理、交通管理、旅游危机管理、旅游目的地环境管理、旅游信息化管理、旅游产业发展管理以及其他与旅游有关的公共事务管理等内容，也涉及旅游服务质量提升、旅游景观设计、针对不同目标市场的旅游产品设计，以及对环境技术、科技技术的商业化应用与创新等各种理论与实践问题。

旅游目的地管理也关注如何提供优质的休闲和游憩设施与服务，以更好地提升目的地居民的生活品质、满足其健康需要和实现自我发展，因而涉及旅游与休闲产业管理、旅游项目管理等与企业运营相关的内容，包括户外游憩空间、体育与运动场馆、文化娱乐场所（音乐厅、艺术中心、图书馆等）、社区服务中心以及国家公园、城市公园、郊野公园等的运营管理以及政府相关政策和法律的制定等。

1.2.3　旅游目的地管理的层次性

1) 旅游目的地管理机构的层次性

旅游目的地管理机构（Tourism Destination Management/Marketing Organizations，TDMO）是组织、实施旅游目的地管理活动的主体，负责旅游目的地组合要素的整体协调与整合以及目的地营销。旅游目的地管理机构多为政府部门或准政府机构,根据 UNWTO(2004)的定义,旅游目的地管理机构可以分为三种类型:国家级旅游机构,其职责是负责国家旅游管理和促销;区域性、省级或州级旅游目的地管理机构,其职责是负责其管辖的地区、省或州的旅游管理和促销;地方级旅游目的地管理机构,其职责是负责较小地理区域,或城市及城镇的旅游管理和促销。

目前,世界上大多数国家的旅游目的地管理机构可分为 4 个层级:

国家旅游局:世界旅游组织(WTO,1979)将国家旅游局(National Tourism Administration,NTA)定义为:"在国家层面上负责旅游业发展的中央国家行政机关或者其他官方机构"。国家旅游局是一个将国家作为旅游目的地进行营销的实体①。

州/省旅游局:将州(如美国)、省(如加拿大)或者领地(territory)(如澳大利亚)作为一个旅游目的地进行管理和营销的组织。

区域旅游局:将旅游集聚区(Concentrated Tourism Areas)作为一个旅游目的地进行管理和营销的组织。"区域"这个术语在这里指旅游集聚区,如城市、城镇、村庄、滨海度假区以及海岛和农村地区。这一层级的旅游目的地管理机构(TDMO)在世界不同地区有不同称呼,如美国的会议与观光局(Convention and Visitor Bureau,CVB)、英国的区域旅游局(Regional Tourism Boards,RTB)。

地方旅游局:可以是当地的旅游行政机构,也可以是当地的旅游行业协会。前者可能是当地的政府机构,而后者则是旅游企业的一种合作协会形式。

旅游目的地管理机构的主要活动包括促销、营销、信息收集、预订服务、与旅游产品相关的活动(旅游线路开发与运营、旅游企业分类、经营许可认证、游客中心实体资源开发、人力资源开发与职业培训、旅游行业规范与管理等)以及电子商务战略的制定和实施。其主要的经营主体有政府代理机构、政府资助型非营利组织、双资型非营利组织以及会员型行业协会,一个旅游目的地管理机构(TDMO)的经营主体往往反映了它的筹资模式以及与之相应的管理结构②。

在中国,相应的旅游目的地管理机构包括文化和旅游部、省文化和旅游厅、市文化和旅游局、县文化和旅游局等。与境外常指的旅游目的地管理机构的差异在于,我国的各级旅游行政主管部门除了承担旅游目的地营销的相关职能外,还承担大量规划建设、质量监督、行业发展等相关工作。

2)旅游目的地管理内容的层次性

鉴于旅游目的地及旅游目的地管理机构的层次性,旅游目的地管理内容也相应地具有层次性,不同层级的旅游目的地管理的主要内容不尽相同(见表 1-3)。

---

① PIKE S. Destination marketing: an integrated marketing communication approach[M]. Oxford: Elsevier, 2008.
② 王有成,亚伯拉罕·匹赞姆.目的地市场营销与管理:理论与实践[M].张朝枝,郑艳芬,译.北京:中国旅游出版社,2014.

表 1-3　不同层级的旅游目的地管理内容

旅游目的地管理内容	国家级	省/跨区域级	地市级	区县级
发展规划与发展战略	■	■		
形象传播与营销	■	■		
产业发展	■	■		
行业质量监督	■	■		
旅游统计	■	■		
旅游企业/产业管理		■		
全面质量管理			■	■
旅游者管理			■	■
社区居民管理			■	■
旅游交通管理			■	■
信息化管理			■	■
安全与危机管理			■	■
环境管理			■	■
可持续发展			■	■
旅游产品开发			■	■
产品渠道管理			■	■
国家公园/遗产地/景区管理				■
博物馆/体育馆/公园管理				■

资料来源:基于文献整理。

注:旅游目的地管理具有综合性,本表仅指各级旅游管理机构直接涉及的具体事务。

国家层级的旅游目的地管理,主要包括旅游发展政策制定、国家旅游形象传播、旅游行业管理、旅游质量监督、旅游统计等方面的内容。

省域层级的旅游目的地管理,主要包括旅游发展政策制定、省域旅游形象传播、旅游行业管理、旅游质量监督、旅游统计等方面的内容。

市域层级的旅游目的地管理,主要包括旅游者、社区居民、旅游企业等利益相关者的管理,营销、交通、质量、信息化等方面的运营管理,以及发展战略方面的管理。

县域层级的旅游目的地管理,比市域层级的旅游目的地管理更加强调景区的运营管理、产品开发设计、产品营销渠道建设等具体事务。

根据中国的现实情况,本书从市、县域旅游目的地管理层级的角度来确定旅游目的地管理的内容体系。

1.2.4 旅游目的地管理的新时代背景

1)社会主要矛盾的根本转变

2017年10月18日,习近平同志在十九大报告中强调,中国特色社会主义进入新时代,我国社会主要矛盾已经转化为人民日益增长的美好生活需要和不平衡不充分的发展之间的矛盾。

我国社会主要矛盾的变化是关系全局的历史性变化,这标志着我们要在继续推动发展的基础上,着力解决好发展不平衡不充分的问题,大力提升发展质量和效益;我们要从人民美好生活需要的多样性、层次性和递增性方面入手,全方位、多层次动态认识和把握人民的美好生活需要,做好未来的一切工作。旅游是体现人民美好生活的重要方面,如果能更好地满足人民的旅游需求,提供有数量、有质量的旅游休闲产品以服务人民的美好生活将成为旅游目的地管理的重要使命,这也是对旅游目的地管理的全新定位。

2)全面推进生态文明建设

自2012年党的十八大提出"生态文明建设"以来,我国生态环境保护力度不断加大。2015年,中共中央、国务院印发了《生态文明体制改革总体方案》,提出到2020年,构建起8项重要制度:"自然资源资产产权制度、国土空间开发保护制度、空间规划体系、资源总量管理和全面节约制度、资源有偿使用和生态补偿制度、环境治理体系、环境治理和生态保护市场体系、生态文明绩效评价考核和责任追究制度。"为了解决旅游目的地长期以来面临的旅游资源"政出多门、多头管理、体制混乱、政企不分、产权不清晰"等管理窘况,快速推进以国家公园为主体的自然保护地体系的建设,一些旅游目的地的重要旅游资源如世界遗产地、风景名胜区、自然保护区、森林公园等都将面临全面改革与调整,各类旅游活动将受到更严格、更规范的管理,作为旅游目的地重要吸引物的组成部分,相关政策的变化会对旅游目的地管理产生长远的影响。在未来的旅游目的地管理中,应该更加强调环境与资源管理,旅游企业、旅游者等利益相关群体的社会责任。

3)全面复兴中华传统文化

2017年1月25日,中共中央办公厅、国务院办公厅印发《关于实施中华优秀传统文化传承发展工程的意见》(以下简称《意见》),该《意见》提出"文化是民族的血脉,是人民的精神家园。文化自信是更基本、更深层、更持久的力量。中华文化独一无二的理念、智慧、气度、神韵,增添了中国人民和中华民族内心深处的自信和自豪。"到 2025 年,中华优秀传统文化传承发展体系基本形成,研究阐发、教育普及、保护传承、创新发展、传播交流等方面要协同推进并取得重要成果,具有中国特色、中国风格、中国气派的文化产品更加丰富,文化自觉和文化自信显著增强,国家文化软实力的根基更为坚实,中华文化的国际影响力明显提升。随着文化和旅游部的成立,文化和旅游的融合工作进入实质性阶段。作为旅游目的地吸引物的重要组成部分,随着传统文化复兴速度的加快,旅游目的地的文化吸引物不断丰富与完善,对旅游目的地的文化体验管理要求也将不断上升,这对旅游目的地管理必然是新的挑战。

1.2.5　旅游目的地管理的内容

旅游目的地管理就是对旅游目的地的吸引物系统、产品与服务系统和支持系统进行统筹与协调,以提升旅游目的地的竞争力和维持旅游目的地可持续发展的一系列活动。其主要内容包括旅游目的地利益相关者管理、旅游目的地运营管理和旅游目的地战略管理,分别对应旅游目的地"人"的管理、"事"的管理和发展战略管理。

1) 旅游目的地利益相关者管理

旅游目的地利益相关者管理主要包括旅游者管理、社区居民管理、旅游企业管理和政府管理 4 个方面。

（1）旅游者管理

旅游者管理主要是了解旅游者动机、行为并对其行为进行管理。因此,需要了解旅游消费者从消费动机到消费行为整个过程中接触到的细节,包括判断过程、接触信息的内容、所受影响,以及行动选择等,以发现消费者决策过程中的关键环节,并针对消费者的决策过程,进行管理引导与营销规划。同时,针对旅游者行为可能产生的各种影响进行计划与控制,这样既可以提高旅游者体验,又可以控制旅游活动的负面影响。

（2）社区居民管理

社区居民管理是旅游目的地管理的重要组成部分,主要包括主客关系管理,如培育居民好客态度、培育与监督公平的营商精神、增进跨文化理解、鼓励与维护文化原真性、化解主客冲突等内容;居民与政府关系管理,如土地权属及其收益分配、资源保护对生计的影响、开发建设对生产生活的影响、非正规就业的整治、维护扶贫与激励政策的公平性等;居民与旅游企业的关系管理,如保障社区居民的优先就业权益、培养社区居民的基本职业技能与职业精神、推动建设当地企业的社会责任感;居民社区间的关系管理,如社区利益分配、社区文化建设、社区合作机制/制度建设等。

（3）旅游企业管理

旅游企业是旅游产品的提供者、创新者,也是当地税收的重要来源,旅游企业管理主要是根据旅游企业的成长周期与发展规律,协调旅游企业与旅游目的地旅游发展的关系,协调旅游企业与市场的关系,协调旅游企业与旅游目的地环境资源的关系,协调旅游企业与旅游目的地社区的关系,以增进旅游企业的社会责任感,促进旅游目的地的可持续发展。

（4）政府管理

政府是旅游目的地旅游发展政策的制定者、执行者和监督者,旅游目的地政府管理机构要了解地方政府的运行规律、管理体制以及相应的职能分工,合理运用政府职能对旅游目的地进行行政管理。

2）旅游目的地运营管理

旅游目的地运营管理主要包括旅游目的地营销管理、信息化管理、交通管理、安全和危机管理、环境管理、全面质量管理等。

（1）旅游目的地营销管理

旅游目的地营销管理是根据目标市场并通过创造、传递和传播卓越顾客价值来获取、维持和增加旅游者数量的过程。主要包括根据旅游目的地现状确立目标市场,设计旅游目的地形象并进行有效传播,并在此基础上建立旅游目的地品牌,推动旅游目的地的可持续发展。

（2）旅游目的地信息化管理

信息化、智能化是未来旅游目的地的发展趋势,旅游目的地信息化管理的主要内容包括旅游目的地信息管理系统的设计与运用,旅游目的地信息化、智慧化技术的运用等方面,并通过技术的运用来提升管理水平、增强游客体验、增加旅游收入。

（3）旅游目的地交通管理

交通是旅游目的地良好运行的基础,旅游目的地的交通管理主要是针对旅游目的地进入交通、中转交通和作为旅游产品的旅游体验性交通进行管理,既要保证游客的可进入性,也要保障游客的体验,更要利用交通布局来实现合理的客流分布。旅游目的地交通管理的主要内容包括利用交通促进旅游发展、促进游客旅游体验、促进旅游目的地营销。

（4）旅游目的地安全和危机管理

旅游目的地安全包括游客安全和旅游目的地公共安全,旅游目的地安全管理是预防性管理;旅游目的地危机管理是针对突发事件可能产生的影响进行决策与管理,通常是事后管理。在全球进入各类灾难与灾害频发的历史时期,旅游目的地安全和危机管理主要是通过研究安全与危机事件的规律,并根据相关规律对事件进行预防和控制。

（5）旅游目的地环境管理

在生态文明建设的大背景上,加强环境管理是旅游目的地管理的重要内容。旅游目的地环境管理是指运用法律、经济、行政、科技、教育等手段,对一切可能损害旅游环境的行为和活动施加影响,协调旅游发展与环境保护之间的关系,促使旅游发展既能满足游客的需求,又能保护旅游资源,实现经济效益、社会效益和环境效益的有机统一。

（6）旅游目的地全面质量管理

为更好地服务人民对美好生活的追求,提供高质量的产品与服务是旅游目的地管理的重要内容。旅游目的地全面质量管理围绕提高游客的持续满意程度展开,与此同时寻求改善地方经济、环境的方法并提高当地社区的生活质量。旅游目的地全面质量管理强调以游客需求为核心导向,致力于提高旅游目的地全行业服务的质量和竞争优势,最终获取综合效益,实现旅游目的地的可持续发展。

3) 旅游目的地战略管理

旅游目的地战略管理主要包括新时代旅游目的地发展与演变规律、旅游目的地发展趋势与挑战、旅游目的地可持续发展战略等内容。

（1）旅游目的地发展与演变规律

旅游目的地发展有其自身规律,全面认识旅游目的地发展规律有助于旅游目的地管理。要了解旅游目的地的发展规律,就要从时间视角观察目的地"从发现到增长再到衰退"的演化过程,了解其发展中的阶段性特征及各阶段发展的驱动力;从空间的视角观察旅游目的地的要素的空间形态,空间结构,空间网络的形成、变化、更新及其相互作用,以及其相应的动力机制;从时空演变的视角观察旅游目的地系统内部的构成要素,以及由要素结构的交替演变导致旅游地系统随时间和空间变化而发生渐变或质变的过程,这种变化可通过旅游目的地游客数量、游客增长率、旅游业态、空间建设等多方面因素来反映。

（2）旅游目的地发展趋势与挑战

在我国社会主要矛盾发生转变、生态文明建设速度加快和全面恢复传统文化的大背景下,旅游新业态不断出现,旅游产业的新融合也快速发展,这对旅游目的地发展带来了一系列新的挑战,比如技术、人口以及国际环境等的变化,都会给旅游目的地带来新的挑战。

（3）旅游目的地可持续发展战略

旅游目的地在管理中需要具有与其他旅游目的地进行有效竞争的能力和在旅游市场上获取利润的能力,同时也需要具有在竞争中维持当地自然、社会、文化、环境等资源质量的能力。旅游目的地的管理就是要维持具有竞争力和可持续发展之间的平衡、经营管理和环境管理之间的平衡。了解可持续发展战略的内涵及其在中国的发展演变,并将其有效地运用到旅游目的地管理中,是旅游目的地可持续发展的基础。

【本章小结】

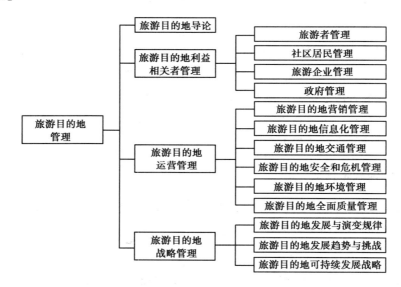

旅游目的地是指能够诱发旅游者产生旅游动机、做出旅游决策并满足其旅游需求的各类旅游吸引物、旅游设施和服务要素的集合并具有明确的管理主体和相应的旅游发展政策、营销管理体系的地理空间。

相应的旅游目的地管理具有层次性和科学性,要从旅游学科的角度认识旅游目的地管理知识体系,从实践发展的新背景角度来理解旅游目的地管理的内容与方法。

【关键术语】

旅游目的地;旅游目的地管理。

复习思考题

1.试述旅游目的地的概念与内涵。

2.说明旅游目的地和客源地、集散地与旅游景区、旅游地、旅游区的关系。

3.如何根据旅游目的地的构成要素进行旅游目的地分类。

4.新时代我国旅游目的地管理的基本背景是什么?

5.试述旅游目的地管理的主要内容。

【案例分析】

粤港澳大湾区成热门旅游目的地

初步测算,截至 2019 年 2 月 6 日 14 时,我省纳入监测的百家重点景区共接待游客 252.1 万人次,同比增长 12.5%。与往年不同的是,今年春节期间文旅体验新升级,除了文博观光成为新时尚,2018 年广深港高铁、港珠澳大桥两大交通动脉的相继开通,使粤港澳三地游客来往更加紧密,粤港澳大湾区成为假期热门旅游目的地。

春节黄金周前三天,广东春节游的吸引力持续增加。深圳市重点监测的 14 家景区 3 天累计接待游客 54.87 万人次、营业收入 4 373.83 万元。珠海 3 天共接待游客 82.77 万人次,其中接待过夜游客 23.04 万人次,实现旅游总收入 6 亿元。佛山开展"最岭南之佛山过大年"旅游系列活动,南海里水镇"2019 岭南新春水上花市"成为春节期间网红热点,每天吸引数万游客买花、看花、赏灯、祈福。

假日期间我省的文化和旅游供给侧改革效应凸显,高质量旅游产品量价齐升、异常火爆。广州花园酒店、十甫假日酒店等高星级酒店开房率均达 100%。江门、云浮、揭阳、梅州、惠州等地的温泉酒店销售爆棚,价格比平日高 2~3 倍。

值得关注的是,由于 2018 年广深港高铁、港珠澳大桥两大交通动脉的相继开通,粤港澳三地游客来往更加密切。春节假期也是两大交通工程实现"环抱"的首个黄金周。全省旅游企业推出多种多样的大湾区旅游精品线路产品,满足了广大游客体验大湾区美景、了解大湾区历史文化的需求。

很多旅行社整合了最新"一桥一铁"元素,并结合农历新年的独特节庆元素,推出多种如香港国际都会、澳门葡国风情、广东岭南文化"一程多站"的大湾区旅游产品。珠海推出的从九洲港出发的"海上看珠海"旅游项目假日前 3 天共开出 14 个航班,接待游客 4 485 人次。港澳两地的酒店报价在春节期间同比上涨 50%,部分热门酒店更处于"一房难求"状态。

资料来源:南方日报,2019-02-06.

问题:根据案例,谈一谈你对旅游目的地的理解。结合粤港澳的成功经验,谈一谈你对所熟悉的旅游目的地的发展有哪些建议。

第 2 章
旅游目的地游客管理

【教学目标与要求】

理解：
- 游客决策的理论过程
- 游客管理的五种模式
- 游客不文明行为表现的形成原因

熟悉：
- 旅游动机的理论基础
- 游客游览行为的特征
- 游客管理的定义及目标

掌握：
- 旅游动机的定义及基本类型
- 游客承载量的计算方法
- 游客体验管理的概念框架

【知识架构】

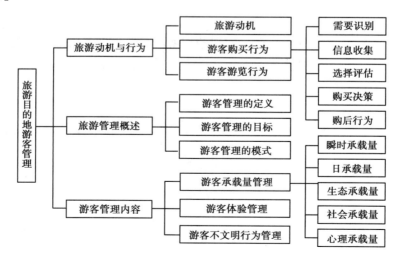

【导入案例】

九寨沟游客滞留事件

2013 年 10 月 2 日,四川九寨沟景区发生大规模游客滞留事件,上下山通道陷入瘫痪,在犀牛海、诺日朗景点处,道路上挤满了情绪激动的游客,几辆公交车完全陷入"人海"中寸步难行,不少游客席地而坐,或是爬上车顶休息,甚至有人在路边搭起灶台做饭。

对此,九寨沟管理局协同相关部门迅速启动应急预案:从景区外抽调 60 余名工作人员、100 余名志愿者,对游客开展劝解工作;抽派 20 名公安干警、20 名武警,分赴各候车点维护秩序、疏导交通;从县上抽调 20 辆摆渡车帮助景区转运游客;将矿泉水、面包等食品分发给部分滞留游客。当日 17 时许,景区道路逐渐通畅,公交车通行恢复正常,游客陆续下山。但入夜后景区道路再次堵塞,不少游客开始往售票处聚集,要求退票和赔偿,现场一度陷入混乱,直到当晚 22 时许,滞留游客才全部被安全疏散。

事件发生次日,九寨沟景区管理局工作人员表示,景区将游客进沟时间提前至凌晨 6 时,实行分时分段错峰进沟游览,景区每日接纳游客量将限制为 4.1 万人,游客可以通过现场购票和网上订票的方式买票,门票售完为止。

资料来源:中国新闻网,2013-01-23.

2.1　旅游动机与行为

2.1.1　旅游动机

1)定义

旅游行为的产生受到外在客观因素和内在主观因素的综合影响,其中旅游动机是旅游行为产生的内在主观因素。旅游动机是指由旅游需求所催发、受社会观念和规范准则所影响、直接决定具体旅游行为的内在动力源泉①。旅游动机过程(见图 2-1)开始于个体的某种需求没有得到满足,个体由此产生紧张感和不平衡感,这种状态便成为旅游活动的内部驱动力,驱动着个体采取相应的行动以满足某种需求,最终恢复并维持平衡状态②。

---

① 谢彦君.基础旅游学[M].北京:中国旅游出版社,2011.
② CROMPTON J L. Motivation for pleasure vacation[J]. Annals of Tourism Research, 1979, 6(4): 408-424.

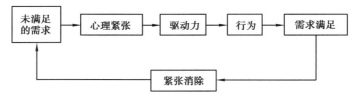

图 2-1 旅游动机过程

资料来源:张树夫. 旅游心理学[M]. 北京:高等教育出版社,2003.

2)理论基础

（1）马斯洛需要层次理论

马斯洛需要层次理论是研究旅游动机的基础,该理论认为人的需要总是呈上升趋势,当低层次的基本需要得到相对满足后,人们才有追求更高层次需要的动力。马斯洛将需要划分为 5 个相互联系、依次递进的层次,具体如下:

①生理需要。这是最基本的也是最优先的需要,包括呼吸、进食、饮水、睡眠等人类生存本能性的需要。

②安全需要。人们希望未来生活有保障,谋求安全与稳定,包括人身安全、财产安全、健康保障、工作保障等。

③社交需要。即爱的需要和社会归属的需要,包括友情、爱情和亲情。

④尊重需要。包括自尊心和受到他人尊重两方面。

⑤自我实现需要。最大程度发挥个人能力,实现自我价值,这是最高层次的需要。

（2）普洛格模型

普洛格模型认为人的心理特征分布曲线符合正态分布,它是以一个单一维度或尺度上的位置代表游客,并沿着这一维度分布。游客的类别分为自我中心型、近自我中心型、中间型、近多中心型和多中心型①。大多数游客属于中间型,从自我中心型到多中心型,游客目的地的选择也从近距离、熟悉的、安全的地区向远程的、陌生的、冒险的地区移动②。

（3）"推-拉"模型

"推-拉"模型由学者丹恩引入旅游研究领域③。模型中"推"的因素是指由内心的不平衡或紧张引起的内在驱动力,如逃离惯常环境、摆脱生活压力等,是激发人们外出旅游的内在推力。"拉"的因素与旅游目的地自身特征和吸引力相关,如独特的自然景观、历史古迹等,是影响游客选择旅游目的地的外在拉力,具有一定的选择性。个体内部的需要形成推力,外界的刺激产生拉力,二者共同作用下产生了个体的旅游动机。

---

① PLOG S C. Why destinations areas rise and fall in popularity[J]. Cornell Hotel and Restaurant Quarterly, 1974, 14(4): 55-58.

② 李仲广. 旅游经济学:模型与方法[M].北京:中国旅游出版社,2006.

③ DANN G M S. Anomie, ego-enhancement and tourism[J]. Annals of Tourism Research,1977, 4(4): 184-194.

(4)"逃-寻"动机模型

依索·阿霍拉提出的旅游动机模型包括"逃"和"寻"两种力量。"逃"指离开日常环境的愿望,"寻"指去旅游以获得内在的心理补偿①。"逃-寻"二分模型与"推-拉"模型在内在驱动力上的解释有一定的相似性,不同的是"推-拉"模型中的外在动力主要是指外在的旅游目的地吸引物,而在"逃-寻"模型中主要是指个体内在的社会心理需要②。

(5)旅游职业生涯模型

旅游职业生涯模型(Travel Career Patterns,TCP)由皮尔斯提出,是最早研究旅游动机的动态理论模型。该模型建立在旅游生涯阶梯(Travel Career Ladder,TCL)模型的基础上,TCL模型认为游客的需求动机呈现出层级或阶梯形式,由下至上依次是放松需要、刺激需要、关系需要、自尊和发展需要、自我实现需要,游客会随着旅游经历的积累而逐渐追求更高层次的旅游需要③。

TCP模型描述了14种不同的动机类别,并根据它们的重要程度将其划分为核心动机层、中间层动机和外层动机三部分。个体的旅游经验和所处生命周期的阶段共同影响了不同动机的重要性。其中核心动机层较少受到人们旅游经验的影响,而对于旅行经历丰富的游客而言,中间动机层比外部动机层更加重要,旅游经验有限的人倾向于认为所有动机都很重要④。

3)基本类型

旅游动机是游客的主观意识,具有多元复杂性,常见的基础分类方式如表2-1所示。

表 2-1 旅游动机分类

学者	基本动机	目的
田中喜一	心理的动机 精神的动机 身体的动机 经济的动机	思乡心、交友心、信仰心 知识的需要、见闻的需要、欢乐的需要 治疗的需要、休养的需要、运动的需要 购物目的、商务目的
麦金托什	身体健康动机 文化动机 交际动机 地位和声誉动机	休息、运动、游戏、治疗等消除紧张的身体活动 了解和欣赏异国的文化、音乐、艺术、民俗和宗教等 探亲访友、结交新朋友、摆脱日常工作、家庭事务等 考察、交流、参加会议以及满足个人兴趣所进行的研究等

① ISO-AHOLA S E. Toward a social psychological theory of tourism motivation:a rejoinder[J]. Annals of Tourism Research,1982,9(2):56-62.
② LOHN L C,STACEY L M. Motives of visitors attending festival events[J]. Annals of Tourism Research,1997,24(2):425-439.
③ 周玲强,李罕梁.游客动机与旅游目的地发展:旅行生涯模式(TCP)理论的拓展和应用[J].浙江大学学报(人文社会科学版),2015,45(1):131-144.
④ 王有成,亚伯拉罕·匹赞姆.目的地市场营销与管理:理论与实践[M].张朝枝,郑艳芬,译.北京:中国旅游出版社,2014.

续表

学者	基本动机	目的
今井吾	消除紧张的动机 自我完善的动机 社会存在的动机	变换气氛、从繁杂中摆脱、接触自然 向往未来、接触自然 和朋友一起旅行、了解常识、家庭团圆

资料来源:基于文献整理。

2.1.2　游客购买行为

1) 游客购买行为过程

游客购买行为过程是指游客购买旅游产品的活动以及与这种活动有关的决定过程,是从内在心理活动到外在行为表现的连续性过程,也是不断反馈调整的动态过程。一次完整的旅游购买行为包括以下 3 个阶段和 5 个环节(见图 2-2)。

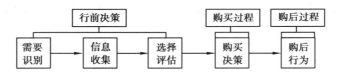

图 2-2　游客购买行为过程

资料来源:章锦河,洪娟.旅游市场营销学[M].合肥:安徽人民出版社,2009.

(1)需要识别

旅游行为的产生首先要识别个体对旅游产品的需要。现实生活状态的不满足所带来的心理紧张感和不平衡状态是推动人们产生逃离惯常环境的内在诱因,同时外在因素的刺激也会促进个体对旅游动机的确认。当内在需要和外在刺激达到一定的强度,就会转化为对特定旅游产品的购买动机。

(2)信息收集

当人们产生了特定的需要,一般会有意地寻找相关的旅游信息。游客的信息来源主要有四种:群体来源(家庭、朋友、同事等)、商业来源(旅游广告、推销等)、公共来源(大众媒体等)以及个人经验来源(游客以往的旅游经验)。其中商业来源起通知作用,其他三种信息来源起评价和证实的作用[1]。

(3)选择评估

选择评估是指人们将收集的信息进行整理、对比和评估以形成购买意图的过程。一般而言,消费者会将产品看成一些特定属性的组合,按照个人偏好赋予各种属性不同的权重。

---

① 菲利普·科特勒,约翰·T.保文,詹姆斯·C.迈肯斯.旅游市场营销[M].4 版.谢彦君,译.大连:东北财经大学出版社,2006.

根据不同品牌产品属性预期能够带来的效益进行打分,将每种属性表现的分数与相应权重的乘积加总求和,其结果即为消费者进行选择的排序依据。

（4）购买决策

购买决策是指游客做出决策并实现对旅游产品的购买。一般来说,在资金和闲暇时间一定的情况下,人们倾向于追求最大的旅游效益,即最少的旅游时间和最大的信息获取量。为此,人们往往会选择最有名或与常住地差异最大的地方进行旅游[①]。从购买意图到形成购买决策之间还可能会受到他人态度、可预期的环境因素和意外突发因素的影响。

（5）购后行为

购后行为是指游客对实际旅游体验的反馈。如果旅游实际体验符合或超过购买前的期望值,游客便会感到满意并倾向于继续购买该产品,传播产品的良好口碑;反之,当游客感到不满时,便会采取公开行动（旅游投诉、索赔、采取法律行动等）或私下行动（不再购买该产品、传播负面口碑等）进行反对。旅游体验的评价反馈会影响游客下一次的购买行为。

2）游客决策理论地图

旅游决策贯穿于整个游客购买行为过程,在做出实际旅游决策之前,决策就已经开始,并且一直持续至旅游结束为止。图 2-3 展示了 9 个关于旅游决策与行为过程的一般问题（A—I）,包括旅游目的地选择以及决策执行的过程与结果;图中,每个箭头代表一个试探性命题,与其指向的一般问题相关,对每一个命题的说明如下:

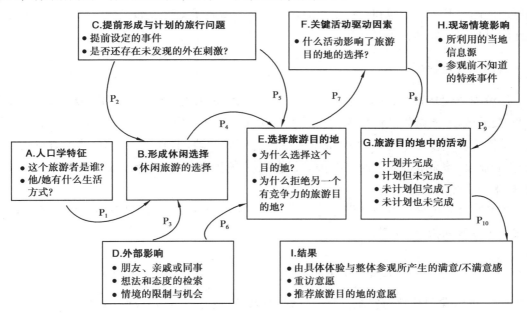

图 2-3 游客决策理论地图

资料来源:王有成,亚伯拉罕·匹赞姆.目的市场营销与管理:理论与实践[M].张朝枝,郑艳芬,译.北京:中国旅游出版社,2014.

① 保继刚,楚义芳.旅游地理学[M].3 版.北京:高等教育出版社,2012.

命题 P_1 提出,人口和生活方式的差异会影响个体的休闲选择。

命题 P_2 提出,意料之外或计划外的事件可能会影响个体的休闲选择。

命题 P_3 提出,个体的休闲选择受到外部与内部因素的影响。

命题 P_4 提出,有助于休闲选择的产品特征与可能的利益会影响对旅游目的地的选择。

命题 P_5 提出,在设计与计划行程中所收集的信息会影响对旅游目的地的选择。

命题 P_6 提出,社会力量将影响游客选择或拒绝一个旅游目的地的替代品。

命题 P_7 提出,关键的活动驱动因素是指参观一个特定旅游目的地的具体计划与旅程的前期行动,这些将会巩固旅游目的地的选择。

命题 P_8 提出,关键的活动驱动因素将影响游客在旅游目的地中已计划好的以及已完成的活动。

命题 P_9 提出,游客在参观过程中会对事件进行解释并改变计划。

命题 P_{10} 提出,产生了特定结果的旅游体验,将成为一段美好或糟糕的旅游经历,积极的购买体验,将会促进以后的购买行为以及向他人推荐的行为。

2.1.3　游客游览行为

流动性是旅游的本质特征之一,广义上的旅游流是旅游客流、信息流、资金流、文化流、能量流、物质流的集合体;狭义上的旅游流单指旅游客流,即游客从始发地向旅游目的地移动所形成的具有一定方向和一定数量的移动人群。游客游览行为的时空变化特征对旅游目的地的可持续发展具有重要意义。

1)时间变化特征

旅游季节性是旅游业的基本特征之一,是指旅游现象的暂时不平衡性,从客流量、旅游花费、交通流量、旅游景点流量等关键因素可以看出这种性质[①]。旅游目的地的季节性会受到自然因素和制度因素的共同影响,前者主要与气候变动、季节变迁有关,后者则与社会文化、休假制度、旅游业经营时间等有关。根据旅游季节性需求的差异,旅游目的地会呈现出淡季、平季和旺季之分。

旅游市场年度内的季节性变化可用季节性指数来表示,它是反映某景区旅游需求时间分布集中程度的指标,计算公式为[②]

$$R = \sqrt{\sum \frac{(x_i - 8.33)^2}{12}}$$

式中,R 为某景区旅游需求的季节性强度指数;x_i 为该景区各月旅游需求占全年的比重。R 值越小,该景区年内旅游需求分布越平均,受季节性影响就越小;反之,季节性越明显。

---

①　BUTLER R W. Seasonality in tourism: issues and implications[M]. //BAUMT, LUNDTORP S. Seasonality in tourism. Kidlington: Elsevier Ltd, 2001: 5-21.

②　陆林.山岳风景区国际旅游经济效益探析——以黄山国际旅游业为例[J].旅游学刊,1991,6(1):39-43.

　　旅游流的强度不仅在一年之中是不平衡的,在一天之内也表现出明显的时段性,游客通常集中于上午 10:00—下午 3:00 游览景区。游客停留时间的长短会受到停留点的吸引力、游客自身偏好、生理节奏等因素影响。在一周之内,游客通常会选择在周末出游,周一往往是客流量最少的一天;在不同的周际,出游时间主要受到休假政策的影响,游客通常会选择在春节、国庆节等法定节假日出行。旅游流的月变化反映了旅游目的地产品供给和旅游需求的季节性,特别是以自然资源为主的景区,其受气候舒适度、景观季相变化的影响更为明显。

2) 空间变化特征

　　旅游流的空间变化特征是指旅游流在空间分布的均匀度或集中度状况。游客空间行为可划分为大、中、小 3 个尺度。大尺度的游客空间行为主要以省际、全国和国际为范围,游客倾向于选择级别和知名度较高的旅游目的地,并尽可能地游玩更多的高级别景点,旅游线路多采用闭环状;小尺度游客空间行为一般在县、市风景区内,游客除了选择级别或者知名度较高的旅游景点外,还倾向于选择节点状的旅游线路,在居住地附近进行旅游[①];中尺度旅游空间行为是以省、地区为范围,兼有大尺度和小尺度游客空间行为的特征。在景区内部,游客对旅游线路的选择具有趋同性,景观数量多、知名度高的区域往往会成为客流集中区域。

　　从游客出游半径看,中国城市居民的旅游和休闲市场随出行距离的增加,到访率衰减的现象就越来越显著。20 世纪 90 年代,在城市居民出游率随出行距离变化的曲线中(见图 2-4),80% 的出游市场集中在距城市 500 km 以内的范围,其中 37% 分布在距城市 15 km 的范围内,24% 分布在 15~50 km,21% 分布在 50~500 km。

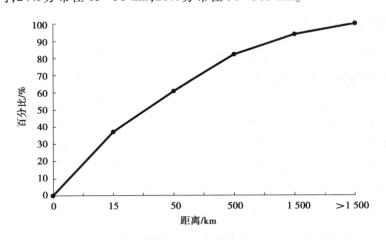

图 2-4　中国城市居民出游率在空间上的分割

资料来源:吴必虎,唐俊雅,黄安民.中国城市居民旅游目的地选择行为研究[J].地理学报,1997(2):97-103.

---

① 　保继刚,楚义芳.旅游地理学[M].3 版.北京:高等教育出版社,2012.

交通技术的革新,特别是高铁的出现带来了明显的"时空压缩"效应,游客能够以更快的速度,旅行到更远的地方。例如,在京沪高铁开通前,60%的北京和上海居民出游距离主要集中在 350~450 km,以中近程为主,80%的居民出游距离主要集中在 600~850 km,以中远程为主;高铁开通后,60%的居民出游距离主要集中在 840~1 000 km,比高铁开通前 80%的居民出游距离还大,80%的居民出游距离主要集中在 1 200~1 300 km[①]。高铁的出现使得居民中远程出游半径大大增加,显著地影响了游客的空间行为。

2.2　游客管理概述

2.2.1　游客管理的定义

从狭义的角度来看,游客管理是指景区经营管理者以游客为管理对象,并对游客的行为与体验进行管理,以保证游客体验和景区收益协调发展。狭义的游客管理主要围绕游客行为的管理与控制进行。

从广义的角度来讲,游客管理是旅游目的地管理者利用必要的管理手段,对游客在目的地全过程的组织与管理,广义上的游客管理包括旅游承载量管理、旅游体验管理、游客行为管理、游客影响管理、游客安全管理等多个方面,强调旅游目的地与游客之间的互动关系管理。

2.2.2　游客管理的目标

游客管理的多重目标是从旅游目的地角度倡导资源环境保护和从游客角度考虑旅游体验的提升,以及从运营者角度考虑成本与效益。既要为游客提供较好的游憩机会、保证游客的旅游体验质量、防止游客过分集中后出现的旅游质量下降和旅游资源破坏等不利影响,还要考虑控制运营管理成本以保证管理的经济性。

多重目标之间是对立统一的关系。游客的进入不可避免地会对资源带来损耗,但科学的游客管理是协调环境保护与游客需求关系的一种工具。游客体验的保证要建立在资源得到有效保护、景区秩序正常的基础之上;同时对旅游资源进行保护,也是在强化旅游资源的吸引力,从而为游客带来更好的旅游体验。但这些也都必须考虑一定的成本与风险,否则旅游目的地运营管理本身也难以维持。因此多重目标之间是相互依存的,一方的实现都要以另一方为基础。

---

① 汪德根,陈田,陆林,等.区域旅游流空间结构的高铁效应及机理——以中国京沪高铁为例[J].地理学报,2015,70(2):214-233.

2.2.3　游客管理的模式[①]

1) 可接受改变的极限(Limits of Acceptable Change)

该模式由美国林业管理局提出,广泛应用在荒野地区、大江大川、历史遗迹和旅游开发地中。这是以问题导向为核心的管理模式,限定了每一个游憩机会的可接受改变的极限,但未纳入尚未出现或未考虑的问题。其操作步骤为:

①识别区域内特别的价值、问题和其他利害关系。
②识别与描述游憩机会类别及其分类。
③选择资源与社会条件的指标。
④建立现存资源与社会条件统计库。
⑤将每个游憩机会类别的资源与社会条件具体化。
⑥识别替代机会类别的配置情况。
⑦识别每个替代方案的管理行动。
⑧评估并选择一个较优的替代方案。
⑨执行行动与监督。

2) 游客影响管理(Visitor Impact Management)

该模式由美国国家公园管理局和美国国家保护联合会的研究人员提出,适用于多种情境。该模式关注影响旅游的问题现状、成因和解决问题的潜在对策。这种方法平衡了科学分析和人为判断,有利于找出产生影响的因素并确定管理战略,但只能关注到目前的状况,而不能评估将来可能产生的影响。其操作步骤为:

①检查数据资料库。
②回顾管理目标。
③选择关键影响指标。
④确定选择的关键影响指标的标准。
⑤对比标准与现状。
⑥确定产生影响的可能原因。
⑦确定管理战略。
⑧执行管理战略。

3) 游憩机会谱(Recreation Opportunity Spectrum)

该模式由美国林业管理局和土地管理局的研究人员创立,适用于保护区和以自然资源为基础的多功能利用区。该模式旨在解决日益增长的游憩需求和过度利用稀有资源之间日

---

① 保罗·伊格尔斯,斯蒂芬·麦库尔,克里斯·海恩斯.保护区旅游规划与管理指南[M].张朝枝,罗秋菊,译.北京:中国旅游出版社,2005.

益增加的矛盾,从资源保护、公众使用机会和组织者满足预制条件的能力三方面进行了合理化的管理,但游憩机会谱要求管理者在做出其他任何选择和决定之前全盘接受其环境指标与标准,对此的任何争议都将会影响到后面的规划程序。其操作步骤为:

①列出物质方面、社会方面和管理方面影响游客体验的因素。

②分析辨别环境中不协调之处、定义各种游憩机会等级(种类)、将各种游憩机会与森林管理行为相结合、发现冲突并找出缓解冲突的对策。

③制订日程。

④设计项目方案。

⑤执行方案。

⑥实施监控。

4) 游客体验与资源保护(Visitor Experience and Resource Protection)

该模式由美国国家公园管理局建立,主要应用于美国国家公园的管理规划,重点强调建立在资源与游客体验质量基础之上的、与旅游承载力相关的战略决策,其核心是划分功能区。该管理模式考虑了资源保护和游客体验,但没有对"体验"进行准确定义。其操作步骤为:

①组建多学科的项目小组。

②提出公众参与的策略。

③阐述规划中的目标与问题。

④分析公园资源条件与游客利用现状。

⑤描述游客体验与资源条件的可能范围。

⑥将公园内的具体地点设置为潜在的指定功能区。

⑦为每个区域选择指标以及评价指标的标准,并以此提出监测计划。

⑧监测各项资源和社会指标。

⑨采取管理行动。

5) 游客活动管理模式(Visitor Activity Management Process)

游客活动管理模式是伴随加拿大公园管理规划系统内自然资源管理模式而创立的,主要应用于加拿大的国家公园管理。此模式结合社会科学原则和营销原则,为公园发展的各个阶段提供规划和管理指导,并以游客游憩机会为重点进行分析与规划,但该模式未进入管理规划层面。其操作步骤为:

①提出项目计划书。

②再次确认现有目的与目标宗旨。

③建立资料库,描述公园生态系统、可能的游客教育和游憩机会、现有的游客行为和服务,以及地区宏观背景。

④分析现有情况以便确认自然和人文资源主题、资源承载力与适用性、适当的游客行为,以及公园在当地的地位和在非公共部门中的作用。

⑤为资源环境、旅游体验、游客细分市场、不同等级的服务、公司在当地的角色和在非公共部门中的作用提出替代性的游客活动方案。

⑥制定公园管理规划,内容包括建立公园的目的和作用、管理目标与操作方针、区域关系以及私营部门的地位与角色。

⑦执行管理规划。

2.3　游客管理内容

2.3.1　游客承载量管理

游客承载量管理是游客管理的重要内容,是保障游客的人身安全、提高游客满意度、促进旅游资源的可持续利用和提高景区服务和管理水平的工具。

1)游客承载量计算方法

(1)瞬时承载量

瞬时承载量是指在某一时间点,在保障景区内每个景点游客人身安全和旅游资源环境安全的前提下,景区能够容纳的最大游客数量。瞬时承载量 C_1 的计算公式为

$$C_1 = \sum X_i / Y_i$$

式中,X_i 为第 i 个景点的有效可游览面积;Y_i 为第 i 个景点的游客单位游览面积,即基本空间承载标准。

以张家界武陵源核心景区为例(见表 2-2),根据公式测算出武陵源核心景区瞬时承载量为 61 730 人。

表 2-2　武陵源核心景区有效游览面积以及瞬时承载量

测算项目	面积/m²	测算指标/(m²·人⁻¹)	瞬时环境容量/人
一级步行道	56 227	2	28 113
二级步行道	52 020	3.5	14 860
三级步行道	41 900	5	8 380
广场	15 185	2	7 592
观景台	5 573	2	2 785
合计		61 730 人	

资料来源:中山大学旅游学院.张家界市主要景区游客最大承载量测算结果[R].张家界:张家界市主要景区游客最大承载量新闻发布会,2018.

（2）日承载量

日承载量是指日空间承载量，即在景区的日开放时间内，在保障景区内每个景点游客人身安全和旅游资源环境安全的前提下，景区能够容纳的最大游客数量。日承载量 C_2 的公式为

$$C_2 = \sum X_i / Y_i \times (T/t) = C_1 \times Z$$

式中，T 为景区每天的有效开放时间；t 为每位游客在景区的平均游览时间；Z 为整个景区的日平均周转率，即 T/t。

调查研究显示，武陵源核心景区的游客平均游览时间约为 5.8 小时，则武陵源核心景区周转率及最大承载量测算如下：

夏季：景区营业时长为 11.5 小时，周转率 $= T/t = 11.5/5.8 = 1.98$；

所以，日最大承载量＝瞬时承载量×周转率＝61 730×1.98≈12.2 万人次/日。

冬季：景区营业时长为 9.5 小时，周转率 $= T/t = 9.5/5.8 = 1.64$；

所以，日最大承载量＝瞬时承载量×周转率＝61 730×1.64≈10.1 万人次/日。

（3）生态承载量

生态承载量是指在一定时间条件下，景区在生态环境不会恶化的前提下能够容纳的最大游客数量。

以游览路线为例，生态承载量的评估方法是以景区入口为起点，以主要游览路线交汇点为终点；根据实地观测，对游览路线中主要景点存在生态环境破坏（冲突）的地方进行记录。根据显著冲突发生数目，将其归为不同的关注等级（见表 2-3）。

表 2-3　生态承载量等级对照表

总体承载量等级	关注的显著冲突/个	应当关注的程度
低于标准	0	无须更多关注
接近标准	1~2	需增加低水平关注
处于标准	3	需增加中等水平关注
高于标准	>3	需增加高水平关注

资料来源：中山大学旅游学院.张家界市主要景区游客最大承载量测算结果［R］.张家界：张家界市主要景区游客最大承载量新闻发布会，2018.

（4）社会承载量

社会承载量是指在一定时间条件下，景区周边公共设施能够同时满足游客和社区居民需要，并且旅游活动对旅游地人文环境的冲击在可接受范围内的前提下，景区能够容纳的最大游客数量。

反映一个旅游区的社会承载量有多个指标，从服务设施来看，住宿接待量是反映旅游区社会承载量的最基本的指标。《张家界市 2016 年国民经济和社会发展统计公报》显示，张家界全市有旅馆 3 199 家，床位共计 11.3 万张。随着社会生活水平的提高，游客会提高选择住宿的要求，可取接待弹性系数为 1.5。因此，可用住宿接待量近似社会承载量，其估算方法为

社会承载量(住宿接待量) = 住宿床位总数(人次／日) × 接待弹性系数

= 11.3 × 1.5 ≈ 17.0 万人次／日

对社会承载量的考察还可以从游客对公共设施、服务消费、生态影响以及对文化影响的感知来评估。也可以从旅游带来的社会效益、经济效益、生态效益、文化遗产、人际关系、总体幸福感等多个方面进行测量。

(5)心理承载量

心理承载量是指在一定时间条件下,游客在进行旅游活动时无不良感受、心理情绪比较满意的前提下,景区能够容纳的最大游客数量。

对游客心理承载量的评估应先建立相应的测量指标。如表 2-4 所示,通过调查武陵源景区游客,测算各题项和各维度的均值,参考专家对游客感知的社会发展评价、经济发展评价、环境影响评价、文化影响评价 4 个方面的评价权重,测算游客心理承载量 C_3 的得分为

$$C_3 = 0.11 × 3.8 + 0.55 × 3.5 + 0.17 × 4.2 + 0.17 × 4.0 = 3.7$$

表 2-4　游客心理承载量评估指标及均值、权重

一级指标	二级指标	三级指标	题项均值	维度均值	权重
游客心理指标	社会发展评价	景区内部交通十分方便	3.8	3.8	0.11
		旅游配套设施齐全,方便休息	3.6		
		景区治安很好,没有小偷小摸或蛮横暴力现象	4.2		
		景区停车位宽裕、不拥挤	3.6		
	经济发展评价	旅游住宿方便、卫生条件好	3.6	3.5	0.55
		景区用餐方便、性价比很高	3.0		
		当地景区工作人员服务态度好、不欺客	3.9		
		当地旅游私营人员服务态度好、不欺客	3.7		
		景区各类消费价格合理	3.2		
	环境影响评价	景区风景如画	4.4	4.2	0.17
		景区空气清新	4.5		
		景区河流、小溪清澈,水质良好	4.3		
		景区安静祥和、噪声较小	4.0		
		景区环境卫生保持良好,无垃圾乱堆放现象	3.9		
	文化影响评价	当地文化具有特色、有吸引力	4.1	4.0	0.17
		特色文化资源得到有效保护	4.1		
		传统文化得以传承和发扬光大	4.1		
		当地人大部分都比较文明	4.0		
		当地人大部分都会讲普通话	3.9		

资料来源:中山大学旅游学院.张家界市主要景区游客最大承载量测算结果[R].张家界:张家界市主要景区游客最大承载量新闻发布会,2018.

根据游客心理承载量标准,承载量分值在 0~60 分的属于超载状态,需要强制性管理;61~80 分属于可接受范围,需要辅助性管理;81~100 分表明游客可承受能力强,不需要过多管理但需要保持监测。根据计算,游客心理承载量 C_3 为 3.7,相当于百分制的 74.5 分,属于可接受范围,表明武陵源景区拥挤度并没有给游客造成严重的心理压力,旅游接待设施的发展还是相对完善和成熟的。

2) 管理措施

（1）外围分流措施

外围分流在游客进入旅游目的地之前引导游客进行分流,利用多种方法控制游客入园时间,从而达到调控客流量的目的（见表 2-5）。

表 2-5　外围分流措施及目的

方法	措施	目的
门票分时段限量预约	在互联网上对门票进行限量、分时段的预约管理	预测游客量,分散客流
门票价格分时调整	在淡季和旺季的非高峰时段推行门票优惠政策	释放旅游需求,减缓旺季高峰时段接待压力
开发次级景区	开发周边新的次级景区	缓解核心景区压力
发布预警信息	向公众发布游客数量预警信息	引导游客合理安排旅游线路
景区错时游览	通过旅行社的预约与协调机制,引导游客在不同景区间进行错时游览	防止游客过度集中,缓解拥挤
景区轮休制度	对不同景区实施轮休管理	避免资源过度利用

资料来源:中山大学旅游学院.张家界市主要景区游客最大承载量测算结果[R].张家界:张家界市主要景区游客最大承载量新闻发布会,2018.

（2）内部调控措施

内部调控是指通过提高景区内部空间利用的合理性,加强对景区内部秩序的维护,从而缓解关键节点的拥挤程度,避免发生意外事故（见表 2-6）。

表 2-6　内部调控措施及目的

方法	具体措施	目的
完善基础设施	改善景区内道路湿滑、狭窄的情况	确保道路通畅安全
	改善垃圾桶的设计和布局	缓解景区内垃圾堆积的问题
	扩大休息区面积,完善室外游憩设施,提供遮阳板、风扇等	改善休息区环境,提高设施资源的有效利用率

续表

方法	具体措施	目的
优化游览路线	将不同的游览路线与核心游览点进行合理组合	避免游客过于集中在核心游览点
	协调团队游客的游览路线,错峰游览各景点	避免团队游客同时段内过于集中,以降低拥挤程度
宣传文明旅游	通过门票、宣传册、广播等形式提醒游客进行有序游览	减少游客在排队、等待时发生的冲突
	增加专业的引导人员	规范游客行为,缓解游客的拥挤状况
区间车引导	开通旅游地内部的区间车,实现景区有序分流与线路分配	利用交通引导游客以不同线路或不同时间进入游览点

资料来源:中山大学旅游学院.张家界市主要景区游客最大承载量测算结果[R].张家界:张家界市主要景区游客最大承载量新闻发布会,2018.

（3）游客引导措施

游客引导措施是指通过公开信息、采取合理的排队方式等手段来引导游客行为,降低游客负面情绪的调控方法(见表 2-7)。

表 2-7　游客引导措施及目的

方法	措施	目的
发布实时数据	在景区内外通过显示屏、广播、展示板等发布各个景区游客数量信息	传递景区拥堵情况,引导游客合理安排游览路线
	在拥堵地区发布拥堵信息	让游客明白为什么拥堵,减少游客的焦虑和不解
	更新景区地图、路标	保证游客信息的准确性,使游客合理、准确规划路线
	在安检等有特殊要求的卡口提前设置告示,提示游客具体要求	提高卡口通过效率,减少不必要的等待与潜在的冲突
加强排队管理	安排工作人员疏导、规范游客队伍	维持现场秩序,保证排队效率
	在排队区域提供娱乐节目	缓解游客排队的烦躁情绪
	更新检票设备、简化手续	提高检票效率,避免拥堵
高峰期限时逗留	高峰时期限制游客在陡峭、危险山道上的逗留时间	避免游客因扎堆发生危险
停止售票、延长门票有效期	一旦景区内游客达到上限,立即停止售票和入园	控制游客数量,减少生态冲突,提高游客的游览体验

资料来源:中山大学旅游学院.张家界市主要景区游客最大承载量测算结果[R].张家界:张家界市主要景区游客最大承载量新闻发布会,2018.

2.3.2　游客体验管理

1)游客体验的框架

旅游体验是所有被购买的或体验的商品、服务以及环境的综合。旅游体验是一个多维的结构,其核心在于游客和目的地之间、社区居民和其他游客之间的互动。旅游目的地在创造体验环境和情境时,只有使游客置身其中并积极参与到体验的生产过程中,才能产生旅游体验。

如图 2-5 所示,游客体验的框架①描述了在旅游目的地市场营销背景下旅游体验的组成,包括普通的和非凡的、认知的和情感的两个核心轴,以及人际互动、物理环境体验、情境和个体特征四大影响因素。不同游客受这些因素的影响不同,从而获得的体验也存在差异。该概念框架是由内部和外部因素组成的多维结构,同时结合了旅游企业和旅游消费者的体验观点,它们共同塑造并影响着消费者体验的形成。

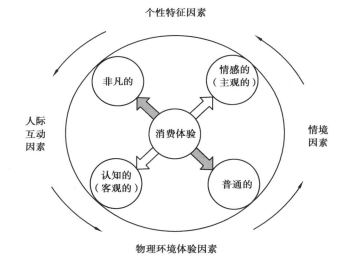

图 2-5　游客体验的框架

(1)普通-非凡体验

第一轴代表旅游体验的范围是从"普通"到"非凡"之间变化的连续统。当旅游体验到达最高位置时,便产生了峰值(非凡)体验。普通体验是在日常生活和惯常环境、事件中得到的常规体验,而非凡体验则是完全沉浸式的体验或流体验。体验的变化范围包括从令人兴奋的积极体验到令人不愉快的消极体验。

---

① 王有成,亚伯拉罕·匹赞姆.目的地市场营销与管理:理论与实践[M].张朝枝,郑艳芬,译.北京:中国旅游出版社,2014.

（2）认知-情感体验

第二轴是游客体验的内部响应,即体验的范围从认知的(客观的)体验向情感的(主观的)体验方向变化。在每一次消费体验中,体验都是同时包含了认知和情感过程的活动,游客可以通过某些方式来建构自己的旅游体验。对所接受的体验因素加以理解并进行评估之后发现,不同人对消费体验的接受与吸收程度是不同的,从而会诱发不同的体验结果。

（3）物理环境体验与人际互动因素

旅游体验是物理环境体验和人际互动之间自发的互动结果。这些因素能够被旅游企业所控制,通过舞台化的处理和改良,企业创造了满足营销目标和吸引游客的物理环境和人际互动元素,这些感知信息能够充分调动和融合游客的各种感官,从而有效地提升游客的消费体验。

（4）个体特征和情境因素

个体特征和情境因素往往不在旅游企业的掌控之中。同一旅游目的地的产品与服务的创造和履行并不总是相同的,游客体验也不会受限于产品和服务本身,而是会受消费情境的类型与阶段以及个体特征的影响。与旅游过程相关的情境因素如旅游伴侣、目的地特征等会影响游客对这些体验元素的接受和满意程度。每一个消费者都会根据情境以及个人特征来决定自身对体验的意愿与能力。

2）游客体验的管理措施

（1）营造人际互动环境

人际互动是游客体验的重要来源,游客与旅游目的地关联的意义往往源于游客与其他游客、社区居民的互动,尤其是当这些互动产生人际关系意义时,这种体验更加深刻。旅游目的地管理者要积极策划与营造游客与其他游客、社区居民的邂逅机会与场景,通过创造性的图像与宣传视频来促进积极情感的产生。管理者还可以针对某类特定的消费者群体来创造特定的社交氛围,从而提升游客人际互动体验,具体方法包括让员工穿戴特别的制服、保持良好的身体姿势、进行眼神接触和向客户微笑等。

（2）营造多感观氛围环境

游客在物理环境中与各种感知(视觉、嗅觉、触觉、味觉、听觉)信息融合在一起能够有效地促进游客体验。在旅游目的地管理中,应该尽量创造良好的氛围,包括干净整洁的街道、清新的酒店环境、让人感到快乐的配色方案,以及一个设计良好,既实用又具有视觉吸引力的环境等,这些都是有效提升游客体验的重要方法。

（3）营造情感氛围环境

认知-情感体验是游客体验的高峰体验,旅游目的地管理者应为游客营造各种促进情感生成的氛围环境,如在游览路线中安排一些令人兴奋的节点、在节事活动中安排一些让游客感到意外的惊喜、在服务接待中安排一些令游客感动的细节等。

2.3.3 游客不文明行为管理

1)定义

游客不文明行为是指游客在游玩过程中的行为表现介于符合社会道德、相关法律法规与违反社会道德、相关法纪之间,并对旅游地资源、环境、居民、其他游客,甚至自身造成不良影响或无法挽回的损失[①]。其本质是一种有违道德或法律的行为,会对旅游目的地、游客、社会,甚至是国家形象带来负面影响。

2)表现

如表 2-8 所示,游客常见的不文明行为主要有以下几种类别及表现。

表 2-8　游客常见的不文明行为类别及表现

类别	定义	典型行为
不雅观	游客言语、动作、衣着、行为等不符合、不适宜所在场合的规范或要求	污言秽语、衣衫不整等
不卫生	游客在旅游过程中的不良卫生习惯	乱扔垃圾、随地吐痰等
不安全	游客故意违反景区、设施、特定场合下的安全规范	不遵守景区安全规则、乘坐交通工具不系安全带等
不尊重	游客在旅游过程中不尊重当地人及当地的文化习俗	对服务人员颐指气使、违反少数民族风俗习惯等
有损坏	游客在旅游过程中对资源或设施造成损坏	破坏地质构造、攀爬触摸文物、乱刻乱画、抛砸动物、攀枝折花等
有冲突	游客在旅游过程中与他人产生矛盾和冲突	不尊重他人、与他人发生冲突等
有危险	游客在旅游过程中不顾安全规范对自己或他人造成危害	擅闯未开发的旅游禁区、在消防重点区域使用明火等

3)危害

对旅游目的地而言,游客的不文明行为会破坏环境的美感、降低环境质量,同时也会缩短旅游目的地的生命周期。游客的不文明行为,会造成旅游资源和旅游设施的过度损耗,影响他人的旅游体验,使旅游景区形象受损、吸引力下降,从而造成游客数量的减少。

对于游客自身而言,游客的部分不文明行为往往会给自己和他人带来人身安全的隐患。如随意丢弃烟头可能会引发火灾,随意喂食、触摸动物可能会被动物抓伤,不按照规定使用旅游设施、前往未经开放的区域等都有可能给游客带来意外的伤害。

涉及出国旅游时,游客往往代表着国家和民族的形象。游客的不文明行为不仅会影响

---

① 林德荣,刘卫梅.旅游不文明行为归因分析[J].旅游学刊,2016,31(8):8-10.

当地人的正常生活,同时还会使背后的国家整体形象受损,造成其他国家对该国游客的某种偏见和刻板印象。

4)产生原因

（1）需求侧原因

①非惯常环境中的"道德感弱化"。由于旅游活动的暂时性、异地性,游客在离开惯常环境后自律意识松散,会出现"道德感弱化"的现象。由于缺乏平日里熟人的监督,因此行为举止便会少了顾忌,甚至有游客会为了寻求刺激或发泄不满情绪而对旅游资源肆意破坏,这属于故意破坏的行为。

②游客难以形成保护愿望。游客不文明行为的消极影响通常是潜移默化的,造成的严重后果也往往是长期积累而成,而游客在短时间内并不能看到和意识到自己的行为会造成的后果,因而难以形成保护的愿望。

③不文明行为成本过低。对有些游客来说,不文明行为的经济成本、行为成本和信誉成本都非常小,甚至可以忽略不计,却可以带来一定的物质和精神收益。在惩罚和管理措施欠缺的情况下,发生不文明行为的预期收益要大于预期成本,因此游客易产生不文明行为[1]。

④主客文化差异。不同地域的人们具有不同的文化传统、风俗习惯和生活方式。当不同的价值观、生活观相互碰撞时难免会产生摩擦。游客对旅游目的地的文化和风土人情了解甚少,不能做到入乡随俗,就易产生交流隔阂,触犯当地禁忌。

（2）供给侧原因

①旅游法律法规不完善,监督管理机制尚未健全。我国旅游相关的法律法规起步晚且建设相对不完善,缺乏可操作性。因此很多不文明行为在法律法规中缺乏对应的管理依据,同时由于监管的广度和力度不足,很多不文明行为未能被及时发现,或是处罚力度轻,对游客的威慑力低,无法达到应有的约束作用,反而进一步助长了游客的不文明行为。

②旅游公共资源紧缺,时空供给不均衡。受社会经济发展和人口基数等客观条件的制约,我国目前用于保障公众休闲的旅游产品和服务供给还未达到成熟阶段,存在时空和层次上不均衡、不匹配和同质化严重的现象。旅游供给满足不了游客的预期,会使游客产生争抢、恶意占有等不文明行为。

③景区管理不善,服务不到位。我国部分旅游目的地的管理者只重视经济效益,而轻视对游客不文明行为的管理,缺乏详尽的管理规定;或管理方法生硬强制,将游客与资源对立,容易使游客产生逆反心理,不能激发游客主动参与的意识和环保积极性。景区内旅游服务设施设置不合理、旅游环境差、工作人员不正确的示范行为等都会助长不文明行为。

④缺乏系统的文明素质教育和正确的引导示范。现阶段中国经济实现了快速跨越式发展,物质文明不断充实,而精神文明却没有完全同步。旅游活动中的礼仪规范建设和普及尚未成熟,旅游的价值观念和社会规范与社会需要不能对接,导致社会整体旅游素质偏低。

---

[1] 余建辉,张健华.基于经济学视角的中国游客不文明行为探因[J].华东经济管理,2009,23(10):121-124.

5) 游客不文明行为的管理措施

（1）强制性措施

①加强游客不文明行为的监督和处罚。旅游目的地应加强建设重点区域的监控设备、依法建立景区执法队伍,联合执法部门依法处罚不文明行为,建立不文明游客黑名单制度,提高游客不文明行为的实施成本。

②限制活动区域及活动内容。采取定点保护措施,在资源脆弱、容易引发不文明行为的地方采用拉网、拉绳、覆盖、分隔、摹写等方式限制游客的进入和使用。

（2）服务性措施

①科学布局旅游设施,创造优质的旅游环境。通过合理规划线路、布局旅游设施等对游客进行限制或引导,为游客提供一个干净卫生、设施齐全、服务周到的旅游环境。

②营造文明的旅游氛围。旅游目的地管理者和政府部门等应通过新媒体技术,借助社会公益力量,加强社会宣传教育的力度,提高公众文明旅游的意识,倡导文明旅游的行为,营造良好的文明旅游氛围。

③制定不文明行为的管理规则。依据相关的法律法规,景区应根据资源特点制定专门的不文明行为管理条例,通过公示公告、教育讲解等引导游客做出正确的旅游行为,要使游客意识到不文明旅游行为可能带来的负面影响。

【本章小结】

旅游动机是由旅游需求所催发、受社会观念和规范准则所影响、直接决定具体旅游行为的内在动力源泉。游客的购买行为过程可以拆分为 3 个阶段和 5 个环节,游客的游览行为在时间和空间上均具有一定的规律性。

游客管理是旅游目的地管理者利用必要的管理手段。游客管理的多重目标在于保护目的地环境、提高游客旅游体验的同时考虑运营管理的成本与效益。游客管理模式主要有可接受改变的极限、游客影响管理、游憩机会谱、游客体验与资源保护和游客活动管理模式五种。

【关键术语】

旅游动机;游客行为;游客管理。

复习思考题

1.什么是旅游动机,旅游动机的基本类型有哪些?

2.试阐述游客购买行为过程。

3.简述游客管理的主要内容与理论框架。

4.简述游客容量的测算方法。

【案例分析】

《游客不文明行为记录管理暂行办法》正式施行

为推进旅游诚信建设工作,提升公民文明出游意识,依据《中华人民共和国旅游法》、中央文明委《关于进一步加强文明旅游工作的意见》以及相关法律法规和规范性文件,国家旅游局依法制定的《游客不文明行为记录管理暂行办法》(以下简称《办法》)即日施行,全国游客不文明行为记录管理工作同时开展。

根据《办法》,游客不文明行为是指旅游活动中因扰乱公共汽车、电车、火车、船舶、航空器或其他公共交通工具秩序,破坏公共环境卫生、公共设施,违反旅游目的地社会风俗、民族生活习惯,损毁、破坏旅游目的地文物古迹,参与赌博、色情活动等而受到行政处罚、法院判决承担责任,或造成严重社会不良影响的行为。对游客不文明行为的记录形成后,旅游主管部门要通报游客本人,提示其采取补救措施,挽回不良影响,必要时向公安、海关、边检、交通、人民银行征信机构进行通报。

资料来源:中国政府网,2015-04-06.

问题:结合案例,谈一谈游客不文明行为产生的原因及危害,对游客不文明行为应采取哪些措施进行管理?

第3章
旅游目的地社区管理

【教学目标与要求】

理解：

- 社区的基本概念及其在旅游目的地中的角色
- 社区可持续发展与社区福祉的关系
- 社区与其他利益相关者的关系

熟悉：

- 社区管理的方法
- 社区福祉的提高方法
- 社区可持续发展的本质

掌握：

- 社区冲突的类型和形成原因
- 社区冲突治理的相关理论基础
- 社区福祉的测量指标体系

【知识架构】

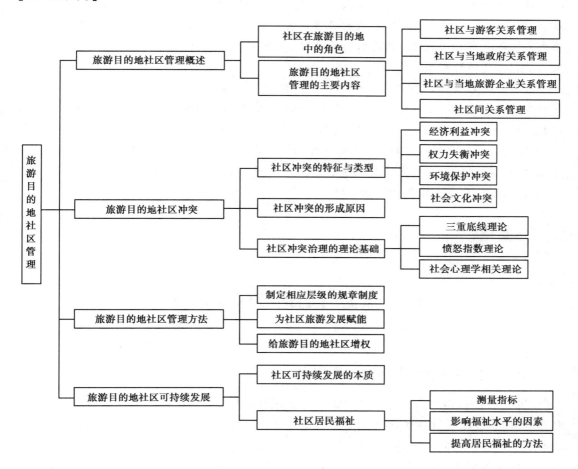

【导入案例】

阿者科计划——全球旅游减贫的一个中国解决方案

阿者科村地处云南红河哈尼梯田世界文化遗产核心区内,海拔 1 880 米,全村共 64 户, 479 人。村寨于 1988 年建立,因其保存完好的四素同构、空间肌理、蘑菇房建筑和哈尼族传统文化,成为红河哈尼梯田申遗的 5 个重点村寨之一,同时也是第三批国家级传统村落。

这般美轮美奂的古村落,却是元阳县典型的贫困村。阿者科村内经济发展缓慢,人均年总收入仅 3 000 元,传统生产生活方式难以为继,人们外出务工,村落空心化趋势严重。若留不住村庄原住民,阿者科的传统也会渐渐消失,这不仅仅是脱贫攻坚的问题,更是遗产保护问题;这同时也是现代化背景下中国广大农村的缩影。

2018 年 1 月,中山大学保继刚教授团队应元阳县政府邀请,到元阳梯田区开展《元阳哈尼梯田旅游区发展战略研究》调研与规划工作,并专门为阿者科村单独编制“阿者科计划”。“阿者科计划”科学确定了阿者科乡村旅游的目标,制定分红规则、村落保护利用规则等,乡村旅游发展所得收入三成归村集体旅游公司,用于公司日常运营,七成归村民。阿者科村实行内源式村集体企业主导的开发模式,组织村民成立旅游发展公司,由公司组织村民整治村庄、经营旅游产业,并对公司经营进行监管。公司开发哈尼民族体验之旅项目,推出了多种活态文化体验产品及活动。阿者科村的乡村旅游产品既有传统村寨观光,又有文旅活动,激发出游客心灵深处乡愁的记忆。

经过一年的实践,"阿者科计划"取得了"开门红",实现稳定增收,群众积极参与,人居环境和旅游环境得到了极大优化,传统村落在旅游发展的同时得到了更好的保护,取得了良好的经济效益和社会效益。实践证明,"阿者科计划"是践行习近平总书记"绿水青山就是金山银山"发展理念的活样板。"阿者科计划"把阿者科作为一块社会科学的试验田,为全球旅游减贫提供了一个中国的解决方案,找到了一条可持续的旅游减贫之路。

资料来源:中华人民共和国教育部官网,2019-10-15.

3.1 旅游目的地社区管理概述

3.1.1 社区在旅游目的地中的角色

社区(Community)是指由居住在某一地域里的人们结成的多种社会关系和社会群体去从事各种社会活动所构成的相对完整的社会实体。社区必须要有以一定的社会关系为基础组织起来的进行共同生活的人群;必须要有一定的地域条件;要有一定的生活服务设施;要有自己特有的文化、制度和生活方式。社区既具有诸如地缘、友谊、亲情、认同共生互助等传统内涵;也包括磨合人与人的关系、建立处理公共事务的运作模式、确立适合本地域的生活方式等现代含义①。

在日常语境中,旅游目的地社区通常是指旅游目的地社区居民,它包括旅游目的地的世居户,也包括在旅游目的地从事各种生计的居民。与行政管理和统计口径所指的村民、村集体等概念相比,社区概念本身没有明确的含义,只泛指旅游目的地的居民。社区是旅游目的地的有机组成部分,在旅游目的地发展与管理过程中扮演着非常重要的角色,至少包括以下几个方面:

1) 旅游目的地服务的提供者和生产者

旅游目的地必须为旅游者提供必要的服务设施与服务,而社区居民往往是这些设施的建设者、维护者和共享者,同时也是相应服务的提供者和生产者。在旅游目的地发展早期,

---

① 保继刚,文彤.社区旅游发展研究述评[J].桂林旅游高等专科学校学报,2002,13(4):13-18.

社区居民几乎是旅游目的地所有服务的提供者和生产者,他们对旅游者的态度直接影响旅游目的地后续发展。随着旅游目的地的不断发展,社区居民在旅游目的地服务的提供与生产过程中的角色会逐渐发生一些变化,但总体来讲,社区居民仍然是服务的提供者和生产者,他们所提供的服务形式多样,按参与程度、参与方式和就业形式等不同标准来划分,可以细分出多种类别(见表 3-1)。

表 3-1　社区居民作为旅游目的地服务提供者和生产者的具体类型

分类标准	类别	举例
按参与程度分	旅游专营	景区、旅行社等
	旅游主营	酒店、民宿、餐馆、农家乐等餐饮住宿接待业
	旅游兼营	农产品、土特产品、手工艺品等供应商及个体户
	旅游非营	建筑、园林、绿化等
按参与方式分	自营	利用自有房屋或租赁房屋开办民宿、餐馆、旅游商店等
	受雇	导游、演艺人员、旅游大巴司机等
按就业形式分	正式就业	景区讲解员、酒店服务员等
	非正式就业	临时向导、服务摊点导购、出租车司机等

资料来源:基于文献整理。

2) 旅游目的地吸引物的重要组成部分

随着旅游者需求偏好的变化,旅游目的地社区居民自身的旅游吸引物价值得到越来越多的认可,社区居民也因此成为旅游目的地吸引物的重要组成部分。旅游目的地社区居民至少具有以下几个方面的旅游吸引物价值:

美学价值。一些旅游目的地的社区居民集聚区拥有依山傍水的地理环境、独具地方特色的建筑、传统的生产生活方式等,这些共同构成了旅游者审美背景,对旅游者具有吸引力。

文化价值。一些文化遗产如历史建筑、考古遗址、历史街区等常常处于居民聚落中,其价值往往与居民的生活生产方式是一个共同体。对于一些传统村落类型的活态遗产地,居民本身就是遗产文化价值的重要组成部分,一些传统民俗节庆、传统工艺技术、民间文学艺术等非物质文化遗产本身不可能脱离社区居民而存在。因此,社区居民本身就具有旅游吸引物的文化价值。

体验价值。异于旅游者惯常环境的生活场景、文化景观、主客互动是旅游者追求的核心体验,而旅游目的地社区恰好满足了旅游者的这些想象,因而使社区本身具有体验价值。

一般来讲,社区作为旅游吸引物的具体类型包括民俗、民居、艺术以及日常生活场景等类型(见表 3-2)。

表 3-2 社区作为旅游吸引物的具体类型

主类	亚类	举例
传统民俗	节事活动	泼水节、火把节、那达慕大会、庙会等
	服饰和饮食	民族服饰、农家菜、土特产品等
民族建筑或传统民居	村寨、民居	傣族吊脚楼、福建土楼、徽派建筑、开平碉楼等
传统工艺与艺术	传统手工产品	皮影、剪纸、苗绣等
生活场景	农业景观、乡土风情	梯田景观、油菜花田景观、乡村生活景观等

资料来源：基于文献整理。

3) 旅游目的地影响的承担者

旅游是一个涉及经济、环境和社会文化的复杂活动，大量研究和实践表明，旅游发展和旅游活动对旅游目的地的经济、环境和社会文化产生了积极和消极的影响（见表 3-3）。社区居民是旅游目的地最重要的利益主体，居民们世代居住或长期居住于此，是旅游发展的受益者亦是其负面影响的承担者。

表 3-3 旅游发展和旅游活动对旅游目的地的影响

	经济影响	环境影响	社会文化影响
积极影响	增加居民收入，提高生活水平；促进当地经济发展，改善经济结构；增加就业机会；增加开发建设投资；增加税收；改善基础设施（交通、公共设施等）；增加购物场所	保护自然资源（动植物、水资源、原始森林等）；维护生态系统平衡；保护古建筑与文物史迹；提升地方形象	改善生活质量；增加休闲娱乐场所与机会；增加消防、治安等防护能力；增进社区或文化之间的相互理解；促进文化交流；学习与不同地区的游客交往；保持旅游目的地文化个性；增加展示当地历史与文化的机会
消极影响	价格上涨、通货膨胀；物资与服务短缺；房产与地价上涨；生活费用上涨	交通拥堵；人口拥挤；污染增加（噪声、空气、水、垃圾等）；破坏野生动物生存栖息环境	导致居民与游客关系紧张；社会生活变得忙碌、浮躁；出现伪民俗、文化商品化；加剧卖淫和嫖娼现象；加剧赌博和酗酒现象；加剧走私和贩毒现象；价值观念和伦理道德逆向蜕变

资料来源：吴必虎，俞曦.旅游规划原理[M].北京：中国旅游出版社，2010.

由表 3-3 可以看出，旅游发展对旅游目的地的影响绝大部分都由社区居民直接或间接地承担。当各方面的影响发生后，社区居民为了维护自身利益和权利，主动扬长避短、表达诉求、寻求突破和改变，甚至可能引发矛盾冲突。

4) 旅游发展政策与规划的参与者

社区居民也可能是旅游目的地政策与规划的参与者甚至制定者。由于旅游目的地社区居民是旅游服务的提供者、生产者，是旅游吸引物的组成部分，也是旅游影响的承受者，因此他们能否参与当地旅游发展政策与规划的制定就显得尤为重要。受中西方体制与文化差异的影响,社区居民在参与旅游目的地事务中有很大区别。通常情况下,我国的社区居民对参与规划和决策事务去影响旅游目的地的发展并不积极,但在一些传统宗族势力影响比较大的区域,当地社区以宗族或血缘关系组成社区力量,积极参与当地旅游规划与政策制定的情况仍然比较多。近年来,随着社区居民的维权意识不断增强,各类社区居民参与当地旅游政策与规划过程的积极性也在逐步增长。

3.1.2　旅游目的地社区管理的主要内容

1) 社区与游客关系管理

社区与游客关系即主客关系管理是旅游目的地管理的核心内容之一,主要包括:
①培育与引导居民有好客态度。
②培育与监督公平的营商精神。
③增进跨文化理解。
④鼓励与维护文化原真性。
⑤协调主客冲突。

2) 社区与当地政府关系管理

旅游目的地管理机构对旅游目的地社区的管理,由于旅游发展事务牵涉面广,旅游地边界与权属不清等原因,往往既涉及行政事务管理又包括旅游相关矛盾纠纷的处理,主要包括:
①土地权属及其收益分配。
②资源保护对生计的影响。
③开发建设对生产生活的影响。
④非正规就业的整治。
⑤扶贫与激励政策公平性。

3) 社区与当地旅游企业关系管理

社区居民是旅游目的地的主人,旅游企业是当地旅游开发的主导者或旅游发展的参与者,社区与当地旅游企业存在着多个层面的博弈关系,其管理内容主要包括:
①保障社区居民的优先就业权益。
②培养社区居民的基本职业技能与职业精神。
③推动当地企业的社会责任感建设。

4) 社区间关系管理

社区间关系管理是维护社区社会稳定、增强社区内部凝聚力的关键,主要包括:

①社区利益分配。

②社区文化建设。

③社区合作机制/制度建设。

3.2 旅游目的地社区冲突

3.2.1 社区冲突的特征与类型

1) 社区冲突的定义与特征

社区冲突是指旅游目的地发展过程中当地社区与政府、企业、旅游者、非政府组织等各利益相关者之间以及社区内部成员之间，因旅游发展相关问题引发的矛盾与对抗行为。社区冲突是旅游发展到一定阶段的必然产物和旅游目的地矛盾的最直接体现，它既是旅游目的地一定时期发展的阻力，也是一定阶段提质升级的动力。

旅游目的地社区冲突具有长期性、多样性和复杂性。

长期性是指旅游目的地社区冲突伴随旅游目的地发展而存在，无论发展到什么阶段，总会出现这样或者那样的社区矛盾与冲突。根据 RICI 模型，在资源驱动发展阶段，社区冲突主要集中在社区居民之间的资源与就业机会争夺。在制度变革驱动发展阶段，社区冲突主要表现为社区与政府因制度变革导致的利益重新分配。在资本驱动发展阶段，社区与政府、企业出现新的矛盾。在创新驱动发展阶段，社区居民与新的价值观的冲突往往成为新的矛盾冲突。

多样性是指旅游目的地冲突类型多样化，既有与旅游目的地属性相关的矛盾冲突，也有与社区属性相关的矛盾冲突，既有与外部大环境相关的矛盾冲突，也有因内部环境变化引发的冲突，类型多样，表现形式也不尽相同。

复杂性是指旅游目的地的社区冲突往往是多种矛盾交织在一起，既可能是因旅游发展导致的冲突，也可能是旅游发展以外的因素导致但却在旅游发展过程中表现出来的冲突；既有上一阶段累积的、外来因素导致的冲突，也有可能是本阶段诱发的、内部因素导致的冲突，情况各不相同，很难有完全相同的个案，处理起来非常复杂。

2) 社区冲突的类型

由于旅游目的地社区冲突多样性和复杂性的特点，社区冲突的类型也有多种分类方法。根据冲突的主体可以将社区冲突分为外部冲突（社区与政府的冲突、社区与企业的冲突等）、内部冲突和主客冲突等类型。根据冲突的程度可以将社区冲突分为群体性事件、局部暴力对抗和日常抵抗等类型。

从社区管理的角度看,社区冲突的产生是因为作为重要利益主体的社区居民的利益诉求没有得到满足。社区居民的利益诉求主要有保障经济利益、优化民主管理机制、维护提升景区环境、塑造良好旅游文化氛围[①],可以据此将社区冲突分为以下四种类型:

经济利益冲突。主要包括由土地、房屋和其他旅游资源产权的模糊、搬迁、征地产生的补偿金,旅游收益分配的不公平,生产和经营空间的争夺,就业机会不均等和就业能力不足等问题引发的矛盾冲突。

权力失衡冲突。该冲突的核心是社区居民参与民主决策的诉求和其处于无权、被动、弱势地位之间的矛盾,具体体现为对政府规划控制、拆迁与安置、遗产保护与旅游发展、社区参与旅游发展形式等政策和措施不满,以及对因这些措施导致的地理和交通区位、旅游发展主体地位、经济社会地位重新洗牌等问题不满。

环境保护冲突。主要包括因旅游开发和经营而导致的水、大气、噪声、固体废物等环境污染和生态破坏,社区违规建造房屋对自然景观的破坏,以及大量游客涌入造成的社区拥挤和公共资源的争夺等。

社会文化冲突。主要体现在社区内部传统邻里关系因旅游发展而产生的紧张状态甚至矛盾冲突,作为东道主的社区居民和游客之间因文化、习俗、观念、习惯等方面的差异而产生的矛盾冲突,以及社区传统文化和文化遗产未获得妥善保护而产生的矛盾冲突。

3.2.2　社区冲突的形成原因

1) 利益分歧和分配不均

经济发展本身就是一个引起社会高度不稳定的过程,而迅速扩大的利益成果是激发社会冲突产生的重要条件。旅游经济利益在旅游目的地开发之前是不存在的,或者只是潜在的,旅游发展改变了当地社区居民的生产生活方式,带来了大量机会和利益,并成为人们争夺的对象。经济利益直接诱导了社区冲突的产生,主要表现在两个方面:一方面,旅游目的地多功能和多产业叠加,社区居民由于利益诉求不同而导致社区冲突;另一方面,权力与资源不同,在旅游发展过程中造成收益分配不均,从而导致社区冲突。

2) 权力失衡和制度缺位

收益分配问题不仅是经济问题,还涉及政治和社会制度的问题。社会冲突本质上是社会权力的集聚过程和结果的显现。由于各利益主体先在性的社会结构因素,旅游开发极易生成不平等甚至是剥夺的权力关系,相较于当地政府、旅游企业和旅游者等利益主体来说,社区居民处于权力弱势地位,在利益分配和参与决策等方面的权利无法得到保障,从而成为引发各种社会矛盾与冲突的潜在根源。权力失衡是利益失衡的直接原因,但更多地源于相

---

① 王翔宇,翁时秀,彭华.旅游地乡村社区居民利益诉求归类与差异化表达——以广东南昆山核心景区为例[J].旅游学刊,2015,30(5):45-54.

关制度设计缺位而使权利得不到有效保障。

3）社区居民参与能力不足

权力与制度既可直接影响利益主体的利益分配并产生社区冲突,同时也会通过影响利益群体的获益能力,进而影响旅游利益分配。旅游发展可能加剧旅游目的地社会贫富分化,而在贫富分化的背后是不同群体在表达和追求自己利益能力上的巨大差异。社区居民在旅游开发中处于普遍的弱势地位,而这种弱势地位典型的表现为能力匮乏,导致社区参与意愿不高、参与水平较低。旅游的发展也吸引了外来投资者和经营者,资本、理念、技术的冲击更扩大了社区参与能力的差异,从而使旅游经济利益分配失衡,进而产生冲突。

4）文化差异和对立

在推动旅游目的地社会经济发展的同时,不可避免地会带来文化负面影响。当一种文化进入另一种不同的文化环境时,很可能出现相互冲突,甚至强势文化和弱势文化的对立。通常情况下,强势文化具有强大的改变力量,弱势文化会不由自主地模仿强势文化,包括强势文化中的负面文化。一方面,开发商代表着强势文化,全新的、现代的旅游开发和发展理念不自觉地影响和改变了当地的弱势文化,这容易造成两种文化的冲突。另一方面,旅游社区的文化冲突还产生于旅游者与旅游目的地社区居民相遇时,例如,来自经济发达地区的旅游者所代表的强势文化与旅游目的地的弱势文化相遇,会造成弱势文化的同化、商品化、庸俗化和文化价值观的退化与遗失等问题,这种文化冲突对旅游目的地社区可持续发展具有不可忽视的破坏力。

3.2.3 社区冲突治理的理论基础

1）三重底线理论

三重底线理论(Triple Bottom Line,TBL)最早是由英国学者约翰·埃尔金顿(John Elkington)于1994年提出的[①]。从狭义的角度看,其核心含义是组织在考虑其可持续发展时不能仅考虑经济底线,还必须考虑到其活动会给环境和社会带来影响[②]。在旅游目的地的情境下,三重底线即企业的经营管理中履行社会责任应该包含3个底线,分别是经济底线、社会底线以及环境底线,要求企业在承担基本的经济责任的同时,也需要承担相应的社会责任和环境责任,如图3-1所示。[③]

---

① ELKINGTON J. Enter the triple bottom line[M]. Britain: Earthscan, 1994.
② 应益华.三重底线报告——政府财务报告未来的发展方向[J].华东经济管理,2012,26(6):122-126.
③ 张朝枝.遗产责任:概念、特征与研究议题[J].旅游学刊,2014,29(11):45-51.

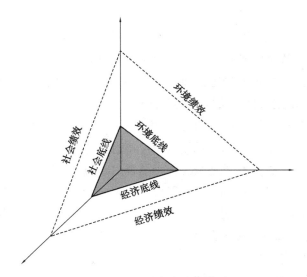

图 3-1　三重底线理论模型

资料来源:张朝枝.遗产责任:概念、特征与研究议题[J]. 旅游学刊,2014,29(11):45-51.

三重底线是企业社会责任的评价指标,评价的内容全面涉及了企业社会责任所强调的经济影响、社会影响和环境影响,较好地反映了企业社会责任概念的多维性[①]。三重底线理论的核心是强调企业应平衡经济责任、社会责任和环境责任的履行,不能因履行某一项责任而造成另一项责任的缺失,企业在某一项责任上的行动和绩效应考虑是否会危害其他责任要素上的绩效,负责任的企业应是综合绩效最优而非仅仅是在某个责任要素上绩效最优的企业[②]。

在旅游目的地社区冲突治理中,旅游开发商或旅游企业往往注重经济绩效、追求利润最大化,但如果片面追求经济绩效而忽视社会和环境责任,必然会引发社区冲突。因此,旅游开发商或旅游企业应当主动承担企业社会责任,更加重视旅游发展的社会文化影响和环境影响,提升企业的综合绩效。

2)愤怒指数理论

在与社区旅游开发相关的态度与冲突问题的研究中,最著名的就是道克西(G.Doxey)在1975 年提出的愤怒指数理论(Index of Irritation)。他指出,社区居民对于游客的态度会随着旅游开发而变化,随着游客数量的增加,社区居民与旅游者之间要经历欣喜、冷漠、恼怒和对

①　SERVAES H, TAMAYO A. The impact of corporate social responsibility on firm value: the role of customer awareness[J]. Management Science, 2013, 59(5): 1045-1061.

②　肖红军,许英杰.企业社会责任评价模式的反思与重构[J].经济管理,2014,36(9):67-78.

抗4个发展阶段①。

愤怒指数理论展现了旅游对社会影响的阶段性特征,也为巴特勒(Butler)提出旅游地生命周期理论的一般性假说奠定了基础。巴特勒认为旅游对社会影响的激化将发生在巩固和停滞阶段。因为在此阶段游客量趋近饱和状态,居民承受力和社区承受力达到极限,旅游失衡问题就会显现出来,随之社区冲突问题接踵而至②。

尽管愤怒指数理论得到了广泛应用,但旅游者人数的增加与社区居民对旅游者的态度之间的相关性过于单纯化,忽略了很多复杂因素,其建立在对社区居民反应过于简单理解上的缺陷在后来的实证研究中被不断放大。兰克福德(Lankford)和霍华德(Howard)通过对哥伦比亚河谷地区(Columbia River Gorge)的居民调查后,针对居民对旅游发展态度的标准化测量需求,编制了旅游影响态度量表(Tourism Impact Attitude Scale,TIAS)③。该量表包含2个维度、27个测量指标,被不断应用在后来的社区居民对旅游发展态度的研究中,对旅游目的地社区管理实践有一定的指导意义。

除此以外,布约克兰德(Bjorklund)和菲尔布利克(Philbrick)提出了社区回应的两个维度(主动/被动与有利/不利)二分法,这种回应受到旅游业性质和参与程度的影响④。福克纳(Faulkner)和蒂德斯威尔(Tideswell)则构建了一套旅游对社区影响的监测框架,识别出关键影响变量并通过内在和外在两个维度对其进行分类,提倡对同一旅游目的地或不同旅游目的地的旅游社区开展动态监测活动,具有较好的理论和实践意义⑤。

3)社会心理学相关理论

尽管社区冲突一般表现在行为层面,但本质上是由于社区居民的愿望、诉求未得到满足而产生的心理失衡。因此,一些社会心理学理论常被用于旅游目的地社区研究。

(1)社会交换理论

社会交换理论(Social Exchange Theory)是一种兴起于20世纪60年代的社会心理学理论,并于20世纪90年代开始在社区旅游研究中得到了广泛应用。社会交换理论认为人类的一切行为都受到某种或明或暗的、能够带来奖励和报酬的交换活动的支配,因而人类的一切社会活动都可归结为一种交换行为,人们在社会交往中所结成的社会关系也只能是一

① DOXEY G. A causation theory of visitor resident irritants: methodology and research inference [D]. San Diego: University of San Diego, 1975.
② BUTLER R W. The concept of a tourist area cycle of evolution: Implications for management of resources[J]. Canadian Geographer, 1980, 24(1): 5-12.
③ LANKFORD S V, HOWARD D R. Developing a tourism impact attitude scale[J]. Annals of Tourism Research, 1994, 21(1): 121-139.
④ BJORKLUND E M, PHILBRICK A K. Spatial configurations of mental process [D]. London: Unversity of Western Ontario, 1972.
⑤ FAULKNER B, TIDESWELL C. A framework for monitoring community impacts of tourism. Journal of Sustainable Tourism, 1997, 5(1): 3-28.

种交换关系①。该理论认为,当人们重视旅游业的效益并认为其效益大于成本时,他们将更加支持旅游业的发展;相反,当成本大于效益,或他们不重视所得到的回报时,将不会支持旅游业的发展②。社会交换理论表明,当发生以下几种情况时,个体将会参与交换:①所得到的回报受到重视;②他们相信交换可能会产生有价值的回报;③感知成本没有超过感知回报③。

艾普(John Ap)在社会交换理论的基础上构建了社会交换过程模型(见图 3-2)④,该模型也不断被证明,与旅游业关系密切的社区居民由于从旅游发展中获得的利益超过了其承担的成本,故对旅游业发展持更为积极的支持态度;与旅游业关系不密切的居民不能从旅游发展中获得直接的经济利益,却仍需承担一些社会成本,故对旅游发展的负面影响感知强烈,即出现消极抵制态度⑤。

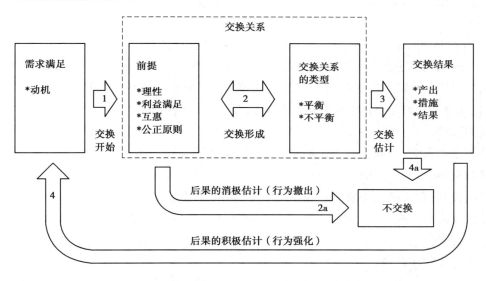

图 3-2　社会交换过程模型

社会交换理论的不足在于其将各种物质和非物质的社会交换关系过度泛化,并将人们在交换中的利益得失作为态度和行为解释的唯一依据⑥。社会交换理论是基于"经济人"假设前提的,因此不免会忽略其他影响居民感知和态度的因素,如居民对旅游资源价值的认知度、对地方文化的认同度等。此外,社会交换理论对那些受旅游业直接影响的人具有较好的解释力,而对那些未参与旅游业或未受旅游发展影响的人,则难以解释其旅游感知和态度的

①　吕萍.霍曼斯与布劳的社会交换理论比较[J].沈阳师范学院学报(社会科学版),1996(3):27-29.
②　王有成,亚伯拉罕·匹赞姆.目的地市场营销与管理:理论与实践[M].张朝枝,郑艳芬,译.北京:中国旅游出版社,2014.
③　SKIDMORE W. Theoretical thinking sociology[M]. Cambridge:Cambridge University Press,1975.
④　AP J. Residents' perception on tourism impacts[J]. Annals of Tourism Research, 1992, 19(4):665-690.
⑤　FREDLINE E, FAULKNER B. Host community reactions:A cluster analysis[J]. Annals of Tourism Research, 2000, 27(3):763-784.
⑥　PEARCE P L, MOSCARDO G, ROSS G F. Tourism community relationships[M]. New York:Pergamon, 1996.

形成问题①。

(2)社会表征理论

社会表征理论(Social Representation Theory)又称"社会表象理论","社会表征"一词最早是由法国实证主义社会学家涂尔干(Durkheim)的社会学概念——个体表征和集体表征(Individual Representations and Collective Representations)发展而来的。20世纪60年代,法国社会心理学家墨斯科维奇(Moscovici)引入这一概念并加以扩充,将社会表征定义为"拥有自身的文化含义并且独立于个体体验之外而持续存在的各种预想(Preconceptions)、形象(Images)和价值(Values)所组成的知识体系"②。简单地说,社会表征就是人们用来对周围的事物、事件以及目标做出反应的一系列定义性的短语或形象,它们是人们用来了解周围世界的工具。比如"艾滋病是同性恋的瘟疫""旅游业是破坏文化的秃鹫"等都是典型的社会表征③。

20世纪90年代,皮尔斯(Pearce)等人通过其著作《旅游社区关系》(Tourism Community Relationships)将该理论引入旅游研究,提出社区旅游社会表征形成的理论框架(见图3-3),研究旅游目的地社区居民对旅游影响的感知等问题。社会表征的产生根源主要有三类:直接经验、社会互动以及媒体④。对于社区而言,关于旅游的社会表征可以来源于旅游业对社区影响的直接经验,例如,社区居民可以从旅游发展中获得经济收益、就业机会和生活质量的提高等正面影响,也会获得交通拥挤、物价上涨、环境破坏等负面影响。居民对这些旅游影响的直接感受,为他们提供了更多的可以用作表征基础的信息,而这些信息最容易受到人们的直接控制;对于潜在的或者正在进行旅游开发、准备成为旅游目的地的社区而言,社会互动和媒体则可能成为居民旅游社会表征形成的主要来源。由于缺乏有关旅游业影响的直接经验,人们可能会在与他人的交流互动中获取社会表征。此外,拥有信息传播的主动权的媒体也具有影响居民感知的潜在能力。

社会表征可以作为旅游目的地社区的社会群体划分依据,以使当地社区更好地融入旅游发展之中,因此该理论也可以用于对社区各群体采取针对性的措施解决社区参与旅游中的问题⑤。

① 彭建,王剑.旅游研究中的三种社会心理学视角之比较[J].旅游科学,2012,26(2):1-9+28.

② 应天煜.浅议社会表象理论(Social Representation Theory)在旅游学研究中的应用[J].旅游学刊,2004,19(1):87-92.

③ PEARCE P L, MOSCARDO G, PEARCE D C. Tourism community analysis:Asking the right questions[A]. London:Routledge, 1999.

④ FREDLINE E, FAULKNER B. Host community reactions:a cluster analysis[J]. Annals of Tourism Research, 2000, 27(3):763-784.

⑤ MURPHY P E, MURPHY A E. Strategic management for tourism communities:bridging the gaps[J]. Toursim Management, 2007,28(3):940-946.

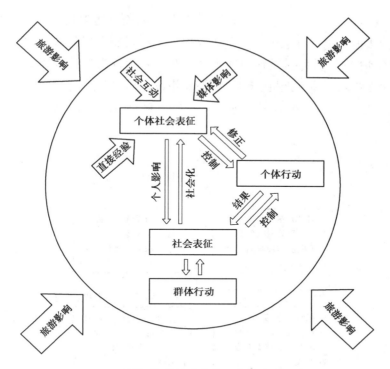

图 3-3　社区旅游社会表征形成的理论框架

资料来源：PEARCE P L, MOSCARDO G, ROSS G F. Tourism community relationships[M]. New York：Pergamon，1996.

（3）相对剥削理论

相对剥夺理论（Relative Deprivation Theory）是第二次世界大战后兴起的一种社会心理学理论。相对剥夺感是一种广泛存在的社会心理现象，是指人们通过和选定的参照系，将自己的利益得失与其他群体或自己过去的经历进行比较后而产生的不公平感，认为自己之所以比他人少是因为自己本应该得到的东西没有得到、被剥夺了①。人们选择的参照群体可以是自己所在的人群，也可是本群体以外的其他人群，两种比较均可能导致相对剥夺感的产生②。此外，人们与其他参照群体进行比较后形成的相对剥夺称为横向相对剥夺，而与自己过去的经历相比较而形成的相对剥夺称为纵向相对剥夺③。

当居民经过互相比较后不仅形成主观上的差异感知，还产生了强烈的相对剥夺感，易激发社区冲突事件，因此相对剥夺感是解释旅游目的地社区冲突的关键因素④。社区居民的相

---

①　罗桂芬.社会改革中人们的"相对剥夺感"心理浅析[J].中国人民大学学报,1990,4(4):84-89.

②　DAVIS J A. A formal interpretation of the theory of relative deprivation[J]. Sociometry, 1959, 22(4)：280-296.

③　王宁.相对剥夺感：从横向到纵向——以城市退休老人对医疗保障体制转型的体验为例[J].西北师大学报(社会科学版),2007,44(4):19-25.

④　李平,吕宛青.浅析旅游弱势群体的"相对剥夺感"[J].中国人口·资源与环境,2014,24(1):207-209.

对剥夺感的表现形式是多样化的,有横向的也有纵向的,而且通常是多种相对剥夺感交织并存①。国内研究者基于社区冲突的多案例研究提出了相对剥夺感的应对方式及其影响因素理论模型(见图3-4)②。社区居民感知到相对剥夺感后的行为受到自我效能感与归因方式的共同影响,随之会采取冲突抵抗、无奈承受、积极发展、退缩逃避四种应对方式。因此,社区冲突的治理要建立相应的相对剥夺感疏导机制,引导居民进行正确归因,提高其自我效能感。

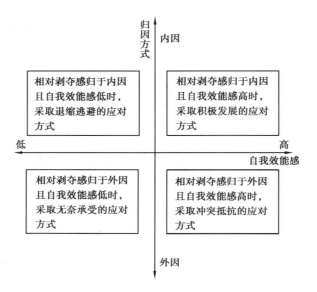

图 3-4 相对剥夺感的应对方式及其影响因素理论模型

3.3 旅游目的地社区管理方法

3.3.1 制定相应层级的规章制度

1)涉及社区管理的制度类型

（1）国家和地方的法律、法规、政策

国家和地方的法律、法规、政策主要包括涉及土地及文化与自然遗产保护、生态环境保护等一系列法律法规,以及地方政府制定的相关法规、政策等。

---

① 彭建,王剑.旅游研究中的三种社会心理学视角之比较[J].旅游科学,2012,26(2):1-9+28.
② 张大钊,曾丽.旅游地居民相对剥夺感的应对方式理论模型[J].旅游学刊,2019,34(2):29-36.

（2）旅游目的地政策、制度

旅游目的地政策、制度主要包括招商引资、宣传促销、景区建设等促进社区参与旅游发展的相关政策，以及基层组织议事制度、生态补偿制度等。此外，合同制度也是社区管理中的关键手段，合同可以作为相对弱势的社区居民利益保障的手段和渠道①。

（3）社区内部制度

社区内部制度主要指社区在参与旅游发展的实践中制定的内部规章制度，如云南省雨崩村的马队轮换分配制度、阿者科村的收益分红制度等。

（4）非正式制度

非正式制度主要包括村规民约、传统习俗、宗族和集体观念等非成文规范，如一些乡村社区或民族社区的祠堂、祖屋，不许在圣地放牧、在神山伐木，以及有关风水、嫁娶、节庆等风俗的约定。

2）涉及社区管理的制度内容

（1）分配规则

根据三类典型的社区参与旅游模式，社区管理的旅游收益分配规则如表 3-4 所示。

表 3-4　社区管理的旅游收益分配规则

社区参与模式	分配规则类型	分配方式	优缺点	典型社区
"公司+社区+农户"模式	补偿分红制	门票收入和其他经营性收入由旅游开发管理公司支配，以租赁的方式获得土地使用权，公司向居民给付一定数额的补偿金、租金，为居民提供就业机会，投入资金优化社区环境，定期进行旅游收益分红	优点：企业资本为社区旅游赋能，提升了整体旅游收益；缺点：企业的逐利目标可能导致社区利益被侵害，容易引发社区冲突	云南省西双版纳景洪市傣族园（1998 年至今）
社区自组织模式	轮值制	以居民家庭/家庭组为单位轮流获得接待资格，获取收益	优点：这些"计划经济统一调度"的类型维护了社区居民的收益权，同时避免了社区内部的恶性竞争，降低了社区冲突的可能性；	云南省德钦县雨崩村（2002—2007 年）
		按户或人口提供马匹、船只等交通工具，由集体统一定价、调配、管理、运营，轮流接待游客		云南省德钦县雨崩村（2002—2007 年）四川省盐源县博树村（2010—2013 年）

① 保继刚,楚义芳.旅游地理学［M］.3 版.北京:高等教育出版社,2012.

续表

社区参与模式	分配规则类型	分配方式	优缺点	典型社区
社区自组织模式	契约制	以户为单位通过抽签的方式决定不同位置商铺的使用权或租赁权,并定期调整,确保公平	缺点:经营方式相对粗放,旅游收益提升的潜力相对有限	广东省丹霞山断石村（1999—2013 年）
	工分制	成立村民接待小组,成员分工明确,各司其职,按参与人员的职位和角色以工分制计酬,按劳分配		贵州省雷山县郎德苗寨(1987—2013 年)
"NGO+社区+农户"模式	分红制	商铺租赁、旅游接待等村集体收入除留一小部分作为旅游发展资金外,其余采用定期分红的方式发放到村民手中;分红依据:传统民居、农业景观、户籍等	优点:有助于社区旅游的可持续发展,居民获得尽可能高比例的收益;缺点:NGO 组织管理的持续性有待进一步观察	云南省元阳县阿者科村(2018 年至今)

资料来源:基于文献整理。

（2）行为规则

按照规则的功能可将社区行为规则分为组织规则、游客接待规则、主客交往规则、资源和环境保护规则、安全规则、奖惩规则等,如表 3-5 所示。

表 3-5　社区行为规则类型及内容

行为规则类型	内容
组织规则	明确社区的管理主体(村委会、旅游合作委员会或者旅游发展公司等)及其权力和作用
游客接待规则	明确旅游经营和游客接待的标准和底线,如定价、卫生、食品安全等
主客交往规则	明确主客交往的标准和底线,如文明礼仪、处事方式等,禁止乞讨、欺骗、敲诈等行为
资源和环境保护规则	明确社区文化遗产、自然和人文景观、生态环境等保护的要求,保护传统民居以及山林、河湖、地貌、梯田等资源和景观
安全规则	明确社区内部交通、消防、财产、自然灾害等安全管理的规范和底线
奖惩规则	明确社区居民维护或违反行为规则条款的奖励或惩罚措施

资料来源:基于文献整理。

（3）监督规则

监督规则是指保障社区居民日常性和阶段性地监督社区管理者、经营者等群体的规则和制度，具体内容包括社区旅游经营状况（收入、支出、游客量等）公示规则、社区居民对经营情况的质询和检查规则等，确保社区管理的透明化、民主化。

3.3.2　为社区旅游发展赋能

1）增强居民的社区文化认同感

（1）社区文化认同

文化认同（Cultural Identity）是指个人自觉投入并归属于某一文化群体的程度[①]。传统地域文化不仅提供了连续性的记忆，而且承载着独特的地方感和地方文化精神，不仅具有旅游等方面的经济价值，也有助于维持多样性和可持续发展的景观体系[②]。社区是传统地域文化的载体，随着旅游目的地开发的时间增长，人们对自己拥有与外界不同地方的文化会重新有一种认同感和自尊感[③]。

文化认同体现在主体的认知、情感和行为 3 个层面，可表征为"了解""热爱""自觉维护" 3 个依次递进的认同程度。现有研究表明，社区居民的文化认同感越强，对旅游社会文化影响的正向或负向感知越强[④]；居民对旅游社会文化影响的正向或负向感知越强烈，对社区发展的肯定或否定评价越强，从而支持或反对旅游开发的行为倾向越明显[⑤]。简而言之，社区居民的文化认同感越强，就越能形成自觉保护传统地域文化的意识，就越会支持对社区产生积极社会文化影响的旅游开发活动。

（2）增强居民社区文化认同感的途径

从地方政府和旅游企业角度来说，旅游开发和发展要尽可能减少对旅游目的地社区的负面社会文化影响，增强正面影响，减少对传统地域文化原真性的冲击，尊重地方风俗，避免文化过度商业化、庸俗化。同时，要增强社区在旅游发展中的获得感，尤其是经济效益的获得感，以提升社区居民文化认同的动力。

从社区自身角度来说，要通过教育手段来增强居民的集体认同和文化认同，改变旅游发展中的利益短视行为，达成可持续旅游发展的观念共识。教育的内容和方式包括地方文化教育、遗产价值教育、社区道德讲堂、主题文化活动等。

① OETTING E R, BEAUVAIS F. Orthogonal cultural identification theory: the cultural identification of minority adolescents[J]. International Journal of the Addictions, 1991, 25(5): 655-685.

② PALANG H, HELMFRID S, ANTROP M, et al. Rural landscapes: past processes and future strategies[J]. Landscape and Urban Planning, 2005, 70(1): 3-8.

③ 李蕾蕾.跨文化传播及其对旅游目的地方文化认同的影响[J].深圳大学学报（人文社会科学版），2000(2):95-100.

④ MCCOOL S F, MARTIN S R. Community attachment and attitudes toward tourism development[J]. Journal of Travel Research, 1994, 32(3): 29-34.

⑤ 唐晓云.古村落旅游社会文化影响:居民感知、态度与行为的关系——以广西龙脊平安寨为例[J].人文地理，2015,30(1):135-142.

2)增强居民的地方依恋

20世纪70年代,华裔地理学家段义孚(Yi-Fu Tuan)把恋地情结引入地理学中用于表示人对地方的爱恋之情,他认为地方感是地方本身所具有的特质以及人们自身对地方的依附①。在此基础上,威廉姆斯(Williams)和罗格布克(Roggenbuck)提出"地方依恋(Place Attachment)"的概念,并阐述了地方依恋的理论框架,地方依恋由地方依赖(Place Dependence)和地方认同(Place Identity)两个维度构成,地方依赖是人和地方之间的一种功能性依恋,地方认同是一种情感性依恋②。现有研究表明,地方依赖对地方认同有显著的正向影响,居民对社区的功能依赖是形成居民对古村落的情感依恋的重要因素;不同开发管理模式和利益分配机制对居民地方依恋程度有显著影响③;居民的地方依恋对其资源保护、遗产保护和生态保护的态度有显著的正向影响④;地方依恋感越强的居民,其自身发展和社区发展的联系越紧密,更加关注自身所在社区的变化,因此对本地旅游发展期望值也越高,对旅游发展的积极作用有一定心理预期,因此也更易于感知到旅游带来的正面影响⑤。

因此,增强社区居民的地方依恋程度有助于旅游目的地社区管理效能的提升。具体而言应做好如下工作:一是要丰富社区居民的生计方式,在提升社区参与度的同时增强居民的旅游生计能力,强化居民对社区的功能依赖,进而强化其情感依恋;二是要完善旅游收益分配机制,全面提高居民的满意度;三是要提升媒介的宣传力量,使居民获得超出经济利益的地方认同,从而推动社区的和谐发展。

3.3.3 给旅游目的地社区增权

1)增权理论

增权理论(Empowerment Theory),又译为充权、赋权、激发权能理论⑥。增权(Empo-werment)是由权力(Power)、无权(Powerlessness)以及去权(Disempowerment)等核心概念建构起来的,其中,权力或权能(Power)是增权理论的基础概念⑦。1999年,斯彻文思(Scheyvens)正式将增权理论引入旅游研究,认为旅游增权的受体应当是旅游目的地社区,并提

---

① TUAN Y F. Space and place: the perspective of experience[M]. Minneapolis: University of Minnesota Press, 1977.

② WILLIAMS D R, ROGGENBUCK J W. Measuring place attachment: some preliminary results[J]. Leisure Research Symposium of National Recreation and Park Association Arlington, 1989(10): 20-22.

③ 唐文跃,张捷,罗浩,等.古村落居民地方依恋与资源保护态度的关系——以西递、宏村、南屏为例[J].旅游学刊,2008,23(10):87-92.

④ 张朝枝,曾莉萍,林红霞.社区居民对景区开发企业社会责任的感知——基于地方依恋的视角[J].人文地理,2015,30(4):136-142.

⑤ 许振晓,张捷,曹靖,等.居民地方感对区域旅游发展支持度影响——以九寨沟旅游核心社区为例[J].地理学报,2009,64(6):736-744.

⑥ MACBETH J. Dissonance and paradox in tourism planning: people first[J]. ANZALS Research Series, 1994, 18(3): 2-18.

⑦ 左冰,保继刚.从"社区参与"走向"社区增权"——西方"旅游增权"理论研究述评[J].旅游学刊,2008,23(4):58-63.

出了一个包含政治、经济、心理、社会 4 个维度在内的增权评估框架①（见表 3-6）。

表 3-6　社区参与旅游的增权评估框架

项目	增权的表现	去权的表现
政治增权	社区的政治结构公平地代表所有社区群体的需求和利益； 发起或执管旅游投入的机构收集各个社区群体（包括妇女、青少年中的特殊利益群体及其他社会弱势群体）的意见，并使这些意见有机会被传达到决策机构	社区有一个独裁而/或自利的领导层； 发起或执管旅游投入的机构不能使地方社区参与决策，以至于大多数社区居民认为他们对"是否应该经营旅游"和"以什么方式经营旅游"等问题几乎没有发言权
经济增权	旅游为当地社区带来持续的经济收益； 现金收入在大多数社区居民之间分享； 因赚得现金，社区在某些方面有明显改进，例如，房屋用更持久的建材建造，更多的小孩有机会进入学校接受教育	旅游为当地社区仅带来少量间歇性的现金收入； 绝大多数利润流向于地方精英、外来经营者、政府机构等； 只有一小部分个人或家庭从旅游中赚得直接的财政收益，其他人由于缺乏资本、经验与/或合适的技能，而不能找到分享经济利益的途径
心理增权	由于外界对当地文化、自然资源和传统知识的认知，多数社区居民的自豪感得到增强； 就业和现金的获得，使传统地位较低的社会团体——如青少年、穷人的地位得以提升	与游客交往后，社区居民认为他们自己的文化和生活方式是低人一等的； 许多人由于未能分享旅游收益，从而对旅游开发感到困惑、失意、没兴趣或失望
社会增权	旅游维持或增强当地社区的均衡； 由于个人和家庭一起工作，形成一种成功的旅游投入，从而增强了社区的内聚性； 部分资金被提留出来用于社区发展，如建学校或改善供水系统	不和谐，社会衰败； 许多社区居民被社区外的价值观同化，从而失去对传统文化和老者的尊敬； 弱势群体承受着旅游开发中存在的问题所带来的冲击，并且不能平等地分享收益； 与合作相反，家庭、族群或社会经济集团为感知到的旅游收益而相互竞争； 普遍存在怨恨和嫉妒

资料来源：保继刚，楚义芳.旅游地理学［M］.北京：高等教育出版社，2012.

增权理论以其强烈的人文关怀精神、对旅游发展过程中权力关系的深刻洞察和在实践上的潜在有效性对于发展中国家的旅游发展来说无疑具有重要的启示意义②。近年来也出现了一些对旅游增权理论的批判：一是忽略了社区居民的异质性，西方学者将旅游增权的受

---

① SCHEYVENS R. Ecotourism and the empowerment of local communities［J］. Tourism Management, 1999, 20(2): 245-249.

② 左冰，保继刚.从"社区参与"走向"社区增权"——西方"旅游增权"理论研究述评［J］.旅游学刊,2008,23(4):58-63.

体界定为社区,将社区视为一个独立的实体,但实际上同一社区内居民的态度、诉求、行为等存在差异和分化,不可以一概而论;二是忽略了旅游目的地发展的阶段性,根据旅游地生命周期理论,处于不同发展阶段的旅游目的地社区居民对待旅游的态度以及参与层次与行为也都呈现出阶段性特征,因此决定了旅游增权的目标、内容、途径的差异①;三是忽略了东西方文化和体制制度的差异,旅游增权理论毕竟是在西方的政治制度、经济制度和社会文化背景下发展起来的,并不能完全匹配受传统差序格局影响的中国乡村社区和民族社区,个人权力、土地产权、旅游资源所有权制度和西方也存在差异,增权理论的应用必须要从中国的旅游实践中得出结论。

2)社区增权的路径

根据增权理论,鉴于社区居民的相对弱势地位,宜从以下几个方面对社区进行增权,以保障社区居民的权益。

①经济增权,要求将社区居民作为旅游业发展的核心利益分配主体,帮助其获得持续的经济利益。具体内容包括优先的旅游就业机会、多元的旅游生计方式、公平的利益分配方式等,鼓励其以更积极的态度参与区域旅游的开发。

②心理增权,要求使社区居民意识到旅游资源的价值,促使其主动参与到开发和保护过程中来。具体内容包括旅游资源和地方文化价值教育、旅游发展影响教育等。

③社会增权,要求发展社区公共事业,强化社区整体形象,增强社区内部凝聚力。具体内容包括将基础设施和旅游设施建设与社区建设相结合、构建社区组织体系、培育社区精英、加强社区旅游形象宣传等。

④政治增权,要求建立决策参与机制,赋予社区居民一定的话语权和参与决策的平等权。具体内容包括完善社区参与保障机制、建立旅游利益协调组织、发挥社区基层组织的作用等。要保障社区居民在旅游开发中的知情权,在旅游开发的各个环节都要与社区居民进行充分的沟通,尊重当地社区居民的诉求。

3.4　旅游目的地社区可持续发展

3.4.1　社区可持续发展的本质

1)社区可持续发展的内容

1990年召开的"可持续发展国际大会"上提出的《旅游可持续发展行动战略》草案中明确提出了"可持续旅游"的概念,构筑了该理论的基本框架和主要目标:增进人们对旅游所产

---

① 王会战.旅游增权研究:进展与思考[J].社会科学家,2013(8):87-90.

生的环境效应和经济效应的理解,强化人们的生态意识,促进旅游的公平发展,改善旅游接待地区居民的生活质量,向旅游者提供高质量的旅游经历以及保护未来旅游开发赖以存在的环境质量。世界旅游组织对旅游可持续发展做了如下定义:在保持和增进未来发展机会的同时,满足旅游者和东道主地区当前的各种需求[①]。由此可见,社区居民生活质量的提高、社区的可持续发展是旅游目的地可持续发展的核心内容之一。

根据全球可持续旅游委员会(GSTC)制定的《全球可持续旅游目的地标准》(*Global Sustainable Tourism Destination Criteria*,GSTC-D),旅游目的地社区可持续发展的目标是"当地社区的社会/经济效益最大化/负面影响最小化"(见表3-7)。

表 3-7　GSTC-D 的社区可持续发展标准

评价指标	具体内容
B-1 经济发展监测	旅游目的地定期监测并公开报告旅游业对当地经济的直接、间接贡献
B-2 居民就业机会	旅游目的地为当地包括妇女、青年、少数族裔以及其他弱势群体在内的居民提供平等的、正规的培训与就业机会
B-3 利益相关者的参与机制	旅游目的地建立了机制,以确保利益相关者持续地参与旅游相关规划与相关决策的制定
B-4 当地社区民意	旅游目的地定期监测、记录并且公开报告社区居民对旅游业的期望值、关注度与满意度。旅游目的地要确保充分地考虑关键利益相关者的观点并在需要时采取相应整改措施
B-5 社区居民的进入与访问权利	旅游目的地保护、监测并且保障社区居民能够参观自然、历史、考古、宗教、精神以及文化的景观景点
B-6 提升可持续旅游意识	旅游目的地定期开展活动,以提高居民对旅游业存在的机遇与挑战以及对可持续发展的重要性等方面的认识
B-7 反对剥削	旅游目的地建立了明确的体系并采取相关措施,以防止商业剥削、性剥削、性骚扰等行为,尤其是制止对儿童、青少年、妇女和少数族裔的剥削行为
B-8 支持社区发展	旅游目的地建立了确保旅游关联企业积极支持社区发展的机制
B-9 支持本土企业与公平贸易	旅游目的地建立了工作机制,用以支持本土企业主以及促进公平贸易原则的推广

资料来源:《全球可持续旅游目的地标准》。

2)社区可持续发展与社区福祉

（1）福祉的定义

福祉的本质就是人类满足需求后获得的幸福,个人因能实现自己的价值而获得的快乐。按照《说文解字》的理解:福,佑也;从示,畐声;这里的福的本义是双手奉酒向上天祈福。祉

[①]　李金早.当代旅游学:中[M].北京:中国旅游出版社,2018.

的解释为:祉,福也;从示,止声。这里的示是指祖先神,止即之,意为到来;示与止联合起来表示祖先神到来,本义为祖先神降临,引申义为福气。而福祉一词在中国文献里自古就有,《焦氏易林》中有"赐我福祉,寿算无极",《后汉书·张衡列传》中有"宜获福祉神只,受誉黎庶",《菜根谭》中有"问子孙之福祉,吾身所贻者,是要思其倾覆之易",《韩诗外传》中有"是以德泽洋乎海内,福祉归乎王公"。从以上中国古典文献中可以看出,福祉一词的含义就是人的幸福美好的生活。福祉对应的英文词汇是"well-being",在《新牛津英汉双解大词典》中的解释是"the state of being comfortable, healthy or happy",侧重于一种存在状态,一种好的、舒适的、健康的、幸福的、满足的生活状态。

因此,福祉(Well-being)指的是健康、幸福并且物质上富足的生活状态。广义上讲,福祉是指人们对当下的生活方式、生活状态,以及人生追求感到满意。福祉有主观和客观之分:客观福祉是人类利用客观资本对人类各种需求的满足程度,主观福祉是指由于需求被满足而产生的感官上的愉悦、疼痛和精神上的快乐、痛苦。联合国于2005年发布的《千年生态系统评估》(*The Millennium Ecosystem Assessment*)将人类福祉划分为5个组成要素:基本产品与服务、安全、健康、社会关系及选择和行动自由。在我国,党和国家高度重视民生福祉,党的十八届三中全会公报中指出,以促进社会公平正义、增进人民福祉为全面深化改革的出发点和落脚点,明确指出了民生福祉的政策意义和制度内涵。党的十九大报告明确提出:增进民生福祉是发展的根本目的。

(2)社区可持续发展与社区福祉的关系

人类福祉的概念和研究最初兴起于20世纪50—60年代。当时为第二次世界大战结束百废待兴之际,西方各国大力恢复经济,经济发展成为政府和公众的焦点,国内生产总值(Gross Domestic Product,GDP)成为衡量国家发达程度的主要指标[①]。过去的十几年里,人们逐渐认识到仅仅依靠经济指标是无法恰当地评估人类福祉的,经济发展只是实现可持续发展目标的手段,而提高人类福祉才是其核心所在[②]。可持续发展的最终目的是提高人类福祉,即满足当代人和后代人的物质和精神需求[③]。对于旅游目的地而言,旅游决策、规划、开发、管理等旅游发展过程要充分考虑社区的需要和诉求,实现旅游可持续发展和社区可持续发展,而提高社区居民福祉是社区可持续发展的最终目标。

(3)旅游可持续生计与社区福祉的关系

生计(Livelihood)在汉语中是一个由来已久的词汇,指赖以度生的产业或职业,也指维持生活的办法。作为一个学术词汇,国际上关于对生计概念的界定直到1992年才由钱伯斯(Chambers)和康韦(Conway)首次提出,即"生计是由生活所需的能力(Capabilities)、资产

---

① COSTANZA R, KUBISZEWSKI I, GIOVANNINI E, et al. Development: time to leave GDP behind[J]. Nature, 2014, 505(7483): 283-285.

② 黄甘霖,姜亚琼,刘志锋,等.人类福祉研究进展——基于可持续科学视角[J].生态学报,2016,36(23):7519-7527.

③ 邬建国,郭晓川,杨稢,等.什么是可持续性科学?[J].应用生态学报,2014,25(1):1-11.

（Assets）和活动（Activities）组成"①。该定义强调了生计的本质——能力建设，并拓展了生计的内涵，将生计分解为可量化的资产和活动，使"生计"成为一个比"发展"更具体的概念②。他们同时提出"可持续生计（Sustainable Livelihood）"的概念，认为"只有当一种生计能够应对压力、打击、突变，并从中恢复，在当前和未来能够保持乃至加强其能力与资产，同时又不损坏自然资源基础，这种生计才是可持续的"③。可持续生计也逐渐成为一种研究方法，为探索如何可持续地解决农村贫困问题提供新视角，被广泛应用到农村发展问题和全球性的发展问题研究中④。

　　英国国际发展署（DFID）于1998年建立的可持续生计分析框架最有代表性，也是目前为止被国际组织、学术界应用最多的理论框架。随后旅游学者们在此基础上提出了旅游可持续生计分析框架（见图3-5），并揭示了可持续发展、乡村社区发展和旅游发展之间的相互关系（见图3-6）。

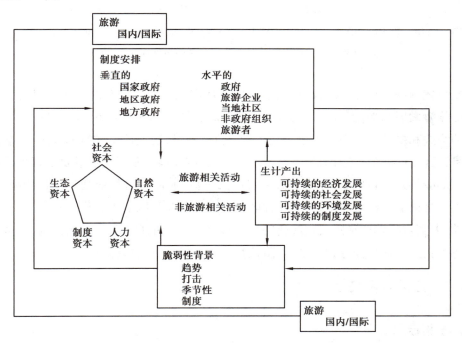

图 3-5　旅游可持续生计分析框架

资料来源：SHEN F, HUGHEY K F D, SIMMONS D G. Connecting the sustainable livelihoods approach and tourism: A review of the literature[J]. Journal of Hospitality & Tourism Management, 2008, 15(1): 19-31.

①　CHAMBERS R, CONWAY G. Sustainable rural livelihoods: Practical concepts for the 21st century[M]. London: London Institute of Development Studies (UK), 1992.

②　SCOONES I. Livelihoods perspectives and rural development[J]. The Journal of Peasant Studies, 2009,36(1): 171-196.

③　同①.

④　罗文斌,唐沛,孟贝,等.国外旅游可持续生计研究进展及启示[J].中南林业科技大学学报（社会科学版）,2019, 13(6):93-100.

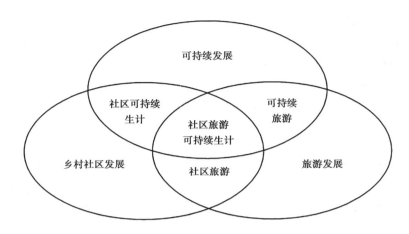

图 3-6　可持续发展、乡村社区发展和旅游发展之间的相互关系

资料来源：SHEN F，HUGHEY K F D，SIMMONS D G. Connecting the sustainable livelihoods approach and tourism：A review of the literature［J］. Journal of Hospitality & Tourism Management，2008，15（1）：19-31.

综上所述，旅游目的地社区可持续发展的本质和核心是提升和改善作为可持续生计方式的社区旅游发展水平，实现社区的经济、社会文化和生态环境协同发展，最终实现社区居民福祉的增进和提升。但需要指出的是，无论是在空间尺度上还是在时间尺度上，旅游业都不一定是社区发展的最优选择，更不是唯一选择，旅游发展也不一定能满足社区发展的所有要求①。从可持续生计的视角来看，旅游生计方式也并非旅游目的地社区生计的唯一选择，可持续生计分析框架以人为中心，关注社区生计安全以及社区能力建设，强调社区生计构成的多样性，尤其包括那些贫困或边缘化的社区以及边缘化的群体②。因此，旅游目的地社区须将旅游生计与其他生计方式相结合，降低社区生计风险，增进社区居民福祉。

3.4.2　社区居民福祉

1）测量指标

从测度方式来看，福祉测度主要分为三类：一是福祉的客观测度，即客观福祉评价指数，主要是利用可以计量的经济或社会指标等客观指标去反映人类需求被满足的程度；二是福祉的主观测度，即主观福祉评价指数，主要是利用问卷调查等主观指标的方法对个人的幸福度、快乐程度以及与此相似的感受程度进行调查③；三是可持续视角下的福祉测度（见表 3-8）。

---

① 苏明明.可持续旅游与旅游地社区发展［J］.旅游学刊,2014,29（4）:8-9.
② TAO T C H，WALL G . Tourism as a sustainable livelihood strategy［J］. Tourism Management，2009，30（1）：90-98.
③ 占少贵,王圣云,傅春.福祉研究文献综述［J］.广西社会科学,2014（12）:100-105.

表 3-8 人类福祉主要评价指数举例

评价指数		指标	计算方法
客观福祉评价指数（Objective Well-being）	物质生活质量指数（Physical Quality of Life Index，PQOL）	识字率；婴儿死亡率；预期寿命	婴儿死亡率指数 =（166−婴儿死亡率）×0.625；预期寿命指数 =（预期寿命−42）×2.7；PQOL =（识字率+婴儿死亡率指数+预期寿命指数）/3
	人类发展指数（Human Development Index，HDI）	收入；教育（预期教育年限，平均受教育年限）；预期寿命	教育指数 =[（预期教育年限×平均受教育年限）$^{1/2}$−最小值]/（最大值−最小值）；HDI =（收入指数×教育指数×预期寿命指数）$^{1/3}$
主观福祉评价指数（Subjective Well-being）	情感平衡表（Affect Balance Scale，ABS）	正向情感；负向情感	通过问卷计算正向情感和负向情感出现的次数和差异
	生活满意度（Satisfaction with Life Scale，SWLS）	是否符合理想；生活条件如何；对生活的满意程度；是否拥有所希望的重要事物；是否希望改变过去的生活	通过计算问卷分数将被调查者分为六类：极度不满意、不满意、满意度低于平均水平、平均满意度水平、满意、非常满意
	彭伯顿幸福指数（The Pemberton Happiness Index，PHI）	回溯福祉（总体福祉、Eudaimonia 福祉、享乐福祉、社会福祉）；经历福祉	问卷形式，共包括 21 个陈述，回答者通过 0~10 表达对陈述的认同程度
可持续视角下的福祉评价（Well-being from the Sustainability Perspective）	快乐星球指数（Happy Planet Index，HPI）	体验福祉；预期寿命；生态足迹	HPI =（体验福祉×预期寿命）/生态足迹
	人类福祉（Human Well-being）评价框架	基础生活资料；健康；安全；良好的社会关系；选择的自由	—

资料来源：黄甘霖,姜亚琼,刘志锋,等.人类福祉研究进展——基于可持续科学视角[J].生态学报,2016,36（23）：7519-7527.

2)影响福祉水平的因素

(1)经济因素

在经济发展观的主导下,福祉提升的内涵一直被认为是经济的增长。因此,宏观领域的国内生产总值(GDP)和微观领域的居民收入受到了全世界的追捧,GDP或收入指标用于从经济视角评估区域发展成就或居民福祉水平。福利经济学往往将收入或财富因素作为影响福祉高低的主要因素。尽管如此,经济发展并非影响福祉水平的唯一因素。当收入超出了满足基本需求的阈值(threshold)后,其与福祉的相关度就减弱。尤其是当收入水平较高的时候,相对收入、相对地位更能决定人们的福祉水平[①]。

(2)社会文化因素

福祉水平不只局限于经济因素,贫困、犯罪、社会服务等社会问题跟福祉也息息相关。美国著名心理学家赛利格曼(Martin E.P.Seligman)发现福祉水平较高的人往往具有丰富的社交生活[②]。文化也是福祉的重要影响因素,文化教育可以塑造人们正确的幸福观,从而较大地提升人们的福祉水平。另外,社会保障、教育、医疗、卫生等发展水平对增进国民福祉也具有积极作用。

(3)生态环境因素

随着经济的快速发展,居民收入不断提高,生态资源环境问题日益突出,人们开始从生态环境视角重新审视发展的真正内涵。2001年,联合国"千年生态系统评估"项目围绕"生态系统服务与人类福祉"研究了生态环境与人类福祉之间的关系并进行了全球性的深入调查,引发人们开始积极关注和研究生态环境与人类福祉之间的关系[③]。已有研究表明,人均生态系统服务与人类主观福祉呈正相关关系[④]。

3)提高居民福祉的方法

根据联合国"千年生态系统评估"项目提出的人类福祉评价指标(安全、基本物质需求、健康、良好的社会关系和选择与行动的自由),可从4个方面入手提高居民的福祉。

(1)维护社会安全稳定

安全稳定是社区发展的基础,也是福祉的根本要求。具体来说,要加强社区旅游发展中的治安管理,保障社区居民尤其是非直接参与旅游发展社区居民的安全权利;要保障生存和

---

① MENTZAKISA E, MOROB M. The Poor, the rich and the happy: exploring the link between income and subjective well-being[J]. The Journal of Socio-Economics, 2009, 38(1):147-158.

② 马丁·赛利格曼.真实的幸福[M].洪兰,译.沈阳:万卷出版公司,2010.

③ 赵士洞,张永民.生态系统与人类福祉——千年生态系统评估的成就、贡献和展望[J].地球科学进展,2006,21(9):895-902.

④ ENGELBRECHT H. Natural capital, subjective well-being, and the new welfare economics of sustainability: some evidence from cross-country regressions[J]. Ecological Economics, 2009(2):380-388.

生产要素的安全,如土地、山林、水源等。

（2）全面提升社区居民的生活质量

一是丰富居民生计方式,提升社区可持续生计能力。由于旅游业具有潮汐式特征和区位依赖性特点,并非所有居民都可以完全依赖于旅游业生计方式来维持家庭发展,因此有必要增强他们的技能帮助他们获得多种生计方式,并将传统生计方式、旅游业生计方式以及其他生计方式恰当地融合,增强他们家庭抗风险能力,如对他们进行蔬菜水果栽培、牲畜养殖、工艺品制作等技能培训,以增强一些不适宜直接在旅游业领域就业人群的生计方式竞争力,也包括对他们进行一些卫生知识、服务意识、网络知识、法律知识的培训,增强他们在旅游业内的工作竞争力。

二是加强社区的基础设施建设,改善人居环境。地方政府、旅游企业或社区自身要在旅游发展的基础上完善社区的交通、电力、能源、通信等基础设施建设,改善传统民居的居住条件,修缮旧房危房,推进绿化、污水处理、固体垃圾处理等环境整治工作,保障居民的健康生活。

三是稳定旅游目的地物价水平。保障社区的生活物资正常供应,防止因旅游发展而导致旅游目的地物价水平大幅度上涨,要控制房价水平,维护社区居民权益。

（3）构建良好的社区关系

社区冲突是影响居民福祉的负面因素,良好的社区主客关系和社区内部关系有助于实现东道主与游客互相理解、尊重,增强社区的凝聚力。从主客关系的角度说,要合理预估社区环境承载力,如因大量游客的涌入而造成的资源争夺和社区拥堵;要加强主客双方的引导和教育,约束双方的行为,增进相互理解和尊重。从社区内部关系来说,关键是要制定合适的利益分配规则,确保居民公平地获得旅游发展带来的经济利益;要加强社区自组织建设,完善社区集体议事制度,及时处理内部矛盾冲突;要加强传统地域文化的传播和教育,建立居民文化身份认同,培育社区居民自豪感。

（4）满足居民更多的物质文化生活需要

随着旅游的进一步发展,社区居民的诉求也不断变化,新的矛盾也不断涌现。因此,要定期开展旅游可持续发展监测活动,全面了解社区居民的物质文化生活需要,观察这些需要和诉求的动态变化,并针对社区居民的实际诉求着力解决当前最急需解决的部分,努力实现社区居民的全面发展和社区的可持续发展。

【本章小结】

社区是旅游目的地服务的提供者和生产者,是目的地吸引物的重要组成部分,是旅游影响的承担者,是旅游发展政策与规划的参与者。旅游目的地社区冲突具有长期性、多样性和复杂性。社区冲突主要是利益分歧和分配不均、权力失衡和制度缺位、社区居民参与能力不足、文化差异和对立等原因造成的。

旅游目的地社区管理的方法主要包括:制定相应层级的规章制度、为社区旅游发展赋能、给旅游地社区增权。旅游目的地社区可持续发展的本质和核心是提升与改善作为可持续生计方式的社区旅游发展水平,实现社区的经济、社会文化和生态环境协同发展,最终实现社区居民福祉的增进和提升。

【关键术语】

社区管理;社区冲突;社区增权;居民福祉。

复习思考题

1.怎样理解社区在旅游目的地发展与管理过程中的"主人"角色?

2.简述社区冲突的形成原因。

3.试阐述如何增强社区居民的地方依恋。

4.简述福祉水平的影响因素。

5.怎样理解社区居民把旅游业作为其生计方式的重要选择之一?

【案例分析】

乡村旅游社区 B 村的冲突事件

四川 L 县 H 景区为国家级重点风景名胜区及国家 AAAA 级旅游景区。B 村为 H 景区外的彝汉混居行政村,由 3 个生产组构成。其中一组紧邻进入 H 景区的旅游公路,在旅游业的带动下,以农家乐为主要经济。二组与三组均位于海拔约 1 900 米的半山处,且距离旅游公路约 3 千米,经济发展较为滞后,其经济来源仍然依赖传统农业种植、挖药及务工,仅有少数村民参与低层次的旅游服务工作,在 H 景区的旅游开发中获益较低,2014 年人均年收入不足 2 000 元。

2014 年 6 月,在二组村民阿布的带领下,二组 46 户村民通过土地入股、集体参与的方式成功修建了 5 栋木屋用于旅游经营。在此之前,2009—2012 年,阿布等 4 位村民已在此进行过第一次木屋修建,但经营失败。在第一次修建木屋时,村民自筹资金将 B 村至山顶野猪凼的 5 千米上山公路进行了修复平整,并接通了电源。在 2014 年 6 月木屋建成后,村民又自筹资金将 5 千米外的山泉水接通至山顶,解决了木屋接待的饮水问题。由于选址具有开阔的景观视野,木屋营业以来深受市场青睐,经营较为成功。

由于木屋客栈是在未取得相关行政审批的手续下建成经营的,地方政府要求对其进行拆除。2014 年 9 月 22 日,景区所在的 M 镇人民政府下发了《停建拆除通知书》,以违反镇总体规划为由要求对其进行拆除。2015 年 6 月 29 日,M 镇人民政府再次下发《拆除违法建筑通知书》,同时州国土局景区分局也下发了《责令停止国土资源违法行为通知书》,以违反《中华人民共和国土地管理法》为由要求村民在 30 日内自行拆除。而村民认为木屋没有合法的相关手续是由于地方政府不受理申请,且所占用土地为生产队集体所有的弃耕地,从而拒绝拆除。由此引发社区居民与地方政府之间的冲突对抗。

资料来源:蔡克信,潘金玉,贺海.利益、权力和制度:旅游社会冲突的成因机制[J].四川师范大学学报(社会科学版),2017,44(1):48-55.

问题:根据案例,谈谈 B 村社区冲突的类型和形成原因,并尝试运用一种理论提出该村社区冲突治理的策略。

第4章
旅游目的地旅游企业管理

【教学目标与要求】

理解：
- 旅游目的地旅游企业管理的定义
- 企业成长内涵与方式
- 旅游企业社会责任的概念与内涵

熟悉：
- 旅游企业成长的动因及影响因素
- 旅游目的地旅游企业投资特征
- 旅游企业社会责任的维度与测量

掌握：
- 旅游目的地旅游企业管理的主要内容
- 旅游企业投资和旅游目的地成长的关系
- 旅游企业社会责任的影响因素

【知识架构】

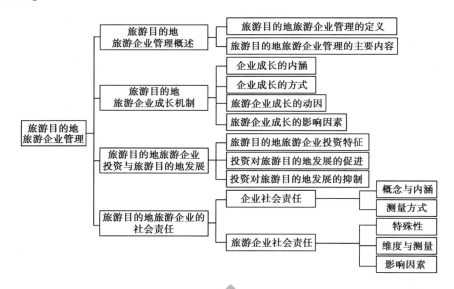

【导入案例】

国家旅游局："春季行动"检查旅游企业 13 410 家,立案 809 起

2017 年 7 月 11 日,国家旅游局召开新闻发布会,通报旅游市场秩序综合整治"春季行动"成效。在开展"春季行动"的 3 个月时间里,全国累计出动旅游质监执法人员 16 450 人次,检查旅游企业 13 410 家,立案 809 起,其中已处罚 455 起,罚款金额达 1 288.31 万元。

据了解,2017 年 2 月下旬,国家旅游局联合公安、工商部门向各地印发了《关于组织开展全国旅游市场秩序综合整治"春季行动"的通知》,启动了为期 3 个月的旅游市场秩序综合整治"春季行动"。

"春季行动"期间,全国地方各级旅游主管部门按照国家旅游局统一部署,紧盯扰乱旅游市场秩序的重点问题,以游客投诉为主要线索,以查办案件为重要抓手,采取针对性措施,坚决打击违法违规等不良经营行为,净化旅游消费环境,在全国范围内掀起了"史无前例"的旅游市场秩序综合整治风暴。

"春季行动"中,国家旅游局会同公安部、工商总局组织开展了四轮督查行动,抽调全国旅游质监执法骨干力量两百余人组成 18 个工作组,对全国 17 个省(区、市)的 27 个重点旅游城市和地区进行了专项督查,督办重点案件线索,推动各地不断完善"1+3"旅游市场综合管理体制机制,大力倡导企业诚信经营,积极培育文明旅游良好风尚。

海南省高度重视旅游市场秩序治理,坚持从严治旅和创新机制两手抓,成效显著。云南省纪委、监察厅专门就旅游市场秩序整治的监督执纪问责做出明确规定,对失职失责行为进行问责。贵州省狠抓旅游服务质量,贵州省政府分管领导亲自带队开展旅游服务质量明察暗访工作。陕西省采取警示与查办相结合的办法,加强对企业的事中事后监管。黑龙江省主动作为,积极查办涉旅违法违规典型案件。湖南省出台《湖南省实施〈中华人民共和国旅游法〉办法》,完善旅游市场监管法治体系。浙江省创新推进综合执法体制改革,利用现代信息技术手段提升监管效率。

截至目前,全国各地已设立旅游警察机构 131 家、旅游工商分局机构 77 家、旅游巡回法庭机构 221 家,旅游市场综合监管体制机制建设取得较大进展。

资料来源:新华网,2017-07-11.

4.1 旅游目的地旅游企业管理概述

4.1.1 旅游目的地旅游企业管理的定义

当人们的旅游需求发展到一定程度的时候,专门为旅游者提供相关产品和服务以获取社会、经济效益的组织就出现了。在市场经济下,这种专门提供旅游产品和服务的组织主要以企业的形态存在,统称为旅游企业。因此,旅游企业就是指那些以营利为主要目的,为旅游者提供各种满足其需要的产品和服务的经济组织。

相较于其他企业,旅游企业更具有资源依赖性、企业家主导性(中小企业更容易受企业家影响)和市场波动性等特征。

旅游目的地旅游企业管理是指旅游目的地管理机构凭借自身权力,通过行政、法律、经济手段对当地旅游企业进行规制和协调,以实现目的地更好的经济、社会、环境效益。

4.1.2 旅游目的地旅游企业管理的主要内容

(1)协调旅游企业与旅游目的地发展的关系

旅游企业的发展并不一定能给旅游目的地带来整体发展,没有控制的旅游开发和旅游经营活动可能会造成旅游目的地的不稳定、衰退和其他负面现象的出现。因此,旅游目的地管理机构需要发挥其规制者、监督者、协调者的角色,协调好旅游企业与旅游目的地发展的关系。具体而言,旅游目的地管理机构首先需要制定明确的、合乎实际的目标并做好相应的规划和制度安排;其次明确规定旅游市场准入标准和经营规范;然后按照相应的规划和标准进行招商引资、资源开发及经营权的管理、旅游项目的审批、旅游企业市场行为的监督和调控;同时督促旅游企业的发展模式进行创新和改革以适应市场环境变化的要求,促使旅游企业的管理从社会大众的需求出发。通过这些管理措施确保旅游企业发展与旅游目的地的发展方向相一致,避免旅游目的地旅游企业盲目、无序发展,保障旅游目的地的可持续发展。

(2)协调旅游企业与旅游目的地市场的关系

旅游业是一个高度竞争性的行业,在市场环境下,旅游企业可能出现一味追求经济利益的短视做法。部分旅游企业可能利用旅游者信息不全面、不对称的情况,采取不正当竞争手段,以次等的旅游产品和低价消费去吸引游客,导致那些提供优质产品的旅游企业在竞争中失利,产生"劣币驱逐良币"的现象。因此,旅游目的地旅游企业管理的一个重要内容是协调企业与市场的关系,具体表现为:旅游目的地管理机构在遵守市场规律的前提下,通过创建一系列制度和规范来约束旅游企业的市场行为,做到规范市场、稳定市场和引导市场健康发展,营造一个公平竞争、健康有序的旅游市场。

(3)协调旅游企业与旅游目的地资源环境的关系

旅游企业与旅游目的地资源和环境密切相关。在市场机制下,旅游企业一味追求经济利益的做法可能对旅游目的地资源和环境产生各种负面影响,如资源破坏性消耗和环境污染等问题,进而影响旅游目的地的可持续发展。因此,旅游目的地旅游企业管理的一个重要方面是协调旅游企业与旅游目的地资源和环境的关系。旅游目的地管理机构需要积极采取建设制度规范、监管监测、宣传教育、惩罚或补偿等手段敦促旅游企业遵守企业伦理道德,坚持环境影响最小化的原则,并且处理好旅游收益和环保补偿的关系。

(4)协调旅游企业与旅游目的地社区的关系

旅游企业与旅游目的地社区密切相关。在市场机制下,旅游企业过度追求经济利益也可能对旅游目的地社区产生各种负面影响,如收益分配不公平、物价提升、交通拥挤、噪声扰民等。因此,协调企业与社区的关系也是旅游目的地旅游企业管理的重要内容之一。旅游目的地管理机构应采取制度保障、信息发布、宣传教育等手段使旅游目的地旅游企业意识到社会责任的重要性,帮助企业了解社区对企业社会责任的需求,与企业共同确定社区改善项目,促进企业开展和参与公益性事业缓解社会矛盾。

(5)培育旅游企业的社会责任感

协调旅游企业与旅游目的地发展的上述关系,关键是要培育企业自身的社会责任感,帮助旅游企业主动承担旅游目的地相关社会责任,促进旅游企业采取关爱资源与环境、扶持当地社区等行为来缓解旅游企业发展与旅游目的地发展的矛盾。

4.2　旅游目的地旅游企业成长机制

4.2.1　企业成长的内涵

不同理论学派对企业成长及其内涵的认识存在差异。在古典经济学中,企业成长就是企业所包含的分工数量的增长。对新古典经济学而言,企业成长的内涵就是企业生产规模或销售规模的增长。新制度经济学将企业成长归结为契约集合边界的变化问题,即哪些交易应该在企业内进行,哪些应该在市场范围内进行。企业能力理论和资源基础理论则将企业成长等同于企业能力的成长。

企业成长的内涵一方面是量的扩张,另一方面是质的提高。量的成长表现为企业规模的扩大,质的成长表现为企业素质的提高①。

4.2.2　企业成长的方式

(1)内部成长和外部成长

内部成长是企业依靠自身盈利的再投入和内部经营条件的改善而实现的成长。内部成

---

① 卢建亚,等.中小旅游企业成长之路[M].北京:旅游教育出版社,2007.

长往往表现为专业化经营和持续改进,所采取的措施包括降低成本、提高生产效率、开发新产品和新市场、调整组织结构、培训员工和提高管理能力等。内部成长一般不改变企业的产权性质,也不会威胁到创业者或经营者对企业的控制,但因为依赖单体企业的扩张而容易制约企业成长的速度。

外部成长是企业通过外部行为实现的成长,如组建合资和合作公司、吸收外来资本、建立战略联盟、实行技术转让、兼并和收购等。其中兼并和收购是企业实现外部成长的最常见途径。借助外部成长,企业可以快速融资,迅速扩大生产能力,占领新市场,进而实现快速成长,但也容易增大控制难度和成本。

(2)规模型成长、创新型成长和多元化成长

规模型成长是企业在生产方式和工艺技术保持不变的情况下,单纯依靠增加投入而扩大产出规模的一种成长模式,即规模经济成长模式,如同一产品原有市场的扩大或拓展新市场。

创新型成长是指企业通过技术创新、管理创新、制度创新等,实现生产方式的变化,以降低生产成本或提高劳动生产率,从而提高企业获利能力和企业素质。

多元化成长是指将企业的成长建立在多种技术、产品之上,是企业跨越原有经营领域而同时经营两个以上产业的扩张行为。实行多元化成长的好处是:降低市场风险,扩展企业成长的领域,避免依赖单一市场;多元化成长带来的范围经济可以提高企业资源的综合利用效率,降低管理和组织费用。

4.2.3 旅游企业成长的动因

1)外生动因

市场竞争压力。市场竞争的加剧是推动旅游企业成长的一种外部动因,为了生存和获取竞争优势,旅游企业需要采取各种策略来应对竞争态势,例如,通过兼并和收购获得稀缺旅游资源的所有权,实现外部成长。

技术变革。从人类历史进程看,每一次企业组织形态的演变都是由技术巨变引起的,技术变革也必然会引起企业的发展与变革。

市场需求发展。随着旅游需求的旺盛增长和旅游偏好的多元化,旅游企业在市场的引导下不断开发、拓展能够满足旅游者需求的新产品。旅游企业的成长也面临更多的机遇。

2)内生动因

企业家精神。企业家精神很大程度上决定了企业成长的欲望。企业家为了实现自我价值和企业发展,所体现的开拓进取、冒险、创新、竞争、负责任的精神,就是企业家精神。富有企业家精神的旅游企业才有持续的成长动力。

消除内部制度性弊端的需要。多数中小旅游企业诞生时的家族制决定了它内部存在着一些制度性缺陷,如产权不清、责权不明、制度不严、治理结构混乱等,当这些缺陷成为企业发展的瓶颈时,企业家就会以建立清晰的产权关系、促使产权结构更趋合理、企业治理机制

更为有效为动因进行组织变革,避免企业衰退。

增强核心竞争力的需要。随着市场的细分,在竞争日益激烈的旅游市场中,形成并保持自己的核心竞争力,是旅游企业在竞争中取胜的关键。因此,通过积累优势资源、优化资本组合、获取协同效率、创新产品和发展方式、提升顾客体验价值等方式来提升企业核心竞争力,成为推动旅游企业成长的强大动因。

4.2.4　旅游企业成长的影响因素

1) 外部因素

旅游企业成长的现实外部环境是非常复杂的,包括法律和政策环境、社会文化环境、产业环境、自然环境、融资环境、技术环境和市场环境等。其中,市场准入制度、政府财税政策、融资成本、信用制度、人才资源、教育培训等许多方面都是制约企业成长的重要因素[①]。想要解决这些问题,仅靠旅游企业是难以实现的,而是需要各界相关部门的长期努力,为旅游企业的成长营造良好环境。

2) 内部因素

基于资源基础理论和动态能力理论的视角,影响旅游企业成长的重要内部因素是资源和动态能力。而动态能力在旅游企业中更多地表现为战略实施能力。此外,旅游企业以中小企业为主的特点也决定了企业家在企业成长过程中的关键作用。因此,可以将影响旅游企业成长的内部因素总结为资源、战略和企业家能力的相互作用。其中,资源是指企业拥有的现实和潜在的旅游资源的禀赋、级别,人力资源水平与层次,社会资源,信息资源等;企业战略包括旅游企业为适应动态环境变化而不断采取的各种发展战略;企业家能力包括战略能力、管理能力、政府关系能力和社会关系能力等[②]。

4.3　旅游目的地旅游企业投资与旅游目的地发展

4.3.1　旅游目的地旅游企业投资特征

除一般企业的特征以外,旅游目的地旅游企业投资往往具有以下特征:

追求稀缺资源。旅游目的地旅游投资的最突出特征是追求稀缺性旅游资源。旅游资源的稀缺性主要表现在两个方面:其一是资源本身在同类资源比较中的稀缺性,具有较高的观赏、游憩价值;其二是区位的稀缺性,旅游资源总是依附在一定的空间范围内,其地理的无法

---

①　卢建亚,等.中小旅游企业成长之路[M].北京:旅游教育出版社,2007.
②　张朝枝.旅游与遗产保护:基于案例的理论研究[M].天津:南开大学出版社,2008.

移动造成稀缺性。

投资主体的多样性。由于旅游业的综合性,涉及旅游发展的行业门类多,因此在旅游目的地进行投资的企业的类型也多。据不完全统计,目前我国几乎所有类型的企业都不同程度地涉足旅游投资。

政府和社会的关注程度高。由于旅游与旅游目的地环境和社会的联系、旅游资源的资源属性特征及其价值与功能的多元性,旅游投资项目和对旅游资源的利用方式备受政府和社会关注。

4.3.2 旅游企业投资对旅游目的地发展的促进

(1)先锋企业的示范效应与旅游目的地自我更新

在旅游目的地的发展过程中,一些理性的先锋投资企业往往能起到示范效应,带动旅游目的地有序发展,促进旅游目的地各项服务设施与公共管理水平自我更新。

在旅游目的发展的某些阶段,一些有远见、负责任的、理性的先锋企业投资建设的精品项目可能会带动系列追随与模仿者。当越来越多的跟随者加入品质与技术的竞争行列中时,旅游目的地的投资项目在市场作用下不断进行自我更新,推动旅游目的地的整体转型升级[①]。

(2)投资价值促进社区对遗产价值认同与保护意识觉醒

旅游企业对旅游目的地遗产资源项目的投资能让本地居民对自己家乡的遗产资源价值产生新的认识,使其身为主人翁的自豪感也不断增强。随着旅游企业对旅游目的地遗产资源的投资、开发、利用,社区居民将开始有意识地维护自己的遗产产权(主要包括遗产利用的收益权、遗产的使用权等),并且开始关注遗产资源的保护。从某种程度上讲,因为社区居民出于维护自身利益的考虑,投资商的投资意向与投资行为促进了社区居民对遗产价值的认同与遗产保护意识的觉醒[②]。

4.3.3 旅游企业投资对旅游目的地发展的抑制

(1)对稀缺资源的过度追逐导致旅游目的地收益模式缺陷

由于旅游企业对稀缺资源的追逐,旅游目的地内高度稀缺与垄断的资源成为投资者追捧的热点,这种发展模式一方面会导致旅游目的地地价快速上涨,另一方面也会导致服务性企业的投入不足,旅游目的地收益模式更倾向于资源经济。

(2)旅游目的地发展空间格局固化

由于旅游投资项目对核心垄断资源的追求,旅游目的地最重要的区位也往往容易形成旅游投资的热点。受旅游者行为规律的影响,交通线路(交通入口、交通走向、交通中转点)、

---

① ZHANG C Z, XIAO H G, GURSOY D, et al. Tacit knowledge spillover and sustainability in destination development[J]. Journal of Sustainable Tourism, 2015, 23(7): 1029-1048.

② 张朝枝,游旺.遗产申报与社区居民遗产价值认知:社会表象的视角[J].旅游学刊,2007,24(7):23-47.

核心接待设施地点(承接旅游线路中起关键作用的住宿地)的选址直接影响到部分旅游景区甚至整个旅游目的地的空间布局。特别是在以团队游客为主体的景区,旅行社或者导游的旅游线路选择方案在与投资项目不断互动的过程中,不断强化投资者对关键节点的交通、住宿设施的投资,使旅游景区的行程与线路设计也不断"团队化",而忽略了散客的需求,对自助游市场形成挤出效应,也约束了旅游目的地空间格局、旅游产品类型的多元化发展。

4.4　旅游目的地旅游企业的社会责任

4.4.1　企业社会责任

1)概念与内涵

企业社会责任是一个富有争议但又极具生命力的概念。现代企业社会责任概念的涵盖范围实际上包含了从基于企业自行裁量的自愿性实践到道德义务以及为回应社会期望而开展的相应活动。

企业社会责任的实质是处理企业和社会之间的关系,即责任内容和责任对象的问题。在责任内容上,企业社会责任大致可以包含经济责任、法律责任、伦理责任和慈善责任等;在责任对象上,包括管理者、股东、消费者、员工、非政府组织等各种利益相关者,而不同利益相关者在立场、利益诉求等方面的差异会导致他们对企业社会责任的预期不尽相同[①]。

2)测量方式

常见的企业社会责任的测量方式有三种,即"声誉指数法(Reputation Index)""内容分析法(Content Analysis)"和"问卷调查法"。声誉指数法是一种通过有关部门或机构的专家学者对企业社会责任的各方面进行主观评价后得出企业声誉排序结果的方法。内容分析法是指通过分析企业公开的各类报告或文件(包括年报、社会责任报告、官方网站文章、新闻报道)的相关信息和数据,得出衡量企业社会责任的指标和维度,然后对企业在社会责任各个项目上的表现进行量化评价。问卷调查法一般是通过事先编制好的企业社会责任量表,收集应答者对量表题项的打分来评价企业社会责任。

此外,CSR(企业社会责任)这一指标也越来越受到企业评估机构的重视,一些专业的企业调查与评级机构纷纷建立了 CSR 指数数据库以供其用户参考,例如美国的 KLD。上述几种测量方法的比较如表 4-1 所示。

[①]　张朝枝,曾莉萍,林红霞.社区居民对景区开发企业社会责任的感知——基于地方依恋的视角[J].人文地理,2015,30(4):136-142.

表 4-1　企业社会责任主要测量方法比较

测量方法	优点	缺点
声誉指数法	评价者内部一致性较高;具有主观方法的优点,能代表专家的意见	主观性强,仅代表专家学者观点;操作程序相对烦琐,适合小样本研究
内容分析法	衡量步骤比较客观;操作简单,可用于大样本分析	变量的选取较为主观;企业披露的信息可能失真或不全面
问卷调查法	可用于对不同利益相关者的研究	实际上测量的是被调查者的态度或感知,而非企业的社会责任绩效
CSR 指数数据库	涵盖了社会责任的多个维度;允许历时性连续评价;评价较为客观和公正	数据的获取依赖于数据库支持;数据质量依赖机构的评估方式和基准

资料来源:李淑燕.旅游企业社会责任履行表现及影响因素研究[D].福州:福建师范大学,2015.

4.4.2　旅游企业社会责任

1)特殊性

(1)旅游企业 CSR 的核心是社会和环境责任

企业社会责任具有行业性特点。对于制造业等其他行业来说,社会责任和环境责任往往只是其经济责任和法律责任的补充之物。但旅游目的地旅游企业往往极大地依赖于当地资源与环境,其行为会直接影响旅游目的地可持续发展。因此社会和环境责任是其核心责任。

(2)旅游企业 CSR 的责任范围更广、层次更深

相比于制造业与其利益相关者的关系,旅游企业与股东、游客、旅游目的地社区、生态环境、政府部门等的关系更为复杂和紧密。在对旅游目的地的开发问题上,必须要平衡各方利益相关者的利益,结合经济发展、自然保护、文化传承等问题,积极承担对利益相关者(如企业员工、社区、生态环境等)的社会责任。相对于制造业企业,旅游企业需要更多地履行保护环境、传承文化、支持社区发展等责任。

(3)利益相关者对旅游企业 CSR 决策的议价能力更强

对于制造业企业来说,管理者决策的主要依据是对股东负责的利润原则,其他利益相关者对企业决策缺乏影响力。然而,旅游企业的利益相关者更广泛,他们有着较强的议价能力,能够显著地影响旅游企业的经营决策和战略实施,这增加了 CSR 实施的难度。

2)维度与测量

在旅游企业 CSR 的测量上,通常采用"内容分析法"和"问卷调查法",少数研究也开始采用某些 CSR 指数数据库所提供的数据来展开分析。

在旅游企业 CSR 的维度划分上,目前主要根据研究的具体情境来确定,一些代表性的维

度划分研究成果如表 4-2 所示。

表 4-2　旅游企业社会责任维度划分的代表性研究成果

研究文献	研究对象	维度划分
KANG 等,2010①	以酒店、赌场、餐厅和航空公司为对象	积极责任和消极责任
PARK & LEE, 2009②	以餐饮业为对象	积极责任和消极责任
LEE 等,2013③	以餐饮业为对象	运营相关责任和运营非相关责任
Inoue & Lee, 2011④	以整个旅游业为对象	员工责任、产品责任、社区责任、环境责任和多样性责任
Gu 等,2009⑤	以酒店高管为访谈对象	环境责任、人力资源管理责任、慈善责任和顾客关系责任
胡兵等,2018⑥	以旅游上市公司的企业社会责任报告为对象	经济责任、法律责任、环境责任、社区责任、员工责任、顾客责任、政治责任和伙伴责任
沈鹏熠,2012⑦	以旅游目的地旅游企业为对象	经济责任、环境责任、游客责任、员工责任、法律责任和慈善责任
张朝枝等,2015⑧	以景区开发企业为对象	企业对社区及环境、股东、游客、员工、遗产和政府的责任
苏志平和顾平,2010⑨	以旅游供应链为对象	经济责任、法律责任和道德责任

资料来源:基于文献整理。

①　KANG K H, LEE S, HUH C. Impacts of positive and negative corporate social responsibility activities on company performance in the hospitality industry[J]. International Journal of Hospitality Management, 2010, 29(1): 72-82.

②　PARK S Y, LEE S. Financial rewards for social responsibility[J]. Cornell Hospitality Quarterly, 2009, 50(2): 168-179.

③　LEE S, SINGAL M, KANG K H. The corporate social responsibility—financial performance link in the U.S. restaurant industry: do economic conditions matter? [J]. International Journal of Hospitality Management, 2013, 32: 2-10.

④　INOUE Y, LEE S. Effects of different dimensions of corporate social responsibility on corporate financial performance in tourism-related industries[J]. Tourism Management, 2011, 32(4): 790-804.

⑤　GU H M, RYAN C, CHON K Y. Managerial responsibility, environmental practice, and response sets in a sample of Chinese hotel managers[J]. Journal of China Tourism Research, 2009, 5(2): 140-157.

⑥　胡兵,李婷,文彤.上市旅游企业社会责任的结构维度与模型构建——基于扎根理论的探索性研究[J].旅游学刊, 2018,33(10):31-40.

⑦　沈鹏熠.旅游企业社会责任对目的地形象及游客忠诚的影响研究[J].旅游学刊,2012,27(2):72-79.

⑧　张朝枝,曾莉萍,林红霞.社区居民对景区开发企业社会责任的感知——基于地方依恋的视角[J].人文地理, 2015,30(4):136-142.

⑨　苏志平,顾平.基于供应链的旅游企业社会责任研究[J].江苏科技大学学报(社会科学版),2010,10(3):41-46.

3）影响因素

从企业利益相关者的角度,旅游企业外部的政府、投资者、消费者、非政府组织、社区、媒体、社会公众、其他竞争或合作企业,以及旅游企业内部的企业家、管理决策层、员工等利益相关者都会对旅游企业履行 CSR 产生约束力或促进作用。因此,旅游企业 CSR 的表现将受到旅游企业外部因素和内部因素的影响(见表4-3),外部影响因素主要包括:政策法规环境、政府的行政管理、外部利益相关者诉求、外部监督、市场竞争强度、行业 CSR 自律机制、行业企业示范效应。内部影响因素主要包括:企业的内在利益需求、企业对 CSR 的认知、企业对 CSR 的态度、企业履行 CSR 的能力、企业性质、企业道德水平。这些影响因素除了各自的独立作用,彼此之间往往也存在复杂的相互影响和交互效应,例如:政策法规环境既可以影响企业外部的利益相关者诉求、外部监督、行业 CSR 自律机制,也可以影响企业内部的 CSR 认知和态度,进而影响旅游 CSR 的履行;而旅游企业自身的 CSR 履行能力不同也会导致外部利益相关者的诉求期望和监督压力不同。

表 4-3　旅游企业社会责任的影响因素

影响因素		内容	作用
外部因素	政策法规环境	旅游企业社会责任的相关政策及法律规范体系,包括:环境保护政策法规、资源保护政策法规、CSR 财政补贴政策、资源税制、企业社会责任规范、社区及消费者权益维护政策等	完善的政策法规环境有助于利益相关者的权益维护和遏制企业不当行为;奖惩制度的引入增加了企业不履行 CSR 的成本和履行 CSR 的回报;同时使得履行 CSR 有助于提高企业的合法性,为其生存和发展带来便利,进而促进企业积极履行 CSR
	政府的行政管理	政府的监测、检查、行政命令以及行政处罚等强制性手段	行政管理具有强约束力,通过增加不履行 CSR 的成本而实现对企业行为的调节,但其作用表现为倒 U 形。恰当的行政管理可以提升旅游企业的 CSR 表现;行政管理的缺失可能导致旅游目的地旅游企业 CSR 的低水平表现;过度的行政管理将扰乱旅游企业经营,增加旅游企业负担,影响旅游企业自身对 CSR 的积极性
	外部利益相关者诉求	政府、投资者、消费者、非政府组织、社区、新闻媒体、社会公众等外部利益相关者对旅游企业 CSR 的期望和诉求	舆论压力越大,旅游企业感知到的外部利益相关者对旅游企业 CSR 的诉求越强烈,就越倾向于在其能力范围内履行 CSR
	外部监督	政府、投资者、消费者、非政府组织、社区、新闻媒体、社会公众等外部利益相关者对旅游企业 CSR 表现的关注和监督	外部利益相关者对旅游企业 CSR 表现的关注度越高,监督越严格,就越能敦促旅游企业改善其 CSR 表现

续表

影响因素		内容	作用
外部因素	市场竞争强度	旅游目的地旅游企业所面对的市场竞争强度	市场竞争强度对旅游企业 CSR 表现的效应为倒 U 形。当缺乏市场竞争时,企业没有通过履行 CSR 来获取异化竞争优势的动机;当市场竞争非常激烈时,企业利润较低,为维持生存反而会减少对 CSR 的投入;只有当竞争强度适中时,企业既有通过履行 CSR 来获取声誉资本和竞争优势的动机,又有能力进行实践
	行业 CSR 自律机制	由旅游目的地旅游行业协会等行业组织牵头制定的旅游目的地旅游行业的 CSR 管理体系、自我监管体系,以及行业内部一致认可的 CSR 指南、准则等行业规范	完善的行业 CSR 自律机制有助于实现旅游行业 CSR 的自我管理与自我监督,进而推动旅游目的地旅游行业整体的 CSR 履行,促进旅游目的地旅游企业改善 CSR 表现
	行业企业的示范效应	旅游企业竞争对手 CSR 表现的示范作用,旅游企业合作伙伴和供应商 CSR 目标的示范作用等	旅游目的地履行 CSR 的旅游企业比例越高,示范效应越强,越能促进其他未履行 CSR 的旅游企业进行模仿
内部因素	企业的内在利益需求	企业将积极履行 CSR 作为一种满足企业战略利益需求的策略	履行战略性 CSR 可以为旅游企业创造声誉资本,提升企业竞争力。越是将 CSR 与企业内在利益需求紧密联系的旅游企业,越倾向于积极履行 CSR
	企业对 CSR 的认知	企业内部对 CSR 的认知程度,包括企业家的认知程度、企业管理层的认知程度、员工的认知程度	旅游企业对 CSR 的认知越充分,越倾向于积极履行 CSR
	企业对 CSR 的态度	企业家和高级管理者对履行 CSR 的态度	对 CSR 问题持开放和积极态度的管理人员,倾向于倡导和推动企业及其员工积极履行 CSR;对 CSR 问题持保守和回避态度的管理者,比较倾向于抵制社会期望带来的压力,被动或者不愿意对社会需求做出积极响应
	企业履行 CSR 的能力	企业履行 CSR 的经济能力,主要体现在企业规模、企业盈利能力、财务风险等方面	经济条件直接决定了企业履行 CSR 的倾向,当企业财务绩效相对较差,或者当企业长期处于不健康的经济环境中,企业行为不太可能对社会负责;同时,企业的经济条件也限制了其 CSR 战略的选择

续表

影响因素		内容	作用
内部因素	企业性质	企业属于国有企业还是民营企业，以及企业的国有资产占比、政治关联等属性	国有企业社会责任履行表现水平一般高于民营企业。国有企业履行CSR的动力往往强于民营企业。此外，具有政治关联的企业倾向于承担更多的CSR
	企业道德水平	企业家和高级管理层的个人修养、价值观和企业伦理文化	道德水平越高的企业越可能采取积极的CSR态度、决策和行为

资料来源：基于文献整理。

【本章小结】

旅游企业是以营利为主要目的，为旅游者提供各种满足其需要的产品和服务的经济组织。旅游目的地旅游企业管理是通过旅游目的地管理机构对旅游企业的规制与协调，来弥补市场机制的缺陷，协调旅游企业与旅游目的地发展、市场、资源环境和社区的关系，培育旅游企业的社会责任感，以实现旅游目的地长期的、可持续的发展。

作为与旅游目的地发展密切相关的因素，旅游企业的成长规律、旅游企业投资对旅游目的地发展起的促进和抑制效应，以及旅游企业履行社会责任的影响因素是每一个合格的旅游目的地管理者都需要掌握并运用于管理实践的重要内容。

【关键术语】

旅游目的地旅游企业管理；旅游目的地发展；企业成长；企业投资；社会责任。

复习思考题

1.简述旅游企业的定义和特征。

2.简述旅游企业成长的内涵、动因与影响因素。

3.分析旅游目的地旅游企业投资的特征及其影响因素。

4.分析影响旅游企业履行社会责任的因素。

【案例分析】

张家界大峡谷旅游公司：不忘初心，精准扶贫

张家界大峡谷景区位于湖南省张家界市慈利县三官寺乡，是国家AAAA级旅游景区。

近年来,该景区所属的张家界大峡谷旅游景区管理有限公司(以下简称"大峡谷旅游公司")以打造世界知名旅游品牌、助力脱贫攻坚为己任,积极响应当地政府"万企帮万村"精准扶贫行动,通过发展冰雪世界、台湾风情小镇、路上汽车酒店等大批旅游产业项目,带动和帮助附近村民脱贫致富,取得了精准扶贫的良好成效。

据介绍,大峡谷旅游公司在成立之初就提出"在开发景区、带动当地经济发展的同时,要承担更深层次的社会责任和义务"的发展理念。在此理念下,公司规定景区内商铺拍卖收入所得的 40% 直接分红给附近的大峡谷村、太华山村村民,让景区周边村民享受旅游发展的成果。同时,通过土地流转的形式流转土地 200 余亩(1 亩 ≈ 666.67 平方米),为村民发放合理的补偿款,并为村民争取到了国家生态公益林补助,补助范围达 2 万余亩。

授人以鱼不如授人以渔。近年来,为了有效解决周边地区村民就业问题,帮助更多的贫困家庭脱贫奔小康,大峡谷旅游公司努力为附近村民提供就业岗位,解决周边乡镇 200 多人就业,间接或直接带动 2 000 多人返乡创业。随着景区的快速发展,旅游产业带动效应逐渐凸显,景区周边客栈、商铺、农家乐、民宿等特色产业快速兴起,周边大批外出打工的村民纷纷返乡创业就业。截至目前,景区直接带动周边 24 个贫困村约 2.3 万名贫困人口脱贫。

扶贫取得一定成效后,帮助村民改善居住环境和生活基础设施建设,成了大峡谷旅游公司下一步的重点任务。公司先后投资 3 000 万元修建了 12 公里通村、通组公路,投资 420 万元修建了双双公路,投资 230 万元修建了吴王坡公路,解决了周边 4 个村的出行难题,此外,公司又投资 200 万元建设了饮水工程,彻底解决了景区周边几个村的吃水问题。

与此同时,大峡谷旅游公司还一直致力于帮扶贫困村民子女接受教育,至今已资助当地贫困学生 200 多人完成学业。2019 年,大峡谷旅游公司总经理罗嗣清以个人名义向爱国主义教育基地"袁任远故居"捐助 10 万元,用于袁任远故居的提质升级和基础设施建设,大力支持爱国主义教育基地建设。

近年来,大峡谷旅游公司参与各种社会捐款达 300 多万元,为了让爱心继续传递,公司专门成立了"旅游公益基金会"。2019 年 5 月 19 日,旅游公益基金会向 5 名困难导游发放救助资金 15 万元。2019 年,国家民族宗教委员会授予大峡谷旅游公司"全国民族团结进步创建示范企业"奖,同年该公司又荣获全省"万企帮万村"精准扶贫行动先进民营企业,公司董事长陈志冬被湖南省扶贫开发领导小组授予湖南省"最美扶贫人物"荣誉称号。

助力脱贫攻坚,大峡谷旅游公司不忘初心,始终在路上。

资料来源:中国旅游新闻网,2020-03-30.

问题:根据案例,分析旅游企业社会责任的维度、特殊性。从旅游目的地管理的角度如何促进旅游企业积极履行社会责任?

第5章
旅游目的地政府管理

【教学目标与要求】

理解：
- 政府和政府职能的概念
- 政府机构设置模式

熟悉：
- 旅游目的地行政管理的概念与手段
- 旅游目的地政府的各项职能

掌握：
- 旅游目的地行政管理的概念和手段
- 中央政府垂直管理体制的特点和典型案例
- 地方政府管理体制的特点、类型和典型案例

【知识架构】

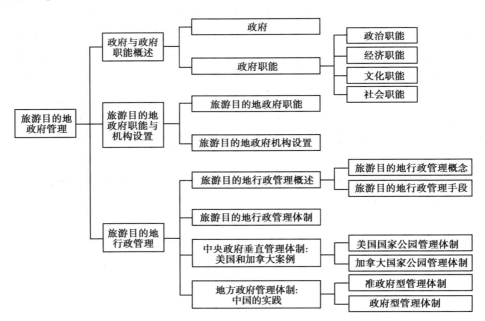

【导入案例】

海南三亚出台"金融+旅游"措施以支持国际旅游消费中心核心功能区建设

2019 年 7 月 3 日,海南省三亚市人民政府召开新闻发布会,正式发布《"金融+旅游"助力三亚国际旅游消费中心建设实施意见》(以下简称《实施意见》),分别从夯实金融基础设施建设、强化旅游产业金融支持、创新旅游消费金融产品等角度提出了"金旅十三条"措施,旨在推动金融和旅游产业融合,加快推进国际旅游消费中心核心功能区建设。

三亚市金融局副局长陈晓文、三亚市旅文局副局长叶凯中、人民银行三亚市中支副行长林书明和三亚银保监分局党委委员、纪委书记尹达出席了发布会,并分别介绍了"金旅十三条"的出台背景、主要内容、旅游消费中心建设情况和金融支持旅游消费产业建设情况等。

《实施意见》提出,充分发挥部门合作的协同效应。要联合金融监管部门和旅游行业主管部门共同发力,加快产融结合,让旅游产业作为金融业转型升级的支撑点,让金融服务成为旅游产业的创新发展的源动力。通过搭建政银企服务平台推动相关产业政策的落实,探索组建旅游主题金融网点,促进金融服务和旅游消费的深度融合。

《实施意见》提出,加快推进金融基础设施建设。要加快自由贸易账户的推广使用,为旅游企业的引进来、走出去夯实金融服务基础;持续优化旅游消费支付服务,打造多种支付方式并行、便捷高效的结算环境;推动多语种环境改造,提高旅游消费中心的国际化服务水平。

《实施意见》提出,加强对旅游消费产业的金融支持和服务。要引导金融机构紧密结合三亚市的产业发展规划做好旅游消费产业的金融服务,精准对接旅游重点工程和项目,加大对小微企业的金融扶持,并在加大信贷投放的基础上,逐步打造多层次、多渠道的旅游产业融资体系。

《实施意见》提出,不断创新旅游消费类金融产品和服务。要创新外汇业务产品和服务,推动发展旅游消费信贷,健全旅游保险保障体系,紧紧围绕旅游消费主题,多措并举建立健全覆盖全方位的金融服务体系。

"金旅十三条"的出台,彰显了三亚市政府进一步开放旅游消费领域,建设国际一流旅游消费中心的决心。据悉,随着海南自贸区港建设的推进,三亚市政府正加快部署多个旅游消费项目,意在打造业态丰富、品牌齐聚、环境舒适、特色鲜明、生态良好的国际旅游消费胜地,此次以金旅结合作为推手,旅游消费中心的建设定能快马加鞭。

资料来源:经济日报·中国县域经济报,2019-07-03.

三亚市是我国著名的热带海滨风景旅游度假城市。如案例所示,2019 年当地有关政府部门出台了旨在大力支持三亚建设国际旅游消费中心核心功能区的《实施意见》。相信不少同学也都见过其他城市政府部门出台的类似政策。那么,政府在旅游目的地管理中承担什么样的角色(职能)呢？有哪些政府部门涉入其中？旅游目的地政府机构设置有哪些模式？旅游目的地行政管理体制有哪些类型？各自有什么特点？本章将对上述问题进行回答和讨论。

5.1 政府与政府职能概述

5.1.1 政府

在我国古代,"政府"一词起源于唐宋时期的"政事堂"和宋朝的"二府"两名的合称。唐宋时,中央机关机构为三省六部。唐朝为提高工作效率将中书省和门下省有时合署办公,称为"政事堂"。宋朝将"政事堂"设于中书省内,称为中书。宋初年,枢密使主管军事,其官署称为枢密院;中书省和枢密院并称为"二府"。"政事堂"和"二府"合称即为后来的"政府"。在现代社会,政府普遍地被理解为"在国家层面上运行的用来维持秩序和促进集体行动的正式制度过程"①。因此,政府是国家进行统治和社会管理的机关,是国家表示意志、发布命令和处理事务的机关。政府的概念一般有广义和狭义之分。广义的政府是指行使国家权力的所有机关,包括立法、行政和司法机关;狭义的政府则仅指国家权力的执行机关,即国家行政机关。

政府可分为中央政府和地方政府两个层级。在我国,中央政府是指中华人民共和国中央人民政府,即中华人民共和国国务院。国务院是最高国家权力机关的执行机关,是最高国家行政机关。国务院由总理、副总理、国务委员、各部部长、各委员会主任、审计长、秘书长组成。国务院统一领导所属各部、委的工作,统一领导全国各级地方行政机关的工作,有权根据宪法、法律管理全国范围内的一切重大行政事务。地方政府是指一个国家的特定地方内,具有规范性和自我治理能力的政权团体,与中央政府相对应。地方政府的概念表明了中央政府与地方政府的关系。有中央政府,才有地方政府;反之亦然。在我国,地方各级人民政府是地方各级人民代表大会的执行机关,是地方各级国家行政机关。地方各级人民政府对本级人民代表大会和上一级国家行政机关负责并报告工作。一般而言,旅游目的地政府主要是指地方政府(省级、地市级、县市级等)及其派出机构②。

5.1.2 政府职能

如上所述,政府是国家进行统治和社会管理的特殊机构。政府职能也叫行政职能,是指行政主体作为国家管理的执行机关,依法对国家政治、经济和社会公共事务进行管理并承担相应的职责。它体现着公共行政活动的基本内容和方向,是公共行政本质的反映。在我国,

---

① 安德鲁·海伍德.政治学核心概念[M].吴勇,译.天津:天津人民出版社,2008.
② 在我国,地方政府的派出机构一般也行使政府职能(全部或部分)。例如,黄山风景区管委会是安徽省黄山市政府的派出机构。

政府主要有 4 个方面的职能。

1) 政治职能

政治职能,亦称统治职能。政治职能是指维护国家统治阶级的利益,对外保护国家安全,对内维持社会秩序的职能。中国政府主要有四大政治职能:

①军事保卫职能,即维护国家独立和主权完整、保卫国防安全、防御外来侵略。

②外交职能,即通过政府的外交活动,促进本国与世界其他各国正常的政治、经济往来,建立睦邻友好关系,促进国与国之间互惠互利,反对强权政治,维护世界和平等。

③治安职能,即维持国家内部社会秩序、镇压叛国和危害社会安全的活动、保障人民的政治权利和生命财产安全、维护宪法和法律尊严。

④民主政治建设职能,即通过政府活动,推进国家政权完善和民主政治的发展。

2) 经济职能

经济职能是指政府为保证国家的经济发展,对社会经济生活进行管理的职能。随着我国逐渐从计划经济体制转向社会主义市场经济体制,政府主要有 3 个方面的经济职能:

①宏观调控职能,即政府通过制定和运用财政税收政策和货币政策,对整个国民经济运行进行间接的、宏观的调控。

②提供公共产品和服务职能,即政府通过政府管理、制定产业政策、计划指导、就业规划等方式对整个国民经济实行间接控制;同时,还要发挥社会中介组织和企业的力量,与政府共同承担提供公共产品和服务的任务。

③市场监管职能,即政府为确保市场运行畅通、保证公平竞争和公平交易、维护企业合法权益而对企业和市场所进行管理和监督。

3) 文化职能

在我国,政府的文化职能是指政府为满足人民群众日益增长的文化生活的需要,依法对文化事业所实施的管理。它是加强我国社会主义精神文明建设、促进经济与社会协调发展的重要保证。中国政府的文化职能主要有以下 4 个方面:

①发展科学技术的职能,即政府通过制定科学技术发展战略,加强对重大科技工作的宏观调控,做好科技规划和预测等工作,重视基础性、高技术和产业化研究。

②发展教育的职能,即政府通过制定社会教育发展战略,优化教育结构,加快教育体制改革,逐步形成政府办学与社会办学相结合的新体制。

③发展文化事业的职能,即政府通过制定各种方针、政策、法规等,引导整个社会文学艺术、广播影视、新闻出版和社会科学研究等各项事业健康繁荣地发展。

④发展卫生体育的职能,即政府通过制定各种方针、政策、法规等,引导全社会卫生体育事业的发展。

4) 社会职能

社会职能也称社会公共服务职能,即除政治、经济、文化职能以外政府必须承担的其他职能。政府的社会职能主要有以下 3 个方面：

①调节社会分配和组织社会保障的职能，即政府为保证社会公平、缩小地区发展差距和个人收入差距，运用各种手段来调节社会分配、组织社会保障，以提高社会整体福利水平，最终实现共同富裕。

②保护生态环境和自然资源的职能，即政府通过各种手段，对由经济发展、人口膨胀等因素所造成的环境恶化、自然资源破坏等进行恢复、治理、监督、控制，从而促进经济的可持续发展。

③促进社会化服务体系建立的职能，即政府通过制定法律法规、政策扶持等措施，促进社会自我管理能力不断提高。

5.2　旅游目的地政府职能与机构设置

所谓政府管理就是指政府部门运用政府权力，为解决政府面临的公共问题，从基础上维护与实现整个地方整体利益而对辖区内事务施加管理的政府行为模式。旅游目的地泛指吸引旅游者作短暂停留、参观游览的地方。由于旅游目的地政府主要涉及地方政府（及其派出机构），旅游目的地政府管理主要是指地方政府部门运用政府权力，为解决政府面临的与旅游目的地发展相关的各种问题、维护旅游目的地整体利益而对辖区内事务施加管理的政府行为模式。那么，旅游目的地政府如何对目的地进行有效管理呢？为回答这一问题，有必要了解旅游目的地政府的职能和机构设置。

5.2.1　旅游目的地政府职能

旅游目的地政府为什么要介入对旅游发展的管理之中呢？或者说，在旅游目的地的发展过程中，地方政府有哪些基本职能呢？依据上文有关政府职能的阐述，结合旅游目的地发展的实际情况，在中国，旅游目的地政府至少要承担以下 6 个方面的职能[①]。

1）招商引资

招商引资（Investment Promotion）是指地方政府（或地方政府成立的开发区）吸收投资（主要是非本地投资者）的活动。招商引资一直是各级地方政府的主要工作，并且常在各级政府报告和工作计划中出现。在旅游目的地，招商引资也一直是地方政府的主要职能之一。旅游目的地政府的招商引资主要是指地方政府（或各类旅游开发区）以说服投资者受让土地或租赁房屋为主要表现形式的、针对一个地区（旅游景区、度假区等）投资环境的销售行为。例如，三亚市海棠区（海棠湾国际休闲度假区所在地）人民政府公布的《三亚市海棠区发展

① ZHANG H Q, CHONG K, AP J. An analysis of tourism policy development in modern China[J]. Tourism Management, 1999, 20(4): 471-485.

和改革委员会 2019 年权力清单》明确规定,三亚市海棠区发展和改革委员会的职权包括:政府投资项目建议书、政府投资项目可行性研究报告、政府投资项目初步设计与概算、企业投资项目监管等。

2)管制

政府管制又称政府规制(Governmental Regulation)。管制,是政府干预市场活动的总称,是指政府为达到一定目的,凭借其法定的权利对社会经济主体的经济活动所施加的某种限制和约束,其宗旨是为市场运行及企业行为建立相应的规则,以弥补市场失灵,确保微观经济的有序运行,实现社会福利的最大化。在旅游目的地,常见的政府管制包括价格管制、交通管制、环境卫生管制等。其中,常见的价格管制包括景区门票价格管制、酒店房价管制、旅行社团费管制等。在我国,公共景区(如杭州西湖、黄山风景区、北京故宫等)由于存在自然垄断,因此需要集中经营、统一规划与统一定价,以此避免碎片化经营与恶性竞争所导致的公地悲剧问题,但由此也会导致垄断定价问题。所以,各地政府部门一般会对门票价格进行管制。价格管制简单来说是指政府出面制定一个平均运营成本价格,以便景区可以维持生存和有效运转。

3)营销

市场营销是在适当的时间、适当的地方以适当的价格、适当的信息沟通和促销手段,向适当的消费者提供适当的产品和服务。本书第 6 章(旅游目的地营销管理)将讨论旅游目的地营销(Destination Marketing),即旅游目的地的各种营销组织进行的活动和过程,包括①向旅游者提供旅游目的地的相关信息,突出旅游目的地形象,并打造景区吸引物;②吸引潜在群体和目标群体的注意力,诱发其对旅游目的地的向往,激发他们的出游动机,促成他们的旅游决策以及实地的参访,乃至未来的口碑推荐以及重游行为。旅游目的地的政府是诸多营销组织中的一种,也是最为重要的营销组织之一。近年来,我国不少旅游目的地的政府部门也都致力于所在目的地的形象推广和品牌建设,如"好客山东"和"清新福建"等。

4)协调

所谓协调(Coordination)是指正确处理组织内外各种关系,为组织正常运转创造良好的条件和环境,促进组织目标的实现。如果将一个旅游目的地看作一个组织,那么它的正常运转也需要正确处理它内部以及它与其他旅游目的地之间的关系。因此,对旅游目的地的内外关系的协调也是政府的主要职能之一。对内而言,政府需要处理目的地内各景区(各旅游企业)之间、各社区之间、景区(企业)与社区之间的关系;对外而言,则需要谨慎处理与其他旅游目的地的竞合关系。举例来说,南京市作为一个旅游目的地城市,其政府需要协调市域范围内各景区(如玄武湖、钟山风景名胜区、总统府景区、莫愁湖、阅江楼、以夫子庙为中心的秦淮风光带等)之间、各旅游企业之间、与旅游相关的各社区之间以及景区(企业)与社区之间的关系。与此同时,南京市政府还需要与邻近城市的政府处理好各种竞合关系。例如,近年来,南京市政府积极参与长三角地区旅游合作的各种活动。

5) 教育与培训

对人的发展而言,虽然教育(狭义上指专门组织的学校教育)与培训(通过培养加训练使受训者掌握某种技能的方式)是不同的学习渠道,但都指为了促进人的身心发展的社会实践活动。对旅游目的地的生存和发展而言,拥有一支具备良好的基础教育水平、专业素养和职业道德的人力资源队伍至关重要。因此,作为旅游目的地主要的利益相关者之一,政府也肩负着提供、推进与旅游相关的教育与培训的职能。一般而言,旅游目的地政府部门应与辖区内外的高等院校、中专和职业院校建立合作关系,培养旅游目的地发展所需要的各类人才;与辖区内外的旅游高等院校、咨询机构建立合作关系,展开各层次、各类型的人才培训项目。例如,湖南省张家界市、江苏省常熟市、扬州市(扬州蜀冈—瘦西湖风景名胜区管委会,它是扬州市人民政府的派出机构)、湖南省浏阳市就曾与中山大学合作,分别举办过"2017·张家界市全局旅游人才精英班""常熟市全局旅游干部人才专题培训班""扬州蜀冈—瘦西湖风景名胜区旅游产业发展与规划高级研修班""浏阳市国家全局旅游示范区(县)创建专题培训班"。

6) 经营

在不同的行业和语境中,经营一词可能所指不同。但总体而言,经营含有筹划、谋划、计划、规划、组织、治理、管理等含义。经营和管理相比,经营侧重于动态性的谋划发展。经营者是指从事商品经营或者营利性服务的法人、其他经济组织和个人,是以营利为目的从事生产经营活动并与消费者相对应的另一方当事人。《中华人民共和国反垄断法》第十二条规定:经营者,是指从事商品生产、经营或者提供服务的自然人、法人和其他组织。那么,旅游目的地的政府为何承担着经营的职能呢? 这与我国的经济和政治体制密切相关,也因为不少旅游目的地(景区)依赖于国有公共资源。因此,虽然国家在各行各业(包括旅游业)都致力于推进政企分离,但在我国许多旅游目的地,地方政府部门(及其派出机构)依然以不同形式、不同程度地拥有、管理和运营一些旅游企业(景区)。例如,黄山旅游集团有限公司成立于 1999 年 6 月,2005 年开始实体运作,是安徽省人民政府授权负责经营黄山风景区国有资产的国有独资公司。它还是安徽省百强企业、中国旅游集团 20 强、中国驰名商标和 WTTC(The World Travel & Tourism Council,世界旅游业理事会)会员单位。

5.2.2 旅游目的地政府机构设置

1) 机构设置概览

在我国,政府机构设置在两个层面展开。在中央政府层面,政府机构设置是指国务院组织机构设置。如前所述,国务院由总理、副总理、国务委员、各部部长、各委员会主任、审计长、秘书长组成。国务院统一领导所属各部、委的工作。国务院的组织由法律规定。截至

2020 年,国务院机构分为国务院办公厅、国务院组成部门(如国家发展和改革委员会、外交部、文化和旅游部、交通运输部等)、国务院直属特设机构(国务院国有资产监督管理委员会)、国务院直属机构(如中华人民共和国海关总署、国家市场监督管理总局、国家统计局等)、国务院办事机构(如国务院港澳事务办公室、国务院研究室)、国务院直属事业机构(如新华通讯社、中国科学院、中国社会科学院、中国工程院等)、国务院部委管理的国家局(如中国民用航空局由交通运输部管理)。其中,文化和旅游部是国务院主管旅游的行政部门,即旅游的行政主管部门①。

在国务院组成部门中,直接统筹、规划旅游业发展的部门是文化和旅游部。其他部门也或多或少地参与全国旅游的管理及各级旅游目的地的规划发展。例如,交通运输部的主要职责之一就是"承担涉及综合运输体系的规划协调工作,会同有关部门组织编制综合运输体系规划,指导交通运输枢纽规划和管理"。这与旅游目的地的交通发展与整体发展息息相关。再例如,自然资源部的职责之一是"履行全民所有土地、矿产、森林、草原、湿地、水、海洋等自然资源资产所有者职责和所有国土空间用途管制职责。拟订自然资源和国土空间规划及测绘、极地、深海等法律法规草案,制定部门规章并监督检查执行情况"。上述自然资源中的不少资源也是许多旅游目的地赖以生存和发展的旅游资源。

地方各级人民政府的机构设置按照《地方各级人民政府机构设置和编制管理条例》(中华人民共和国国务院令第 486 号颁布,自 2007 年 5 月 1 日起施行)。一般而言,地方政府机构设置与中央政府机构设置基本保持一致。以广州市人民政府为例,广州市人民政府网显示,市级机构包括规划和自然资源局、林业园林局、生态环境局、住房城乡建设局、文化广电旅游局、体育局、民族宗教局、交通运输局、场监管局等。其中,广州市文化广电旅游局是广州市政府组成部门,是广州市旅游行政主管部门(正局级),加挂广州市文物局牌子。

2) 机构设置模式

从涉及旅游管理的机构的层级的角度来看,旅游目的地政府机构(专指目的地旅游行政主管结构)可以分为如下几种。

(1)国家旅游行政机构

国家旅游行政机构是指在中央政府层面成立的管理全国(将整个国家作为一个旅游目的地)旅游业的机构。国家旅游机构包括如下三种模式:

①独立的国家旅游局或旅游部②。前者包括原中国国家旅游局,后者包括印度旅游部以及现在的马尔代夫旅游部。

②含有旅游的部委。典型的有原马尔代夫旅游、艺术与文化部,土耳其文化与旅游部,以及中国现在的文化和旅游部。

---

① 政府行政主管部门就是主管某个方面的政府部门。比如,教育的行政主管部门是教育局,土地的行政主管部门是国土资源局。

② 张俐俐.旅游行政管理[M].3 版.北京:高等教育出版社,2014.

③国家层面的"双组织"制度。典型的有澳大利亚的资源、能源与旅游部和旅游局。前者是澳大利亚联邦政府的组成部门,后者则是专司澳大利亚旅游管理与目的地营销的法定机构。

(2)州/省/地区旅游行政机构

新一轮的政府机构改革(2018年)之后,在我国省一级人民政府中,旅游行政主管部门一般是省文化和旅游厅(市文化和旅游局、市文化和旅游发展委员会),例如,四川省文化和旅游厅、北京市文化和旅游局、重庆市文化和旅游发展委员会。较不一样的是,海南省人民政府下设海南省旅游和文化广电体育厅,为主管全省旅游和文化广电体育工作的省政府组成部门。

(3)城市旅游行政机构

在旅游目的地城市层面,主管旅游的政府行政机构的设置与省级行政区政府基本保持一致。例如,与海南省人民政府下设海南省旅游和文化广电体育厅类似,三亚市人民政府下设三亚市旅游和文化广电体育局;与安徽省人民政府下设文化和旅游厅类似,芜湖市人民政府下设芜湖市文化和旅游局。但也有不完全一致的情况,例如,广东省人民政府下设广东省文化和旅游厅(政府组成部门),广州市人民政府则下设文化广电旅游局(政府组成部门);珠海市人民政府下设珠海市文化广电体育旅游局(政府组成部门)。

3)内设机构

内设机构是指独立机构(工作部门)的内部组织,又称内部机构。在旅游目的地政府机构设置情境下,内设机构主要是指旅游目的地旅游行政主管部门的内部组织。旅游目的地的旅游行政主管部门的内部机构大体一致,但不同层级的旅游目的地可能会有机构设置和命名上的差异。例如,四川省文化和旅游厅下设办公室、政策法规处、规划指导处、艺术处、公共服务处、科技教育处、非物质文化遗产处、产业发展处、资源开发处、市场管理处、宣传推广处、国际交流与合作处、行政审批处、财务处、人事处、离退休工作处、机关党委[1];厦门市(副省级城市)文化和旅游局机构下设办公室、政策法规处(审批处)、财务处、艺术处、公共服务处(非物质文化遗产处)、产业发展处、资源开发处、市场管理处、对外交流合作处(台港澳事务处)、传媒管理处、科技处、出版管理处(印刷发行处)、版权管理处、文物与博物馆处、人事处、机关党委、离退休干部工作处[2];常熟市(县级市)文体广电和旅游局下设办公室、组织人事科、产业发展科、艺术科(广电管理科)、文化旅游推广科、体育业务科、资源开发科、市场管理科(法制安全科)、公共服务科、文化遗产科等[3]。

---

[1]　资料来源:四川省文化和旅游厅。
[2]　资料来源:厦门市文化和旅游局。
[3]　资料来源:常熟市文体广电和旅游局。

5.3　旅游目的地行政管理

5.3.1　旅游目的地行政管理概述

1）旅游目的地行政管理概念

行政管理（Administration Management 或 Administration）是指运用国家权力对社会事务以及自身内部进行的一种管理活动。行政管理也可以泛指一切企业、事业单位的行政事务管理工作。行政管理系统是一类组织系统，它是社会系统的一个重要分系统。最广义的行政管理定义是指一切社会组织、团体对有关事务的治理、管理和执行的社会活动。同时，行政管理也指国家政治目标的执行，包括立法、行政、司法等。从狭义的定义看，行政管理是指国家行政机关对社会公共事务的管理，又称公共行政①。在这一狭义的定义中，行政机关是指依法行使国家权力、执行国家行政职能的机关。从广义上讲，行政机关是一级政府机关的总称，即国家政权组织中执行国家法律，从事国家政务、机关内部事务和社会公共事务管理的政府机关及其工作部门。从狭义上讲，行政机关仅指政府机关内部的综合办事机构，即办公厅（室），它是在行政首长直接领导下处理各种事务、辅助进行全面管理工作的机构。本书所指的行政管理是狭义上的行政管理；本书所指的行政机关是广义上的行政机关。

结合旅游目的地的特征和行政管理的定义，旅游目的地行政管理是指旅游目的地的政府机关及其工作部门（包括其派出机构）对与旅游目的地发展相关的各种社会公共事务的管理。随着经济、社会的发展，行政管理的对象日益广泛，包括经济建设、文化教育、市政建设、社会秩序（社区管理）、公共卫生、健康医疗、环境保护等各个方面。旅游目的地的建设与发展实际上也涉及上述诸多方面。因此，从这个意义上说，旅游目的地行政管理实际上也涉及上述这些方面的行政管理。

2）旅游目的地行政管理手段

对于旅游目的地的政府部门（尤其是旅游行政主管部门）及其派出机构而言，比较适用的旅游行政管理手段主要有以下六种②。

（1）政策和法规手段

政策是指国家政权机关、政党组织和其他社会政治集团为了实现自己所代表的阶级、阶层的利益与意志，以权威形式标准化地规定在一定的历史时期内，应该达到的奋斗目标、遵循的行动原则、完成的明确任务、实行的工作方式、采取的一般步骤和具体措施。法规是法

---

① 夏书章.行政管理学［M］.3 版.北京：高等教育出版社，2005.
② 张俐俐.旅游行政管理［M］.3 版.北京：高等教育出版社，2014.

令、条例、规则和章程等法定文件的总称。采用政策和法规手段是指旅游目的地的各级政府部门,尤其是旅游行政主管部门,根据国家宪法和基本法律原则,从旅游目的地旅游业和经济社会发展的实际情况出发,制定并出台各种旅游行政法规、实施细则、行动准则、措施方案,以此对旅游服务市场、旅游服务质量、旅游经营行为、旅游权利和义务进行规范和调整。

(2)规划和预算手段

规划是个人或组织制定的比较全面长远的发展计划,是对未来整体性、长期性、基本性问题的思考和考虑,是未来各种工作的整套行动方案。在旅游目的地层面,比较常见的规划有:旅游目的地旅游发展总体规划、5 年发展规划(如"十四五"发展规划)。预算则是经法定程序审核批准的各级政府部门(及其派出机构)的年度集中性财政收支计划。通过规划和预算手段,旅游目的地政府部门,尤其是旅游行政主管部门,可以对未来一段时间(如 5 年、10年、15 年等)内旅游业和旅游目的地发展做出总体构想、预测和具体安排。

(3)指导和引导手段

旅游目的地的行政管理工作范围广、关系复杂,单一地使用直接的干预和控制,难以取得预期的效果。采用旅游行政指导和引导往往可以取得更好的效果。所谓旅游行政指导和引导是指通过提供合理化建议、专业化信息、规范化要求和技术方法对旅游目的地发展进行指导、引领,并通过金融、财政、税收、环保等方面的优惠政策培育、引入旅游市场主体(旅游企业,尤其是中小企业),营造良好的营商环境。

(4)沟通和协调手段

旅游目的地的发展不仅涉及专业化的旅游企业、旅游社区和旅游行政主管部门,而且涉及诸多与旅游发展密切相关的其他企业、社区和政府部门等。因此,旅游目的地的一级政府以及旅游行政主管部门(文化和旅游局、文化和旅游发展委员会)需要积极地对各个涉旅组织(政府部门、企业、社区)开展沟通和协调工作,确保各组织的目标、任务、利益得到妥善处理。

(5)检查和制裁手段

检查和制裁是旅游目的地行政管理的必要措施和执法形式,是指旅游目的地相关政府部门,依据旅游法规和行业标准,对涉及旅游发展和旅游目的地发展的旅游企业、个人、社区的行为进行对照、监督和评定的过程,对未达标和违规者要依法进行行政处罚,包括罚款、警告、停业、查封、整改等,以此维护合法经营的旅游企业(个人)以及旅游者的合法权益。

(6)扶持和服务手段

扶持是指旅游目的地政府部门通过一定的财政和政策措施对涉及的旅游企业、个人、社区以及重点项目进行支持,从而带动区域旅游发展和旅游目的地的整体发展。服务则是旅游行政管理的宗旨和基本职能之一。旅游目的地的行政管理机构要改变居高临下、自我服务的官僚作风,为辖区内的企业、个人、社区提供良好的服务。

5.3.2 旅游目的地行政管理体制

在旅游目的地行政管理的诸多环节和内容(行政管理环境、行政管理组织、行政管理体制、行政管理职能、行政管理内容、行政管理文化、行政管理伦理)中,对旅游目的地的发展最为重要和最为基础的是行政管理体制。一般而言,行政管理体制是指一个组织(政府)的行政机构设置、行政职权划分以及为保证行政管理顺利进行而建立的一切规章制度的总称。所以,从本质上说,行政管理体制就是一个组织(国家及其政体)及其管理制度的集中反映。从运行状态上说,行政管理体制是一种由行政管理机构、管理权限、管理制度、管理工作、管理人员等构成的管理系统。

如前所述,政府分为中央政府和地方政府两个层级。因此,行政管理(包括旅游目的地行政管理)也涵盖中央政府行政管理和地方政府行政管理两个层级。下文将从两个层级来介绍旅游目的地行政管理体制:中央政府垂直型管理体制、地方政府管理体制。

垂直管理意味着中央政府及其职能部门直接介入某一领域、区域的行政管理,脱离地方政府管理序列,不受地方政府监督机制约束,直接由中央政府主管部门统筹管理"人、财、物、事"。在我国,垂直管理是政府管理中的一大特色,而且在行政体制改革中作为中央对地方进行调控的重要手段有不断被强化的趋势。我国比较重要的政府职能部门,主要包括履行经济管理和市场监管职能的部门,例如,海关、工商、税务、烟草、交通、盐业的中央或省级以下机关,多数实行垂直管理。1998 年,中国人民银行撤销省级分行,设立 9 家大区制分行。此后,银监、证监、保监均参照实行垂直管理。2004 年,国家统计局各直属调查队改制为派出机构,实行垂直管理。

但是,在旅游目的地管理领域,尤其是在对基于公共资源的景区(如黄山、九寨沟)和商业投资型景区(如主题公园)进行管理时,尚未建立起中央政府垂直管理体制。目前,中国正在实行国家公园体制建设试点。2015 年以来,国家公园体制试点工作稳步有序推进,在理顺管理体制、创新运营机制、加强生态保护等方面取得实质性进展,基本完成顶层设计,实现了国家公园和自然保护地的统一管理。目前,全国已建立东北虎豹、祁连山、大熊猫、三江源、海南热带雨林、武夷山、神农架、普达措、钱江源和南山 10 处国家公园体制试点,涉及青海、吉林、海南、湖南、福建、湖北、云南、浙江、青海、四川、甘肃等 12 个省份,总面积约 22 万平方千米,占陆域国土面积的 2.3%。

5.3.3　中央政府垂直管理体制:美国和加拿大案例

1) 美国国家公园管理体制

1916 年,美国国会通过法令成立国家公园管理局。截至 2018 年底,美国一共有 58 座国家公园,由美国内政部下辖的美国国家公园管理局(National Park Service)负责管理,实行联邦政府垂直管理制度。从 1995 年开始,管理体制改为:在华盛顿总部国家公园管理局领导下,设立 7 个地区局,并以州界划分管理范围。美国国家公园管理体制有如下基本特点:

①国家公园管理局局长由内政部长指派,但人选也须先经过参议院认可。地区局下设16 个支持系统。一般是将生态环境和资源类似的公园组成一个公园组,以便按其资源类型和特色开展相应的管理工作。

②国家公园的规划设计由国家公园管理局下设的丹佛规划设计中心全权负责,独家规

划设计。丹佛规划设计中心的技术人员包括风景园林、生态、地质、水文、气象等各方面的专家学者,还有经济学、社会学、人类学家。公园的设计、监理,均由此中心全权负责,以确保规划实施的整体质量。规划设计在上报前,首先向地方及州的社区居民广泛征求意见,否则参议院不予讨论。事前监督与事后执行相呼应,体现出其管理体系的周密与协调、规划设计的科学性与公开性。

③国家公园管理局经费来自美国联邦政府,与地方不存在财政以及保护任务方面的冲突。

④国家公园管理局同时还负责其他的自然与人文遗产的管理。例如,国家纪念碑(national monuments)、国家纪念堂(national memorials)、国家湖岸(national lakeshores)。所有这些归国家公园管理局管理的国家级的保护地和纪念地,均属于美国国家公园体系(National Park Systems)。

⑤国家公园实行特许经营权制度。根据1965年美国国会通过的《国家公园管理局特许事业决议法案》的要求,公园的餐饮、住宿等旅游服务设施及旅游纪念品的经营必须以公开招标的形式征求经营者,经济上与国家管理公园无关。1998年,美国国会通过了《改善国家公园管理局特许经营管理法》,该法规定了特许经营权转让的原则、方针、程序,并取代了《国家公园管理局特许事业决议法案》。特许经营收入除了上缴国家公园管理局以外必须全部用于改善公园管理。这样,管理者和经营者分离开来,避免了"重经济效益、轻资源保护"的倾向并有利于筹集管理经费、提高服务效率和服务水平。美国国家公园实行特许经营权制度还有如下特点:

a.国家公园的特许经营界限很明确,仅仅限于提供与公园核心资源无关的服务,即提供餐饮、住宿等旅游服务设施等,同时经营者在经营规模、经营质量、价格水平等方面必须接受管理者的监管。

b.国家公园的特许经营权授权,主要是采取公开竞标的方式。投标人需提交申请提案,并且投标人的申请提案必须要满足:最低特许费;项目投资全部由受让人负责,并且要提供必需的保护措施和手段;如果提案不符合国家公园的保护宗旨和发展目标,管理部门有权否决提案。

c.国家公园管理部门接到、汇集提案后,会从保护措施、服务价格、业绩背景、融资能力、特许费等方面进行审核和比较,选择出最佳提案,并提请国会进行公告。

d.《改善国家公园管理局特许经营管理法》规定,投资法人在公园内的不动产产权最终归国家公园所有,公园外的不动产产权归投资人所有;而公园内私人财产归个人所有。

2)加拿大国家公园管理体制

加拿大全国境内所有的国家公园,与国家历史遗迹(national historic sites)、国家海洋保护区(national marine conservation areas)、国家地标(national landmarks)等一起组成加拿大的国家公园体系,且均由加拿大联邦环境部的专设机构——加拿大公园管理局(Parks Canada Agency)负责资源管理、保护以及游憩服务等工作。

与美国类似,加拿大公园管理局的主要目的是保护资源和提供游憩机会。它的经费来自加拿大联邦政府,与地方政府不存在财政以及保护任务方面的冲突。例如,2009 年,加拿大公园管理局的机构开支就接近 6 亿加元。目前,国家公园管理局的高级决策机构是国家公园管理局执行委员会。它由国家公园管理局执行总裁、4 位处级主任、行政事务总干事、魁北克省及山区公园执行主任、生态完整性执行主任、人力资源办公室主任、高级财政官、联络办公室主任和高级法律顾问等人组成。国家公园管理局的执行总裁负责向加拿大环境部的部长做工作报告。在内部机构设置与职能方面,国家公园处和国家历史遗迹处主任分别负责制定国家公园管理局在自然遗产项目和文化遗产项目方面的工作方针和营业政策。战略与规划处主任负责提供商务、信息技术、不动产和财经方面的服务。全国人力资源办公室把握国家公园管理局的综合职能方向,同时又负责维护国家公园管理局的雇主形象。联络办公室主任为国家公园管理局提供战略性通信支持。

5.3.4　地方政府管理体制:中国的实践

与中央政府垂直管理体制相对应,地方政府管理体制是指特定区域和领域的行政管理由地方政府直接负责,接受中央政府的监督和指导,也就是常说的"属地管理"。在旅游目的地行政管理的地方政府管理体制方面,存在两种类型:准政府型管理体制和政府型管理体制。这种行政管理体制常出现在依靠国有公共资源建立的景区(如风景名胜区)。

1) 准政府型管理体制

准政府型管理体制,又称政府派出机构管理体制。准政府型管理体制区别于政府型管理体制的最大特点在于:这一旅游目的地(风景名胜区)覆盖范围小于所在行政区的管辖范围;旅游目的地(风景名胜区)的管理机构与所在行政区政府并非"一套人马、两块牌子"的关系。言下之意,政府型管理体制主要适用于旅游目的地(风景名胜区)的覆盖范围等于所在行政区的管辖范围的情况。

一般情况下,旅游目的地(风景名胜区)管理机构作为所在行政区政府的派出机构或者事业单位,由上级政府部门授予其在辖区范围内行使一定的行政管理职能。由于这一类旅游目的地(风景名胜区)覆盖范围小于所在行政区的管辖范围,且这一类旅游目的地的主要职能在于保护资源和提供游憩服务,它的管理机构实际上并不具备所有的政府职能,因而只能是准政府性质。准政府型管理体制是我国大部分风景名胜区常见的管理体制。在准政府型管理体制中,根据负责运营管理的企业的性质,又可分为上市公司型管理体制、非上市公司型管理体制。

上市公司型管理体制。这一体制是指风景名胜区的主体经营企业经过股份制改造上市以后,受风景名胜区管理机构(管委会)的委托,代理经营风景名胜区包括门票在内的主体业务(如索道、环保车、宾馆住宿等),成为风景名胜区负责旅游运营的主体机构,对风景名胜区实行垄断性的经营。在这种行政管理(及经营管理)的制度安排下,风景名胜区的所有权仍然属于国家,由政府部门或其派出机构代为行使。风景名胜区的经营权则由风景名胜区管理机构(管委会)委托给上市公司,由上市公司统一负责风景名胜区内主体旅游资源的开发利用。风景名胜区内的资源与环境保护工作则依然由风景名胜区管理机构(管委会)承担。

这样的管理体制实现了风景名胜区管理权、经营权、开发权与保护权的"四权"完全分离。在国内,黄山风景名胜区是上市公司型管理体制下的典型案例。

2)政府型管理体制

政府型管理体制是指由风景名胜区所在行政区政府直接负责风景区的保护、利用和统一管理。这种管理体制仅适用于风景名胜区的范围与所在行政区的范围完全重合的地域。这种管理体制在国内并不多见,典型案例有(也许是仅有的)湖南衡山风景区和武陵源风景区。

湖南衡山风景区是国家首批重点风景名胜区、国家 AAAAA 级旅游区,所在行政区有京珠高速穿过。湖南省衡阳市南岳区负责南岳衡山风景区内的保护、利用和统一管理工作。目前,南岳区下辖 1 个街道、1 个镇、3 个乡,区内党政部门齐全,与其他行政区无异。例如,南岳区旅游局,专门负责区内的旅游规划、统计、旅游行业管理和教育培训等工作;南岳区门票管理处,在区人民政府授权下,发售中心景区门票和南岳大庙门票,负责景区建设、景点维护、门票管理等工作;另外,设立自然保护区管理局,专司区内的森林保护、林场和南岳树木园管理等工作。

张家界市武陵源区成立于 1988 年 5 月。行政区划意义上,武陵源区下辖索溪峪(原慈利县)、天子山(原桑植县)、张家界国家森林公园和杨家界(1992 年发现)四大风景区,面积达 390.8 平方千米。武陵源区人民政府与武陵源风景名胜区管理局(主要由索溪峪、天子山、张家界国家森林公园以及后来的杨家界组成)实行"一套人马、两块牌子"的管理体制,实现行政区与风景区管理合一。"武陵源"的出现,结束了之前分属不同县域的分割格局,完成了从"三足鼎立"到三方一统的历史性跨越。

虽然理论上武陵源区政府(武陵源风景名胜区管理局)的有效管辖范围覆盖整个武陵源区(武陵源风景名胜区),但是,在武陵源区(武陵源风景名胜区)内的张家界国家森林公园内,有设置一个同为正处级的企业管理性质的事业单位——张家界国家森林公园管理处(以下简称"张管处")。因此,实际上,武陵源区政府(武陵源风景名胜区管理局)的有效管辖范围仅限于索溪峪、天子山和杨家界 3 个区域;而张家界国家森林公园管理处则管辖张家界国家森林公园内的金鞭溪、金鞭岩、鹞子寨景区等。近年来,关于理顺武陵源风景名胜区管理体制的呼声也越来越高。一种较为流行的意见就是成立新的武陵源管理局,并整合目前的"张管处",作为武陵源风景名胜区唯一的行政管理主体。

【本章小结】

政府是国家进行统治和社会管理的机关,是国家表示意志、发布命令和处理事务的机关。广义的政府是指行使国家权力的所有机关,包括立法、行政和司法机关;狭义的政府则仅指国家权力的执行机关,即国家行政机关。

旅游目的地政府管理主要是指地方政府部门(及其派出机构)运用政府权力,为解决政府面临的与旅游目的地发展相关的各种问题、维护旅游目的地整体利益而对辖区内事务施加管理的政府行为模式。旅游目的地政府承担招商引资、管制、营销、协调、教育与培训、经营 6 个方面的职能。

【关键术语】

旅游目的地政府职能;旅游目的地行政管理体制;中央政府垂直型管理体制;地方政府管理体制。

复习思考题

1.什么是政府？政府职能有哪些？

2.试阐述旅游目的地政府职能有哪些。

3.国家旅游机构的设置有哪些模式和典型案例？

4.简述旅游目的地准政府型管理体制的基本特点。

【案例分析】

香港旅游业议会

香港旅游业议会(以下简称"议会")(Travel Industry Council of Hong Kong)成立于 1978 年,以保障旅行社的利益为宗旨。1985 年,经过"议会"不断游说后,政府制定了《旅行代理商条例》,规定所有经营旅游业务的旅行社必须领取牌照。"议会"多年来竭力推动行业自律,成绩逐渐赢得广泛认同。上述条例于 1988 年修订时,"议会"获政府委以负责保障外游旅客权益的重任。按《1988 年旅行代理商(修订)条例》的规定,任何公司必须先成为"议会"会员,才可以申领旅行代理商牌照,合法经营离港外游服务。旨在保障外游旅客利益的"香港旅游业议会储备基金"随后也正式成立。旅行社必须缴付所收取外游费的 1%,以印花征费的形式存入议会储备基金。遇到旅行社倒闭时,受影响旅客可以获得团费七成的特惠赔偿。"议会"与旅行代理商注册处紧密合作,维持了行业的高专业水平。

"议会"的组成包括 8 个属会、约 1 700 家会员旅行社、理事会、上诉委员会、10 多个委员会和议会办事处。"议会"在推行政策之前会先咨询有关委员会,然后由理事会做出决定,再交由"议会"办事处执行。"议会"下辖 8 个属会,每个属会都各有特色,专责不同市场和照顾各类旅行社的需要。要加入"议会"必须先加入其中一个属会。

资料来源:香港旅游业议会。

问题:根据案例,谈一谈香港旅游业议会是否是香港特别行政区政府部门。如果是,请结合本章知识进行阐述;如果不是,为什么？

第 6 章
旅游目的地营销管理

【教学目标与要求】

理解：
- 旅游目的地营销和旅游目的地营销管理的区别和联系
- 旅游目的地营销和旅游目的地营销管理的基本概念

熟悉：
- 旅游目的地 STP 营销战略的内涵
- 旅游目的地市场细分的主要指标
- 旅游目的地品牌化的主要流程

掌握：
- 旅游目的地形象定位的主要方法
- 旅游目的地形象口号设计的原则和主题诉求
- 旅游目的地营销管理 PIB 模式的内涵

【知识架构】

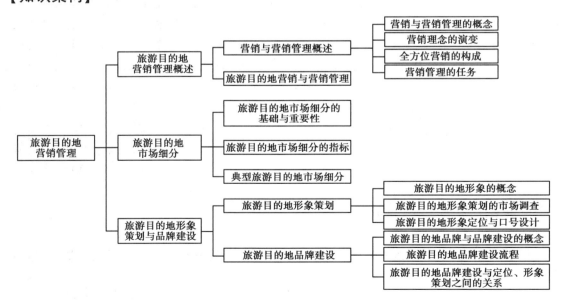

【导入案例】

澳大利亚大堡礁的体验式营销

澳大利亚的大堡礁(The Great Barrier Reef)久负盛名。但是,随着海洋升温以及游客增多,大堡礁的珊瑚虫一度濒临灭绝。经过一段时间的休养生息,大堡礁的生态环境得到了恢复,知名度却已大不如从前。哈密尔顿岛(Hamilton Island)素有澳大利亚"大堡礁之星"的美誉,岛上终年气候舒适宜人,活动多姿多彩。但由于当地旅游受金融危机冲击,游客量大减。

为提升大堡礁的国际知名度,澳大利亚昆士兰旅游局策划了一次网络营销活动:2009 年1 月 9 日,澳大利亚昆士兰旅游局网站面向全球发布招聘通告,并为此专门搭建了一个名为"世界最好工作"(Best Job in the World)的招聘网站,招聘大堡礁看护员。网站提供了多个国家语言版本。在短短几天时间内,网站就吸引了超过 30 万人访问,导致网站瘫痪,官方不得不临时增加数十台服务器。

"世界最好工作"——大堡礁岛屿看护员的工作主要分为探索和汇报(向昆士兰旅游局以及全世界报告其探奇历程)、喂鱼、清洗游泳池和兼职信差(可参与航空邮递服务)等四项工作。这个工作,与其说是看护员,其实不如说是大堡礁的体验者——这正是昆士兰旅游局推出此活动的目的:通过体验式营销的方式来向世界宣扬大堡礁的美妙之处,同时充分利用招聘过程的吸引力成功进行营销造势,吸引全世界游客的关注,向全球推广大堡礁以拓展它的知名度与美誉度。

资料来源:搜狐网,2018-06-10.

类似这样的创意营销在知识经济时代、"眼球经济时代"和新媒体时代屡见不鲜。甚至在网络上还有诸多的"恶俗营销"的案例,引发人们的广泛争论。那么,什么是旅游目的地营销? 上述案例所展示的网络营销是否就是当前旅游目的地营销的全部? 旅游目的地营销管理又是什么? 如何进行旅游目的地营销管理? 本章将在介绍营销与营销管理的基础知识的基础上,对旅游目的地营销、旅游目的地营销管理进行阐述,并从旅游目的地市场细分、旅游目的地形象策划(形象设计)与品牌建设(品牌化)等方面阐述旅游目的地营销管理的基本知识。

6.1 旅游目的地营销管理概述

6.1.1 营销与营销管理概述

1)营销与营销管理的概念

营销即市场营销,均对应英文的"marketing"一词。美国市场营销协会(American Marketing Association, AMA)认为:"市场营销是创造、传播、传递和交换对顾客、客户、合作者和整个社会有价值的市场供应物的一种活动、制度和过程。"[①]

有"现代营销学之父"之称的菲利普·科特勒(Philip Kotler)与凯文·莱恩·凯勒(Kevin Lane Keller)则区分了市场营销的社会意义和管理意义。他们认为,市场营销的社会意义表达了市场营销在社会中扮演的重要角色。他们指出:市场营销是一个社会过程,在这个过程中,个人和团体可以通过创造、提供和与他人自由交换有价值的产品与服务来获得他们的所需所求[②]。在这一定义中,菲利普·科特勒和凯文·莱恩·凯勒强调了消费者和企业(或其他营销主体)共同创造价值和分享价值的重要性。这一点已经成为现代营销思想发展过程中的重要主题。那么,营销什么呢?或者营销的对象是什么呢?一般而言,可以被营销的事物有产品、事件、体验、人物、地方、财产、组织、信息、观念等。

从管理意义上看,科特勒教授和凯勒教授认为,营销管理(Marketing Management)是指"选择目标市场并通过创造、传递和传播卓越顾客价值,来获取、维持和增加顾客的艺术和科学"。因此,营销管理是指为实现组织目标而建立、加深和维护与目标购买者之间有益的交换关系所做的分析、计划、实施与控制。换言之,营销管理是一个涉及分析、计划、实施(执行)与控制的过程;这个过程的主要目的是要创造、建立、保持、加深与目标市场(购买者)之间的互利交换关系,并最终实现企业(组织)的目标。因此,营销管理的本质是需求管理。本书接受科特勒教授和凯勒教授对营销的社会定义和管理定义的区分,认为营销管理是从管理意义上对营销进行理解与实践。

2)营销理念的演变

企业(或其他营销主体)的营销理念由早期的生产观念、产品观念、推销观念,发展到20世纪50年代中期的营销观念,再到21世纪形成了全方位营销观念。生产观念(Production Concept)是指企业的一切经营活动以生产为中心,"以产定销",即生产什么就买什么。这是早期生产力不发达时期普遍存在的营销理念。产品观念(Product Concept)也称"产品导

---

① 菲利普·科特勒,凯文·莱恩·凯勒.营销管理:第15版[M].何佳讯,于洪彦,牛永革,等译.上海:格致出版社,上海人民出版社,2016.
② 同①.

向",是指以产品为中心的营销观念,是与生产观念同时出现、同时流行、同时消失的古老营销理念之一。中国的"酒香不怕巷子深""皇帝的女儿不愁嫁""祖传秘方"等就是这一理念的反映。推销观念(Selling Concept)是生产观念的发展和延伸。20 世纪 20 年代末开始的资本主义世界大危机使大批产品供过于求,销售困难,竞争加剧。人们担心的也不再是生产问题,而是销路问题。于是,推销技术受到企业的特别重视,推销观念成为企业主要的营销理念。营销观念(Marketing Concept)是指一种以顾客为中心、先感应再响应(Sense and Respond)的理念。营销观念的工作不仅是为产品寻找合适的客户,还要为客户打造合适的产品。

全方位营销观念(Holistic Marketing Concept)是指在营销方面,除了传统的销售渠道之外,还要突破空间和地域的限制,建立一种多层次的、立体的营销方式,例如,内外销联动、网络营销、公司团购、跨区域销售等。菲利普·科特勒与凯文·莱恩·凯勒在他们的新作《营销管理》(第 15 版)中指出,全方位营销观念认为在营销中,任何事情都很重要,因此需要有一个广阔的、整合的视角。

3)全方位营销的构成

全方位营销包含如下 4 个组成部分:关系营销、整合营销、内部营销、绩效营销[1]。4 个部分分别介绍如下:

①关系营销(Relationship Marketing)。关系营销是指把营销活动看作企业(组织)与消费者、供应商、分销商、竞争者、政府机构及公众发生互动作用的过程。关系营销的核心是建立和发展与上述组织与公众的良好关系。

②整合营销(Integrated Marketing)。整合营销是一种对各种营销工具和手段的系统化结合,是根据环境进行即时性的动态修正,以使交换双方在互动中实现价值增值的营销理念与方法。整合就是把各个独立的营销活动/工作综合成一个整体,从而产生协同效应。这些独立的营销工作包括广告、直接营销、销售促进、人员推销、包装、事件赞助和客户服务等。

③内部营销(Internal Marketing)。内部营销是指成功地雇佣、训练和尽可能地激励员工很好地为顾客服务。这意味着向内部人员提供良好的服务和加强与内部人员的互动关系,以便一致对外地开展外部的服务营销,内部营销的过程实际上也就是对服务营销组合中各人员要素的管理过程。

④绩效营销(Performance Marketing)。从狭义的角度来讲,对绩效营销最直观的理解是企业从注重绩效的角度开展营销活动或提升营销能力。这里的绩效是指狭义的财务绩效。

4)营销管理的任务

依照营销管理的定义,作为一个过程的营销管理,有如下 4 个方面的基本步骤(任务):分析机会市场、选择目标市场、设计市场营销组合、管理市场营销活动。在面对科技、全球化和社会责任这三大市场力量及消费者新能力和公司新能力这两个主要市场结果的背景下,

---

① 菲利普·科特勒,凯文·莱恩·凯勒.营销管理:第 15 版[M].何佳讯,于洪彦,牛永革,等译.上海:格致出版社,上海人民出版社,2016.

营销者(Marketer)需要或者能做些什么呢？菲利普·科特勒和凯文·莱恩·凯勒提出了如下八大任务,并以此为框架,构建了他们的新作《营销管理》(第15版)的内容体系①。这八大任务分别是:

①创建营销战略和计划。营销战略(Marketing Strategy)是指企业(或其他营销主体)在现代市场营销观念的指导下,为实现经营目标,对一定时期内营销发展的总体设想和规划。如果说营销战略对企业而言是"做正确的事",那么,营销计划则是"正确地做事"。可见,营销计划(Marketing Planning)是指在研究行业潜力、市场营销状况,分析企业所面临的主要机会与威胁、优势与劣势以及企业存在问题的基础上,着眼于与营销组合变量[产品(Product)、价格(Price)、分销(Place)及促销(Promotion)等,即传统意义所说的"4P"]有关的决策,并考虑如何实施所拟订的具体内容与步骤。

②捕获营销洞见。包括信息收集与需求预测、实施营销调研。

③联系顾客。包括创造长期忠诚的顾客、分析消费者市场、分析企业市场、开发全球市场。

④创建强势品牌。包括识别细分市场和目标市场、品牌定位、创建品牌资产、应对竞争和驱动增长。

⑤创造价值。包括制定产品战略、设计和管理服务、推出新的市场供应物、制订定价策略和方案。

⑥传递价值。设计和管理整合营销渠道、管理零售、批发和物流。

⑦传播价值。整合营销传播的设计和管理、管理大众传播、管理数字传播、管理人员传播。

⑧负责任地进行营销以取得长期成功。

从上述有关营销管理任务的阐述可以发现,不管是国内学者还是国外学者,都认为营销管理是一个过程,都强调了分析、研究、积极应对目标市场(潜在购买者)的重要性。因此,营销管理的本质是需求管理。

6.1.2　旅游目的地营销与营销管理

1) 旅游目的地营销

结合科特勒和凯勒两位教授对营销的界定,我们可以认为,旅游目的地营销是一个社会过程;在这个过程中,旅游目的地(包括目的地的企业、政府、社区、个人等)通过为旅游者创造(与旅游者共创)、提供和交换有价值的旅游体验来满足旅游目的地各利益相关者的所需所求。从旅游体验的全程视角来看,更加通俗地说,旅游目的地营销是指:向旅游者提供旅游目的地相关的信息,突出旅游地形象,并打造吸引物,以吸引潜在群体和目标群体的注意力,诱发他们对旅游目的地的向往,激发他们的出游动机,促成他们的旅游决策、实地的参访、未来的口碑推荐以及重游行为。

理解旅游目的地营销,必须了解它与其他学科或者知识体系的关系。其中,旅游消费者

---

① 菲利普·科特勒,凯文·莱恩·凯勒.营销管理:第15版[M].何佳讯,于洪彦,牛永革,等译.上海:格致出版社,上海人民出版社,2016.

行为学对于我们理解旅游目的地营销至关重要。从宽泛的意义上看,旅游消费者行为即是旅游者作为消费者产生的行为,主要包括旅游者的感知、动机、态度、情绪情感、出游决策、实地体验、满意度、忠诚度等。由此可知,旅游目的地营销与旅游消费者行为的联系是紧密的。

2) 旅游目的地营销管理

结合科特勒和凯勒两位教授对什么是营销管理的界定,我们可以认为,旅游目的地营销管理是指旅游目的地的营销组织选择目标市场并通过创造、传递和传播卓越顾客价值来获取、维持和增加旅游者数量的过程。换言之,旅游目的地营销管理是指为实现旅游目的地发展目标而建立、加深和维护与目标市场之间有益的交换关系所做的分析、计划、实施与控制。

需要特别注意的是,在旅游体验的情境下,旅游目的地作为一个地点被视作营销的对象,且旅游者前往旅游目的地并在旅游目的地短暂停留后,返回客源地的全程体验被视作一种产品。因此,虽然整体而言旅游目的地营销及营销管理适用于上述有关营销和营销管理的框架,但也有自己一定的独特性。

具体而言,著名旅游目的地营销与管理专家莫里森(Morrison)曾提出过一个旅游目的地营销管理的框架,如图 6-1 所示。在这一框架中,旅游目的地定位、旅游目的地形象策划(形象设计)和旅游目的地品牌建设(品牌化)都是旅游目的地营销的主要策略,是相互关联的,且都指向一个共同的目的:沟通目的地的独特性。并且,以旅游目的地定位、旅游目的地形象策划(形象设计)和旅游目的地品牌建设(品牌化)为核心的 PIB 模式(Positioning Image Branding)①,是旅游目的地营销管理的核心环节(见图 6-2),具有承上启下的功能(有关三者之间更详细的联系和区别,见本章第 3 节"旅游目的地形象策划与品牌建设")。具体而言,PIB 模式的开展是建立在强有力的目标市场分析基础上的,且为旅游目的地营销目标的实现打下了坚实的基础。

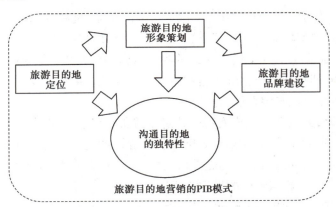

图 6-1　旅游目的地营销管理框架

MORRISON A M. Marketing and managing tourism destinations[M]. London：Routledge，2013.

---

① 游目的地的形象时,不论是英文中的"image"还是中文中的"形象",其实都包含了动态变化的形象本身
　　游目的地形象的设计、打造、维护、更新等所做出的各种努力。

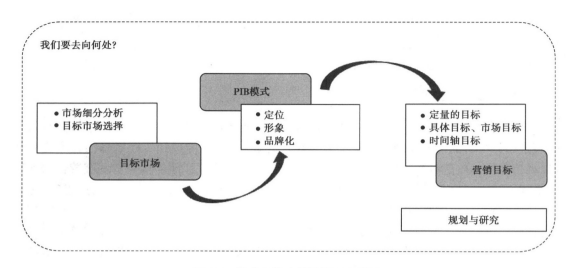

图 6-2　旅游目的地营销管理结构图

资料来源：MORRISON A M. Marketing and managing tourism destinations[M]. London：Routledge，2013.

结合国内外学者有关营销管理过程与任务的阐述，本书接下来将从旅游目的地市场细分、旅游目的地形象策划与品牌建设等方面阐述旅游目的地营销管理的基本知识。

6.2　旅游目的地市场细分

在经济及经济学领域，市场泛指商品、服务交换的领域，例如，国际市场、国内市场、金融市场、旅游市场等。在市场研究和营销领域，市场则是指顾客群体。因此，从经济学角度讲，旅游市场是旅游产品供求双方交换关系的总和。从营销的角度，旅游市场泛指旅游需求市场或旅游客源市场，即某一特定旅游产品的经常购买者和潜在购买者，亦即某一旅游目的地的现实旅游者群体和潜在旅游者群体。

所谓"物以类聚，人以群分"，没有哪个特定旅游市场（例如，蜜月旅游市场、红色旅游市场、黑色旅游市场、家庭旅游市场等）或者哪个旅游目的地所面临的旅游市场是"铁板一块"。因此，在对旅游目的地所面临的旅游市场发展趋势、旅游资源禀赋、旅游产品结构等做出分析之后，还需要对所希望吸引的目标市场做出细分。

美国市场学家斯密斯（W. R. Smith）于 1956 年最早提出市场细分（Market Segmentation）的概念。它的基本含义是：大多数市场都不是（也不可能是）单一性的市场，而是由几个相对同质的子市场组成的。对于提供类似产品或服务的企业（组织）来说，这些子市场的需求是基本相同的。市场细分实际上是根据购买者的需求和欲望、购买态度、购买行为特征等不同为和过程①。

……地的市场细分实则就是把旅游者(包括实际的旅游者和潜在的旅游者)划分成不……的过程,即体现了旅游者分类的思想理念。旅游者分类是类型学研究在旅游领域内的应用。对旅游者进行分类的研究则得益于在大众旅游所带来的广泛的经济、环境、社会影响之下旅游业对细分市场的逐渐重视②。总的来说,旅游市场细分本身,既是一个理念,也是一种技术、一个市场研究过程。

6.2.1　旅游目的地市场细分的基础与重要性

1) 旅游目的地市场细分的基础

①旅游者需求的差异性。旅游者需求的差异性是指不同旅游者之间的需求是不一样的。在旅游市场上,旅游者总是希望根据自己的独特需求去购买旅游产品(选择旅游目的地)。根据旅游者需求的差异性,我们可以把旅游市场需求分为"同质性需求"和"异质性需求"两类。同质性需求是指旅游者需求的差异性很小,甚至可以忽略不计。因此,没有必要进行市场细分(因为他们都一样)。异质性需求是指旅游者所处的地理位置/社会文化环境不同、消费心理(购买动机、所寻求的利益等)不同,导致他们对旅游产品的价格、旅游目的地类型等的需求产生差异性。这种需求的差异性就是我们进行市场细分的基础之一。

②旅游者需求的相似性。在同一地理条件、社会环境和文化背景下长大和生活的人们形成有相对类似的人生观、价值观、世界观的亚文化群。他们的需求特点和消费习惯大致相同。正是因为消费需求在某些方面的相对同质性,市场上绝对差异的旅游者才可能按一定的标准聚合成不同的群体。所以,旅游者需求的绝对差异造就了市场细分的必要性,需求的相对同质性则使旅游市场细分有了实现的可能。

③旅游目的地资源的有限性。由于受到自身资源和条件(旅游资源、营销资源、人力资源、资金等)的限制,任何旅游目的地都不可能向所有旅游市场提供能够满足一切需求的产品和服务(即不可能在所有时间、所有地点满足所有人的需求)。为了有效地进行竞争,旅游目的地或旅游企业必须进行市场细分,选择最有利可图且最有能力占据的目标细分市场,集中旅游目的地/旅游企业的资源,制定有效的竞争策略以取得、维护和增加竞争优势。

2) 旅游目的地市场细分的重要性

旅游目的地市场细分的重要性表现在它是旅游目的地营销战略、营销管理的起点。现代目标市场战略的核心被称为"STP 营销",即细分市场(Segmenting)、选择目标市场(Targeting)和市场定位(Positioning)③。同时,"STP 营销"也是旅游目的地营销战略(目标市场战略)的核心。STP 营销共分为三步(见图 6-3):第一步,市场细分,根据旅游者对旅游产品或营销组合的不同需求,将旅游市场分为若干不同的旅游者群体,并勾勒出细分市场的

① 陈钢华,孙九霞.现代旅游消费者行为学[M].广州:中山大学出版社,2019.
② JAFARI J, XIAO H G. Encyclopedia of tourism[M]. New York: Springer, 2016.
③ 郭国庆.市场营销学通论[M].北京:中国人民大学出版社,2014.

轮廓。第二步,确定目标市场,选择要进入的一个或多个细分市场。第三步,市场定位,在目标市场中形成一个印象,这个印象即为定位。

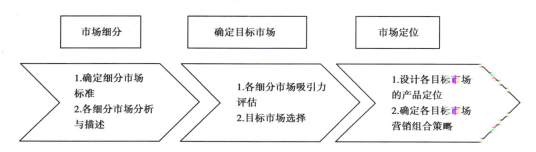

图 6-3　STP 营销步骤示意图

资料来源:郭国庆.市场营销学通论[M].北京:中国人民大学出版社,2014.

由此可见,依据 STP 营销战略,旅游目的地的一切营销战略都必须从市场细分出发。没有市场细分,就无法确定旅游目的地的目标市场,也就无法在市场竞争中找到自己的定位。没有明确的市场定位,也就无法塑造差异化的、有市场号召力的品牌形象。无法确定旅游目的地的目标市场,也就无法有针对性地去设计差异化的旅游产品,并通过差异化的价格、销售渠道、促销策略去占领市场。只有进行市场细分,才有营销战略的差异化。因此,市场细分是旅游目的地营销战略的平台。旅游目的地的各项营销战略,都必须建立在市场细分的基础上。市场细分关系到旅游目的地整个营销战略的成败,十分重要。

6.2.2　旅游目的地市场细分的指标

在一般的市场细分研究和旅游目的地市场细分研究中,可用作细分指标的因素有很多。总结起来,主要有地理指标、人口统计指标、心理统计学指标和行为指标。

1)地理指标

地理指标是按照(潜在)旅游者所处的地理位置来对旅游目的地市场进行细分的常见指标。常用地理指标有地区、国家、气候、人口密度、空间距离、交通运输状况等。例如,在我国入境旅游市场的细分研究中,可按照客源国所处地域,将它们细分为周边国客源市场、欧洲客源市场、北美客源市场、南美客源市场、大洋洲客源市场、非洲客源市场和中东客源市场。在旅游目的地各类旅游发展规划的编制中,课题组也常依据出行距离(并结合其他因素,诸如交通方式等)对旅游目的地的客源市场进行区分。例如,2013 年,中山大学旅游发展与规划研究中心编制的《吐鲁番市旅游发展总体规划(2013—2030)》将吐鲁番市未来的旅游市场划分为:"航空圈"旅游市场(其中,"航空圈"国内一级客源市场包括以航空交通的方式进入乌鲁木齐和吐鲁番的重点潜在客源市场)、"高速圈"旅游市场(其中,"高速圈"国内一级客源市场主要包括 G30 高速公路,G7 高速公路沿线,路程在 300 公里、车程在 3 小时左右的城市和地区,主要以自治区内的乌鲁木齐、昌吉、哈密为主要客源城市)、"高铁圈"旅游市场(其中,"高铁圈"国内一级客源市场主要包括兰新高铁沿线且车程在 5 小时左右的城市和地区,以自治区内的乌鲁木齐、昌吉、哈密和吐鲁番,青海省内的西宁以及甘肃省内的酒泉等为主要客源城市)。

2)人口统计指标

人口统计指标也称人口指标、社会人口统计学指标,在众多领域被广泛应用。使用这种指标的市场细分结果较为清晰、明确且具有相关性。常见的人口统计指标包括年龄、性别、家庭规模、家庭生命周期、家庭年收入、职业、教育、宗教、民族和国籍。当然,这些指标不是孤立存在的,而是交织在一起并互相影响的。例如,家庭生命周期与年龄、家庭收入是联系在一起的。职业、教育背景、家庭收入等又主要是社会阶层的主要影响因素。这些指标及其在旅游市场细分中的应用,举例说明如下:

①年龄。不同年龄(年龄组)的人,在选择旅游目的地的类型、对旅游目的地的要求、对旅游价格产品的敏感度、对旅游企业各种服务的要求都有很大的区别。例如,老年人由于有多年的积蓄、阅历丰富又无家庭负担,加上更关注身体健康,一般要求旅游目的地(旅游企业)提供的接待设施齐全、安全性高,且对旅游产品和服务的文化内涵有较高要求。

②性别。不同性别的旅游者的旅游需求有一定的差异。男性与女性在旅游过程中有一些明显不同的表现:相比之下,男性更喜欢独立旅行,安全感要求低,喜欢刺激、冒险的活动;而女性则更加爱好购物,注重安全、卫生,家庭观念更强,对色彩和氛围的要求较高。一项有关韩国赴海外的高尔夫旅游者的研究发现,相比男性,女性更可能是"同伴型旅游者"(Companion Golfers)[①]。

③职业。在现代社会,职业是一种"标签式"的身份象征。按照职业划分旅游者类型,比较容易预测他们的旅游消费行为。一项对广州"珠江夜游"的研究发现,不同职业的受访游客对"船上消费项目"的满意度存在显著差异。例如,"教育工作者"对"船上消费项目"的得分明显高于其他所有职业;相反,"离退休人员"的得分明显低于其他所有职业[②]。因此,职业可以作为某些旅游目的地市场细分的指标。

④家庭生命周期。家庭生命周期是一个重要的市场细分指标,因为它在很大程度上决定和反映了个体和家庭的生活方式。在西方现代社会,主要的家庭生命周期阶段有:单身期(起点:参加工作;终点:结婚;一般为 18~30 岁)、家庭形成期(已婚无子女;起点:结婚;终点:子女出生;一般为 25~35 岁)、家庭成长期(已婚有子女;起点:子女出生;终点:子女独立;一般为 30~55 岁)、家庭成熟期(起点:子女独立;终点:夫妻退休;一般为 50~65 岁)、家庭衰老期(起点:夫妻退休;终点:夫妻身故;一般为 60~90 岁)。在中国社会,这一阶段划分也基本适用。举例来说,在单身阶段,对经济型旅游产品(前往较为廉价,甚至免费的旅游目的地)的购买频率和需求比较高。在空巢阶段(大约 50 岁之后),对高档旅游产品(如前往较为高端的度假旅游地)的购买频率和需求比较高。

⑤家庭收入。家庭收入是决定个人或家庭能否出行的主要因素。按照家庭收入划分旅

---

① KIM J H, RITCHIE B W. Motivation-based typology: an empirical study of golf tourists [J]. Journal of Hospitality & Tourism Research, 2012, 36(2): 251-280.

② 刘冠超.城市水上旅游项目游客满意度与忠诚度研究——以珠江夜游为例[D].广州:中山大学,2019.

游市场,直接反映了该市场的购买潜力。例如,有机构曾对中国家庭年收入做过一个划分:其中,中产家庭的年收入应在 50 万~80 万元;小康家庭的年收入应在 36 万~50 万元;贫穷家庭的年收入则在 10 万~36 万元。可以预计的是,在中国大城市,一般而言,中产家庭更有可能较为频繁地选择消费较高的度假旅游目的地;而贫穷家庭更可能频繁地选择一些相对低价的旅游目的地。

3)心理统计学指标

心理统计学指标又称社会心理学指标。基于心理统计学指标的市场细分是指对不同社会心理学特质、人格特质、生活方式和价值观的群体做出细分。早期的市场细分研究主要从自然地理、社会文化环境、人口统计学等外部特征对消费者进行细分。它假设居住在同一区域、同一年龄(世代)或收入阶段的人具有相似的消费需求。这些假定总体而言,现在依旧适用。但是,许多营销实践表明,具有相同人口地理特征的消费群在面对相同的营销手段(如广告、促销、定价等)时的反应并不完全一样。其中,一个重要原因是他们的心理偏好不同。

因此,研究者们逐渐转向研究对消费者的心理分群。消费者因为心理学特质或人格特质、生活方式和价值观的不同被划分为不同群体,同属某社会人口统计学特征群体的人可能有非常不同的社会心理学(心理统计学)意义上的"表现"。总的来说,运用社会心理学指标的市场细分需要更深入的调查研究(如问卷调查、入户访谈、电话调查等),需要借助更专门的分析方法(如因子分析、聚类分析、判别分析等)[1]。这种分析对认识消费者行为的心理学依据很有指导意义,但其操作性还是受到一定的局限。

在旅游目的地市场细分研究中,广泛使用的社会心理学变量有动机、角色、风险规避水平、兴趣与观点、预期、所求的旅游体验、价值观、人格特质、生活方式和态度[2]。自 20 世纪 70 年代这些变量被引入旅游市场细分研究中以来,就一直得到大量的运用[3]。在这一方面,基于动机差异的旅游市场细分研究积累了大量的成果。具体市场细分研究见下文阐述。

4)行为指标

虽然基于心理统计学差异的市场细分为营销人员洞察消费者有所帮助,但随着市场竞争的越发激烈,越来越多的营销机构期待对消费者的实际行为有更多的了解。行为是心理活动过程的结果,但比起心理活动过程,行为更具有可观察性、可衡量性和"看得见"的效益。因此,行为指标更受市场细分人员的欢迎。运用行为指标进行细分的研究认为,消费者个体特征的差异对解析消费行为变化相当有限,人的消费购买行为在很大程度上是由行为发生的情境所决定的。面对同一情境的刺激,不同的消费者会表现出相同的行为反应。很显然,

① JAFARI J, XIAO H G. Encyclopedia of tourism [M]. New York: Springer, 2016.
② DECROP A, SNELDERS D. A grounded typology of vacation decision-making[J]. Tourism management, 2005, 26(2): 121-132.
③ 同①171-180.

这是行为主义心理学派的观点。

　　旅游目的地的营销与管理人员发现,不同旅游者光顾的时机有所不同。有的旅游者经常在旺季造访旅游目的地,而有的则常在淡季造访。对此,旅游目的地营销与管理人员自然应该采取不同的营销策略。利用行为细分,会发现旅游目的地存在着忠诚的旅游者、经常造访或反复造访的旅游者。更具体而言,在看似忠诚的旅游者中,可能还存在虚假忠诚者。旅游目的地的营销与管理人员,需要利用营销策略对所有这些忠诚(虚假忠诚、持续忠诚、不忠诚、潜在忠诚)的旅游者加以维护、转变。同时,也会发现那些"偶尔光顾"和"随意溜达"的旅游者。对于这些旅游者,旅游目的地营销与管理人员也要加以研究,剖析他们行为背后的原因,最终制定出能改善市场消费状况的营销决策①。

6.2.3　典型旅游目的地市场细分

1)高尔夫旅游地

　　高尔夫旅游是指高尔夫球运动的爱好者离开自己的常住地,前往异地(异国)的高尔夫球场进行打球、度假、参会、商务、交友等活动。高尔夫旅游者(Golf Tourists)是指进行高尔夫旅游活动的个体或群体。从高尔夫旅游的定义可以发现,不同的高尔夫旅游者的动机是多重且复杂的。因此,任何一个高尔夫旅游者的动机可能是打球、度假、参会、交友、商务等动机的不同组合。基于动机的差异,对高尔夫旅游地的市场进行细分(旅游者类型学划分)不但可以有助于我们认识不同高尔夫旅游者群体的动机以及他们的特征,也有助于高尔夫球场、旅游目的地的营销组织、政府部门展开有针对性的工作。研究发现,韩国赴海外高尔夫旅游市场可以被细分为三类②。

　　(1)高尔夫热情型旅游者(Golf-Intensive Golfers)

　　对他们而言,首先"利益"或实际的好处是最重要的(例如,"在更加廉价的球场,我可以有更多挥杆的机会""不需要高昂的高尔夫俱乐部会员费,我也可以随心所欲地挥杆、打球""比起在国内打高尔夫,赴海外更加划算"等);其次是"学习与挑战"(例如,"提升高尔夫技能和知识""在举办过高尔夫公开赛的球场打球""参加身体锻炼"等);当然"逃离与放松"也是比较重要的动机。因此,他们主要的目的在于通过异地的高尔夫运动来获得实际的好处,促进高尔夫球技提升与知识学习,不断挑战自我。这一市场在韩国赴海外高尔夫旅游市场中的所占比例为 26.6%。

　　(2)多目的型旅游者(Multi-motivated Golfers)

　　对他们而言,几乎每个动机都是很重要的。例如,"社会交往/亲情"的目的位居首位

---

　　① CHEN G H, XIAO H G. Motivations of repeat visits: A longitudinal study in Xiamen, China [J]. Journal of Travel & Tourism Marketing, 2013, 30(4): 350-364.

　　② KIM J H, RITCHIE B W. Motivation-based typology: an empirical study of golf tourists [J]. Journal of Hospitality & Tourism Research, 2012, 36(2): 251-280.

（"提升与朋友的交情""我喜欢与家人或亲戚在一起""我可以认识俱乐部的其他会员"等），"利益"动机紧随其后，"商业机会"（例如，"我喜欢谈生意""我可以达成商业目标""我喜欢与客户打高尔夫"等）也是他们非常看重的，学习与挑战同样是他们所追求的。因此，这一类的高尔夫旅游者，因其动机的多样性及动机的相对均衡性，被称为"多目的型旅游者"。这一市场在韩国赴海外高尔夫旅游市场中的所占比例为44%。

（3）同伴型旅游者（Companion Golfers）

对他们而言，"社会交往/亲情"的目的位居首位（"提升与朋友的交情""我喜欢与家人或亲戚在一起""我可以认识俱乐部的其他会员"等），且"利益"动机紧随其后。与其他两类高尔夫旅游者比较而言，同伴型旅游者不太看重"商业机会""学习与挑战"。因此，这一类的高尔夫旅游者，更多地是想要陪伴家人、亲人或者商业客户，因此被称为"同伴型旅游者"或"陪伴型旅游者"。这一市场在韩国赴海外高尔夫旅游市场中的所占比例为29.4%。

2）影视旅游地

影视旅游，即由影视剧引发的旅游行为/现象，是潜在旅游者被影视作品的人物、故事情节、风景等所吸引，萌生旅游动机，进而到影视拍摄地参观、游览的旅游活动。马晓龙等以电影《指环王》拍摄地霍比特村为影视旅游地案例，依据旅游动机指标对参观霍比特村影视基地的旅游者类型（市场细分）进行了研究。根据旅游动机的差异性，影视旅游市场可以划分为体验型旅游市场、探索型旅游市场、观光型旅游市场和被动型旅游市场4个细分市场[①]。每个细分市场都具有各自的活动目的和特征。

（1）体验型旅游市场

这一细分市场旅游者的出游动机主要受到电影《指环王》的激发，旅行行为的产生更多是受到影视作品的感召，主要目的在于体验小说作品或电影作品，而与电影拍摄地的自然风光和满足小孩兴趣等动机的相关性较弱。

（2）探索型旅游市场

相较于第一个细分市场对《指环王》作品本身的狂热追求，这一细分市场的旅游者对电影制作过程、电影情节或者电影中的人物等更感兴趣，希望能在影视基地的旅行过程中探索影视拍摄的乐趣。尽管这部分旅游者的出游动机确实是在影视作品的影响下形成的，但其本质的追求却是附加在影视作品之上的内容。探索电影及其关键场景的制作过程是这一细分市场的重要动机。这意味着，这一市场的旅游者在关注电影《指环王》的同时，对电影的表现手法和拍摄制作有更加猎奇的心理。

（3）观光型旅游市场

这一细分市场的旅游者来霍比特村影视基地旅行的主要动机是因为村落本身风景优

---

① 马晓龙，张晓宇，克里斯·瑞安.影视旅游者动机细分及其形成机制——新西兰霍比特村案例[J].旅游学刊，2013，28（8）：111-117.

美,而与在该地区所拍摄的电影是什么,以及这部电影是如何创作的,并没有较大关联。他们更加关注于霍比特村村落本身的风景是否更适合他们观光、游览,而在这里拍摄的电影以及电影的制作过程在他们旅行动机的产生过程中只起到一种从属作用。

(4)被动型旅游市场

一些旅游者对参观霍比特村影视基地没有表达出明显的态度偏好,出游特征和动机均不显著。这部分旅游者的出行不是受到旅游目的地吸引或者电影《指环王》及其作者的影响,而是更多地受到外来因素的影响。相比较而言,这一细分市场的旅游者的行为特征具有很大程度的被动性。

3) 文化旅游地

早在 2002 年,麦克文(Bob McKercher)就综合运用文化在出行决策中的重要性和文化体验深度两个变量作为细分指标对赴香港的六大客源市场的文化旅游者做过细分。依据他的分类模型(见图 6-4)[1],对任何一个文化旅游地而言,它的市场都可以划分为 5 个细分市场(也有研究将"偶然型"和"随意型"合并成"随意型"[2])。据麦克文教授的介绍,这一分类模型已经被联合国世界旅游组织(UNWTO)采用,且已经在全球超过 16 个国家和地区使用[3]。

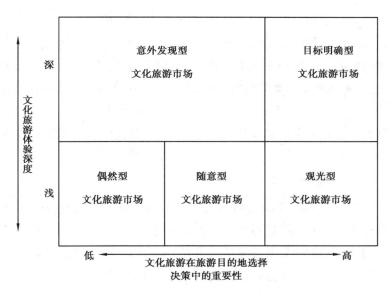

图 6-4　麦克文(Bob McKercher)文化旅游市场细分框架

①　MCKERCHER B. Towards a classification of cultural tourists[J]. International Journal of Tourism Research, 2002, 4(1): 29-38.

②　CHEN G H, HUANG S S. Towards an improved typology approach to segmenting cultural tourists[J]. International Journal of Tourism Research, 2018, 20(2): 247-255.

③　MCKERCHER B. Cultural tourism market: a perspective paper[J]. Tourism Review, 2020, 75(1): 126-129.

（1）偶然型文化旅游市场

偶然型文化旅游市场（Incidental Cultural Tourist Market）最重要的特征有：其一，文化旅游在旅游者对旅游目的地的选择决策中的重要性最低。也就是说，对于这一文化旅游细分市场而言，对文化景观的欣赏是最不重要的动机；他们有可能是顺道参访或迫于无奈，偶然进入文化旅游目的地/景点。其二，同样地，这一文化旅游细分市场对文化景观的体验也是肤浅的，并不能深入地了解旅游目的地的文化和历史遗产，仅是满足视觉和部分知识上的审美愉悦。陈钢华和黄松山的一项研究发现，在广州这一文化旅游地，偶然型文化旅游市场仅占整个文化旅游市场的4.0%[①]。

（2）随意型文化旅游市场

随意型文化旅游市场（Casual Cultural Tourist Market）最重要的特征有：其一，文化旅游在旅游者对旅游目的地的选择决策中的重要性居于中等水平，不是特别突出。其二，同样地，这一细分市场的旅游者对文化景观的体验也是肤浅的，也并不能深入地了解旅游目的地的文化和历史遗产，仅仅是满足视觉和部分知识上的审美愉悦。整体而言，文化旅游重要性和文化体验深度对这部分旅游者而言是可有可无的，并不是特别重要，体验也不是特别深刻。陈钢华和黄松山的研究发现，随意型文化旅游市场占广州文化旅游市场的46.0%。

（3）观光型文化旅游市场

观光型文化旅游市场（Sightseeing Cultural Tourist Market）最重要的特征有：其一，文化旅游在旅游者对旅游目的地的选择决策中的重要性最高。也就是说，对于这一部分的文化旅游者而言，欣赏文化景观是最主要的动机。其二，这一文化旅游细分市场的旅游者对文化景观的体验却是肤浅的，并不能深入地了解旅游目的地的文化和历史遗产，仅仅是满足视觉和部分知识上的审美愉悦。陈钢华和黄松山的研究发现，观光型文化旅游市场占广州文化旅游市场的30.5%。

（4）目标明确型文化旅游市场

目标明确型文化旅游市场（Purposeful Cultural Tourist Market）最重要的特征有：其一，文化旅游在旅游者对旅游目的地的选择决策中的重要性很高。也就是说，对于这一文化旅游细分市场的旅游者而言，欣赏文化景观是最主要、最初的动机。其二，同样地，这一文化旅游细分市场的旅游者对文化景观的体验是深刻的，能深入地了解旅游目的地的文化和历史遗产，不仅仅是满足视觉和部分知识上的审美愉悦，而是一种全方位的深刻学习和体会。根据陈钢华和黄松山的研究，在广州，目标明确型文化旅游市场占整个文化旅游市场的14.5%。

---

① CHEN G H, HUANG S S. Understanding Chinese cultural tourists: typology and profile [J]. Journal of Travel & Tourism Marketing, 2018, 35(2): 162-177.

（5）意外发现型文化旅游市场

意外发现型文化旅游市场（Serendipitous Cultural Tourist Market）最重要的特征有：其一，文化旅游在旅游者对旅游目的地的选择决策中的重要性其实并不高，亦即对于这一文化旅游细分市场而言，欣赏文化景观并不是最主要的动机，至少不是最初的动机；其二，这一文化旅游市场的旅游者对文化景观的体验却是深刻的，能深入地了解旅游目的地的文化和历史遗产，不仅仅是满足视觉和部分知识上的审美愉悦，而是一种全方位的深刻学习和体会。陈钢华和黄松山的研究发现，在广州，意外发现型文化旅游市场占整个文化旅游市场的 5.0%。

4）邮轮

邮轮旅游是一种以大型豪华游船为载体、以海上巡游为主要形式、以船上活动和岸上游览为主要内容的旅游活动/旅游形式。邮轮的原意是指海洋上的定线、定期航行的大型客运轮船。如今，我们通常所说的邮轮，实际上是指在海洋中航行的旅游客轮。现代邮轮是旅游性质的，船上休闲、娱乐、度假设施应有尽有。因此，邮轮经常被称为"海上漂浮的度假村""海上漂浮的目的地"。基于邮轮旅游市场的重要性，研究者开始采用各种市场细分手段开展研究，并以此设计各种差异化的营销策略。

（1）基于社会阶层指标的邮轮市场细分

哈伯森（J.S.P.Hobson）曾利用国际邮轮协会（Cruise Lines International Association）的调查数据，采用社会阶层[1]指标，将邮轮市场划分为 4 个细分市场[2]。这一细分方法被很多邮轮市场研究机构所认可和使用。

①大众市场：来自中低收入阶层，日均花费在 125~200 美元。

②中端市场：来自中高收入阶层，日均花费在 200~350 美元。

③豪华市场：多来自社会上层，日均消费在 350 美元以上。

④特殊兴趣市场：由具有特殊爱好的旅游者组成，所乘邮轮一般较小，乘客数一般为 50~150 个。

（2）基于价格敏感度的邮轮市场细分

皮屈克（J.F.Petrick）以价格敏感度作为市场细分的指标，可将邮轮旅游市场分为 3 个主要群体，即低价格敏感者、中价格敏感者和高价格敏感者[3]。其中，低价格敏感者的特点是日均船上花费更多，收入更高，更倾向于购买高价格舱位。中高价格敏感者的特点是更忠诚，认为价格更合理，满意度更高，对服务质量评价高，更感觉物有所值，未来购买倾向更强烈。

---

① 社会阶层是由具有相同或类似社会地位的社会成员组成的相对持久的群体。

② HOBSON J S P. Analysis of the U.S. cruise line industry[J]. Tourism Management，1993，14(6)：453-462.

③ PETRICK J F. Segmenting cruise passengers with price sensitivity[J]. Tourism Management，2005，26(5)：753-762.

6.3 旅游目的地形象策划与品牌建设

6.3.1 旅游目的地形象策划

1)旅游目的地形象的概念

形象或映像(Image)是一个被广泛使用却定义模糊的概念。一般认为,形象或映像是人们对所认识的事物的个人的、主观的、概念性的理解;或者说,形象或映像是建立在人脑信息处理过程基础上所形成的一种内在的信念和印象。由此可以认为,旅游目的地的形象就是由旅游目的地的各种旅游产品(吸引物)和因素在旅游者心目中交织而成的总体印象。

旅游者的感觉是指旅游者的身体感受器在旅游消费全过程中所产生的表示身体内外经验的神经冲动过程。旅游者的知觉则是旅游者人脑在旅游消费的全过程中对直接作用于感觉器官的事物整体的反映。因此,大多数的研究虽未直接涉及旅游目的地形象的概念阐释,但都是以旅游者对旅游目的地的"感知形象(Perceived Image)"作为研究对象的。例如,巴洛格鲁(Baloglu)和麦克利里(McCleary)认为,旅游目的地形象是一种表示旅游者个人态度的概念,它是指个体对旅游目的地的认识、情感和印象[1]。塞尔比(Selby)和摩根(Morgan)则从旅游者认知的角度提出了朴素形象(Naive Image)和再评估形象(Re-evaluated Image)的概念[2]。贾拉多(Gallarza)、绍拉(Saura)和加西亚(García)提出的旅游目的地形象的概念化模型,同样是基于旅游者的视角[3]。

2)旅游目的地形象策划的市场调查

(1)知名度-美誉度矩阵[4]

知名度是指旅游者(包括潜在旅游者)对某旅游目的地(或未来的旅游目的地)的识别、记忆的状况,也就是说到底有多少旅游者听说过、知道有这样一个旅游目的地存在(或将存在)。知名度的测量有较为简易的计算公式:知名度=知晓旅游目的地的人数/总人数×100%。美誉度是指旅游者(包括潜在旅游者)对某旅游目的地(或未来的旅游目的地)的褒奖、赞赏、喜爱程度,其测算公式为:美誉度=称赞旅游地的人数/知晓旅游地的人数×

---

① BALOGLU S, MCCLEARY K W. A model of destination image formation[J]. Annals of Tourism Research, 1999, 26 (4): 868-897.

② SELBY M, MORGAN N J. Reconstruing place image: a case study of its role in destination market research[J]. Tourism Management, 1996, 17(4): 287-294.

③ GALLARZA M G, SAURA I G, GARCÍA H C. Destination image: towards a conceptual framework[J]. Annals of tourism research, 2002, 29(1): 56-78.

④ 陈钢华,孙九霞.现代旅游消费者行为学[M].广州:中山大学出版社,2019.

100%。如图6-5所示,旅游目的地(包括未来的旅游目的地)的知名度与美誉度组合可以构成四种状态。

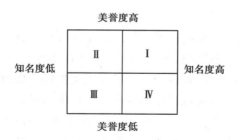

图6-5 旅游目的地知名度与美誉度组合

资料来源:陈钢华,孙九霞.现代旅游消费者行为学[M].广州:中山大学出版社,2019.

第一象限Ⅰ:表示旅游目的地(未来的旅游目的地)具有很高的知名度和美誉度,即"美名远扬"。

第二象限Ⅱ:表示旅游目的地(未来的旅游目的地)形象较好,知道它的人都说好,遗憾的是知道它的人并不多。

第三象限Ⅲ:表示旅游目的地(未来的旅游目的地)形象不好且不出名(知道它的人都说不好,还好知道它的人不多)。

第四象限Ⅳ:表示旅游目的地(未来的旅游目的地)"臭名远扬",知道它的人很多,且都对它评价很差。

需要指出的是,以上所述仅是一个简易的模型,实际的旅游目的地形象市场调查更加复杂和深入。

(2)期望-实绩模型①

1980年,美国学者奥利弗提出了期望-实绩模型,又称"期望不一致"模型。在旅游消费领域,根据该模型,旅游者在购买之前先根据过去的经历、广告宣传等途径,形成对旅游目的地特征的期望,然后在实际造访中感受到旅游目的地的绩效水平,最后将感受到的绩效与其之前的期望进行比较。这一模型也常被用于旅游目的地形象策划的市场调查。

(3)开放式问卷调查

开放式问卷调查又称无结构型问卷调查,被调查者可根据问题自行构思、自由发挥,按照自己的意愿发表意见和观点。在旅游目的地形象策划的市场调查中,也可以采用开放式问卷调查的方式,让受访者自行构思、自由发挥地写出对某一个旅游目的地的印象,然后由课题组收集后做文本分析。

---

① OLIVER R L. A cognitive model of the antecedents and consequences of satisfaction decisions[J]. Journal of Marketing Research, 1980, 17(4): 460-469.

3）旅游目的地形象定位与口号设计

（1）旅游目的地形象定位及方法

①领先定位，指的是试图占据旅游者心目中旅游地形象阶梯的第一位，主要适用于那些独一无二的、具有垄断性的旅游资源，例如，中国的长城、埃及的金字塔等。但是毕竟这样的旅游资源只是少数，绝大多数旅游资源的开发需要采用的是其他方式的形象定位。

②比附定位，是指并不试图去占据旅游者心目中形象的最高处，而是比附于原有的形象之下，不与目前第一品牌进行正面交锋。事实也证明，正面挑战旅游者心目中原有的第一品牌是很困难的。比附定位，追求的是旅游者心目中形象阶梯的第二位，可以有效利用原有第一位的品牌资源，例如，海南三亚，曾经的定位为"东方夏威夷"，就是利用了夏威夷在广大旅游者心目中树立的良好的滨海旅游度假胜地的形象。

③逆向定位，指的是强调并宣传旅游者心目中原有第一品牌的对立面或反面，同时开辟另一个令旅游者可以广泛接受的形象阶梯。很经典的案例是深圳野生动物园，其将国内的野生动物园分为两大类：一种是传统的普通笼式动物园，另一种是开放式动物园，破除了旅游者心目中原有的关于动物园的概念，提出新的分类。自然而然，深圳野生动物园强力宣传开放式野生动物园的概念，成为国内第一个城市野生动物园。

④空隙定位，是指完全抛开原有的形象阶梯，试图开创另一个全新的形象阶梯，争取占有该形象阶梯的第一位。虽然国内目前的旅游产品推陈出新，变化很快，但是始终可以找出现有产品市场存在的"空隙"，也就是目前没有出现的旅游产品、旅游项目。例如，中国第一个小人国"锦绣中华"的建立，使国内旅游者心中形成了一个全新的关于"小人国"旅游景观的概念，自然"锦绣中华"荣登旅游者心目中的形象阶梯之首。

（2）旅游目的地形象口号设计原则

①地方特征：内容源自文脉。旅游口号的设计必须要反映旅游资源所处区域的地方独特性，旅游口号的内容源自区域独特的地理文脉、历史渊源。

②行业特征：针对游客表达。旅游口号的设计必须是针对潜在的游客的，要充分了解游客的消费心理，熟知其品位与偏好。

③时代特征：语言紧扣时代。旅游口号的设计在语言表述上要具有时代的特征，反映旅游需求的热点、趋势。

④广告效果：形式借鉴广告。旅游口号的形式要借鉴广告，具有广告词的凝练、生动和影响力，调动游客前往的兴趣。

（3）旅游目的地形象口号设计的主题诉求

①资源诉求，即以自然山水资源的描述、概括和突出作为定位基础，例如，哈尔滨的"冰城"突出冰雪资源，桂林的"桂林山水甲天下"和镇江的"天下第一江山"突出山水资源，三亚的"中国度假天堂"突出度假资源。

②文化诉求，主要强调历史文化情怀的表达，例如，南京的"博爱之都"凸显其众多文化遗产所承载的"博爱"精神。

③情感诉求,即以爱情、友谊、关怀等情感类需求作为定位主题,来表达旅游城市的精神特征。比如大连的"浪漫之都,中国大连",就是以浪漫的爱情元素来吸引旅游者。

④综合诉求,即通过综合式、抽象化的主题词汇表达较为广泛的主题定位方向,这种主题定位方式往往为综合性的大都市所采用,比如,北京(新北京,新奥运)、上海(精彩每一天)、广州(一日读懂两千年)等几个城市的口号就表达了较为综合的主题倾向,它们的旅游口号以更包容的主题内容来吸引更广泛的旅游客源。

6.3.2　旅游目的地品牌建设

1)旅游目的地品牌与品牌建设的概念

(1)品牌

所谓品牌(Brand),也就是产品的牌子。例如,"松下"牌的冰箱、"海尔"牌的冰箱,或者,"冰箱我选'海尔'(牌)的"。品牌是企业给自己的产品规定的商业名称,通常由文字、标记、符号、图案和颜色等要素或这些要素的组合构成,用作一个企业产品或产品系列的标志,以便同竞争者的产品相区别。

在《牛津英语词典》里,品牌被解释为"用来证明所有权,作为质量的标志或其他用途",即用以区别和证明品质。

追本溯源,品牌最原始的雏形即是人们在自家家畜上烙上烙印,作为私有财产与他人财产区分的简单标记;之后用简单图形标记在产品上,用作自有产品声誉维护的法律标志;随着市场的繁盛与发展,品牌日益成熟,进而发展到全球企业对品牌的追逐、研究与推崇。

品牌化(Branding),或"品牌建设",其实是对某一类或一系列产品的认知标准化、宣传标准化。

(2)旅游目的地品牌

旅游目的地品牌是指一个旅游目的地区别于其他旅游目的地的名字以及/或者标志(例如,徽标、商标或包装设计)。旅游目的地品牌旨在:

①让旅游者识别某个或某群旅游目的地。

②将某个(些)旅游目的地(及其产品、服务)与其竞争者(及其产品、服务)区别开来。

一个好的旅游目的地品牌应具有 11 个特征[①]:有吸引力、传播旅游目的地的品质与体验、与旅游目的地定位保持一致、传达旅游目的地的个性、有营销活动支撑、令人难忘、简洁、独特、经受过市场的考验、容易作为域名转移至网络、为所有利益相关者广为接受。

(3)旅游目的地品牌建设

旅游目的地品牌建设或品牌化(Destination Branding)是指[②]:

---

①　MORRISON A M. Marketing and managing tourism destinations[M]. London: Routledge, 2013.

②　BLAIN C, LEVY S E, RITCHIE J R B. Destination branding: insights and practices from destination management organizations[J]. Journal of Travel Research, 2005, 43(4): 328-338.

①支持创建有助于识别和区分某旅游目的地的品牌名称、标徽、文字标记或其他图形符号。

②持续地传达与某旅游目的地紧密相关的旅游者对难忘的旅游体验的期待。

③致力于强调和强化旅游者与某旅游目的地之间的情感联系。

④减少旅游者的搜寻成本和感知风险。

⑤致力于创建积极影响消费者的旅游目的地形象。

2) 旅游目的地品牌建设流程

旅游目的地品牌建设一般遵循如下 4 个基本流程(见图 6-6、图 6-7)①。

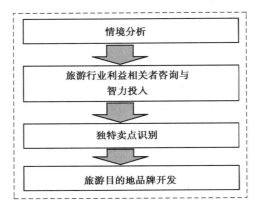

图 6-6　旅游目的地品牌建设的基本流程

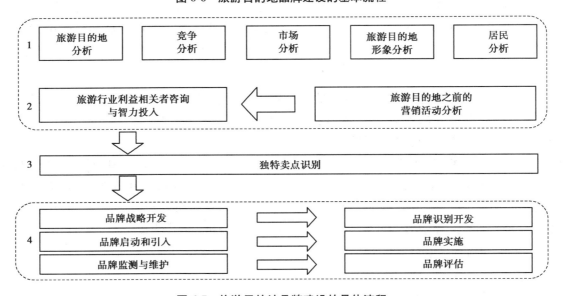

图 6-7　旅游目的地品牌建设的具体流程

---

① MORRISON A M. Marketing and managing tourism destinations[M]. London：Routledge, 2013.

①情境分析。这部分主要涉及对旅游目的地所面临的竞争状况、市场状况和形象现状等做出分析,包括旅游目的地本身的资源禀赋、发展历史、现状、竞争状况、市场态势、居民态度与感知、旅游目的地形象以及对以往所开展过的营销活动的评估等。这部分工作是基础的,但也是最重要的工作。

②旅游行业利益相关者咨询与智力投入。旅游目的地的旅游行业有诸多利益相关者,至少包括旅游目的地政府、旅游企业、社区居民,还包括旅游者。去征求他们对当前旅游目的地形象、市场状况、产品开发、游客满意度等的看法以及对未来品牌建设的意见和建议,对旅游目的地品牌建设至关重要。

③独特卖点识别。在上述流程的基础上,最重要的工作是要识别出旅游目的地最为独特的地方在哪里,也就是说核心的优势在哪里,哪些旅游资源、吸引物、旅游产品是"人无我有""人有我精"的。在旅游目的地之间的竞争日趋激烈的情况下,旅游者在做出出游决策时面临着诸多选择。所以,找准独特卖点不只对旅游目的地品牌建设尤其重要,对旅游目的地定位、旅游目的地形象策划乃至整个旅游目的地的发展也都至关重要。

④旅游目的地品牌开发。这是最终的步骤,也是水到渠成的步骤。在完成上述流程之后,旅游目的地品牌建设需要做的工作就是开发、监测、维护旅游目的地的品牌。具体而言,需要开发旅游目的地的品牌识别(也称"品牌本体")、向市场推出旅游目的地品牌、动态跟踪旅游目的地品牌的运行进度等。

3)旅游目的地品牌建设与定位、形象策划之间的关系

(1)旅游目的地定位与旅游目的地品牌化之间的关系

旅游目的地定位是指在目标市场的旅游者心目中为一个旅游目的地建立并维持一个独特的地位。定位就是要识别和确定某一产品或服务的重要品质,以便能够以有意义的方式向消费者展现其有别于竞争产品或服务的特色(内含利益)[①]。旅游目的地定位的基本流程,如图6-8所示。

①两者的联系。在旅游研究中,旅游目的地定位和旅游目的地品牌化可以说是两种存在较大共性、兴起于不同时代的旅游目的地营销理念,理论基础分别为"定位理论"和"品牌化理论"。二者的联系首先反映在它们理论深处的共性上,即二者共同强调对旅游目的地实现差异化。定位的终极目标是要建立和维持旅游目的地在消费者心目中的独特地位,而品牌的一个核心功能就是使自身产品与其他卖者的产品相区分。

②两者的差异之一。旅游目的地定位关注的是如何在旅游消费者心目中建立和维持一个独特地位,寻找到这一独特地位(即能够在旅游消费者心智阶梯上实现领先占位的产品品类信息)成为定位工作者至关重要的任务。因此,旅游目的地定位的工作重心是在形成一个可资利用的核心定位理念这一前期基础性范畴上。相比之下,旅游目的地品牌化的倾向点

① ECHTNER C M, RITCHIE B. The measurement of destination image: an empirical assessment[J]. Journal of Travel Research, 1993, 31 (4): 3-13.

则为二者相对应的 5 个工作环节中的第二个:物化展示品牌本体(见图 6-9)。

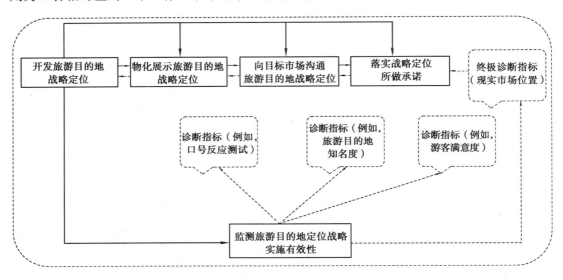

图 6-8　旅游目的地定位流程

资料来源:曲颖,天元.旅游目的地形象,定位和品牌化:概念辨析和关系阐释[J].旅游科学,2011,25(4):10-19+48.

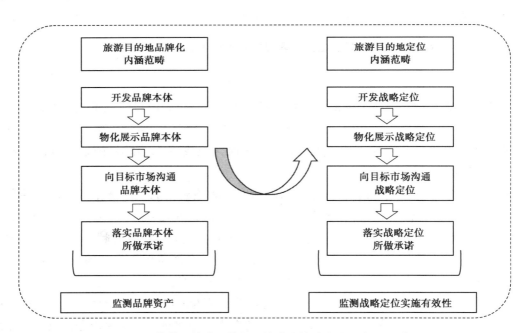

图 6-9　旅游目的地品牌化和旅游目的地定位工作流程对比

资料来源:曲颖,天元.旅游目的地形象,定位和品牌化:概念辨析和关系阐释[J].旅游科学,2011,25(4):10-19+48.

③两者的差异之二。旅游目的地定位与旅游目的地品牌化在内、外部导向的视角上显示出细微差异。旅游目的地定位是对现有旅游产品（目的地）在旅游消费者心智中的创造性实践，是真正以旅游消费者为主体。开发旅游目的地品牌本体（品牌识别）这一过程则会在旅游目的地内部整合上倾注更多的力量。两者的内外部导向视角的差异，如图6-10所示。

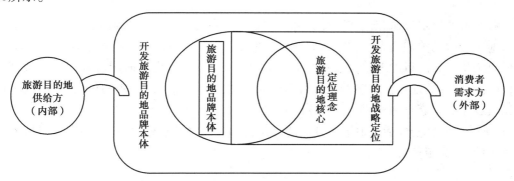

图 6-10　旅游目的地定位和旅游目的地品牌化内、外部导向差异

资料来源：曲颖，天元.旅游目的地形象，定位和品牌化：概念辨析和关系阐释[J].旅游科学，2011，25（4）：10-19+48.

（2）旅游目的地形象与旅游目的地品牌化之间的关系

①两者的联系。旅游者一方的旅游目的地形象形成过程，是旅游目的地品牌化关注的核心。"积极形象打造"作为一个有机组成成分，被纳入旅游目的地品牌化过程，是（旅游目的地品牌化过程）整体工作范畴中完成"开发品牌本体"和"物化展示品牌本体"后面环节工作的关键。布莱恩（C.Blain）等学者认为，"旅游目的地品牌化是一系列市场营销活动共同作用于创造一个能够积极影响消费者选择的旅游目的地形象"[①]。

②两者的差异之一。传统的旅游目的地形象研究主要关注市场上的现实感知形象，因而其常规研究焦点为"旅游者一方如何形成旅游目的地形象"或"旅游目的地形象形成的影响媒介"[②]。旅游目的地品牌化研究体系在对待形象问题上则强调旅游目的地供给方开发的品牌识别对形象的引导作用。蔡立平（L.A.Cai）在他的旅游目的地品牌化模型中重点澄清了形象打造和品牌化这两个概念之间存在的混淆，指出尽管形象打造非常接近品牌化，但它与品牌化之间还缺乏一个关键的链环：品牌识别（品牌本体）[③]。

③两者的差异之二。虽然旅游目的地形象是旅游目的地品牌化直接影响终端消费者（实际的旅游者）的一个重要工具，但品牌化旨在与旅游消费者构建的是比积极形象感知更为宽泛的关系网络。品牌的含义远远大于形象。徐惠群（C.H.C.Hsu）和蔡立平（L.A.Cai）指出，只有当一致的品牌知识被转化为旅游者与旅游目的地品牌之间的情感纽带时，旅游目的

①　BLAIN C, LEVY S E, RITCHIE J R B. Destination branding：insights and practices from destination management organizations[J]. Journal of Travel Research, 2005, 43（4）：328-338.

②　GARTNER W C. Image formation process[J]. Journal of Travel & Tourism Marketing, 1994, 2（2-3）：191-216.

③　CAI L A. Cooperative branding for rural destinations[J]. Annals of Tourism Research, 2002, 29（3）：720-742.

地品牌才能获得成功;而品牌信任和品牌忠诚是这一纽带的核心表现。因此,要将旅游目的地形象研究提升到旅游目的地品牌化的层次,应关注将旅游目的地形象作为旅游目的地品牌知识的一部分与其他更能揭示品牌化实质内涵的关键概念(如品牌信任、品牌忠诚)进行整合研究[①]。

(3)旅游目的地形象与旅游目的地定位之间的关系

旅游目的地定位研究最初是由旅游目的地形象研究所驱动的。旅游目的地形象是旅游目的地定位中的关键概念。在旅游目的地定位的流程中,包含了作为核心定位的旅游目的地形象定位。旅游目的地定位过程通常伴随着一个面向目标市场旅游者的积极形象打造过程,任何旅游目的地定位战略的直接目标即为强化目标受众已经持有的积极形象、纠正负面形象或创建一个新形象。然而,旅游目的地的定位,不仅局限于形象定位(或"形象策划""Imaging"),而且还包括其他诸多方面的定位,例如,战略性总体定位、功能定位、目标定位、市场定位、产品定位等。

【本章小结】

旅游目的地营销是一个社会过程;在这个过程中,旅游目的地(包括旅游目的地的企业、政府、社区、个人等)通过为旅游者创造(与旅游者共创)、提供和交换有价值的旅游体验来满足旅游目的地各利益相关者的所需所求。旅游目的地营销管理是指旅游目的地的营销组织选择目标市场并通过创造、传递和传播卓越顾客价值,来获取、维持和增加旅游者的过程。

旅游目的地定位、旅游目的地形象策划和旅游目的地品牌建设是互相联系但又有较大差异的旅游目的地营销策略,共同构成了旅游目的地营销管理的 PIB 模式。旅游目的地定位是根据旅游市场细分的原则在市场竞争中找准定位;旅游目的地形象是由旅游目的地的各种旅游产品(吸引物)和因素交织而成的在旅游者心目中的总体印象;旅游目的地品牌是指一个旅游目的地区别于其他旅游目的地的名字以及/或者标志。

【关键术语】

旅游目的地营销;旅游目的地营销管理;旅游目的地形象;旅游目的地品牌;旅游目的地定位。

复习思考题
1.什么是营销? 营销管理是什么?
2.试阐述 STP 营销战略的主要内涵。
3.试阐述旅游目的地定位、旅游目的地形象策划和旅游目的地品牌

---

① HSU C H C, CAI L A. Brand knowledge, trust and loyalty—a conceptual model of destination branding[R]. San Francisco: ICHRIE Annual Conference, 2009.

建设之间的关系。

4.简述逆向定位和空隙定位的不同。

【案例分析】

福建省将首次采取因素评分法对"清新福建"旅游品牌宣传实行考核

福建省旅游局政府门户网站报道,福建省旅游局将首次采取因素评分法对"清新福建"旅游品牌宣传实行考核。具体如下:一是按三大类别实行奖补。改革现行的旅游品牌申报奖励办法,首次按因素评分法对全省市级、县级旅游主管部门和涉旅法人社团单位的旅游品牌营销和市场开发工作进行考核排名,并按等次实行以奖代补。其中对市、县级旅游主管部门分成四等,并奖补6万~200万元资金不等。对其他与旅游相关的宣传推广"清新福建"品牌有突出贡献的,且已自主申报的法人社团单位进行选择性奖补,一年不超过5个,各奖补金额20万元。二是实行末位淘汰。按百分制因素评分法,如市级低于40分、县级低于30分的,则不予奖补。三是按照基本分和奖加分合并考核。其中基本分100分,按宣传广告投放、"清新福建"LOGO标识推广运用、旅游市场开拓、旅游节庆(赛事)活动、创新性旅游营销推广项目等五大因素25项指标进行分类考核,同时另行制订了绩效考核指标、设立旅游机构等4项加分项目。四是重在共推"清新福建"品牌。要求被考核的市、县级旅游主管部门确定"清新福建"总品牌下的二级、三级子品牌和宣传口号。考核项目必须要体现"清新福建"品牌的统领,辖区内的三星级以上酒店、3A级以上景区、3A级以上旅行社门店、旅游集散服务中心要广泛使用"清新福建"LOGO标识等。

资料来源:国家旅游地理网,2015-12-18.

问题:根据案例,谈一谈"清新福建"旅游目的地品牌建设目前处于什么阶段? 这一阶段的重要工作和目标是什么?

第7章
旅游目的地信息化管理

【教学目标与要求】

理解：
- 旅游信息化的概念和内涵
- 旅游目的地信息系统概念
- 智慧旅游目的地的概念

熟悉：
- 旅游信息化的形式
- 智慧旅游的基本框架
- 旅游目的地信息化管理趋势

掌握：
- 旅游信息化及相关概念的辨析
- 旅游目的地信息化管理的内容和影响
- 智慧旅游目的地的建设内容和管理体系

【知识架构】

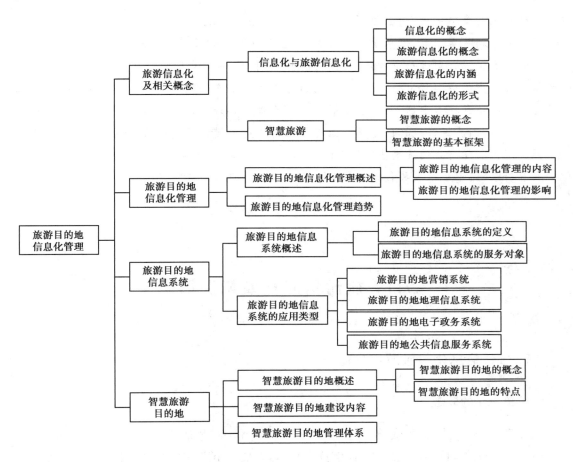

【导入案例】

国家旅游局就旅游业与信息化融合发展征求意见

2015年5月8日,国家旅游局发布《国家旅游局关于促进旅游业与信息化融合发展的若干意见》(征求意见稿),以公开征求意见。

该征求意见稿分为总体要求、重点任务、主要举措三部分,对促进旅游业与信息化融合发展的指导思想、基本原则、主要目标、重点任务、主要措施等进行了详细说明。

该征求意见稿指出,国家旅游局将按照"没有网络安全就没有国家安全""没有信息化就没有现代化"的战略思想,形成并不断强化"没有信息化就没有旅游的现代服务业"和"没有信息化旅游业就不可能让人民群众更加满意"的工作方针,坚持满足需要、量力而行,统筹谋划、分步实施,建设、应用、管理并重,科学实用、适度超前等原则。贯彻执行国务院关于实现旅游业与信息化融合发展的基本原则,认真负责、务实高效地推进各层级、各领域的旅游信息化。

该征求意见稿提出,到 2020 年(未来 5 年),旅游信息化规划论证、系统整合、互联互通、资源共享格局基本形成,信息化对旅游消费、企业经营、公共服务、组织管理、产业运营、事业发展的支撑保障作用进一步增强。到 2030 年(未来 15 年),实现让旅游业融入互联网时代、用信息技术武装中国旅游全行业的目标,为建设适应全面小康和初步富裕型需要的旅游业提供有力的信息技术支撑。到 2050 年(未来 35 年),实现中国旅游业的现代化、信息化、国际化,为成为国民经济战略性支柱产业与人民群众更加满意现代服务业的旅游业和世界旅游强国提供坚强有力的技术基础和保障。

资料来源:中华人民共和国国家互联网信息办公室,2015-05-11.

7.1 旅游信息化及相关概念

7.1.1 信息化与旅游信息化

1)信息化的概念

关于信息化的定义众多,但基本可以认为信息化是指建立在 ICT(Information Communication Technology,信息与通信技术)产业发展与 ICT 在社会经济各部门扩散的基础之上、运用 ICT 改造传统经济和社会结构的过程[①]。或者是指充分利用信息技术,开发利用信息资源,促进信息交流和知识共享,提高经济增长质量,推动经济社会发展转型的历史进程[②]。

信息化既是过程也是结果,而将信息化视作一种综合体系,既可以包含"信息化"的过程含义,也可以包含"信息化"的结果含义。而在实践中,由于信息技术的不断创新和发展,信息化往往侧重于表达一个随着信息技术的发展而不断进行的过程,是一个在不断建设和发展的综合体系。

2)旅游信息化的概念

狭义的旅游信息化定义主要围绕旅游信息资源的整合利用来进行界定,代表观点有:旅

---

① 林毅夫.信息化——经济增长新源泉[J].科技与企业,2003(8):53-54.
② 张凌云,乔向杰,黄晓波.智慧旅游的理论与实践[M].天津:南开大学出版社,2017.

游信息化是指将旅游景点、景区、旅游饭店、旅行社、旅游交通、购物环境等与旅游有关的信息整合起来的过程,通过信息技术或信息系统让经营管理人员和旅游消费者能轻松、便利地获取这些信息[①]。

广义的旅游信息化定义主要围绕信息技术应用、旅游产业资源与旅游产业发展的关系来进行界定,代表观点有:旅游信息化是指充分利用信息技术、数据库技术和网络技术,对旅游有关的实体资源、信息资源、生产要素资源进行深层次的分配、组合、加工、传播、销售,以促进传统旅游业向现代旅游业的转化,加快旅游业的发展速度,提高旅游业的生产效率[②]。

广义的旅游信息化发展涵盖了从(初级)旅游信息化、旅游数字化、旅游智能化到旅游智慧化的过程,它们一脉相承,不仅在技术应用上逐步深入和升级,而且逐渐将发展重心从供给方视角的技术应用转移到需求方视角的以满足旅游者需求和提升其体验为核心,如表7-1所示。

表 7-1　旅游信息化的层次

过程	主要技术依托	主要特征	结果
(初级)旅游信息化	计算机、局域网	电子化; 单应用、孤立、单向控制	电子旅游
旅游数字化	互联网、移动通信、数据库技术、传感技术、3S技术	网络化、数字化; 多应用、整合、单向控制	数字旅游
旅游智能化	物联网、云计算、移动互联网、人工智能、大数据、移动通信、3S技术、智能设备	智能化、高端化; 全应用、互动式	智能旅游
旅游智慧化	物联网、云计算、移动互联网、人工智能、大数据、移动通信、3S技术、智能设备	智慧化、人性化、泛在化; 全应用、互动式	智慧旅游

资料来源:李云鹏,晁夕,沈华玉,等.智慧旅游:从旅游信息化到旅游智慧化[M].北京:中国旅游出版社,2013.

3) 旅游信息化的内涵

从现阶段的国内旅游发展来看,旅游信息化的内涵主要包括以下方面[③]:

①信息服务集成化。通过旅游公共信息服务平台,向游客提供集旅游公共信息查询、导游导览、旅游产品预订、旅游投诉与处理等功能为一体的在线服务,实现旅游公共信息服务的在线化、一体化、集成化。

②市场营销精准化。旅游目的地、旅游企业利用互联网、社交媒体、第三方平台等多渠道采集客源市场数据,开展有针对性的市场营销,实现市场营销精准化和产品与服务个性化

---

① 陆均良,杨铭魁,李云鹏,等.旅游信息化管理[M].北京:中国人民大学出版社,2015.
② 李云鹏,晁夕,沈华玉,等.智慧旅游:从旅游信息化到旅游智慧化[M].北京:中国旅游出版社,2013.
③ 资料来源:《"十三五"全国旅游信息规划》,根据旅游信息化目标修改.

推荐,提高市场营销的效能。

③产业运行数据化。通过旅游企业的信息化建设,加强对业务流程的全数据化管理,强化政府与企业、企业与企业之间的数据对接,加强数据资源的分析与利用,提升旅游信息化应用水平。

④行业管理智能化。利用以绿色、智能、泛在化为特征的信息技术加强对旅游行业的管理,提高旅游管理的科学化和智能化水平。通过旅游电子政务体系建设,推动政府相关部门数据资源开放和共享,建立旅游政务信息资源共享目录,实现政务资源的共享和协同,提高行业管理效能。

4)旅游信息化的形式

旅游信息化的涉及面广、内容丰富,主要的表现形式包括旅游企业信息化、旅游电子商务、旅游电子政务等。

旅游企业信息化主要指旅游产品供应商、住宿接待与服务企业、旅游运输商、旅游中介服务企业、旅游商品开发与销售企业等各类旅游企业内部的信息化建设,通过搭建和使用信息化基础设施、信息网络和信息系统,调整和重组企业组织结构及业务流程,实现企业运行的数据化和网络化,提升企业的经营管理效率和竞争力。

旅游电子商务是指与旅游活动相关的电子商务平台构建或交易的电子化、网络化,旨在利用互联网等 ICT 技术和相关电子设备发布、传递、交流旅游基本信息和旅游商务信息,宣传旅游目的地、旅游企业并营销旅游产品,加强旅游市场主体间的直接沟通,开展旅游售前和售后服务以及进行旅游电子交易。

旅游电子政务指旅游管理部门业务的信息化,通过运用现代网络通信与计算机技术,将其内部和外部的管理和服务职能进行精简、优化、整合、重组后于网上实现,打破时间、空间以及部门分隔的制约,为社会公众以及自身提供一体化的高效、优质、廉洁的管理和服务。

7.1.2 智慧旅游

1)智慧旅游的概念

智慧旅游是旅游信息化的延续和高级阶段,是在"智慧地球(Smarter Planet)"和"智慧城市(Smarter Cities)"的基础上发展而来的新概念。2008 年,国际商用机器公司(International Business Machine,IBM)首先推出"智慧地球"商业计划,其核心是以一种更智慧的方法即通过利用新一代信息技术来改变政府、公司和人们相互交互的方式,以便提高交互的明确性、效率、灵活性和响应速度。之后,"智慧城市"概念由此衍生,成为"智慧地球"在城市建设和管理中的具体实践[1]。"智慧旅游"是继智慧城市之后产生的相应概念。

---

① 骆小平."智慧城市"的内涵论析[J].城市管理与科技,2010,12(6):34-37.

虽然智慧旅游的定义众多，但可以认为智慧旅游是基于新一代的信息通信技术（ICT），为满足游客个性化需求，提供高品质、高满意度服务，从而实现旅游资源及社会资源的共享与有效利用的系统化、集约化的管理变革①。

2）智慧旅游的基本框架

智慧旅游的体系架构主要由技术层、应用层、产业层和关联层组成（见图7-1）②。

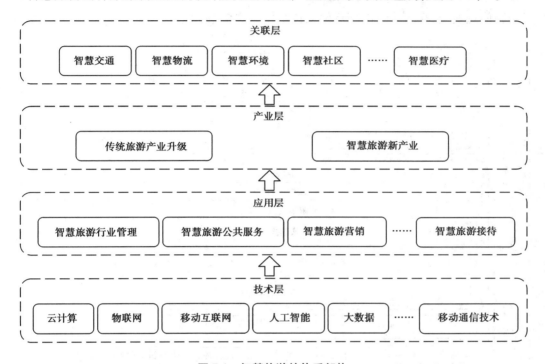

图 7-1　智慧旅游的体系架构

智慧旅游的技术层是应用智慧旅游的各类智能技术，包括物联网、云计算、移动互联网、人工智能、大数据、移动通信技术等，实现智慧旅游底层基础的搭建，是智慧旅游体系的根基。

智慧旅游的应用层是指技术层与旅游要素融合而产生的应用，包括智慧的旅游行业管理、智慧的旅游公共服务、智慧的旅游营销、智慧的旅游接待体系等。

智慧旅游的产业层是指智慧要素在旅游业中渗透所带来的旅游产业转型升级和产业的丰富，包括智慧要素在传统旅游产业和部门中的应用，以及新的文化产业、创意产业、技术服务产业。

---

①　张凌云，黎巎，刘敏.智慧旅游的基本概念与理论体系［J］.旅游学刊，2012，27（5）：66-73.
②　黄超，李云鹏."十二五"期间"智慧城市"背景下的"智慧旅游"体系研究［D］.北京：北京联合大学，2011.

　　智慧旅游的关联层是指智慧旅游作为智慧城市的一个重要组成部分,是与智慧城市的其他部分相互关联的。一方面,智慧旅游体系的构建与其他智慧产业体系一起都依赖于智慧城市的感知层和技术层,实现基础资源的共享;另一方面,由于旅游业的高度关联性,智慧旅游体系的构建也需要借助其他智慧产业(如智慧交通、智慧物流、智慧环境等)所形成的智能化平台和数据库,实现信息资源的共享。

　　智慧旅游的技术架构一般包括感知层、传输层、基础服务层、应用服务层、信息展现层5个层面和信息安全、智慧化标准规范两大技术保障体系(见图7-2)。

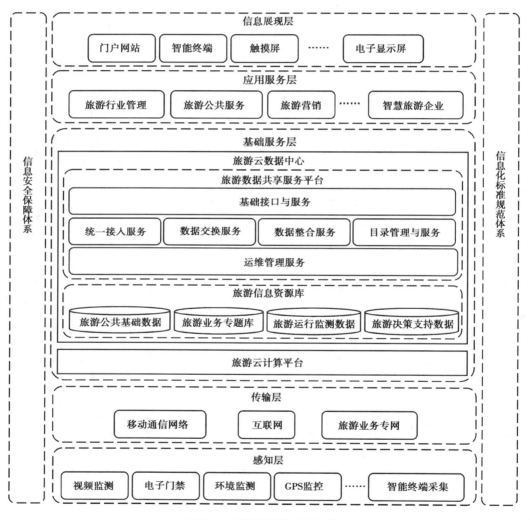

图 7-2　智慧旅游的技术架构

资料来源:《湖北省智慧旅游建设规划(2016—2020)》。

①感知层。通过视频监测、智能传感器收集、游客智能终端反馈、信息采集员上报、政府横向部门(交通、气象、工商、环保、公安、消防、卫生)数据共享等途径,收集旅游行业各个领域的前端感知信息数据。

②传输层。实现旅游企业、景区,区县旅游部门,市、省旅游委(局)之间传感数据、视频数据、报警数据、管理数据等旅游信息数据统一、可靠、安全的传输。

③基础服务层。主要为上层智慧服务提供基础支撑。其中云计算平台主要为智慧旅游平台提供硬件资源及配套资源,保证平台的处理能力和系统安全,实现海量旅游信息处理、查询等计算问题的自动完成;云数据中心是整个旅游信息化的数据基础,实现旅游信息数据的统一采集、存储、处理、共享、交换。

④应用服务层。包括面向游客的智慧化旅游公共信息服务应用、面向旅游主管部门的智慧化旅游行业管理应用、面向全产业链的智慧化旅游营销应用和企业管理应用。

⑤信息展现层。主要包括 Web 门户网站、手机 WAP 网、触摸屏、手机 App 等。通过全媒体信息发布平台,为 Web 终端、智能移动终端、触摸屏等展示终端提供多终端一体化的旅游公共信息服务和旅游目的地营销服务。

⑥信息化标准规范体系。通过国家或旅游行业相关信息化标准规范体系,规范旅游信息数据标准、应用标准、技术标准、管理标准等。

⑦信息化安全保障体系。按照电子政务信息安全要求,建立信息安全策略、安全技术防范体系、管理保障体系,实现信息和系统的保密性、完整性、可用性、可控性、不可否认性。

7.2　旅游目的地信息化管理

7.2.1　旅游目的地信息化管理概述

1)旅游目的地信息化管理的内容

对旅游目的地旅游管理机构来说,旅游目的地信息化管理的主要内容包括旅游行业管理、公共服务管理、营销管理、游客管理、旅游资源与环境管理 5 个方面。

(1)旅游行业管理的信息化

旅游目的地旅游行业管理的信息化主要涉及旅游政务办公以及旅游行业监管。旅游政务办公信息化主要包含业务协同(业务办理、公文流转和信息交流的电子化和网络化)、审批协同(行政审批的流程化和网络化)、统计协同(数据资料通过网络自动报送、统计、置换和共享)、应急协同(快速应急指挥调度和应急信息互联互通)4 个方面,主要是使旅游目的地的各级旅游管理部门、旅游景区/旅游企业的办公系统互联互通,充分整合共享业务信息和行业数据,实现从纸质材料流转到电子文件流转的转变,并将繁杂琐碎的管理工作从实地转移到网上,实现网上办公和办公自动化,从而提高管理效率和管理水平,节省人力、物力和财力。旅游行业监管信息化是通过旅游企业动态监控、旅游投诉收集查办、旅游执法,以及对从业机构及相关从业人员信用信息和不良行为信息的评估及公开共享,实现对旅游行业的全面监督管理,维护旅游市场的秩序、规范与服务质量,引导旅游目的地旅游产业健康、有序发展。

（2）公共服务管理的信息化

旅游目的地旅游公共服务管理的信息化主要涉及由公共信息服务、公共交通服务、公共安全服务、公共基础设施等所组成的公共服务体系的建设和管理,主要是通过信息化手段实现管理部门的横向协同(旅游管理部门与旅游目的地交通、公安等部门按职能的不同进行分工协作)和纵向协同(各级旅游管理部门和旅游景区/旅游企业按职责的不同进行分工协作),搭建旅游综合信息服务平台(如旅游公共信息服务平台网站、旅游呼叫中心)、旅游信息服务设施(如多媒体信息查询终端、触摸屏)、公共环境监测体系(如公共场所的智能监控)和泛在网络(如公共WIFI),以实现旅游公共服务的信息化及其监测管理,从而为各类旅游者和旅游企业提供全面、准确、及时的旅游公共信息服务。

（3）营销管理的信息化

旅游目的地营销管理的信息化就是依靠信息技术开展各种形式的在线营销及管理活动,在媒介上主要借助旅游目的地门户网站、手机App、社交媒体(微信公众号、微博)、旅游垂直网站等各类新媒体,在功能上主要体现在网络信息管理与舆情分析、网络营销渠道管理与评价、在线营销活动实施与管理、旅游电子商务推广与规范等方面。通过发挥现代互联网营销的优势,实现旅游目的地营销的统筹化、全球化、精准化。

（4）游客管理的信息化

游客管理的信息化主要涉及游客数量、游客行为和游客反馈的管理。在游客数量管理方面,通过建立游客需求预测模型和公共环境监控体系进行预警和调控;在游客行为管理方面,通过基于位置的服务、传感技术、视频监控等技术实时采集游客的动态数据,建立预警和管理机制;在游客反馈管理方面,提供信息化、网络化、互动化沟通渠道来及时感知游客的意见并做出处理。

（5）旅游资源与环境管理的信息化

旅游资源与环境管理的信息化是借助遥感技术(RS)、地理信息系统(GIS)、RFID、红外感应、视频监控等对旅游目的地资源与环境的数量、质量、承载力、分布和温度等状态进行远程的、实时的监控,并及时根据监测数据采取资源环境维护和保护措施。

2) 旅游目的地信息化管理的影响

（1）改变旅游目的地供应链结构

旅游目的地信息化程度的不断提高，将促使旅游供应链结构从直线型向网络型再到动态网络型结构转变。如随着旅游目的地信息化程度不断提高，张家界的旅游目的地供应链的构成要素从原来最基本的旅游供应商、旅游中间商和游客三要素增加到了包括政府、社区在内的五要素，并且旅游中间商类型由原来的传统旅行社拓展到了包括传统旅行社、散客接待部门以及旅游电子商务网站在内的多种类型。

（2）影响旅游目的地的分销渠道

信息技术的广泛应用促使旅游市场在交易成本的变化、不同交易渠道成本的对比和各种力量的此消彼长中演化和发展[①]；导致旅游目的地分销渠道在不断去中介化的过程中进行再中介化，持续影响旅游目的地旅游市场秩序、市场交易规则、市场结构[②]。在移动互联网被广泛使用的情况下，这一影响不断加强。

（3）创新旅游目的地的管理业务

信息技术应用是旅游目的地业务创新的重要来源，包括旅游资源管理、生态环境管理、市场营销、旅游公共服务等管理业务上的创新，这都有赖于信息技术的广泛应用。

（4）支持全域旅游的实现

旅游目的地信息化是实现全域旅游的重要支点，两者相互作用。全域旅游需要全域旅游信息化的支持，其全过程服务、全方位体验、全要素整合、全行业融合、全空间旅游的特点都可以通过建设智慧旅游体系进行落实；而旅游信息化则是通过全域旅游体现自身价值[③]。

（5）提升旅游目的地的形象

旅游目的地信息化管理，使旅游目的地范围内的景区、酒店、交通、通信、娱乐、文化等资源和要素实现了整合，可以对接旅游者需求，为旅游者提供更便捷、更优质、更个性化的服务和体验，从而优化游客感知到的旅游目的地形象，促进口碑传播。此外，依靠营销管理的信息化，旅游目的地形象可以更好地传播给旅游者。

（6）增加旅游目的地的竞争优势

信息技术本身作为生产力要素具有广泛的渗透性和增值性，同时对构成生产力的其他旅游要素的效能发挥又起到"催化剂"和"助推器"的作用[④]。通过信息化管理，以网络信息流引导商流、资金流和人员流，不但可以为旅游产业增添新的活力，还可以促进旅游产业各

---

① 李云鹏.以信息化和电子商务促进我国旅游产业地位提升[J].旅游学刊,2007,22(10):8-9.
② 张朝枝,游旺.互联网对旅游目的地分销渠道影响——黄山案例研究[J].旅游学刊,2012,27(3):52-59.
③ 李君轶,高慧君.信息化视角下的全域旅游[J].旅游学刊,2016,31(9):24-26.
④ 同①8-9.

相关要素效能的发挥,提高旅游产业运行的效率,进而增加旅游目的地的竞争优势。

(7)重塑区域间旅游产业的互动和关联

旅游目的地信息化发展建设具有空间溢出效应。信息化基础设施的空间布局不合理和竞争会带来负向的空间溢出作用,阻碍区域内旅游经济的协同增长;而旅游目的地信息技术消费的提升能够产生正向的空间溢出作用,促进邻近地区旅游产业的发展[1]。因此,推动区域旅游信息化的协调发展有助于加快区域旅游一体化发展,提高区域旅游竞争力[2]。

7.2.2　旅游目的地信息化管理趋势[3]

旅游目的地信息化管理的发展趋势呈现出体系标准化与规范化、基础数据库完善化、新技术应用与创新加速化以及管理智慧化、系统化、集约化等特征。

(1)体系标准化与规范化

建立涵盖旅游网站、旅游咨询中心、旅游服务热线及吃住行游购娱等旅游服务业态的旅游信息化标准体系。加快制定涉及旅游信息资源的各类国家标准、行业标准、地方标准与企业标准,推进相互衔接、彼此互补。选择部分条件相对成熟、资源相对丰富的省区市、旅游目的地和相关企业开展旅游信息资源标准试点工作,总结旅游信息资源标准的建设经验,加大试点工作的宣传和推广力度,发挥试点工作的示范效应。

(2)基础数据库完善化

建立健全涵盖旅游统计年鉴数据库、旅游企业直报数据库、国内旅游抽样调查基础数据库、入境花费调查基础数据库、旅游产业基础数据库等的旅游基础数据库体系。建立健全行业数据采集共享平台,制定统一的数据采集汇总、共享交换的标准,实现政府数据、企业数据和社会数据的采集、汇总、处理和共享。

(3)新技术应用与创新加速化

加快推进新一代信息技术(移动互联网、物联网技术、旅游电子支付、可穿戴技术、北斗系统、人工智能、计算机仿真技术、社交网络、旅游大数据、旅游云计算)在旅游业中的应用,不断创新旅游新模式、扩大旅游新供给、拓展旅游新领域、打造旅游新引擎,着力在满足游客需求、提升旅游品质、引领全面创新上取得突破,为旅游业转型升级、提质增效提供动力支撑。

(4)管理智慧化、系统化、集约化

加快智慧旅游体系建设,引导发展理念从技术供给主导向旅游需求主导转变,提高面向旅游需求的各种智能技术和智能设备在旅游业应用的广度和深度,打造"以人为本"的智慧

①　王龙杰,曾国军,毕斗斗.信息化对旅游产业发展的空间溢出效应[J].地理学报,2019,74(2):366-378.
②　吴国清,申军波,冷少妃,等.智慧旅游发展与管理[M].上海:上海人民出版社,2017.
③　主要内容来自《"十三五"全国旅游信息化规划》,根据重点工程和主攻方向修改。

旅游目的地管理与服务平台,实现旅游目的地管理活动的全面智慧化、系统化、集约化,形成一大批引领作用强、示范意义突出的智慧旅游城市、智慧旅游企业。

7.3　旅游目的地信息系统

7.3.1　旅游目的地信息系统概述[①]

1)旅游目的地信息系统的定义

旅游目的地信息系统(DIS)是一个以人为主导,利用计算机硬件、软件、网络通信设备以及其他办公设备,进行旅游信息的收集、传输、加工、储存、更新和维护,以提高效益和效率为目的,支持旅游组织高层决策、中层控制、基层运作的集成化的人机系统。

2)旅游目的地信息系统的服务对象

旅游目的地信息系统的服务对象主要包括旅游管理部门、旅游企业和公众用户。

(1)旅游管理部门

通过旅游目的地信息系统,当地的旅游行政管理部门可以对所辖范围内的旅游企业、旅游资源、旅游交通等进行管理,统计各种旅游相关数据;并且可以组织旅游目的地营销,增进与旅游企业、旅游消费者、旅游媒体的交流;还可以及时为大众提供各种旅游服务和相关政策信息。

(2)旅游企业

对于旅行社、酒店等旅游企业,在借助旅游信息系统完成其企业内部管理的同时,还可以在旅游目的地网站上宣传企业,提供企业和产品信息、促销信息,与旅游者进行交流,接受消费者查询和预订等。对于旅游景区,可以借助信息系统进行数字化景区管理、网络营销、在线售票,并提供与旅游景点相关的各种信息化服务,如电子解说、导游导览、排队管理等。

(3)公众用户

公众用户主要指旅游者或潜在的旅游者,以及潜在的旅游项目投资商。旅游者通过旅游信息系统了解旅游景点、旅游路线、旅游费用,以及旅游目的地相关旅游服务设施的信息,并进行旅游预订;此外,投资商也可以从旅游目的地信息系统中了解投资项目资讯。

---

① 吴思.旅游产业信息化创新的理论与实践研究[M].武汉:武汉大学出版社,2010.

7.3.2　旅游目的地信息系统的应用类型

1) 旅游目的地营销系统

旅游目的地信息系统多源于旅游目的地营销系统,而旅游目的地营销系统(DMS)是一种旅游信息化应用系统,是一个采用开放式的体系架构,以互联网为基础平台,结合数据库技术、多媒体技术和网络营销技术进行旅游宣传促销和旅游服务的综合应用系统[①]。

DMS 主要通过网站向旅游者提供全面的旅游目的地信息,包括旅游资源、旅游设施、旅游节事活动、气象、交通、旅游企业、旅游产品及价格等;同时,搭建电子商务平台,为旅游目的地管理部门、旅游企业与客源地消费者之间提供交流和交易服务;此外,DMS 建立了完整的旅游信息采集、发布、更新流程,完整的信息技术标准和管理规范,完善的旅游信息和服务质量保证机制。利用 DMS 可以有效地收集、整理和整合旅游目的地信息,建立起旅游产业有效的市场反馈机制,对旅游目的地形象进行整体策划和有效宣传,并为当地旅游企业提供各种营销服务。

2) 旅游目的地地理信息系统

旅游目的地地理信息系统是地理信息系统(GIS)在旅游目的地中的应用,是在计算机硬、软件系统支持下,对与旅游目的地空间环境的有关地理分布数据进行采集、储存、管理、运算、分析、显示和描述的技术系统。旅游目的地地理信息系统主要提供地理信息服务,包括旅游电子地图(定位、导航等服务)、旅游目的地资源管理、旅游规划辅助、环境监测与保护以及管理决策支持等。

3) 旅游目的地电子政务系统

旅游目的地电子政务系统是旅游目的地管理部门以旅游目的地旅游管理网络和业务数据库为基础而实现的旅游政务办公与旅游行业管理网络化的管理信息系统。在系统构成方面,旅游目的地电子政务系统通常包括旅游政务办公系统和旅游行业管理信息平台。旅游政务办公系统通常由旅游目的地旅游电子政务网、办公自动化系统所组成;旅游目的地旅游电子政务网推动了各部门业务系统互通对接,构建了优质高效、公平普惠的政务服务信息体系,完善了旅游政务信息资源的开发与利用;办公自动化系统实现了对各级旅游管理部门公文流转处理的电子化和网络化,优化了政府办公流程,提高了办公效率。旅游行业管理信息平台形成了数据统一、分级授权管理的信息系统架构,具备便利高效的旅游资源数据普查、产业运行监测及应急指挥等功能。

---

① 吴思.旅游产业信息化创新的理论与实践研究[M].武汉:武汉大学出版社,2010.

4) 旅游目的地公共信息服务系统

旅游目的地公共信息服务系统是由旅游综合信息服务平台和相应的旅游信息服务设备与软件所组成的、提供多种旅游信息服务的综合服务系统。旅游综合信息服务平台是由旅游资讯网站、旅游咨询网站、旅游服务热线、多媒体信息查询终端等所构成的、统一开放的旅游公共信息发布、咨询平台和旅游投诉平台，提供信息查询、投诉受理和产品推介服务。旅游信息服务设备包括在旅游咨询中心、旅游集散中心、旅游服务中心等场所为游客免费提供的触摸屏、移动客户端等信息服务终端和无线网络覆盖。旅游信息服务软件是旅游目的地及其景区景点、宾馆饭店等开设的旅游官方微博、微信、手机 App 等信息服务应用。

在服务内容上，旅游公共信息服务既涉及以政府为主导的城市服务体系、旅游信息服务体系、旅游交通体系、旅游集散中心等子系统，又涉及以市场为主导的文化、餐饮、住宿等服务子系统①。

7.4　智慧旅游目的地

7.4.1　智慧旅游目的地概述

1) 智慧旅游目的地的概念

所谓智慧旅游目的地，就是要求旅游目的地的旅游活动能使政府、企业、游客、社区居民相互之间有感知，使旅游目的地各类信息系统的数据相互之间可以无缝对接和流转，数据成为旅游目的地旅游活动的生产力，政府通过旅游目的地旅游管控平台对所有旅游活动实现可视化，包括景区、乡村旅游点，形成旅游目的地旅游数据、信息、知识能智慧流转的生态系统②。

2) 智慧旅游目的地的特点

服务个性化。依托大数据基础，针对每一位顾客提供相应的针对性的产品与服务，充分体现旅游目的地的智慧化。

主体多元化。与智慧景区、智慧酒店等单体建设不同，智慧旅游目的地的发展建设是从整体出发，为游客提供"一站式"旅游信息服务，因此需要将更多的管理机构、服务机构与服务设施有机整合到一起，以实现协同运作。智慧旅游目的地所涉及的主体更加多元与复杂。

①　陆均良,杨铭魁,李云鹏,等.旅游信息化管理[M].北京:中国人民大学出版社,2015.
②　陆均良,宋夫华.智慧旅游新业态的探索与实践[M].杭州:浙江大学出版社,2017.

联系密切化。一方面,智慧旅游目的地要求政府、企业、游客、社区居民相互之间建立感知联系;另一方面,智慧旅游目的地是旅游要素统一结合的有机整体,要求实现资源、信息、设施、服务等内容的联动性发展。

7.4.2　智慧旅游目的地建设内容

智慧旅游目的地的建设体现在旅游服务、旅游管理和旅游营销的3个层面[①]。

①智慧服务,包括为旅游者提供的信息服务和为旅游企业提供的各种旅游商务服务。智慧旅游以"主客共享"的理念为出发点,通过信息技术提升旅游体验和旅游品质。它的表现主要有:游客在旅游信息获取、旅游计划决策、旅游产品预订支付、享受和回顾评价旅游的整个过程中都能感受到智慧旅游带来的泛在化、个性化服务体验;通过智能化的信息组织和呈现形式让游客方便快捷地获取信息,帮助游客更好地安排旅游计划并形成旅游决策,让游客在旅游过程中更顺畅、更舒适和更满意,为游客带来更好的旅游安全保障和旅游品质保障;向旅游目的地的旅游企业开放智慧旅游目的地管理与服务平台的应用接口。

②智慧管理,主要内容是服务管理和市场管理。首先,智慧旅游通过信息技术,可以及时准确地掌握游客的旅游活动信息和旅游企业的经营信息,实现科学决策和科学管理,同时促进旅游行业监管从传统的被动处理、事后管理向过程管理和实时管理转变[②]。其次,智慧旅游通过与公安、交通、工商、卫生、质检等部门形成信息共享和协作联动,结合旅游信息数据形成旅游预测预警机制,提高应急管理能力,保障旅游安全。再次,实现对旅游投诉以及旅游质量问题的有效处理,维护旅游市场秩序。最后,智慧旅游还鼓励和支持旅游企业广泛运用信息技术,提高管理水平,提升产品和服务竞争力,增强旅游行政主管部门、游客、旅游企业和旅游资源与环境之间的互动,高效整合旅游资源,推动旅游目的地整体发展[③]。

③智慧营销,指将旅游目的地的各种文字、图片、视频信息以及旅游企业的各种产品信息,借助各种媒介和网络传播渠道推送给潜在旅游者的过程,表现为在各种营销要素和手段上的信息展示和传播。一方面,智慧旅游通过旅游舆情监控和数据分析,挖掘旅游热点和游客兴趣点,引导旅游企业策划对应的旅游产品,制定对应的营销主题,从而推动旅游行业的产品创新和营销创新。另一方面,智慧旅游通过积累游客数据和旅游产品消费数据,分析出游客感兴趣的传播内容和模式,从而逐步形成具有数据支撑的企业自媒体营销平台。

7.4.3　智慧旅游目的地管理体系

智慧旅游目的地管理是旅游目的地与现代科技创新融合发展的典范,是旅游目的地管理的发展趋势。智慧旅游目的地的管理体系构建主要涵盖游客、企业、行政管理部门、旅游

①　陆均良,宋夫华.智慧旅游新业态的探索与实践[M].杭州:浙江大学出版社,2017.
②　黄超,李云鹏."十二五"期间"智慧城市"背景下的"智慧旅游"体系研究[D].北京:北京联合大学,2011.
③　葛成唯.基于智慧旅游的目的地旅游管理体系研究[J].中国西部科技,2013,12(1):73-74.

资源与信息等方面[①]。

①智慧旅游目的地的行政管理部门体系：首先，建设以办公数字化、智慧化为核心的集成指挥调度和管理平台，提供统一的信息发布手段，实现对旅游目的地管理事件的接入和指挥调度、对事件各环节责任人员的监督和评价、对旅游目的地各种设备的远程操纵、控制和管理。其次，建立智慧化的旅游应急处理系统，实现旅游灾害及异常情况预警、处理和智慧化的恢复。

②智慧旅游目的地的游客管理体系：首先，实现游客的精确管理和动态管理，采用基于位置的服务、物联网、感应识别、视频监控等技术，实时采集游客的流量数据和动态数据，便于旅游管理部门随时开展游客疏散和紧急调控；同时整合其他部门的数据对游客身份、来源进行识别、分类和分析，辅助旅游管理部门、旅游企业进行管理决策。其次，建立智慧化的游客公共服务体系，提供交通、安全、金融、文化、餐饮、住宿等综合信息服务，以及接受游客投诉并进行反馈。

③智慧旅游目的地的旅游企业管理体系：建立统一的监测调度系统，通过对旅游企业动态数据的采集，随时掌握其类型、层级、数量分布的动态变化，形成对旅游目的地旅游企业的监管和指挥调度；同时，基于企业数据分析，引导和扶持企业通过自身业务流程再造、全面开展电子商务应用，帮助其向着智慧的业态领域发展。

④智慧旅游目的地的旅游资源与环境管理体系：首先，建立完善的旅游资源与环境监测体系，借助于遥感技术（RS）、地理信息系统（GIS）、RFID、红外感应、视频监控等技术对旅游目的地资源与环境进行远程的、实时的监测，并根据分析结果对必要资源进行及时维护。其次，在各重点旅游资源区域附近，设置识别与预警装置，向试图破坏旅游资源的游客发出警告。再次，基于实时采集的客流信息，通过对环境承载力的负荷分析，测定实时的环境容量状况，以及时预警并采取游客疏导措施。

【本章小结】

旅游信息化是信息技术向旅游业深层次渗透并推动旅游产业发展的过程，其内涵包括信息服务集成化、市场营销精准化、产业运行数据化、行业管理智能化。信息化管理是旅游信息化的一个主要内容，对旅游目的地旅游管理机构来说，主要体现在旅游行业管理、公共服务管理、营销管理、游客管理、旅游资源与环境管理5个方面。旅游目的地信息系统（DIS）是一个利用信息通信技术和网络技术构建的人机综合的管理系统，实现了对旅游目的地的信息收集、存储、加工、传递、应用。

智慧旅游目的地是智慧旅游理念在旅游目的地的实践，具有服务个性化、主体多元化、联系密切化的特点，其建设主要体现在旅游服务、旅游管理和旅游营销3个层面。

---

① 葛成唯.基于智慧旅游的目的地旅游管理体系研究[J].中国西部科技,2013,12(1):73-74.

【关键术语】

旅游信息化;旅游目的地信息化管理;智慧旅游;旅游目的地信息系统。

复习思考题

1.什么是旅游信息化?它有哪些内涵?它有哪些形式?

2.说明数字旅游、智能旅游、智慧旅游和旅游信息化的关系。

3.旅游目的地信息化管理可能产生什么影响?它有什么发展趋势?

4.阐述智慧旅游目的地的概念和特点及其建设内容。

【案例分析】

《"十三五"全国旅游信息化规划》发布

2017年3月7日,国家旅游局公布《"十三五"全国旅游信息化规划》(以下简称《规划》)。《规划》共五章,明确了"十三五"时期旅游信息化面临的形势、发展目标、主攻方向、重点工程、优先行动和体制机制保障等内容,是统筹推进"十三五"时期我国旅游信息化发展和改革的综合性、纲领性文件,是指导各地加快推进旅游信息化建设的行动指南。

根据《规划》,到2020年,旅游"云、网、端"基础设施建设逐步完善,信息新技术创新应用在行业不断深化,旅游数字化、网络化、智能化取得明显进展,旅游公共信息服务水平显著提高,旅游在线营销能力全面发展,行业监管能力进一步增强,旅游电子政务支撑行业治理体系和治理能力现代化坚实有力,信息化引领旅游业转型升级取得明显成效。

《规划》提出"十三五"时期我国旅游信息化工作的十个主攻方向:一是推进移动互联网应用,打造新引擎;二是推进物联网技术应用,扩大新供给;三是推进旅游电子支付运用,增加新手段;四是推进可穿戴技术应用,提升新体验;五是推动北斗系统应用,拓展新领域;六是推动人工智能应用,培育新业态;七是推动计算机仿真技术应用,增强新功能;八是推动社交网络应用,构建新空间;九是推进旅游大数据运用,引领新驱动;十是推进旅游云计算运用,夯实新基础。

《规划》提出了"十三五"时期需推进的九大重点工程,即全国/全球全域旅游全息信息系统工程、民宿客栈信息化工程、旅游电子商务平台工程、旅游网络营销平台工程、"12301"国家智慧旅游公共服务平台提升工程、旅游行业监管综合平台提升工程、旅游应急指挥体系提升工程、旅游信息化标准体系提升工程和国家旅游基础数据库提升工程。

《规划》部署了旅游公共信息服务建设优先行动、旅游网络营销建设优先行动、旅游电子商务建设优先行动、旅游电子政务建设优先行动，并明确了各项优先行动的目标和内容。

《规划》还就加强组织领导、加强资金与政策保障、加强人才队伍建设及加强交流与协作等，提出了具体的保障措施。

国家旅游局相关负责人介绍，"十三五"时期是全面建成小康社会决胜阶段，也是我国旅游业从粗放型旅游大国向比较集约型旅游大国发展的关键时期，旅游信息化面临重大发展机遇。为贯彻落实《"十三五"旅游业发展规划》，加快旅游信息化建设步伐，国家旅游局编制了《规划》。接下来，国家旅游局将加强对《规划》实施情况的评估和监督检查，及时研究解决规划实施中出现的新情况、新问题，推动《规划》全面、深入实施。

资料来源：中国政府网，2017-03-09.

问题：结合《"十三五"全国旅游信息化规划》，分析旅游目的地信息化管理的表现和趋势。

第8章
旅游目的地交通管理

【教学目标与要求】

理解：

- 交通与旅游的关系
- 旅游交通的吸引物属性
- 旅游包机作为旅游营销手段

熟悉：

- 旅游交通的概念与分类
- 旅游目的地交通管理的内容
- 理解流动性范式和旅游交通的流动性体验

掌握：

- 高铁、航空等现代交通对旅游目的地影响
- 交通与旅游营销的关系
- 交通与旅游目的地发展的关系

【知识架构】

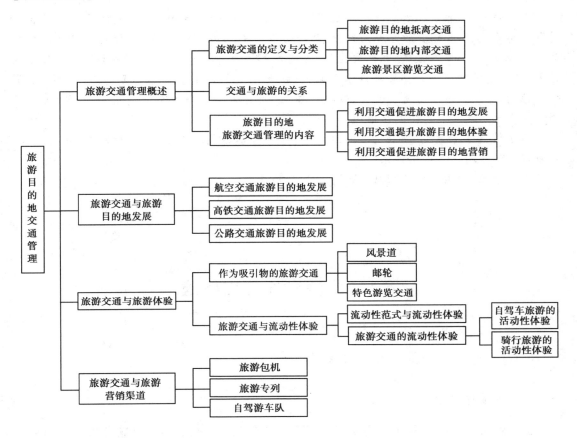

【导入案例】

六部门联合推进交通运输与旅游融合发展

　　日前,交通运输部、国家旅游局、国家铁路局、中国民航局、中国铁路总公司、国家开发银行六部门联合印发了《关于促进交通运输与旅游融合发展的若干意见》(以下简称《若干意见》)。2 月 28 日,交通运输部联合国家旅游局召开新闻发布会,交通运输部综合规划司副司长张大为、国家旅游局规划财务司司长彭德成介绍了《若干意见》的相关背景和主要内容。

　　张大为表示,《若干意见》从当前我国快速崛起的大众旅游对交通运输新需求出发,提出构建"快进慢游"的旅游交通网络。依托高铁、城铁、民航、高等级公路等构建"快进"交通网络,要求通往 AAAA 级景区有一种以上"快进"交通方式,通往 AAAAA 级景区有两种以上"快进"交通方式;推进建设集"吃住行游购娱"于一体的"慢游"交通网络,因地制宜建设旅游风景道,根据旅游业发展要求建设自行车道、步行道等"慢游"设施。此外,在改善旅游交通服务方面,鼓励机场、车站、码头等客运枢纽拓展旅游服务功能,高速公路服务区增设游憩、娱乐、购物等功能,鼓励在公路路侧空间充足路段建设驿站、营地、观景设施和厕所等。

在提升旅游交通服务质量方面,提高联网、联程、异地和往返票务服务水平,推进空铁联运服务,完善全国汽车租赁联网。

彭德成表示,推进旅游交通产品创新,是《若干意见》的重点和亮点。将增开旅馆列车等特色旅游专列,推出遗产铁路旅游线、精品铁路旅游线;发展旅游风景道,形成有广泛影响力的自然风景线、历史人文线、红色文化线;支持发展海上邮轮旅游、内河游船旅游、水上游艇旅游,鼓励支持航运企业拓展邮轮旅游航线;鼓励开发空中游览、航空体验、航空运动,建设低空旅游产业园、通航旅游小镇等;鼓励挖掘"丝绸之路""茶马古道""蜀道""京杭大运河"等具有重大历史文化价值的交通遗迹遗存。

据了解,《若干意见》提出,到 2020 年,我国将基本建成结构合理、功能完善、特色突出、服务优良的旅游交通运输体系。

资料来源:中国政府网,2017-03-01.

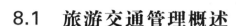

8.1 旅游交通管理概述

8.1.1 旅游交通的定义与分类

1)旅游交通的定义

流动性是旅游的基本特征,旅游者的流动离不开交通。交通服务是旅游目的地的基本服务内容,旅游交通管理是旅游目的地管理的重要组成部分。广义的旅游交通是泛指旅游者出行以及为旅游者出行提供服务的交通通行与服务系统,不仅包括旅游者从客源地到旅游目的地的交通,也包括旅游者在旅游目的地之间、旅游目的地内部的出行与服务支撑系统。狭义的旅游交通仅指为旅游者提供在旅游目的地内流动的设施与服务。

2)旅游交通的分类

旅游交通依据其涉及的空间尺度和旅行过程可以分为三种类型。

第一种类型是旅游目的地抵离交通,有时亦称为大交通,指的是从客源地到旅游目的地集散中心的交通,所涉及的一般是跨国、跨省、跨区的大尺度空间。旅游目的地抵离交通方式主要是航空交通、铁路交通,随着现代旅游业的进一步发展,自驾游、邮轮游的兴起使公路交通和水路交通也成为一种常见的旅游目的地抵离交通方式。

第二种类型是旅游目的地内部交通,有时亦称区间交通或小交通,通常指由旅游目的地集散中心到旅游景区/旅游吸引物之间的交通,所涉及的一般是中、小尺度的空间。旅游目的地内部交通通常以公路交通为主,但有时也包括水路交通、轨道交通等交通方式。

第三种类型是旅游景区游览交通,通常是游览区内为加快游客行进速度、减少游客体能消耗和创新游客体验的一种交通方式,可以分为游览交通,如在景区或景点内的山地、峡谷、河流等特殊地段为了游客安全、节省体力和方便游览而修建的交通工具和设施,如缆车、索道、渡船、观景电梯等。还有一种是带有娱乐和具有特殊体验意义的交通工具和设施,如玻璃栈桥、滑竿、轿子、马匹、骆驼、热气球等。

此外,旅游目的地交通还包括机场、码头、车站(汽车、火车)、游客集散中心、公路观景点、汽车营地、旅游景点道路批示牌等的配套设施与服务。

8.1.2　交通与旅游的关系

1) 交通与旅游的关系

交通是现代旅游业的催化剂。19 世纪蒸汽火车的出现催生了团队包价游的出现。20 世纪喷气式飞机的出现推动了远距离旅游特别是洲际旅游的快速发展。21 世纪中国高铁的发展使中国的国内旅游进入一个全新的发展阶段。历史的实践证明,交通技术的进步是旅游业现代化进程的催化剂与推动力。

旅游是交通发展的重要推动力。在现代社会的交通流中,旅游者的流动是其中的重要组成部分,旅游者的交通需求拉动了旅游目的地特别是偏远地区道路、交通工具及其相应服务的供给,一定程度上也为社区居民提供了便利。另一方面,旅游业为交通运输企业创造了重要的收入来源,也不断刺激新技术应用与服务水平提升,交通因为旅游业而加速发展。

2) 旅游交通与目的地的关系

旅游交通是旅游目的地的有机组成部分。旅游者在旅游目的地首先需要的是交通设施及其服务,没有交通设施与服务,旅游者无法实现在旅游目的地的有效流动。旅游目的地的旅游交通出行是旅游者体验的重要组成部分,随着现代交通工具的日益多元化、科技化,旅游交通本身已经成为一种旅游产品,交通功能与旅游功能实现了有机融合。交通条件是旅游目的地综合竞争力的关键影响因素,改善旅游目的地交通设施与服务水平成为旅游目的地管理的重要内容。

旅游目的地是旅游交通综合发展的载体。旅游目的地对旅游交通发展提出了综合要求,不仅包括航线、航班、班次、时刻、机型、票务,也包括道路、车站、停车场、车次、服务等涉及交通安全性、通达性、效率、体验的多方面因素,旅游目的地的发展为交通产业的发展在有限的空间内创造了天然实验室,不断推动旅游与交通的互动发展。

8.1.3　旅游目的地旅游交通管理的内容

1) 利用交通促进旅游目的地发展

(1) 提高旅游目的地外部可进入性

完善、提升旅游目的地航空、铁路、公路等进入交通条件,使旅游目的地与更多的客源地保持良好的交通联系,提高旅游目的地的可能进入性,促进旅游目的地客源市场增长。

（2）加快旅游目的地内部吸引物之间的有机整合

完善旅游目的地内部的各吸引物之间的交通联系，提高各景点之间交通的便捷性、舒适性，使旅游目的地内部线路更加优化，促进旅游目的地内部形成有机整体。

（3）创造旅游目的地新的运营管理模式

创新旅游目的地各种交通工具，使交通工具产品化，将交通工具本身变成旅游目的地特色产品和重要吸引物，将不同交通工具进行有机组合，创新旅游目的地运营管理模式。

2）利用交通提升旅游目的地体验

（1）提升旅游交通的积极体验

通过优化旅游目的地内部交通，包括道路和交通枢纽建设、交通工具改良升级、交通频次管理、交通路线设计、交通信息服务等提高旅游者的交通便捷性体验。

通过风景道及其观景设施建设，以及游步道、索道、缆车、游船等交通流动性体验产品，提升游客的流动性体验。

通过完善游客集散中心、房车和自驾车营地、驿站、停车场等接待服务设施的建设，尤其是完善房车和自驾车营地等交通服务设施，提高游客的交通服务体验。

（2）减少旅游交通的消极体验

通过旅游目的地容量控制、交通拥挤疏导管理等手段，实现节假日等旅游旺季和每日高峰时段的拥挤管理；通过对易拥挤线路、区域的疏导和流量管理实现景区热点区拥挤管理，减少游客的消极体验。

通过对恶劣天气如雨雪大雾天气及特殊地段，特种交通如玻璃栈桥、浮桥等交通设施的安全检查和维护，邮轮、游船、索道、热气球等交通工具的安全管理，减少游客的安全风险，降低负面体验的概率。

3）利用交通促进旅游目的地营销

（1）利用旅游交通塑造旅游目的地形象

通过旅游目的地交通的便捷性与安全性来提升旅游目的地"易达""便利"的形象。同时，也利用交通枢纽（游客中心、机场、车站、港口等）以及交通工具等媒介，宣传旅游目的地形象，发挥门户交通站点的形象传播功能。

（2）利用旅游交通拓展旅游目的地营销渠道

通过旅游包机、旅游专列等旅游交通，建立客源地和旅游目的地之间联动的渠道，形成专门的特色旅游产品，以拓展旅游目的地营销渠道。

（3）利用交通旅游产品吸引利基市场

这主要是指利用一些与交通相关的特色旅游产品吸引专门的细分市场，如自驾游、房车宽叶地、索道、玻璃桥、观光小火车等产品对特定市场具有较强的吸引力。

8.2 旅游交通与旅游目的地发展

8.2.1 航空交通与旅游目的地发展

航空无疑会促进旅游目的地的远程游客增长,提升旅游目的地可进入性,改变旅游目的地市场半径,改变旅游目的地旅游者的结构。同时,旅游目的地发展也会刺激航空商业模式的变化,如廉价航空和包机旅游。Bieger 和 Wittmer 总结了航空交通和旅游目的地之间的相互联系和作用(见图 8-1)[①]。

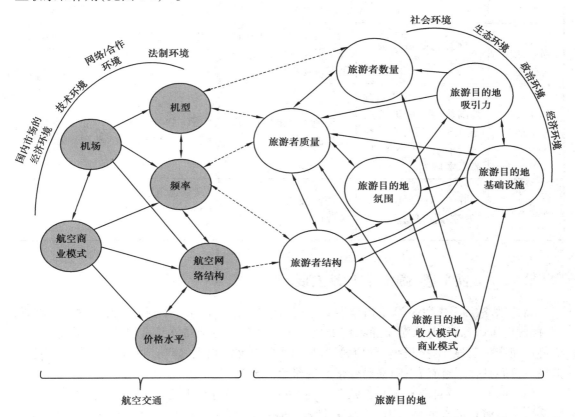

图 8-1 航空交通和旅游目的地相互作用的系统模型

---

① BIEGER T, WITTMER A. Air transport and tourism—perspectives and challenges for destinations, airlines and governments[J]. Journal of Air Transport Management, 2006, 12(1):40-46.

航空商业模式主要包括四种:航空网络/枢纽、区域航空、廉价航空和包机航空。不同的航空商业模式影响了旅客的类型和数量,从而影响旅游目的地的发展①。航空交通商业模式与旅游的关系如表8-1所示。

表8-1　航空交通商业模式与旅游的关系

商业模式	航空网络/枢纽	区域航空	廉价航空	包机航空
成功因素	市场覆盖范围广;市场份额不断增长;航空联盟;能够采用相同的优质服务	服务小众市场;灵活的合作战略;成本效益;区域市场主导地位	简单服务;成本效益;大量稳定需求	与旅游经销商合作;成本效益;综合管理能力
驱动因素	寻求市场份额	寻找小众市场	寻找可自我增长的、具有大量需求的航线	旅游经销商的市场需求和价值链整合
旅游业的权重	旅游流是占市场份额的第二大需求	区域旅游流具有重要市场地位(尤其是高消费市场)	旅游只是整体市场的一部分,无特殊性	大众旅游是主要甚至唯一的市场
商业运营	市场细分以减小对外围旅游目的地的服务;重视并迎合高消费阶层的需求(小飞机/高频率)	重视小众市场;与盟友紧密合作	独特的机场、线路和市场结构	重视主要的旅游目的地
旅游发展	开发小群体旅游市场作为副产品	与区域营销组织紧密合作	从长远角度借助旅游运营商进行营销	开拓个人市场

8.2.2　高铁交通与旅游目的地发展

高速铁路(简称"高铁")是当今世界"交通革命"的一个重要里程碑。在中国、日本、法国、德国等国家,高铁是旅游交通系统的核心组成部分。由于高铁具有快速、安全和高效等优势从而产生明显"时空压缩"效应,游客出游半径会逐渐增大,影响到游客对旅游目的地的选择,进而对区域旅游流空间格局变化产生深远影响②。

旅行时间、旅游目的地旅游资源禀赋、旅游目的地交通通达性、旅游目的地服务设施系统是影响旅游目的地的关键因素,高铁改变了这些因素的影响程度。高铁开通前,客源地和旅游目的地的空间距离是影响旅游目的地选择的最重要因素,且对出游产生阻力影响;高铁开通后,主要影响因素对选择旅游目的地的作用程度发生很大变化,客源地与旅游目的地的

---

① 吴必虎,俞曦.旅游规划原理[M].北京:中国旅游出版社,2010.
② 汪德根,陈田,李立,等.国外高速铁路对旅游影响研究及启示[J].地理科学,2012,32(3):322-328.

空间距离对出游阻力影响变得很小①。

高铁交通对区域旅游流空间格局的影响主要体现在 5 个方面②：

①马太效应，高铁开通强化了重要旅游客源地和目的地的领先地位，增强了旅游流的扩散与积聚。

②过道效应，高铁促使靠近重要旅游目的地的但竞争处于劣势的旅游目的地呈现出旅游流急剧下降的态势。

③同城效应，高铁促使空间距离临近的两个城市的旅游流协同增强。

④高铁提升了缺乏区位优势旅游地的可进入性，进而增强吸引力，同时对区域核心城市的交通依赖程度明显下降。

⑤高铁的时空压缩效应缩短旅途时间，可实现小长假的远程旅游、双休日的中程旅游，一定程度上避免了中远程旅游对黄金周的依赖，实现了旅游流的分流，相对提高了旅游质量。

8.2.3　公路交通与旅游目的地发展

（1）公路交通及其优缺点

公路交通是最普遍的团体和私人旅游出行方式，以短途运输为主。随着中国高速公路和旅游风景道的建设与发展，中、长途公共汽车旅游仍是保持着一定竞争力的旅游交通形式。

公路交通的优点：灵活性较大，能深入到旅游目的地甚至旅游景点内部，具有串联旅游目的地和景点的作用；在符合交通法规的前提下，汽车随时能停留，可以任意选择观景点和旅游点；对于旅游开发和交通建设的政府、企业来说，公路旅游交通路线和服务设施建设投资少、占地少、施工期短、见效快，有助于近距离客源市场的开发。但公路交通的缺点也非常明显，如载运量小、速度慢，旺季容易造成道路拥堵，不论是小型汽车还是大型客车，载运量和速度都远不如火车；可变成本高，运费较高，受气候变化影响较大；对于驾驶经验欠缺、对旅游目的地交通状况不熟悉的自驾游游客而言，发生道路安全事故的潜在风险相对较高。

（2）自驾车旅游与旅游目的地发展

自驾车旅游即人们乘坐私家车或租赁车从起始地出发至目的地，旨在进行与旅游活动相关的旅行行为③。国家统计局发布的《2019 年国民经济和社会发展统计公报》显示，截至2019 年年末，全国私人汽车保有量为 22 635 万辆，私人轿车保有量为 13 701 万辆④。伴随私家车数量的不断增多、公路网络的不断改善，自驾车旅游近年来在中国得到了快速发展。根据中国旅游研究院（文化和旅游数据中心）的自驾游统计数据，2018 年，国内自驾游达 5.8

---

① 汪德根，牛玉，王莉.高铁对旅游者目的地选择的影响——以京沪高铁为例[J].地理研究，2015，34（9）：1770-1780.

② 汪德根.京沪高铁对主要站点旅游流时空分布影响[J].旅游学刊，2014，29（1）：75-82.

③ PRIDEAUX B, WEI S, RUYS H. The senior drive tour market in Australia[J]. Journal of Vacation Marketing, 2001, 7（3）: 209-219.

④ 中国统计信息网。

亿人次,同比增长35.6%;交通便利、可以灵活安排行程以及沿途独特的风景,是旅游者选择自驾游的主要原因。目前,自驾游市场有相应的行为规律与特征(见表8-2),我国大部分旅游景区的自驾游市场占比达30%上,极大地影响了旅游目的地发展格局。

表8-2　旅游目的地自驾游市场特征

特征类型	特征描述
旅游时间	出游时间分布集中度较高,黄金周及寒暑假内容易出现客流高峰
结伴方式	以夫妻、亲子、携父母的家庭出游和亲朋好友结伴出游为主,但陌生游客在旅游目的地拼团自驾出游的比例也在上升
客源市场分布	呈现明显的近域性和周边发达省市的集中性特征; 自驾客流空间距离衰减规律不明显,空间使用曲线具有较为典型的Boltzman曲线特点(即随距离增加旅游人数不断增长,在一定距离处达到顶峰后,随距离增加旅游人数快速下降);或出现多次波动,客源地分布与国内经济发达省市的地理分布保持一致
空间流动行为特征	高速公路和国道成为自驾车流量的骨架,流量区域空间分布不均衡,在旅游目的地形成了多个积聚中心与景区空间相互作用影响自驾车旅游者的空间流动行为; 旅游景区的自驾车到访率与旅游资源、交通网络、行政区等空间结构密切相关
空间行为模式	①直游式,一般直接到旅游目的地,然后原路返回,但在旅行途中,有可能光顾其他旅游地; ②直游-周游式,部分线路与直游式相同,当到达旅游目的地附近区域时,他们的线路呈环形; ③周游式,路线呈环形,线路少有重复,并可能在不同旅游目的地区域有不同的线路模式,并且交通方式可能是多样的; ④基地-辐射式,以住所或某一旅游目的地为基地,向旅游基地周边的景区(点)辐射

资料来源:基于文献整理①。

8.3　旅游交通与旅游体验

8.3.1　作为吸引物的旅游交通

1)风景道

风景道(Scenic Byway)是指道路视域及廊道范围内拥有审美风景、自然、文化、历史、游憩价值、考古学上内在品质,以及值得保存、修复、保护和增进的具有游憩价值的景观道路。

---

① LEW A, MCKERCHER B. Modeling tourist movements: a local destination analysis[J]. Annals of Tourism Research, 2006, 33(2): 403-423.

它实现了道路从单一的交通功能向交通、生态、游憩和保护等复合功能的转变,也是一种重要的线型游憩空间和旅游目的地①。风景道具有将旅游目的地内部交通和内外衔接交通的功能,同时又将道路建设与生态保护、遗产保护、旅游游憩、产业扶贫等功能深度融合。风景道的具体名称也因其主要功能指向而产生差异,如旅游公路、生态公路、景观道路、旅游廊道、遗产廊道、扶贫通道、绿道等。根据《"十三五"旅游业发展规划》,中国将重点培育 25 条国家旅游风景道(见表 8-3)。

表 8-3　国家重点旅游风景道布局一览表

名称	路线
(一)川藏公路风景道	四川成都、雅安、康定、巴塘—西藏林芝、拉萨
(二)大巴山风景道	陕西西安、安康—四川达州、广安—重庆
(三)大别山风景道	湖北大悟、红安、麻城、罗田、英山—安徽岳西、霍山、六安
(四)大兴安岭风景道	内蒙古阿尔山、呼伦贝尔—黑龙江加格达奇、漠河
(五)大运河风景道	浙江宁波、绍兴、杭州、湖州、嘉兴—江苏苏州、无锡、常州、镇江、扬州、淮安、宿迁
(六)滇川风景道	云南楚雄—四川攀枝花、凉山、雅安、乐山
(七)滇桂粤边海风景道	云南富宁—广西靖西、崇左、钦州、北海—广东湛江
(八)东北边境风景道	辽宁丹东—吉林集安、长白山、延吉、珲春—黑龙江绥芬河
(九)东北林海雪原风景道	吉林省吉林市、敦化—黑龙江牡丹江、鸡西
(十)东南沿海风景道	浙江杭州、宁波、台州、温州—福建福州、厦门—广东汕头、深圳、湛江—广西北海
(十一)海南环岛风景道	海南海口—东方—三亚—琼海—海口
(十二)贺兰山六盘山风景道	宁夏贺兰山、沙坡头、六盘山,内蒙古月亮湖
(十三)华东世界遗产风景道	安徽九华山、黄山—浙江开化钱江源、江郎山—江西上饶—福建武夷山、屏南白水洋
(十四)黄土高原风景道	内蒙古鄂尔多斯—陕西榆林、延安、铜川、西安
(十五)罗霄山南岭风景道	湖南株洲—江西井冈山、赣州—广东韶关
(十六)内蒙古东部风景道	内蒙古阿尔山—呼伦贝尔
(十七)祁连山风景道	青海门源、祁连—甘肃民乐、张掖

---

① 余青,韩森. 风景道空间结构与路侧要素[J]. 旅游规划与设计,2014(3):46-51.

续表

名称	路线
(十八)青海三江源风景道	青海西宁、海北、海南、果洛、玉树
(十九)太行山风景道	河北石家庄、邢台、邯郸—河南安阳、新乡、焦作—山西晋城、长治
(二十)天山世界遗产风景道	新疆霍城、巩留、新源、特克斯、和静
(二十一)乌江风景道	重庆武隆、彭水、酉阳—贵州遵义、贵阳、铜仁
(二十二)西江风景道	贵州兴义—广西百色、柳州、荔浦、梧州—广东封开、德庆、肇庆
(二十三)香格里拉风景道	云南丽江、迪庆—四川稻城—西藏昌都
(二十四)武陵山风景道	湖北神农架、恩施—湖南湘西—贵州铜仁、遵义、黔东南
(二十五)长江三峡风景道	重庆长寿—湖北神农架、宜昌

资料来源:《"十三五"旅游业发展规划》。

　　从空间角度看,风景道不仅指路径本身,也包括路径两侧的交通安全功能区(如道路信息牌、安全提示牌等标识)、视觉和环境功能区(如景观、观景台或摄影点等)和游憩服务功能区(如驿站或停车场、加油站、车辆维修点等)(见图8-2)。

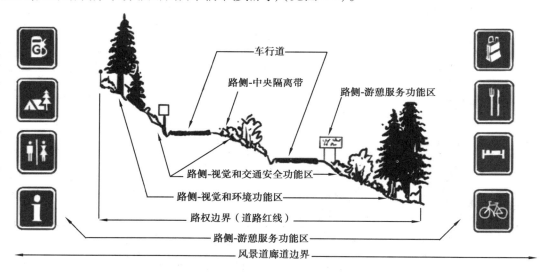

图 8-2　风景道路侧与视域带空间划分与功能分区

资料来源:余青,韩森.风景道空间结构与路侧要素[J].旅游规划与设计,2014(3):46-51.

　　作为一种线型游憩空间和旅游目的地,风景道的空间结构有自己的特点(见表8-4)。

表 8-4　风景道空间结构特点

	车行道	路侧	视域带	辐射廊道
含义	风景道道路主体部分	路权以外,但具有重要历史文化或景观价值或游憩价值的场地空间和建筑物	风景道路侧的视域范围	风景道路侧与视域带以外的辐射廊道区域
要素	行车道、路面、线形、下层土面、路拱、道石、边沟、路肩、构筑物	路权、净区、洼地、护栏、照明、标识、人行道、游径、林带、行道树、市政设施、服务区域、边道和观景台,服务游憩设施	路旁建筑、景观、地域特征、街景、文化景观,视域(前景、中景和背景)	自然和人文资源、旅游景区景点、旅游游憩服务设施
功能	以交通和安全功能为主,辅以景观与审美功能、游憩功能	交通安全功能、环境保护功能、视觉美化功能、辅助功能和游憩服务功能	景观与审美功能、游憩服务功能	景观与审美功能、游憩服务功能
特征	选线及横纵线形,在符合交通安全要求的前提下,体现景观与审美特征; 以自驾车、自行车、徒步游为主导的风景道产品集中体现区域	兼具安全、景观、审美、游憩等多种功能的复合区域; 对功能和形式都有较高要求	风景道自然和人文景观主要展示区域; 风景道内在品质的重要体现区; 部分游憩服务设施的分布区	风景道自然和人文景观主要展示区域; 风景道内在品质体现区; 旅游景区景点、旅游游憩活动和服务设施分布区; 风景道旅游目的地和旅游经济带的重要组成部分

资料来源:余青,韩淼.风景道空间结构与路侧要素[J].旅游规划与设计,2014(3):46-51.

2) 邮轮

(1)邮轮游艇旅游的概念

邮轮游艇旅游是一种依托海洋、河流、湖泊等水系和远洋邮轮、内河游轮、游艇等水上交通工具而开发的现代旅游产品。邮轮原本的功能是在洲际或海上长距离间传送邮件,由于其通常在固定航线上航行并定期启航和按时到达,因此得名"邮轮"。20世纪50年代后,随着通信技术的大发展、航空技术的高速发展和大众旅游活动的大规模兴起,邮轮的原有功能逐渐丧失,远洋邮轮被改造成用于旅游度假的游船。邮轮作为度假型旅游者的旅游目的地,提供如度假村一般的全天候、多功能接待服务和休闲娱乐设施。另外,以旅游目的地的海滨、河流、湖泊等资源为基础开发的小型游轮、游艇旅游产品,也成为旅游目的地吸引物和旅游产品体系中的重要组成部分。

（2）邮轮的设施与服务

邮船有"浮动的度假村"之称,其提供的接待设施和服务一应俱全,并配备卫星导航系统、环保系统、海水淡化系统、平衡装置等。表8-5以丽星邮轮公司"处女星"号为例,对邮轮提供的一般设施和服务进行了说明。

表8-5　邮轮一般设施及服务表(以丽星邮轮公司"处女星"号为例)

服务设施	服务项目
基本资料	总排水量76 800 t;长度268 m,宽32 m,高13层;载客人数(两人一间)1 960人
客房设施	露台行政套房、露台豪华套房、露台海景客房、窗户海景客房/舷窗海景客房;内侧客房
餐饮及酒吧	旦芬娜酒吧、果汁吧、醉烟厅、日本料理、自助餐厅、香槟酒吧、咖啡厅、皇府中国大酒楼、意大利餐厅、满汉轩、国际美食餐厅
运动健身及康乐活动	缓跑径、运动甲板、星际甲板、观景甲板、阿波罗温泉健身中心、露天泳池、奥斯卡美容及发型屋、观赏台
青少年活动中心	海皇水上乐园、星光剧场、电子游戏中心、查理护幼中心、电脑世界
娱乐设备	名士迪斯科舞厅、银河星夜总会、电影院、歌剧院、卡拉OK酒吧
购物	精品廊、写真廊、丽星购物廊、酒庄
旅客服务及公共区域	直升机坪、医务中心、互联网中心、麻将室、图书馆、大堂走廊、中央大堂、漫步径

资料来源:程爵浩. 全球邮船旅游发展状况初步研究[J].上海海事大学学报, 2006(1):67-72.

3) 特色游览交通

（1）索道和玻璃桥

索道和玻璃桥是山岳型旅游景区内部常见的特色游览交通设施,旨在满足游客便捷登山和观光体验需求,满足景区开发旅游资源与发展旅游产业需要。山东泰山、安徽黄山、湖南张家界等山岳景区均建设有索道交通。近年来,国内兴起了一场投资建设玻璃桥的热潮,比较知名的有河北涞源白石山悬空玻璃栈道、张家界大峡谷玻璃桥"云天渡"等。

由于索道和玻璃桥是使用金属、玻璃等现代工业材料于崇山峻岭中修建而成的,各自都有利弊(见表8-6)。

表 8-6　索道和玻璃桥的核心吸引力及利弊分析

特种交通方式	索道	玻璃桥
对游客的核心吸引力	减少体力消耗,提升旅游效率; 方便老弱病残等弱势群体登山; 提供了欣赏山岳景观的独特视角和动态观光体验	透明玻璃拓宽了景色范围,为游客提供了悬空观景的体验; 玻璃易碎的印象给游客带来惊险、刺激的体验
优势	改善景区的接待能力,缓解规模较大山岳景区的游客输送压力; 索道收入是景区创收的重要来源; 索道修建相较于盘山公路要简单很多,免去了开山凿洞、架桥铺路,也不需要大规模调度旅游巴士等交通工具; 索道运行的碳排放远低于景区观光车,是一种低碳节能的交通工具	提供了丰富感官刺激,符合年轻游客群体的消费需求,容易通过社交媒体形成二次传播,是景区营销的新亮点; 吸引力强,在很多景区是收费体验项目,有助于景区创收
弊端	索道站房、支架的架设和电缆的铺设可能会对沿途的岩层、植被造成破坏,对岩层的破坏甚至是不可逆的; 索道和缆车与山岳自然景观很难协调,会破坏自然风光的和谐统一	玻璃桥在全国的快速推广和复制导致景区同质化程度越来越高; 随着市场竞争和市场饱和,其吸引力下降; 存在安全隐患、生态破坏和景观协调性破坏等问题

资料来源:基于文献整理。

值得注意的是,尽管作为特色旅游交通的索道和玻璃桥具有一定的旅游吸引力,但其吸引力的核心并不是索道和玻璃桥本身,而是其所依赖的周边环境和景观。因此,索道和玻璃桥的建设既要依赖景观,又不能破坏景观,其路线的规划和选址就显得尤为重要。

(2)观光小火车

作为景区内常见的特色游览交通,观光小火车主要有三种类型:一是无轨轮胎式观光小火车,常应用于道路宽阔平坦的旅游度假区或主题公园内,有电动和燃油两种动力类型;二是有轨观光小火车,沿平坦的地面或山体一侧铺设钢轨,常见于森林公园、草原、沙漠等旅游景区内,如张家界十里画廊小火车;三是工业遗产主题小火车,这是一种作为工业遗产保存下来的客运蒸汽小火车,小火车本身既是游览交通工具,又是工业遗产,如被誉为"工业革命活化石"的四川嘉阳小火车。

嘉阳小火车超越了一般意义上的特色游览交通,作为旅游目的地重要的工业遗产和核心旅游吸引物,它不仅串联了芭石铁路沿途的"三线"工业遗址和自然田园风光,也带着游客体验蒸汽时代的怀旧旅程,成为典型的景区内部旅游交通吸引物。

8.3.2 旅游交通与流动性体验

1)流动性范式与流动性体验

（1）流动性范式

现代化和全球化两大背景催生了空前增强的流动性（Mobility）[①]，流动是现代性的一种特征。传统的流动性研究认为流动过程本身是无足轻重的、枯燥乏味的机械运输过程[②]。2006年，Sheller和Urry基于人类学、社会学、地理学、旅游和交通等研究提出了"新流动性范式"（the New Mobility Paradigm），重点关注现代化进程中不断加快的各种流动现象[③]。流动性的概念不仅包括了世界范围内的人、物、资本和信息大范围移动，也包括日常交通、公共空间中的移动和日常生活中物质事物的旅行等更局部的过程[④]。

旅游活动和交通运输均是典型的流动现象，交通是实现人和物流动的重要媒介或载体，流动性是旅游和交通的本质特征，流动与旅游相互赋予彼此以新的意义。

（2）流动性体验

在新流动性范式下，依托交通工具的流动不再只是旅游者到达旅游目的地的方式，而是成为深刻嵌入于旅游通道空间中的独特体验。"流动"成为情感体验、物质和社会关系相互牵连的复杂过程，而交通工具作为一种"流动性技术"也不再仅仅是克服距离的功能性工具，每一种流动方式都被赋予了丰富且独特的意义[⑤]。

流动性改变了旅游目的地的意义，使路途本身成为目的、交通过程成为工具，将在途（Travel to Site）、在场（On-site Activity）和返程（Return Travel）3个旅游阶段变成一个整体。流动性丰富了感觉器官与沿途氛围的互动，旅游者从"观看"变成了与沿途氛围扫描式互动[⑥]。旅游者的流动产生流动的、自由的体验，流动的过程产生多样的、动态的、变化的视觉体验和情感体验。因此，流动性改变了旅游体验的方式，丰富了旅游体验的情感特征[⑦]。同时，旅游者的流动往往是依靠交通工具在交通路径上的行进而发生的，因此，流动性体验也更多地产生于线性的、动态的旅途中。

①　吴寅姗,陈家熙,钱俊希.流动性视角下的入藏火车旅行研究:体验、实践、意义[J].旅游学刊,2017,32(12):17-27.

②　LARSEN J. Tourism mobilities and the travel glance：Experiences of being on the move[J]. Scandinavian Journal of Hospitality & Tourism, 2001, 1(2)：80-98.

③　SHELLER M, URRY J. The new mobilities paradigm[J]. Environment & Planning A, 2006, 38(2)：207-226.

④　HANNAM K, SHELLER M, URRY J. Editorial：mobilities, immobilities and moorings[J]. Mobilities, 2006, 1(1)：1-22.

⑤　同①17-27.

⑥　张朝枝,张鑫.流动性的旅游体验模型建构——基于骑行入藏者的研究[J].地理研究,2017,36(12):2332-2342.

⑦　同⑥2332-2342.

2)旅游交通的流动性体验

（1）自驾车旅游的流动性体验

汽车流动性（Automobility）给驾驶者带来了一种自由、掌控的情感体验①。具体而言,第一,汽车操控、导航、安全等技术的不断进步,使驾驶者在车内获得操控的畅爽体验和行驶的安全体验;第二,在非惯常环境的公路上行驶时,道路两侧的风景、建筑、标识不断进入驾驶者的视野,驾驶者的视觉感知为其提供与不同景观和事物进行身心交流的体验;第三,道路的路面状况、坡度、弯度、宽度,以及道路的拥挤程度、同行者的驾驶文明程度等,可以给驾驶者带来愉悦、刺激、紧张、恐惧、失望、愤怒甚至痛苦的情感体验。

自驾车旅游作为一个典型的流动性实践,强化了人与车、人与空间、人与地方的互动,极大地丰富了作为驾驶者的旅游者情感体验。在自驾游旅游者看来,旅程中对汽车流动性的体验,要比对旅游目的地的体验更深刻、更重要,也更能满足他们在旅途中对掌控权、灵活性和冒险的需求②。

（2）骑行旅游的流动性体验

骑行旅游作为一种自流动性体验,是近年来在年轻人中流行的一种运动和旅行方式,并且旅程时间和空间的跨度往往都比较大。和汽车流动性一样,自行车的流动性增强了人与景观、空间和地方的互动,同样也是追逐自由、掌控自由的流动性实践。与汽车相比,自行车至少有以下 3 个方面的差异性③:

一是环境友好且获取成本低,兼具自流动性和可持续性流动的特点④。

二是骑行者处于一个开放的流动空间,而自驾车者坐在完全封闭的独立隐私空间透过"透明的胶囊"来观察外面的世界⑤,驾驶者的主观能动性受到了限制。

三是骑行者的流动速度相对较慢。慢速流动给骑行者更多观看当地细节的机会,容易对地方产生亲近感⑥,比汽车的快速流动要多花时间,但更愉快、更值得⑦。

流动性旅游体验是一种触感（行为）—观感（氛围）—情感（情绪）的"三感式"体验结构。如骑行入藏的旅游者在"旅游罩"中进行穿越,骑行者在这个由沿途氛围所构成的"旅

---

①　SHELLER M. Automotive emotions：Feeling the car[J]. Theory Culture & Society, 2004, 21(4)：221-242.

②　BUTLER G, HANNAM K. Independent tourist's automobilities in Norway[J]. Journal of Tourism & Cultural Change, 2012, 10(4)：285-300.

③　张朝枝,张鑫.流动性的旅游体验模型建构——基于骑行入藏者的研究[J].地理研究,2017,36(12):2332-2342.

④　EDENSOR T. Mundane mobilities, performances and spaces of tourism[J]. Social & Cultural Geography, 2007, 8(2)：199-215.

⑤　ALDRED R. 'On the outside'：constructing cycling citizenship[J]. Social & Cultural Geography, 2010, 11(1)：35-52.

⑥　EDENSOR T. Travel connections：tourism, technology, and togetherness in a mobile world[J]. Annals of Tourism Research, 2013, 40(2)：442-444.

⑦　BROWN K M. Sharing public space across difference：attunement and the contested burdens of choreographing encounter[J]. Social & Cultural Geography, 2012, 13(7)：801-820.

行罩"中穿行,随着行为情境变化,氛围情境、情感情境也不断变化,骑行者在这个由沿途氛围所构成的"旅行罩"中穿行并形成丰富的内心情感体验(见图8-3)。

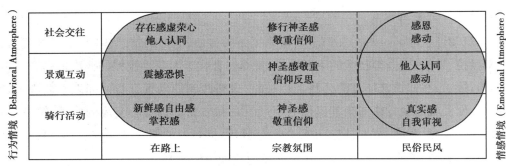

图 8-3　骑行旅游流动性体验模型(以骑行入藏的旅游者为例)

资料来源:张朝枝,张鑫.流动性的旅游体验模型建构——基于骑行入藏者的研究[J].地理研究,2017,36(12):2332-2342.

8.4　旅游交通与旅游营销渠道

8.4.1　旅游包机

1)包机航空和旅游包机概述

(1)包机航空和旅游包机的概念

旅游包机的概念源于"包机航空"(Charter Carrier;Charter Airlines;Air Charter),是指通过包机运营商统一出售,为人们提供一站式往返某一目的地的航空服务,同时向乘客捆绑式销售部分旅行附属产品(如住宿、餐饮、地面交通等)[1]。包机航空服务的对象大多为旅游者,他们通常出于观光、休闲度假、朝圣、观看大型赛事等目的,同时也包括外交、政治等目的,如政府公务包机、国际救援包机等[2]。在英文文献中,把与旅游紧密相关的包机航空叫作"全包价旅游包机"(Inclusive Tour Charter, ITC),或"包机旅游"(Charter Tourism[3];Air-

---

① LAWTON T C, SOLOMKO S. When being the lowest cost is not enough:Building a successful low-fare airline business model in Asia[J]. Journal of Air Transport Management, 2005, 11(6):355-362.

② GUPTA G, GOODCHILD A, HANSEN M. A competitive, charter air-service planning model for student athlete travel[J]. Transportation Research Part B:Methodological, 2010, 45(1):128-149.

③ JACOBSEN J K S. Anti-tourist attitudes:mediterranean charter tourism[J]. Annals of Tourism Research, 2000, 27(2):284-300.

Charter Tourism①），是指旅游运营商（Tour Operator）和旅行代理商（Travel Agent）将航空产品和住宿等其他旅游产品一起打包定价，向公众销售的包价旅游产品②，这种产品实质上就是国内业界常说的"旅游包机"或"包机旅游"。

（2）包机航空的影响因素

国外的相关研究表明，包机航空既受宏观环境与政府政策、航空公司及航空业政策和旅游运营商经营策略的影响，也受客源市场和旅游目的地特征等因素的影响，具体如表 8-7 所示。

表 8-7 包机航空的影响因素

影响因素	内容
宏观环境与政府政策因素	旅游包机作为旅游业和航空业的组成部分，对外部宏观环境敏感，如经济危机，国内、国际战争，地方政府对定期航空的保护政策，甚至汇率、互联网技术等都会对旅游包机市场产生影响
航空公司及航空业政策	这些政策包括保护定期航班、支持廉价航班、推行航空公司一体化等，不过，这些政策对旅游目的地型的旅游包机航空公司（Destination-based Charter Carrier）和客源地型包机航空公司（Origin-country-based Charter Carrier）产生的影响并不一样
旅游运营商经营策略	旅游目的地和客源地旅行商的有效联合促销、旅游运营商与航空公司销售一体化以及运营商的实力及其同行之间竞争都会在一定程度上影响旅游包机的发展
客源市场和旅游目的地特征	客源地经济发展水平和消费市场特征、旅游目的地形象和工业发展水平以及客源地和旅游目的地气候条件及交通距离成本都会影响旅游包机航线的吸引力，从而影响旅游包机航线的生存状态
机场和其他因素	机场硬件设施以及机场的时隙资源（Airport Slots）和收费政策都会直接影响包机的成本与销售机会，从而影响旅游包机的发展。此外，旅游目的地的替代交通也会直接影响旅游包机的竞争力

资料来源：基于文献整理③。

（3）旅游包机的特征

从服务产品角度看，航空服务产品主要包括三类：全服务航空（Full Service Airlines/Carriers，也称传统定期航空）、廉价航空（Low Cost Airlines Carriers 或 No-frill Scheduled Airlines）和包机航空（Charter Airlines/Carriers）④，但实际上这三种类型航空的服务界限越来越模糊。根据学者们的总结，传统定期航空、包机航空和廉价航空服务产品的特征比较如表8-8 所示。

---

① GILLMOR D A. Evolving air-charter tourism patterns：change in outbound from the Republic of Ireland［J］. Tourism Management，1996，17（1）：9-16.

② PEARCE D. Tourist Development［M］. Harlow：Longman，1989.

③ LOBBENBERG A. Strategic responses of charter airlines to single market integration［J］. Journal of Air Transport Management，1995，2（2）：67-80.

④ BARRETT S D. The emergence of the low cost carrier sector［M］. Aldershot：Ashgate Publishing Company，2008.

表 8-8　传统定期航空、包机航空和廉价航空服务产品特征比较

传统定期航空	包机航空	廉价航空
免费报纸、食物	免费食物	收费销售
座席分配	座席分配	免费座席
公务舱	单一舱	单一舱
低密度座位	高密度座位	高密度座位
低负荷因子	高负荷因子	高负荷因子
中心城市机场	度假地机场	辅助机场
白天航班	部分夜间航班	白天航班
航线网络互通	点到点	点到点
机场商务候机室	无	无
近飞行日期售票	提前售票	近飞行日期售票
机票直销	旅行商售票	网络售票
旅行商代理售票	无	无
可售单程票	无	可售单程票
非捆绑式售票	包价旅游度假产品捆绑式	非捆绑式售票
频繁飞行	无	无
高密度服务	1~2 周	高密度服务
无高收费惩罚	无高收费惩罚	无高收费惩罚

资料来源：BARRETT S. The emergence of the low cost carrier sector[M]. Aldershot：Ashgate Publishing Company，2008.

2）旅游包机与旅游目的地营销

旅游包机是旅游目的地交通的重要组成部分，它既是航空公司的营销渠道，也是旅游目的地旅游市场开发和旅游营销渠道拓展的一种手段。近年来，越来越多的旅游目的地政府纷纷出台政策奖励或补贴旅游包机，希望通过旅游包机来拉动中远程旅游市场。如黄山提出"向境外旅游市场倾斜，向淡季重点航线倾斜，向长期包机（切位）旅行社倾斜"。张家界政府从 2009 年开始连续三年出台旅游包机奖励政策，其间旅游包机运送的旅客占航空总旅客人数的 14.2%，上座率最高达 96.5%，运营旅游包机的旅行社获得的奖励高达 225 万元[①]。

旅游包机对旅游目的地营销的意义主要体现在以下几个方面：

①通过包机形成批发旅游产品，有利于短期内快速形成某一客源地营销渠道和针对性产品，有利于快速拓展某一客源地市场。如张家界当年通过包机启动韩国市场，后来在张家界形成"韩流"现象。

②通过包机挖掘淡季旅游市场，有利于在淡季针对某一细分市场设置专门的产品，形成

---

① 张家界热线，2019-11-13.

特色产品包。

③通过包机与差异化旅游目的地组合,形成新的旅游产品,促进旅游目的地之间的良性互动发展。

8.4.2　旅游专列

1) 旅游专列概述

旅游专列(又称"旅游列车")是指在专门用于客源地和旅游目的地之间游客输送的列车,旅游专列提供住宿、餐饮、休闲、娱乐等一系列服务,也是一种特别的旅游吸引物。旅游专列同现代大众旅游的开启有直接关联,托马斯·库克于 1841 年组织了世界上第一个火车旅行团,从而拉开了现代商业性旅游活动的序幕。国外旅游列车起步较早,至今已有 100 多年的发展历程,并成功开发出了许多经典的旅游列车产品,如诞生于 1883 年著名的欧洲"东方快车"、贯穿美国中西部地区的"加州微风号"旅游列车、非洲历史最悠久的南非"蓝色快车",以及行驶于东南亚的亚洲"东方快车"等。在现代旅游活动开展的前期,旅游专列在旅游市场中发挥着主导作用;但在随后近 100 年的时间里,旅游专列的经营方式逐渐被轮船、汽车和飞机等取代;直至 20 世纪 70 年代,旅游专列在欧洲作为新兴旅游产品又被重新包装和运营[①]。

我国旅游专列开始于 20 世纪 80 年代,1983 年原铁道部中国铁路对外服务公司华运旅行社首次接待了法国组织的"东方列车"号旅游专列。在国内市场上,我国从 1995 年开始推行一周五天工作制,上海铁路局旅行社开出了上海—杭州的第一列假日列车,其后各铁路部门纷纷仿效开通各具特色的旅游专列。自此,旅游专列成为国内旅行社组织游客大规模出游的主要手段,旅游目的地也逐渐延伸到香港、澳门及越南等地区[②]。国务院《关于促进旅游业改革发展的若干意见》(国发〔2014〕31 号)指出,要"增开旅游目的地与主要客源地之间的列车和旅游专列,完善火车站、高速列车、旅游专列的旅游服务功能,鼓励对旅游团队火车票价实行优惠政策"。

2) 旅游专列与旅游目的地营销

(1) 利用旅游专列拓展专门细分市场

在国内铁路交通尤其是高铁快速发展的背景下,要推动旅游专列硬件设施、服务管理、主题特色等全面转型升级,走品质化、高端化发展道路,开发本土"东方快车"旅游产品,使旅游专列成为"陆地邮轮"。如"夕阳红"专列已成功形成多年的专列旅游产品品牌。

(2) 利用旅游专列形成线型旅游目的地

旅游专列往往空间跨越距离大,游客大多白天游览,夜晚宿在火车上。旅游专列将铁路沿线不同特色的旅游目的地连接在一起,使它们成为一个有机的旅游产品,甚至是一个线型

---

①　莫志明.铁路旅游专列的整合营销发展探讨[J].铁道运输与经济,2014,36(3):61-64.
②　贾跃千,李万立,何佳梅.旅游专列的市场优势及营销技巧[J].铁道运输与经济,2005,27(4):56-57.

旅游目的地,能够有效地吸引部分细分市场。

(3)利用旅游专列挖掘淡季市场

旅游专列运输量大,产品价格相对便宜。将规模型产品设计与旅游目的地淡季产品供应相结合,能够将产品价格大幅下降以吸引部分细分市场,振兴旅游目的地淡季市场。

8.4.3 自驾游车队

1)自驾游车队的组织

自驾游车队是一种新的旅游组团方式,对于旅游目的地具有较好的旅游营销渠道价值。根据客源地始发自驾车队和旅游目的地拼团自驾车队两种类型,自驾游车队的类别、组织主体、组织形式和特点如表8-9所示。

表8-9　自驾游车队的类别、组织主体、组织形式和特点

类别	组织主体	组织形式	特点
客源地始发自驾车队	自组织	游客依托家庭、亲朋好友等自身关系网络,自发组织自驾出游	一般为纯自助消费; 行程通常相对较短; 车队规模一般较小
	车友会	由一批私家车主组织的非正式、非营利组织,有固定的社群空间,有一定旅游议价能力	一般为半自助或纯自助消费; 车队组织较自由,行程中相互配合协助; 旅游服务和行车保障服务比较有限
	俱乐部	由自驾车俱乐部发起招募,有详细的行程安排、旅游服务和行车保障	一般为全包价或半自助消费; 俱乐部需要一定资质,实行会员制; 有较好的行车保障服务
	旅行社	由旅行社或OTA开发的自驾车旅游产品出售给游客,有详细的行程安排、旅游服务和行车保障	一般为全包价或半自助消费; 能提供较专业的导游、食宿等旅游服务
目的地拼团自驾车队	俱乐部、旅行社或租车公司	游客乘大型交通工具去往旅游目的地,再以租车的方式加入当地自驾车队,或租车自组织车队,聘请当地向导或司机	全包价、半自助或纯自助均可,消费方式多样; 适合客源地与目的地相隔较远的游客; 旅游目的地有租车、维修保养、营地等配套行车服务和设施; 对旅游目的地的资源禀赋、旅游目的地知名度和形象要求较高

资料来源:基于文献整理。

近年来,旅游目的地积极发展租车拼团自驾旅游产品,受到自驾旅游客的欢迎,并帮助旅游目的地大大拓展了远程甚至国际客源市场。旅游目的地租车拼团自驾旅游产品往往需要旅游服务商(旅游批发商、OTA、地接社等)、自驾游俱乐部、租车公司等市场主体合作开发,但各主体之间也存在竞争关系,并各自主导一定的旅游细分市场。

2)自驾游与旅游目的地营销

(1)催生旅游目的地新的旅游产品体系

随着自驾车旅游的蓬勃发展,围绕自驾游游客消费,旅游目的地逐渐催生了汽车俱乐部、房车、汽车营地、租车等产品链发展,这些产品体系将有利于改变以往基于团队游模式的产品链,使旅游目的地产品更加多样化,也将进一步增加旅游目的地的韧性。

(2)构建旅游目的地的新形象

自驾游发达的旅游目的地往往有利于塑造其安全、自由、舒适的形象,也有利于打破传统景区吸引物为卖点的旅游形象模式,构建以地方风土人情、百姓真实生活为主体的旅游目的地形象。

(3)与相关旅游目的地形成线型旅游产品

对于自驾游旅游者来说,核心旅游吸引物往往是自驾游线路而不是独立旅游景点,自驾游线路的空间跨度往往较大,如近年来火热的西安至喀什"丝绸之路(中国段)"主体自驾线路,跨越了陕西、宁夏、甘肃、新疆等地,全长 4 100 公里,沿途分布着多个世界遗产地和大量旅游景点。自驾游线路本身也是线型旅游目的地,其形象传播呈现出一定的"木桶效应",即部分路段或旅游目的地的负面状态会影响自驾游游客对该线路的整体感知。

【本章小结】

旅游交通是旅游目的地的有机组成部分,旅游目的地是旅游交通综合发展的载体。旅游目的地旅游交通管理的主要内容包括利用交通促进旅游目的地发展、提升旅游目的地体验、促进旅游目的地营销等。

航空交通促进旅游目的地的远程游客增长,改变旅游者的结构,同时,旅游目的地的发展也会刺激航空商业模式的变化。高铁交通对区域旅游流空间格局的影响主要有马太效应、过道效应、同城效应等。风景道、邮轮以及景区内部的索道、小火车等既是重要的交通设施或交通工具,又是重要的旅游吸引物。旅游包机、旅游专列、自驾游车队是旅游目的地旅游市场开发和旅游营销渠道拓展的有效手段。

【关键术语】

旅游交通;流动性;流动性体验。

复习思考题

1.什么是旅游交通？旅游和交通的关系是怎样的？

2.试阐述如何利用交通促进旅游目的地发展。

3.简述流动性对旅游体验的影响。

4.简述如何利用自驾游促进旅游目的地营销。

【案例分析】

景区高铁直达旅游专列开通——贵州激发释放"高铁+旅游"效益

7月21—25日,由贵州省文化和旅游厅携手中国旅游报社联合主办,以"避暑胜地度假天堂——沿着高铁游贵州"为主题的"2019美丽中国行·贵州避暑采风行"大型采访宣传推介活动在贵州举行。全国百家媒体代表采风团乘坐新开通的贵州景区高铁直达旅游专列,依次走进黔东南州西江千户苗寨,铜仁朱砂古镇、梵净山,六盘水落别龙井生态温泉、318浪哨缘房车营地,安顺黄果树景区,贵阳青岩古镇等地实地采风,体验旅游高铁的便捷,感受多彩贵州的独特魅力。

贵州景区高铁直达旅游专列于7月12日正式开行,自西向东途经安顺西、贵阳北、凯里南、朱砂古镇和铜仁5个站,串联起贵州东西部黄金旅游线路,包含黄果树、梵净山、西江千户苗寨、龙宫等经典景区,辐射大小七孔、中国天眼、天龙屯堡等诸多周边景区,每天两列,循环开行,预计将持续180天。

据了解,这是国内首条景区高铁旅游直达专列,标志着贵州高铁资源和旅游景区的深度融合进入实施阶段,也是贵州探索高铁资源和旅游景区深度融合的生动实践。

资料来源:龙配城.贵州激发释放"高铁+旅游"效益[N].中国旅游报,2019-08-08(3).

问题:根据案例,谈一谈"高铁+旅游"效益的具体体现。请结合全球旅游专列的发展历史和我国旅游专列的发展现状,思考"高铁时代"我国旅游专列的发展策略。

第 9 章
旅游目的地质量管理

【教学目标与要求】

理解：
- 质量管理的定义
- 质量管理的发展阶段
- 旅游目的地质量评价视角及维度

熟悉：
- 全面质量管理的内涵
- 质量管理八项原则及应用
- 旅游目的地综合管理的主要理念

掌握：
- 旅游目的地综合质量管理的特征
- 旅游目的地质量管理评价方法
- 旅游目的地质量管理模型

【知识架构】

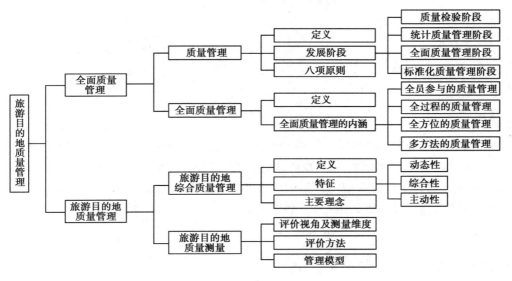

【导入案例】

张掖市 A 级旅游景区质量提升工作会议召开

3 月 19 日,张掖市 A 级旅游景区质量提升工作会议召开,安排部署今年全市 A 级旅游景区质量提升工作。

市委常委、市委宣传部部长李润强强调,各县区及有关部门单位要切实深化思想认识,认清发展形势,切实增强推动旅游景区建设管理提质增效的责任感和紧迫感,坚决克服 A 级旅游景区创建成功后一劳永逸的错误思想。要聚焦短板弱项,聚力问题整改,在基础建设、服务能力、安全管理等方面狠下功夫,夯实"硬基础",增强"软实力",确保旅游景区建设管理工作取得实效。要强化履职尽责,夯实主体责任,提升服务能力,紧盯目标任务,持续聚焦发力,切实推动旅游景区建设管理提质增效,提高张掖的知名度和美誉度,不断促进全市文化旅游产业高质量发展。

副市长于永梅指出,要对标对表,切实认清 A 级旅游景区质量管理中存在的突出问题,从抓整治、抓厕所、抓配套、抓管理、抓融合方面出发,精细落实 A 级旅游景区质量提升的重点任务,全面把握 A 级旅游景区质量提升的工作要求,把各项工作做得更扎实、更细致。

资料来源:张掖日报,2020-03-20.

9.1 全面质量管理

9.1.1 质量管理

1)定义

质量管理的概念和理论起源于制造行业,后来逐渐渗透到服务行业中。戴明(Deming)考虑了质量管理的原理和方法,将质量管理定义为"最经济地生产出具有使用价值与商品性的产品,在生产的各个阶段应用统计学的原理和方法"[①],菲根堡姆(Feigenbaum)从满足顾客需求的视角将质量管理定义为"为了在最经济的水平上生产出充分满足顾客质量要求的

---

① 程国平.质量管理学[M].武汉:武汉理工大学出版社,2003.

产品,而综合协调企业各部门为保证与改善质量的有效体系"①,朱兰(Juran)从最终结果的角度将质量管理定义为"各类组织用以设计、持续改进并确保所有产品、服务和过程满足顾客和利益相关者的需要,从而实现优异结果的一套普遍方法"②。

2000版ISO 9000族标准对质量管理的定义进行了规范,质量管理是指"在质量方面指挥和控制组织的协调活动",它是围绕质量而开展的各种计划、组织、指挥、控制和协调等所有管理活动的集合。

2) 发展阶段

质量管理自20世纪初发展至今,共经历了4个发展阶段。

第一阶段为20世纪初—40年代,这是质量检验阶段,也叫事后检验阶段。随着企业规模的扩大,企业设置专门的质量检验部门将质量检验职能从生产中分离出来,成为单独的工序。这种检验管理方法保证了产品的质量,但同时也导致工作量大、成本高且耗时长,不能预防废次品带来的损失。

第二阶段为20世纪40—60年代,这是统计质量管理阶段。这一时期统计学家用统计方法代替了单纯的检验方法,美国工程师休哈特(Shewhart)提出的"控制图法"为统计质量管理奠定了理论和方法基础。这种管理方法既重视事后检验,又重视事先预防。这种质量管理方法是经济科学的,但仍以满足产品标准为主,而忽视了用户需求和整个生产过程的控制,统计技术的应用具有一定的难度。

第三阶段为20世纪60—80年代末,这是全面质量管理阶段。全面质量管理起源于第二次世界大战时期美国军方的质量管理运动。1961年菲根堡姆出版了《全面质量管理》一书,其中系统地阐释了全面质量管理的理论和方法,被各国广泛地接受,成为现代质量管理的重要基础。全面质量管理从原来的事后检验,转变为以预防和改进为主;从只关注生产结果转变为关注管理生产中的各个要素;从过去工作中以分工为主转变为以协调为主,使组织联系成一个紧密的有机整体。

第四阶段是标准化质量管理阶段。国际标准化组织对全面质量管理在全球的推广情况进行总结并使之规范化,于1987年制定并发布了ISO 9000系列标准,从而使质量管理进入标准化阶段。标准化质量管理阶段的主要特点是质量管理规范化、标准化,并实行严格的质量管理体系评审和认证。

3) 质量管理八项原则及应用③

质量管理八项原则是ISO 9000:2000族标准的制定基础,也是进行质量管理必要的指导思想。八项原则在各行业管理情境中具有广泛的应用性,也适用于旅游目的地质量管理。

①　A.V.菲根堡姆.全面质量管理[M].北京:机械工业出版社,1991.
②　约瑟夫·M.朱兰,约瑟夫·A.德费欧.朱兰质量手册:第6版[M].焦叔斌,苏强,杨坤,等译.北京:中国人民大学出版社,2014.
③　黄翔.旅游区管理[M].武汉:武汉大学出版社,2004.

（1）以顾客为关注焦点

组织应理解顾客当前和未来的需求,满足顾客的要求并争取超越顾客的期望。

游客是旅游目的地的核心利益相关者,正确识别游客的现实与潜在需求,并满足他们的需求,甚至通过提供超常服务超越游客对旅游产品的期望,应该成为旅游目的地管理的首要原则。旅游目的地相关组织应通过市场调研全面了解游客的需求和期望、测量游客的消费满意度,并对这些信息进行分析,采取相应的改进措施,不断提高旅游目的地整体质量。

（2）领导作用

领导者确立组织统一的宗旨及方向,他们应当创造并保持一个使员工能充分参与的内部环境。

在旅游目的地的管理活动中,领导者起着关键的作用。作为决策层的领导者,不但要描绘清晰的远景和制定质量方针和目标,而且要创造一个实现质量方针和质量目标的良好环境,营造一个使旅游目的地的各利益相关者均能积极参与的氛围。

（3）全员参与

各级人员是组织之本。只有他们充分参与,才能为组织带来最大的收益。

在旅游目的地内,每一个相关的员工首先要明确自己的角色,清楚自己的职责、权限,按照规定的要求积极主动地做好本职工作;要主动地寻求增加知识、能力和经验的机会,不断提高自身的专业技术水平和实际工作能力,在实现自身价值的同时为组织创造更大的效益。

（4）过程方法

将活动和相关的资源作为过程进行管理,可以更高效地得到期望的结果。

旅游服务的过程,往往就是游客消费旅游产品的过程。旅游产品生产与消费的同步性,促使旅游相关组织更加重视生产过程和服务流程的质量管理。旅游组织应采取以下三种措施:第一,明确为达到期望的质量结果所需的主要服务过程和关键活动;第二,确定为实现这些过程和顺利开展这些活动所需的资源,包括人力、物力和财力资源,并且明确相应的职责和权限,以便更高效地开展工作;第三,识别并管理旅游组织内各职能部门内部和职能部门之间关键活动的接口,从而进行协调和控制。

（5）系统方法

将相互关联的过程作为系统加以识别、理解和管理,有助于提高组织的有效性。

旅游目的地内的所有过程组成一个服务质量管理体系。将构成体系的过程作为系统予以识别、理解并管理,可使旅游过程相互协调,使职责、权限、能力对应,以便最大限度地实现预期的结果。

（6）持续改进

持续改进总体业绩应当是组织的一个永恒目标。

游客的需求是多样的且在不断地变化和提高,因此旅游目的地应该建立一种动态的持续改进机制,能够及时掌握并适应外界的变化需求,提高产品的质量,改善旅游目的地的整体效益,让各个利益相关者都能满意。

（7）基于事实的决策方法

有效的决策建立在数据和信息分析的基础上。

依据事实是旅游质量管理工作的一条基本原则。质量管理工作必须以审查报告、纠正措施、顾客投诉以及其他来源的实际数据和信息作为决策和行动的事实依据。这就要求数据和信息要具有足够的精确度、可靠性和可获取性，然后使用有效的方法对数据进行合乎逻辑的分析，根据分析得出的客观结果以及相应的管理经验和直觉采取行动，制定出更实际、更具有挑战性的目标。

（8）与供方互利的关系

组织和供方是相互依存的，互利的关系可增强双方创造价值的能力。

旅游业是综合性行业，不同类型的旅游企业之间互为供方，互相在供方服务与成就的基础上进行本组织的生产服务活动，并且构成了整条服务链上的单独一节。只有供方之间良好合作，联合起来对游客的需求做出灵活快速的反应，旅游目的地才能在整体上最大限度地为顾客提供高质量的产品，确保游客满意，使各方都能获得更大的效益。

9.1.2　全面质量管理

1）定义

全面质量管理（Total Quality Control，TQC）由菲根堡姆于 1956 年正式提出，是指"为了能够在最经济的水平上，并考虑到充分满足顾客要求的条件下进行市场研究、设计、制造和售后服务，把企业内各部门的研制质量、维持质量和提高质量的活动集合在一起构成一种有效的体系"[①]。20 世纪 80 年代，TQC 进一步演化为 TQM（Total Quality Management），其内涵也从一般意义上的质量管理范畴扩展到所有为管理质量而应用的理念、概念、方法和工具的集合[②]，2000 版 ISO 9000 系列标准将全面质量管理定义为："一个组织以质量为中心，以全员参与为基础，通过让顾客满意和本组织所有成员及社会受益而达到长期成功的途径。"该定义被广泛认同并应用到各行业质量管理中。

2）全面质量管理的内涵

全面质量管理的核心内涵可概括为"三全一多样"，即全员参与、全过程、全方位和多方法的质量管理。

全员参与的质量管理。全员参与是全面质量管理的核心，即要求组织中的全体人员，上至高层管理者，下至一线员工都要参加质量管理的活动，自发地进行质量保证。

全过程的质量管理，指对质量的产生、形成和实现过程进行控制，在这个过程中的各个环节共同形成了一个质量链，全过程的质量管理就是要控制质量链，保证和提高其中每一个

---

① 　A.V.菲根堡姆.全面质量管理［M］.北京:机械工业出版社,1991.
② 　约瑟夫·M.朱兰,约瑟夫·A.德费欧.朱兰质量手册:第 6 版［M］.焦叔斌,苏强,杨坤,等译.北京:中国人民大学出版社,2014.

环节的质量。

全方位的质量管理。从产品的设计、开发一直到产品销售给顾客后的售后服务,其间所有环节质量管理的对象不仅包括产品本身,还包括影响产品质量的其他因素,如人员、机器、材料、方法和环境等,全方位的质量管理就是要保证和提高在这些影响因素下的整体质量,以形成综合性的质量体系。

多方法的质量管理,指采用综合的管理技术、科学方法、专业知识进行质量管理。

3)旅游目的地全面质量管理

随着旅游供给市场竞争的加剧,旅游目的地之间的竞争也从依赖旅游资源品级转向了旅游目的地形象和旅游质量,旅游目的地必须依靠全面综合的管理提升旅游目的地整体接待质量,形成高品位的旅游资源与高质量的旅游综合服务相结合的优势,才能有效吸引和巩固游客市场,为旅游目的地可持续发展提供基础。

20世纪90年代,欧盟开始致力于研究提高旅游目的地竞争力的质量管理项目,并借鉴了全面质量管理的相关理论和思想,逐渐发展出旅游目的地综合质量管理(Integrated Quality Management, IQM),这是当前旅游目的地质量管理的最新理念。

2009年3月20日,我国颁布了《旅游服务质量提升纲要(2009—2015)》,提出了完整的旅游服务质量体系应当包括:①提升旅游目的地质量,包括完善旅游基础设施、加强旅游公共服务、提高旅游形象、优化旅游环境、完善产品体系等;②提升旅游企业服务质量,包括制定质量方针、完善质量标准、加强质量控制、强化质量保证、提高队伍素质等;③提升旅游行业自律水平,包括完善行业自律机制、提升行业自律能力、建立多渠道协调机制等;④提升国民旅游素质,包括增强旅游质量意识、明确权利与义务、加强国民旅游宣传等。旅游目的地质量管理是提升和完善旅游服务质量体系中的重要内容,也是旅游目的地管理中不可或缺的一环。

9.2　旅游目的地质量管理

9.2.1　旅游目的地综合质量管理

1)定义

欧盟提出的旅游目的地综合质量管理方法是旅游目的地管理的一种模式,如图9-1所示,这一模式致力于提高游客的持续满意度,与此同时寻求改善地方经济、环境和提高当地社区的生活质量。该管理模式以游客需求为核心导向,致力于提高旅游目的地旅游全行业服务的质量和竞争优势,最终获取旅游的综合效益,实现旅游目的地的可持续发展。

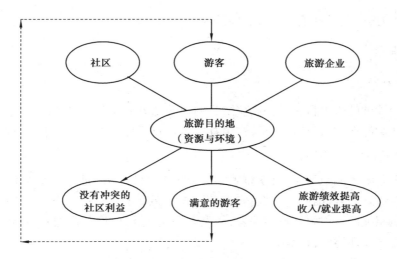

图 9-1　欧盟旅游目的地综合质量管理图

资料来源:罗许伍,张文敏,周玲强.欧盟旅游目的地质量管理及对我国的启示[J].北京第二外国语学院学报,2015,37
　　(1):1-5.

2) 特征

（1）动态性

欧盟旅游目的地质量管理包括 5 个阶段,每个阶段内都是动态的管理理念,同时 5 个阶段之间也是在不断地循环动态进行。5 个阶段的具体内容为:

①确定伙伴。在此阶段,需要制订一个名副其实并且得到领导权威支持的计划,领导者对相关合作者要具有号召力和影响力。

②决定行动。根据当前形势,制定必要的战略方针,并且战略方针要得到相关合作伙伴的支持,接受领导的监督。

③执行行动。此阶段为公共及私营机构提供不同服务、实施系统内外各种措施奠定了基础。

④测量效果。主要运用一系列指标,对不同目标群体进行满意度调查,定期测量效果。

⑤评价与调整。分析评价结果,吸取经验教训,采纳相关建议,并进行调整。

（2）综合性

欧盟旅游目的地质量管理包括 4 个关键要素:一是游客满意度,二是当地旅游业满意度,三是当地人们的生活质量,四是环境质量。任何一个关键要素的缺失或是出现短板都会对旅游目的地的整体质量产生严重影响。同时在质量绩效测量评价维度中不仅考虑了旅游产品的质量,还包括了旅游目的地的质量综合评价;在观测指标方面,不但包括质量感知状况指标,还包括质量管理指标和质量绩效本身指标评价。

（3）主动性

通过树立质量管理标杆,各旅游目的地可以通过比较找到自己的不足,学习借鉴质量标杆的经验,主动提高质量管理水平,提升游客满意度。

3)主要理念①

(1)可持续发展

综合质量管理的根本目标是提高旅游目的地的竞争力以获得可持续发展。因此要采取能够平衡可持续游客需求、环境需求、东道社区当代及后代的需求的政策和行动。

(2)系统方法与多方合作

对于一个旅游目的地而言,有众多因素会影响游客的经历,拥有一系列环节的"质量链"才能确保游客最终满意,因此,管理者需要将旅游目的地作为一个系统来考虑,协调和管理与旅游目的地相关的各主要利益相关者,如旅游企业、旅游政府部门、旅游组织与社区组织、居民等应通力合作才能取得成功。

(3)游客需求导向

满足游客需求是实现质量管理目标的出发点和终点。游客的满意和认同,是长期赢得市场、创造价值和实现效益的关键。

(4)针对游客满意

质量只存在于满足游客需求与期望的有形产品和无形服务中。旅游目的地质量不是刻板的标准,而是提供游客需要的产品和服务,并令其满意。为此,必须实施游客市场调查,明确已有的游客市场的需求和评价,识别潜在的游客市场需求,提供游客需要的而不仅仅是符合标准的服务和产品。

(5)共同满意

要让游客满意,必须要让服务于游客的各个利益相关者都满意。只有这样旅游从业人员、游客以及社区居民等才能够从质量管理中获得有益影响。综合质量管理的目标是:员工满意、顾客满意、有积极的社会影响、提高企业经营业绩。

(6)全面管理

全面管理理念包括全员参与、全过程参与和全方位管理。全员参与,即所有为游客提供直接服务的人,以及与旅游相关的所有人员,包括旅游行政管理人员、旅游企业人员、相关行业人员以及社区居民等;全过程管理,即对影响游客体验的每个环节的所有因素进行管理;全方位管理,即质量管理体现在旅游目的地管理的方方面面,采取的措施反映在旅游目的地所有的活动中,有制定战略、市场营销与宣传管理、旅游目的地信息管理、产品开发与改进、旅游目的地氛围的营造和管理等。

(7)持续改进

质量管理没有终点,它不是一蹴而就的,而是一个不间断的、动态的,通过创新和学习不断提升的过程。

---

① 黄山市旅游局,中山大学旅游发展与规划中心.黄山旅游发展总体规划[M].北京:中国旅游出版社,2007.

9.2.2 旅游目的地质量测量

1）评价视角及测量维度

旅游目的地的质量是一种水平或程度，可以在一定的理论和实践中被度量和评价。旅游目的地质量评价具有综合性和整体性，涉及多利益相关主体，但在实际测量中通常从游客、居民、当地政府、企业管理者和服务人员这几个主体的视角进行评价，其中游客是主流的评价视角，因为游客是旅游目的地服务质量最主要的接受者，因此游客对质量的感知最能体现和代表旅游目的地的质量。

质量评价体系的测量维度及指标选取主要有三种设计思路。

（1）根据要素内容进行设计

根据要素内容设计是指将旅游目的地视为整体，以"旅游六要素"为基础，测量旅游目的地的"食、住、行、游、购、娱"各方面的期望、实际感知、满意度等方面。经过扩展，旅游目的地质量的测评还考虑了当地政府、旅游目的地形象、城市环境、社会治安、当地社区等多个要素，如图9-2展示了在旅游六要素的基础上完善拓展的旅游目的地八要素服务质量评价模型。

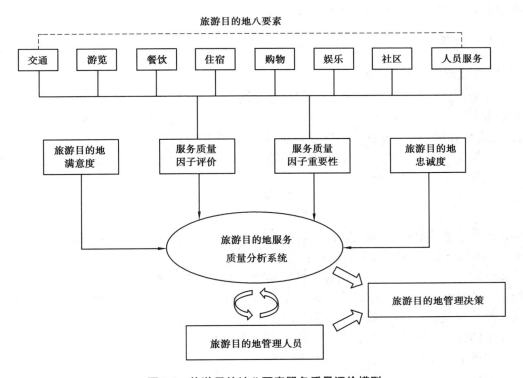

图9-2 旅游目的地八要素服务质量评价模型

资料来源：江波，郑红花.基于旅游目的地八要素的服务质量评价模型构建研究[J].商业研究，2007（8）：148-153.

（2）根据服务属性进行设计

根据服务属性设计是指以旅游目的地提供的主要服务属性进行设计，主要以帕拉索拉曼（Parasuraman）等人提出的五大服务属性来评价旅游目的地质量，经典的 SERVQUAL 和 SERVPERF 等评价方法都是以服务属性来进行维度和指标划分的。五大服务属性分别为[①]：

有形性（Tangibles）：指服务产品的有形部分，如具体设施、设备和职员外表等，它是向顾客提供更细致服务的有形表现，也是顾客评判质量高低的依据之一。

可靠性（Reliability）：指企业可靠地、准确地履行承诺的能力，意味着服务会以相同的方式、无差错地准时完成。

响应性（Responsiveness）：指企业随时乐于帮助顾客，为顾客提供快捷的服务。强调在处理顾客要求、询问、投诉和问题时的专注和快捷。

保证性（Assurance）：指工作人员所具有的知识、礼节以及表达自信的工作能力。保证性要求员工有完成服务的能力，对顾客礼貌和尊重，能与顾客进行有效沟通。

移情性（Empathy）：指企业了解顾客需求，关注顾客个人喜好，提供的服务具有人情味。移情性要求员工有接近顾客的能力、对顾客需求敏感并会努力地理解顾客的需求。

（3）混合设计

混合设计是指在维度和指标选取中既包含要素内容的维度，又包含服务属性的维度，将两者同步测量，能更全面地对服务质量进行评价。

2）评价方法

（1）差距分析法——SERVQUAL 评价法

该评价方法是从顾客的角度测量质量，是运用范围较广的质量评估方法，由帕拉索拉曼等人提出[②]。SERVQUAL 评价法由两份量表构成，第一份量表用于测量顾客的服务质量期望，第二份量表用于测量顾客的实际质量感知，两份量表都由可靠性、响应性、保证性、移情性和有形性 5 个服务属性维度构成，调查的题目在两份量表中一一对应，通过差异比较的理念进行质量评价。其计算公式为

$$SQ = \sum_{1}^{n} P_i - E_i$$

其中，SQ 为顾客感知到的总的服务质量；P_i 为顾客对第 i 个指标的实际感知得分；E_i 为顾客对第 i 个指标的期望得分；n 为指标总数。

通过调查，计算并加总每个指标中顾客期望与实际感知的差异，将得到的 SQ 值除以问卷指标总数，就可以得出单个顾客感知的总的服务质量。将所有顾客的 SQ 值加总并除以调查顾客的总数，就可以得出某产品和服务的平均服务质量分数。

在不同的服务情境中，顾客对不同维度的服务属性有不同程度的期望，导致公式中各因素所占比重不同，因此可通过顾客调查、专家德尔菲法、层次分析法等确定不同质量指标的

---

① 王丽华.服务管理[M].3 版.北京：中国旅游出版社，2016.

② PARASURAMAN A, ZEITHAML V A, BERRY L L. SERVQUAL: a multiple-item scale for measuring consumer perceptions of service quality[J]. Journal of Hospitality and Leisure Marketing, 1988, 64(1):12-40.

权重,再结合加权平均的方法即可计算出加权得更为合理的 SERVQUAL 值。

（2）单一绩效分析法——SERVPERF 评价法

在 SERVQUAL 评价法的基础上,克罗宁（Cronin）和泰勒（Taylor）提出了 SREVPERF 评价法[1],该方法继承了服务属性的 5 个维度,但摒弃了 SERVQUAL 中的差异比较理念,认为单一的质量感知评价已经能够反映服务质量,因此在测量中以顾客感知绩效评价分值作为测量标准,使用起来更加便捷简单。其计算公式为

$$S = \sum_{1}^{n} (W_i \times P_i)$$

其中,S 为服务质量;W_i 为第 i 个指标的权重;P_i 为顾客对第 i 个指标的实际感知得分;n 为指标总数。

（3）重要性分析法——IPA 评价法

IPA（Importance Performance Analysis）评价法由马提拉（Martilla）和詹姆斯（James）提出[2],最先应用于评价汽车销售商的服务效绩,因其便捷高效性和测量成本低而被广泛应用于各个领域。该评价方法的基本思想是通过比较服务评价因子的重要性和绩效,以确定服务质量改进的轻重缓急。如图 9-3 所示,根据重要性和绩效的组合,可分为 4 个象限,通过测量将每个因子依照其重要性和绩效的数值绘于坐标图上,即可得到四象限点阵图。其中,第一象限表示重要性和服务绩效都很高,应继续保持该优势;第二象限表示绩效好但重要性低,应顺其自然,不宜过度努力、刻意追求;第三象限表示绩效和重要性都较低,属于低优先事项;第四象限表示顾客认为该项重要性很高但实际服务绩效很差,应重点关注和改进。

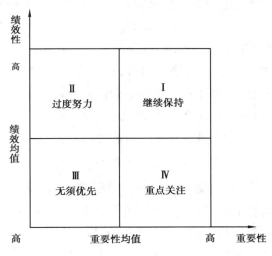

图 9-3 IPA 四象限点阵图

资料来源：HUDSON S, HUDSON P, MILLER G A. The measurement of service quality in the tour operating sector: A methodological comparison[J]. Journal of Travel Research, 2004, 42(3): 305-312.

① CRONIN J J, TAYLOR S A. Measuring service quality: a reexamination and extension[J]. Journal of Marketing, 1992, 56(3): 55-68.

② MARTILLA J A, JAMES J C. Importance-performance analysis[J]. Journal of Marketing, 1977, 41(1): 77-79.

哈德森(Hudson)等人以旅游运营部门为研究对象,发现 SERVQUAL、SERVPERF、加权 SERVQUAL 和 IPA 四种测量评价方法并不存在显著的差异,每一种方法都能够被用来评价游客对旅游质量的满意情况,在时间和成本有限的情况下,SERVPERF 模型是最直接高效的测量方法[①]。

(4)混合方法——SERVQUAL×IMPORTANCE 评价法

该评价方法是 SERVQUAL 和 IPA 方法的结合,既测量了顾客对服务质量的期望和实际感知,同时又考虑了不同测量因子在顾客服务购买过程中的影响程度的重要性。其计算公式为

$$Q = \sum_{1}^{n} L_i(P_i - E_i)$$

其中,n 为指标总数;Q 为顾客总体的感知服务质量;L_i 为顾客对第 i 个测量指标认可的重要性得分;P_i 为顾客对第 i 个指标的实际感知得分;E_i 为顾客对第 i 个指标的期望得分。

该方法同时考虑了顾客对不同指标的期望、感知和重要性评价,测量内容十分细致,但同时由于问卷指标过多,操作起来会更加费时费力。

(5)总体满意度测量法——满意度评价法

在旅游服务质量研究中,有学者直接用游客满意度来代表旅游服务质量。游客满意度和旅游服务质量之间是高度相关但不完全等同的概念。通过满意度来评价旅游服务质量的隐含假设条件是服务质量的高低直接决定顾客满意度水平。关于服务质量与顾客满意之间的逻辑关系,格罗鲁斯(Gronroos)在感知服务质量模型中通过比较实际体验感知与预期服务质量之间的差距,得出可能出现的四种结果,即低于期望水平、等于期望水平、高于期望水平、超越期望水平,分别对应四种顾客满意状态,即不满意、基本满意、满意、愉悦。由此可知,服务质量与顾客满意之间存在正向相关性。较高的体验质量是产生顾客满意的必要条件,但并非充分条件。顾客满意度还会受到多种因素的影响,如产品质量、价格、环境质量和个人特征等,服务质量只是让顾客满意的重要因素之一。

(6)综合质量评价法——欧盟旅游目的地质量绩效评价法

旅游目的地质量绩效评价工具的使用包括 8 个步骤,依次为:定义旅游目的地;开展游客满意度调查;发展质量感知状况指标;发展质量管理指标;开展旅游行业调查;发展质量绩效指标;内部监测结果;标杆测试。其中开展游客满意度调查和旅游行业调查需要设计相应的问卷。游客满意度问卷主要针对到访并在旅游目的地住过的游客进行调查,包括 13 个评价项目,采用优秀、良好、满意、差、非常差和不适用 6 个评价等级。旅游业调查问卷包括两份:一是住宿业,二是其他旅游服务业和交通服务业。旅游目的地质量绩效评价工具包含了旅游目的地质量和旅游产品质量两个维度,共 16 个主要指标,每个指标又从质量感知状况、

① HUDSON S, HUDSON P, MILLER G A. The measurement of service quality in the tour operating sector: a methodological comparison[J]. Journal of Travel Research, 2004, 42(3): 305-312.

质量管理和质量绩效等3个相互关联的方面进行测量。其中旅游目的地质量维度包括当地旅游业生存状况、对当地旅游业的支持、营销与推广、欢迎质量、安全与保障、环境空气质量、当地环境质量7个质量指标；旅游产品质量维度包括到达前的沟通、无障碍性、交通、住宿、信息、餐饮、活动、泳场水质和物有所值9个质量指标。

3）管理模型

（1）感知服务质量模型①

格罗鲁斯于1982年首次提出顾客感知服务质量的概念，他认为顾客感知服务由技术质量、功能质量和企业形象质量三方面构成。如图9-4所示，图中 ES 表示感知服务质量，PS 表示期望服务质量，将顾客的实际服务感知与对服务的期望进行比较。当感知超出期望时，会产生两种情况：其一是当顾客感知服务质量大大超出其期望时，顾客会感到惊讶，但服务质量并非越高越好，过高的服务质量会增加企业成本，使服务价格过高，可能会影响顾客的忠诚度。其二是当顾客的感知服务质量略高于其期望时，顾客会为服务质量感到惊喜，会认为服务是高质量的，此时企业成本压力不会过大又能使顾客满意，这个状态应该是各个服务组织所追求的目标。当没有达到期望时，服务质量是不可接受的，会降低顾客的满意度。当期望与感知一致时，质量是令人满意的。即服务质量（SQ）= 服务感知（PS）- 服务期望（ES），服务质量取决于顾客的服务质量期待与感知之间的差异。感知服务质量模型中的差距分析法为提高旅游目的地质量提供了三种基本策略：调整期望、提升服务水平或两种方法相结合。

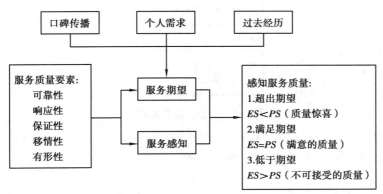

图9-4 顾客感知服务质量模型

资料来源：詹姆斯·A.菲茨西蒙斯，莫娜·J.菲茨西蒙斯.服务管理：运作、战略与信息技术：第7版[M].张金成，范秀成，杨坤，译.北京：机械工业出版社，2002.

---

① GRONROOS C. A service quality model and its marketing implications[J].European Journal of marketing,1984,18(4)：36-44.

（2）服务质量差距模型

在感知服务质量模型的基础上，帕拉索拉曼等人提出了服务质量差距模型，这是目前应用最广泛的服务质量分析理论模型，旅游服务质量的差距被进一步细化为 5 个方面[①]，从而为找出质量问题根源和相应的管理措施提供了新的思路。

顾客对服务质量的期望受服务口碑、个人需求、过去经历以及企业外部营销宣传的影响。服务感知即为实际感知到的服务体验。管理者对顾客期望的感知决定了服务质量的标准，与顾客接触的员工按照服务标准向顾客交付服务，顾客则根据自身的体验来感知服务的质量（见图 9-5）。

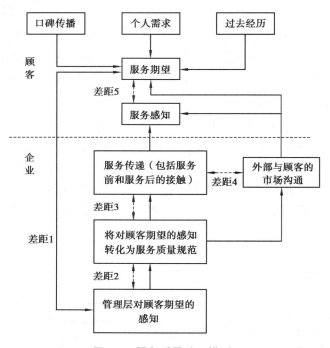

图 9-5　服务质量差距模型

资料来源：PARASURAMAN A, ZEITHAML V A, BERRY L L. A conceptual model of service quality and its implications for future research[J]. Journal of Marketing, 1985, 49(4)：41-50.

差距 1——管理者认知差距，即顾客对服务的期望和管理者对顾客期望的感知之间的差距。产生这种差距主要有两种原因：其一是企业对顾客的需求和期望没有准确地传递和调查信息，如与顾客接触的一线员工向上传递的有关顾客需求的信息不准确或没有进行信息反馈；其二是企业得到了准确的消息，但是没有进行正确的分析，产生了错误的理解。要弥补该差距，应找准认知差异的具体原因，针对性地改进市场调查方法，完善管理层和一线人员之间信息沟通的有效性和准确性，同时要采取系统科学的方法对顾客的需求进行分析解

---

① 王丽华.服务管理[M].3 版.北京：中国旅游出版社，2016.

读,避免产生偏差。

差距2——服务质量规范差距,即管理人员对顾客期望的感知同企业制定的服务质量标准之间的差距。产生该服务差距的原因主要包括:企业对顾客需求认识不足、服务质量规划过程不完善、管理不规范。因此,企业缺乏清晰的质量管理目标,对员工应承担的服务没有进行标准化。质量管理目标必须在全面了解顾客需求的前提下制定,目标必须具有可接受性、可衡量性、挑战性和全面性,在不制约员工服务灵活性的前提下,尽可能地包含具体的各项服务质量的标准或规范,从而缩小服务质量规范的差距。

差距3——服务传递差距,即服务质量标准与企业实际所提供的服务之间的差距。存在这一差距意味着企业向顾客提供的服务未能达到企业制定的服务标准。产生该差距的原因可归纳为管理与监督的失误、技术和营运系统缺乏支持、员工对规范或标准的认识失误以及企业对顾客的期望与需求的认识不足。企业应对服务传递过程进行及时的监督和问题反馈,在此基础上及时调整服务质量标准,对支持营运系统的技术设备要适当更新以支持质量标准的正确传递,同时应健全人事管理制度,加强员工培训,提高员工服务水平。

差距4——市场信息传播差距,即企业在市场传播和宣传中关于服务质量的承诺与企业所提供的实际服务之间的差距,也即承诺与兑现的差距。产生该差距的原因可分为两方面:一是企业市场营销规划部门与实际服务活动部门之间没有进行有效的协调,产生了错误宣传或夸大宣传;二是企业传播了自己的质量标准,但在实际提供服务时,企业未能按标准进行。因此,应考虑加强企业各部门内和部门之间的横向信息流动,使部门之间、人员之间相互协作实现共同目标,同时在进行市场信息传播时要进行严格的计划和监督,向顾客传递正确可行的服务质量标准,在发现不适当的信息传播时要及时纠正,减少负面影响,使顾客形成合理的质量预期。

差距5——感知服务质量差距,即顾客实际体验的服务质量与自己对服务质量的期望之间的差距,多数情况是顾客实际体验到的服务质量要比预期的服务质量差。导致实际服务质量差的原因主要包括:企业管理层的不重视,将质量管理作为专业人士和部门的问题,而忽视了服务质量与社会进步的关系,且难以进行长期的质量管理。差距5实际上是前四项差距的综合体验结果,通过找出造成服务质量差距的原因,制定针对性的解决措施,不断弥合差距,才能提高服务质量。

(3)系统动力学动态质量管理模型①

旅游目的地质量管理的基本结构揭示了决策者和管理人员两种管理质量的方式。第一种是主动式的管理,管理导向又分为以消费者为导向和以行业标准为导向两种;第二种是被动式的管理,旅游目的地的管理人员很少有专项资金研究和调查潜在游客的质量期望,特别是当旅游资源处于垄断地位、质量水平对游客到访的影响不大时该现象更为突出。服务商或管理人员只有在得知游客抱怨,甚至投诉时,才采取行动加大对服务质量的改进,这种服

---

① 徐红罡.探索旅游目的地服务质量的波动[J].桂林旅游高等专科学校学报,2006,17(4):485-490.

务质量管理是一种对游客投诉和抱怨的末端管理。

依靠游客反馈确定服务质量目标,是一种被动式的服务质量管理方式,会产生两种效果。如果管理人员对抱怨、投诉很敏感,服务质量会出现波动,表现为短期内突然加大服务质量的投资力度,服务质量虽然会得到提升,但当游客的抱怨和投诉减少时,对服务质量的重视力度也会相应下降,最终,服务质量不能达到游客的预期。如果管理人员对抱怨和投诉并不敏感,那么,服务质量不会出现波动,只是缓慢地上升到一个水平,但是难以达到游客的满意度。因此应采取综合动态的质量管理方法,重视旅游目的地质量管理,采取主动式质量评价和监测管理措施(见图9-6)。

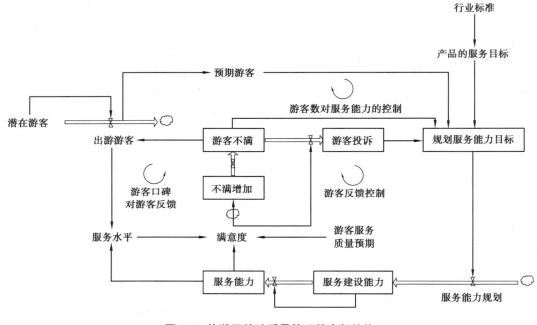

图9-6 旅游目的地质量管理的内部结构

资料来源:徐红罡.探索旅游目的地服务质量的波动[J].桂林旅游高等专科学校学报,2006,17(4):485-490.

(4)旅游目的地发展质量模型

旅游目的地发展质量模型是由"尺度—效应—类型"构成的综合性理论框架,其中旅游目的地的空间尺度涉及国家、区域、城市和景区4个层次;从质量效应上来看,旅游目的地是旅游企业提供商品和服务以实现营利的地方,是旅游目的地政府寻求当地经济发展依托的财富资源,也是旅游目的地社区居民赖以就业的一项文化产业,因此旅游发展涉及了经济影响、社会文化影响和环境影响3个方面。在旅游目的地发展质量评价的实践中,应考虑并涵盖旅游服务质量、旅游体验质量、旅游规划质量、旅游产品质量(供给角度)、旅游客源质量、旅游发展效率、旅游企业质量、从业人员质量、旅游环境质量、现代技术支撑、国际化水平、社区居民生活质量等各方面因素(见图9-7)。

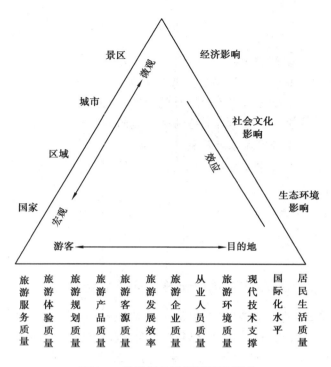

图 9-7 旅游目的地发展质量模型

资料来源:钟士恩,张捷,尹力杰,等.从旅游业发展质量看中国旅游现象与问题:兼探讨"游赏理念"的学科意义[J].
人文地理,2014(6):125-132.

旅游目的地质量管理要考虑旅游目的地的地理空间尺度,根据旅游资源类型和地方特性有所侧重地评估不同的质量效应和类型。

【本章小结】

质量管理是指在质量方面指挥和控制组织的协调活动,质量管理的核心是八项基本原则,在各个行业管理情境中具有广泛的应用性。全面质量管理核心内涵可概括为"三全一多样",即全员参与、全过程、全方位和多方法的质量管理。旅游目的地综合质量管理致力于提高游客的持续满意度,与此同时寻求改善地方经济、环境和提高当地社区的生活质量,具有动态性、综合性和主动性的特征。

旅游目的地质量测量主要从游客视角进行评价,并根据要素内容、服务属性或两者混合设计的方法进行维度和指标的选取。旅游目的地质量管理的模型包括感知服务质量模型、服务质量差距模型、系统动力学动态质量管理模型和旅游目的地发展质量模型。

【关键术语】

质量管理;全面质量管理;旅游目的地质量。

复习思考题

1.简述全面质量管理的内涵。

2.简述旅游目的地质量管理的主要特征。

3.简述旅游目的地质量管理的评价方法。

4.试阐述旅游质量差距模型。

5.思考旅游目的地质量评价的维度和指标改进方法。

【案例分析】

在张家界,有一张名片叫"平安满意"

让游客平安满意,这是张家界 2009 年 8 月向世人做出的承诺。2009 年上半年,旅游质监部门的问卷调查显示:游客对张家界旅游环境的满意度仅为 40%;网络调查显示,82% 的受访者的评价是"不太好"或"很差"。为了改变这一形象,一场自上而下的"平安满意在张家界"专项行动在张家界拉开序幕。

从 2009 年到 2015 年,张家界每年都会对平安满意工作进行部署,平安满意办下设社会治安整治组、旅游产品质量组、食品药品安全组、旅游价格秩序组、旅游经营秩序组、旅游行业秩序组、旅游交通秩序组、环境卫生秩序组、旅游宣传教育组九个小组。

为完善基础设施建设,张家界逐步升级完善旅游目的地管理"一诚通"信息系统,加快智慧张家界旅游信息系统建设,逐步建立和完善 12301 旅游咨询投诉服务平台,逐步完善自助(驾)游体系建设,完善路标路牌等自助(驾)游标识系统等。

为使旅游行业服务规范化,张家界加强旅游服务企业标准化建设,深入开展旅游服务标准化活动;开展旅游服务标准化试点工作;紧扣"诚信张家界"主题,开展一系列诚信建设活动等。

张家界开展旅游市场集中整治,不断优化旅游秩序,加大巡查巡防力度,创新管理模式,对火车站、汽车站、飞机场、旅游交通要道沿线、游客聚集场所重点路段及"追客赶客"频发地区实施重点监控,拦截围堵车辆,打击"追拉赶缠"游客行为。为集中整治旅行社门市部秩序,2014 年全市按照"四统一"的要求规范旅行社及其旅游服务网点的设立,完成全市旅行社年度复核检查。为净化旅游购物环境,让游客放心消费,全市大力开展涉旅产品整治,在全市实行《旅游购物场所 10 分倒扣制管理办法》,安装实时监控系统,为游客编织一张安全、放心的旅游消费网。

针对景区的交通营运、餐饮食品安全、旅游产品价格、旅游产品质量,全市多次开展专项检查。游客满意度,是张家界衡量产品质量与服务的标准,让游客平安满意,是张家界的不变追求。对于旅游投诉,张家界要求所有投诉在第一时间、第一地点得到有效处理,同时积极做好游客的咨询和维稳工作。

随着"平安满意在张家界"专项行动的开展,张家界旅游市场秩序逐步规范,管理服务水平迅速提升,社会治安明显改善,城市功能显著增强,张家界的品牌美誉度全方位提升。

资料来源:张家界日报,2015-04-12.

问题:案例中,张家界为提升旅游质量采取了哪些措施? 旅游目的地质量与旅游城市形象有怎样的关系?

第10章
旅游目的地安全与危机管理

【教学目标与要求】

理解：
- 旅游安全的定义
- 旅游目的地危机的影响
- 旅游目的地危机管理含义与理论基础

熟悉：
- 旅游安全的影响因素及表现形态
- 旅游目的地危机的定义、特点与分类
- 旅游目的地危机管理的目的

掌握：
- 旅游目的地安全的预防与应对
- 旅游目的地危机的生命周期
- 旅游目的地危机应对措施

【知识架构】

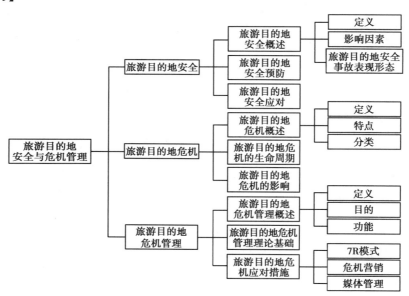

【导入案例】

在危机中创造机遇
——新冠肺炎疫情下的泰国旅游如何发展

自新冠肺炎疫情暴发以来,泰国接待的中国游客数量骤减,不少媒体都报道了泰国旅游业因疫情而遭受重创的情况。泰国旅游业管理部门并没有坐以待毙,而是积极制定对策,力求在危机中创造机遇,并希望借鉴中国防疫与保持经济活力的成功经验。

在近1~2个月的时间里,往年占泰国国际游客总数1/3的中国游客数量锐减。2月中旬,泰国旅游和体育部专门召集全国旅游从业者开会,研究新冠肺炎疫情下的旅游业如何持续发展。泰国国家旅游局在防控疫情的同时,也在积极开拓替代市场,比如刚刚在泰国南部旅游胜地甲米府落下帷幕的2020年甲米娜迦音乐节,就吸引了来自世界各地和本地的众多游客。

甲米府每年接待超过100万外国游客,其中一半是中国游客,今年初暴发的新冠肺炎疫情,让现在的甲米府几乎见不到中国游客了。为了帮扶遭受疫情影响的旅游从业者,重振泰国旅游经济,同时彰显泰国防控疫情的信心,泰国国家旅游局和甲米府于2月28日—3月1日在甲米最知名的柯龙芒海滩举办2020娜迦音乐节,邀请国内外知名音乐人献上精彩演出。泰旅局邀请了驻泰外国媒体前往采访,给记者印象最深的是,当地旅游并非像想象中的那么萧条和惨淡,活动现场反而十分热闹,甲米岛上多家星级酒店与渡假村在音乐会现场设美食摊位,场外还设有当地特色产品和小吃一条街,听音乐、品美食,在椰风海韵中享受浪漫海滩之夜。

泰国国家旅游局甲米办事处负责人乌提对记者说,娜迦音乐节是泰国南部知名的音乐盛事,今年遇到特殊时期,国家旅游局和当地政府十分重视新冠肺炎疫情的防控工作,对进入音乐会现场的人员严格进行体温测量和手部消毒。此外还与周边的医院形成联动,一旦发现疑似病患会第一时间送医。他说得知中国也在严格防疫的前提下复工复产,逐步恢复正常的生产生活,泰国也希望旅游业能在疫情的影响下最大限度地保持生机,同时也会积极借鉴中国在这方面的成功经验。

资料来源:环球网,2020-03-02.

10.1 旅游目的地安全

10.1.1 旅游目的地安全概述

1)定义

安全,即平安、不受威胁。根据马斯洛需要层次理论,安全需要是人类最基本的需要之一,其中包括对人身安全、生活稳定以及免遭痛苦、威胁或疾病的需要等。旅游目的地安全是指旅游者在旅游目的地活动期间的人身、财产和心理安全。旅游者对旅游目的地安全的感知是其进行旅游决策的重要影响因素,树立一个安全的旅游目的地形象和建设一个安全的旅游目的地环境对旅游目的地管理至关重要。近年来不断发生的旅游安全事故使旅游目的地安全问题开始得到重视,政府部门和相关旅游管理者更加关注游客的安全体验,尽可能预防和减少安全事件。

旅游安全是旅游业的生命线,是旅游业发展的基础和保障,是旅游目的地旅游发展的基本要素。重视旅游目的地安全问题,避免旅游安全事故的出现,对正常开展旅游活动和传播旅游目的地声誉具有重要意义。

2)影响因素

(1)旅游环境

旅游活动的开展需要一定的自然环境和社会环境基础,当基础存在不稳定因素时旅游环境就会表现出不安全状态。

①自然环境因素。自然灾害可分为骤发自然灾害和长期自然灾害两大类。常见的骤发自然灾害包括地震、火山爆发、塌陷、地裂、崩塌、滑坡、泥石流、暴风雨、洪水、海啸、沙尘暴、有毒气体污染等;长期自然灾害包括干旱、沙漠化、水土流失、大气污染、瘟疫等。

②社会环境因素。社会环境的不安全状态主要来源于社会与管理灾害,包括战争、恐怖主义袭击、社会动乱、犯罪活动、火灾、旅游设施管理差错等引起的灾难或损害。

(2)旅游者行为

部分游客刻意追求高风险旅游行为,增大了事故发生的可能性,这类行为包括极限运动、峡谷漂流、探险旅游、野外生存等旅游项目。此外,旅游者无意识进行的一些不安全行为也会引发安全事故,如随意扔弃烟头、干旱季节野炊、户外烧烤等行为引发山林大火,误入泥泞沼泽地、有瘴气的山谷,偶遇大型食肉类动物、毒蛇及猛禽等。

(3)管理失误

一方面,管理失误对环境和行为造成的影响加重了旅游环境的不安全性,大规模的旅游开发在一定程度上破坏了旅游目的地的山体、水体、大气、动植物群落以及其他生态环境,引发了一些自然灾害,如建筑工程开挖引发山体滑坡、岩石崩塌,旅游设施建设中大量砍伐树木导致水土流失加剧,形成泥石流等。另一方面,管理疏忽和失误也会使社会环境恶化,引发各种犯罪活动,如抢劫杀人、敲诈勒索、行窃、诈骗、色情服务、赌博等。

3) 旅游目的地安全事故表现形态

旅游目的地安全事故按事件性质可分为安全事件(Safe Event)和安保事件(Security Event)(见表 10-1)。安全事件是指使旅游者受到意外伤害的非蓄谋类事件,这类安全事件可能是由自然灾害、基础设施问题、旅游目的地环境、游客的行为和活动所造成的。例如,安全事件的发生可能包括洪水、火灾、传染疾病、食物中毒、交通事故,以及与游客活动相关的安全事故,如意外滑倒、坠落、割伤和烧伤、财产损坏等。安保事件主要指旅游者因他人的故意行为而遭受损害的事件,如恐怖主义袭击、战争、内乱或政治动乱[①]。

表 10-1　旅游目的地安全事故不同表现形态

类别	亚类	表现形态
安全事件	自然灾害事件	如地震、洪水、飓风和火山爆发等
	与目的地管理相关的事件	基础设施的问题(如恶劣的卫生条件)、旅游设施的安全标准(如火灾、建筑误差)、交通事故(如车祸、空难)、健康问题(如军团病)等
	与自然相关的事件	如飓风、台风、洪水、极端温度等
	与旅游者相关的事件	极限体育运动、危险休闲活动、不遵守指示、身体健康状况欠佳、不熟悉任务或环境等
安保事件	犯罪	如抢劫、袭击、强奸、绑架、谋杀等
	恐怖主义	如世界贸易中心的"9·11恐怖袭击事件"等
	战争	如海湾战争、波黑内战、科索沃战争等
	内乱/政治动乱	如南非(1994年前)、泰国(2010年)、西班牙(1995年埃塔分裂组织活动)、墨西哥(1994年萨帕塔民族解放运动)等

资料来源:王有成,亚伯拉罕·匹赞姆.目的地市场营销与管理:理论与实践[M].张朝枝,郑艳芬,译.北京:中国旅游出版社.2014.

10.1.2　旅游目的地安全预防

安全管理的最重要工作是预防,具体包括以下几个方面:

完善旅游安全法律法规体系。安全的预防需要法律法规保障,在充分尊重现有法律的

---

① PEATTIE S, CLARKE P, PEATTIE K. Risk and responsibility in tourism: promoting sun-safety [J]. Tourism Management, 2005, 26(3): 399-408.

前提下,制定必要的安全预防管理规则是旅游目的地安全管理的关键,这些规则应该既包括预防内容、标准与程序,也包括监督与管理标准、程序。

建立完善的旅游安全教育体系。对旅游者、旅游从业人员、社区居民以及旅游行政管理部门的旅游安全教育内容与方式都应该进行相应的规定。

建立完善的预防机制。旅游安全超越传统的安全管理范畴,需要建立多部门联动的安全预防机制,保障安全工作长期、及时运行。

10.1.3 旅游目的地安全应对

旅游安全管理预防是在宏观上起到减少或避免安全事故发生的作用,而当旅游安全事故发生时,要采取适当的方案去积极应对。

1)旅游目的地安全管理基础工作

(1)完善旅游安全规章制度

依法规定旅游安全工作的目标、内容和原则,明确各个部门、岗位和人员的安全工作职责与权限,使旅游安全工作有法可依、有章可循,建立起良好的旅游安全工作秩序,不断加强对旅游安全的管理。

(2)抓好旅游标准化工作

加强各种旅游安全标准的建设和执行,规范旅游者的旅游活动,规范旅游企业员工的旅游服务,规范旅游企业的经营管理,为旅游者活动的安全进行提供保障,不断提高旅游管理水平。

(3)加强旅游安全统计工作

一是要加强对旅游安全的日常统计,建立旅游安全事故资料库,以便对旅游安全问题进行分析和研究;二是要加强和公安、交通、医院、保险等部门的协调与合作,联合建立旅游安全信息网络;三是适时、适度向社会公开旅游安全统计资料和情况,引起旅游者注意,提高旅游安全意识。

(4)健全旅游安全保险工作

国家旅游局已经颁发了《旅行社办理旅游意外保险暂行规定》,强制旅行社对旅游安全进行意外投保。旅游者也应提高对旅游安全问题的防范意识,结合旅游活动的具体情况,按照自愿原则向保险公司购买其他旅游保险,减少旅游安全事故带来的危害和损失。

(5)加强旅游目的地旅游医疗卫生保障

为应对旅游过程中突发的疾病、疫情、食品中毒、交通事故、意外伤害等安全问题,加强旅游目的地旅游医疗卫生保障是旅游安全基础工作的重要内容。

(6)落实旅游安全工作责任制

健全完善旅游安全管理体制的机制,明确旅游安全管理各部门与各单位的职责权限、工作范围和相应权力,确保相关部门承担起旅游安全工作的监管主体职责,把旅游安全工作的各项要求落到实处①。

2) 界定旅游安全事故等级

旅游安全事故分为不同的等级,根据《旅游安全管理暂行办法实施细则》,旅游安全事故分为:

①轻微事故,是指一次事故造成旅游者轻伤,或经济损失在 1 万元以下者。

②一般事故,是指一次事故造成旅游者重伤,或经济损失在 1 万元(含 1 万元)~10 万元者。

③重大事故,是指一次事故造成旅游者死亡或旅游者重伤致残,或经济损失在 10 万(含 10 万)~100 万元者。

④特大事故,是指一次事故造成旅游者死亡多名,或经济损失在 100 万元以上,或性质特别严重、产生重大影响者。

3) 旅游目的地安全事故处理一般程序

（1）及时报告事故情况

旅游安全事故发生后,旅游者和旅游从业人员应立即向所属旅行社和当地旅游行政管理部门报告。当地旅游行政管理部门接到一般、重大、特大事故报告后,要及时上报国家旅游行政管理部门。

（2）保护现场请求救援

一旦发生旅游安全事故,现场有关人员一定要配合公安机关,严格保护事故发生地现场,并立即报告事故发生地的旅游、公安、消防、海事、医疗、急救中心等相关部门,请求给予紧急救援支持。

（3）协同抢救侦查

当旅游安全事故发生后,地方行政管理部门和有关经营单位和人员要积极配合公安、交通等部门,查清事故原因,组织对旅游者进行紧急救援并采取有效措施,妥善处理善后事宜。

（4）现场处理

旅游安全事故发生后,有关旅游经营单位和当地旅游行政管理部门的负责人,应及时赶赴现场,组织指挥,并及时采取适当的处理措施。发生重大旅游安全事故和特大旅游安全事故必须立即报告,尽力保护事故现场②。

4) 媒体报道与形象感知管理

媒体会影响游客对旅游目的地的感知。一旦发生旅游安全事故,大众媒体对负面事件的报道会快速传播,潜在游客的恐惧和焦虑感增加,旅游目的地的旅游形象和声誉受到损

---

① 罗明义.旅游管理学[M].天津:南开大学出版社,2007.
② 黄安民.旅游目的地管理[M].武汉:华中科技大学出版社,2016.

害。安全和安保事件的报道频率与深度会随时间而减弱,但安全事故一旦重复发生,媒体的持续报道和解读会进一步加深固化旅游目的地的负面形象。因此,旅游目的地管理机构和旅游行业应该配合媒体,主动向外界传达更准确、更公正的信息,配合营销手段,展示旅游目的地的重振成果,尝试平衡和抵消媒体所构建的负面形象①。

10.2　旅游目的地危机

10.2.1　旅游目的地危机概述

1)定义

危机通常指的是那些事关组织或个人生死存亡的突发性事件。Sonmez 等(1994)将"旅游危机"定义为:"任何对旅游业及其相关业务的正常经营构成威胁的事件,因为它负面地影响了旅游业对旅游目的地的认知,进而对旅游目的地有关安全、吸引力和舒适度的声誉造成损害;旅游者数量及其旅游支出减少,使当地旅行和旅游已经出现衰退,中断了当地旅行与旅游产业活动的持续经营②"。世界旅游组织(UNWTO,2003)把旅游危机阐述为"影响旅行者对一个旅游目的地的信心并扰乱正常经营的非预期性事件",亚太旅游协会(PATA,2003)将旅游危机定义为"具有完全破坏旅游业的潜能的自然或人为的灾难"。

综上,旅游目的地危机可以定义为:可能威胁到旅游目的地正常运营和旅游目的地社区正常生活,使旅游目的地旅游经济出现一定幅度波动震荡,使旅游者对旅游目的地信心产生消极影响,给旅游者的身心健康带来实际或潜在影响的突发性自然或人为事件。

2)特点

相较于一般危机而言,旅游目的地危机具有以下几方面特点:

①敏感性。旅游业高度依赖于人口的流动和旅游目的地安全状况,凡是可能对人员流动及人员安全产生影响的任何事件都可能形成旅游目的地危机,因此具有非常高的敏感性。

②脆弱性。由于旅游是人类更高层次的需求,短时的旅行限制并不直接影响人类的生存发展,当危机事件发生时,人们最先禁止或放弃的往往是旅游行为,因此旅游目的地在危机面前的脆弱性特征明显。

③强韧性。与脆弱性相关联,旅游业往往又是一个韧性非常强的行业,也是在危机事件结束后最快恢复起来甚至出现报复性增长的行业之一,旅游目的地在危机面前具有非常强的韧性。

---

①　中华人民共和国国家旅游局.旅游行业安全管理实务[M].北京:中国旅游出版社,2012.

②　SONMEZ S F, BACHMANN S J, ALIEN L R.Managing crises[M].South Carolina:Clemson University, 1994.

3) 分类

从危机的形成和影响角度来看,旅游目的地危机可以依据不同的划分标准进行分类(见表 10-2)。

表 10-2　旅游目的地危机分类表

划分维度	划分标准	旅游危机类型
危机形成	形成原因	自然危机、技术或人为危机、健康危机、冲突性事件危机
	产生起源	外生危机、内生危机、关联性危机
危机影响	演化速度	龙卷风型危机、腹泻型危机、长投影型危机、文火型危机
	市场表现	周期性危机、常规性危机、突发性危机、旅游目的地经营性危机
	持续时间	一次性危机、反复性危机、持续性危机
	影响范围	旅游目的地尺度旅游危机、区域尺度旅游危机、国家尺度旅游危机、国际尺度旅游危机

资料来源:基于文献整理。

(1)按旅游目的地危机的形成维度分类

按照灾难形成的原因可以将旅游目的地危机划分为自然危机、技术或人为危机、健康危机、冲突性事件危机。自然危机多指自然灾难,包括气候性灾难和地理灾难,如龙卷风、洪水、地震、海啸等;技术或人为引发的危机,包括与交通运输相关的(如飞机坠毁)危机、生物性的危机、化学事故、核事故和有害物质泄漏等;健康危机可分为传染性疾病、流行性疾病、地方性疾病等;冲突性事件危机以冲突性事件为导火索,如犯罪、暴乱、战争、革命和内战、恐怖主义袭击事件等(见表 10-3)[①]。

表 10-3　不同灾难形成原因的旅游目的地危机类型及举例

类别	亚类	举例
自然危机	气候性灾难	飓风、热带风暴、龙卷风、洪水、雪灾、野火以及极端气候条件
	地理灾难	地震、海啸、火山喷发、山体滑坡等
技术或人为危机	交通运输事故	飞机坠毁、船只沉没、铁路损坏等
	生物性事故	意外释放到空气、地面或水里的有害生物制剂等
	化学事故	化学试剂引发,如 1984 年的印度博帕尔事故
	核事故	核泄漏,如俄罗斯切尔诺贝利事故、美国三英里岛事故
	有害物质泄漏	有害物质泄漏,如 1989 年阿拉斯加的埃克森瓦尔德斯事故、2010 年的墨西哥湾石油泄漏事故

---

① 王有成,亚伯拉罕·匹赞姆.目的地市场营销与管理:理论与实践[M].张朝枝,郑艳芬,译.北京:中国旅游出版社,2014.

续表

类别	亚类	举例
健康危机	传染性疾病	在人群中迅速蔓延的感染性疾病,如 2020 年新型冠状病毒肺炎
	流行性疾病	通过人群跨区域传播的疾病,如霍乱和天花
	地方性疾病	频繁出现在特定地理区域的传染病,有空气传播疾病(如军团病)、水传疾病(如霍乱、伤寒、痢疾)、食物传染疾病(如诺沃克病毒、沙门氏菌病、肉毒中毒)等
冲突性事件危机	暴乱	1992 年洛杉矶种族暴乱
	战争	1973 年的赎罪日战争、2003 年的伊拉克战争
	革命和内战	1989 年东欧和中欧革命、1989—1992 年的阿富汗内战
	恐怖主义袭击事件	爆炸事件(如 1995 年 4 月俄克拉荷马城爆炸案、2001 年 9 月世界贸易中心的"9·11 恐怖袭击事件")、航空和船舶攻击(如 1985 年 10 月意大利邮轮"阿奇劳罗"事件)、化学/生物攻击(如 1995 年在东京的沙林事件和 2001 年在美国的炭疽事件)、基础设施攻击(如计算机网络)、暴力和犯罪(如 2004 年的里约热内卢、2010 年的墨西哥)

资料来源:王有成, 亚伯拉罕·匹赞姆.目的地市场营销与管理:理论与实践[M].张朝枝,郑艳芬,译.北京:中国旅游出版社,2014.

按照危机产生起源进行划分,可以分为外生危机、内生危机和关联性危机。外生危机是指由超出旅游组织控制能力范围的各种因素所导致的危机,危机来源主要包括自然灾害、社会灾难、意外事故、竞争因素等;内生危机是相对于外部危机而言的,主要指旅游组织日常经营中由经营管理不当、财务管理不当等主观因素导致的危机;关联性危机是内外危机相互波及所涉及的危害性事件或状态[①]。

(2)旅游目的地危机的演化与影响维度分类

按照危机演化速度,危机可划分为四种类型:一是龙卷风型危机,这类危机来得快去得也快,如人质挟持、空难、车祸等;二是腹泻型危机,这类危机酝酿时间长,但爆发后结束得快,如军事政变、朝圣踩踏等;三是长投影型危机,指爆发突然、后续影响深远、长时间不能平息的旅游目的地危机,如"非典"、恐怖袭击等;四是文火型危机,这类危机来得慢,去得也慢,如"巴以冲突"等[②]。

按照危机在市场上的表现划分,主要存在四种类型:周期性危机、常规性危机、突发性危机和旅游目的地经营性危机。对于周期性危机、常规性危机和旅游目的地经营性危机而言,由于它们可预知和可控的成分较多,因此对这些危机进行危机预警和危机管理时,常规性的行动较多。对于突发性危机来说,由于危机突发的时间、地点、强度和形式难以预料,因此对决策的紧迫性和应对行动的科学性要求更高。

---

① 李锋.目的地旅游危机管理:机制、评估与控制[M].北京:中国经济出版社, 2010.

② ROSENTHAL U, CHARLES M T, HART D T. Coping with crises: the management of disasters, riots, and terrorism [M].Springfield: Charles C Thomas Publisher Ltd., 1989.

按照危机持续时间的长度进行划分,可分为:一次性危机、反复性危机和持续性危机三种①。

按照危机影响范围进行划分,即依据旅游目的地危机所能波及的空间尺度层次,可将旅游目的地危机划分为旅游目的地尺度危机、区域尺度危机、国家尺度危机、国际尺度危机四大类型②。

10.2.2　旅游目的地危机的生命周期

旅游目的地危机作为一种行业危机,其发展演化的生命周期可以大致划分为 5 个阶段。

(1)潜伏期

旅游目的地危机的潜伏期也称警告期,是旅游目的地危机的酝酿与形成时期,即从第一个前兆出现到造成可感知的损失的阶段。潜伏期征兆通常不明显,具有一定隐蔽性,不易被发觉。但这个阶段有时会出现前期警告信号,如能及时监测和发现危机征兆,并及时采取行动,就能有效地避免或抑制旅游目的地危机的发生,极大地控制旅游目的地因危机造成的损失。

(2)爆发期

旅游目的地危机的爆发期是指危机由隐形转变为显性,并快速扩散,对旅游业和旅游目的地产生危害的时期。当危机潜伏到一定阶段、危害性孕育到一定程度,便会引起危机爆发。危机爆发猛烈,破坏作用巨大,会在极短的时间内给旅游组织和个人带来大规模地损害,并且这种损害还会迅速地加深、积累和扩散。

(3)持续演进期

旅游目的地危机的持续演进期是指危机仍在发展或危机仍在恶化,但其演进的速度已经放慢,危害程度逐渐达到顶峰的时期。这一阶段与爆发期相比,危机的危害程度继续加深,范围不断扩大,涉及面越来越广,对旅游组织的生存能力造成直接威胁,对旅游系统形成全面打击。

(4)消解减缓期

旅游目的地危机的消解减缓期是指危机的危害程度从顶峰转而下降,矛盾和冲突不断减弱,危害程度和影响范围不断减小,危机形势逐渐趋缓得以有效控制,旅游系统开始全面恢复的时期。

(5)消除复苏期

旅游目的地危机的消除复苏期是指引起危机的因素已经解除,旅游系统经过全面恢复,进入原有或正常状态的时期。

---

① 谷惠敏.旅游危机管理研究[M].天津:南开大学出版社,2007.
② 邹统钎.旅游目的地管理[M].北京:北京师范大学出版社,2012.

10.2.3　旅游目的地危机的影响

旅游目的地危机的影响是指危机事件对旅游目的地的各类旅游利益相关者所造成的各种后果。旅游目的地危机的影响是多方面的,主要包括以下方面:

(1)旅游目的地危机对旅游者的影响

旅游者是旅游活动的主体,对旅游目的地危机的反应最为敏感、最为直接。旅游目的地危机可能使旅游者受到身心伤害或者遭受财产的损失,同时也会影响旅游者对旅游目的地的旅游信心和旅游需求,导致旅游者改变旅游行为,如旅游者停止或推迟旅游活动、寻求替代性旅游等。但这种影响具有短期性和可逆性,在旅游目的地危机结束后会得到较快恢复,甚至会出现新的旅游机遇。

(2)旅游目的地危机对旅游企业的影响

旅游企业是旅游产品和旅游服务的提供者,当旅游需求在危机中受损,供给方也会在一定程度上受到影响,如出现业绩下降或营业终止、旅游设施和供给能力大量闲置、企业资金链断裂、旅游资源遭到破坏等问题,旅游企业会面临较大的经营困难甚至破产。当旅游目的地危机持续较长时间并且没有扶持政策时,旅游企业将面临生存危机甚至重新洗牌的可能。

(3)旅游目的地危机对旅游产业的影响

受旅游产业的关联性影响,旅游目的地危机不仅直接造成旅游市场的严重下滑,也会波及整个旅游产业链的各个环节,影响相关行业和产业的经济效益和社会效益,从而影响旅游产业在一个时期内的持续稳定和健康发展。

(4)旅游目的地危机对旅游目的地管理组织的影响

旅游目的地危机对旅游目的地管理组织的影响往往间接发生。旅游目的地发生危机事件会使旅游目的地形象或声誉受到负面影响,导致旅游吸引力和旅游人数下降、竞争力削弱,并在一定程度上影响经济、社会、生活等各个方面[1]。

10.3　旅游目的地危机管理

10.3.1　旅游目的地危机管理概述

1)定义

旅游目的地危机管理是旅游目的地的政府部门、旅游企业、旅游从业人员、公众(旅游者)等多个行为主体为避免和减轻危机事件给旅游业所带来的严重威胁和重大损失,恢复旅

---

① 徐虹,路科.旅游目的地管理[M].天津:南开大学出版社,2015.

游经营环境和消费信心,通过对旅游开发、经营过程中可能产生的风险因素采取监测、预警、控制、预防、应急处理、评估、恢复等措施,进行沟通、宣传、安全保障和市场研究等多个方面的工作,使旅游业得以持续健康稳定发展的科学管理方法和决策行为。

2)目的

尽可能地防止和规避危机,最大限度地降低危机带来的损害。旅游目的地危机难以预料,破坏力大,有效地对危机进行监测评估,对于可以避免的危机能起到良好的预警作用,对于已经发生的危机则应及时进行应急处理,减少可能的损害。

维持正常旅游秩序,恢复经营环境和消费信心。对可能到来的危机做好预案,当危机发生后能以最快速度处理,恢复市场秩序,稳定消费者情绪。

保障旅游者的正常旅游活动和利益,促进旅游目的地的和谐健康发展。旅游目的地危机管理的关键在于减轻旅游危机带来的负面影响,从而保护组织和人们免受损害,避免旅游目的地的平衡遭到破坏[①]。

3)功能

危机管理主要有 4 个重要功能:防备功能(Preparedness)、应急功能(Response)、缓解功能(Mitigation)和恢复功能(Recovery)。

防备功能:防备是为了减少灾害损失,加强救灾行动,使组织和个体能够及时反应。

应急功能:应急功能旨在提供紧急援助,降低伤害或损失的概率,并迅速恢复运营。

缓解功能:这一功能的作用可能体现在紧急事件或灾难发生前,其目的在于消除或减少危机发生的可能性,包括采取各种恰当的措施来推迟、消除或减弱危机的影响。相关的缓解策略包括:修订建筑法规;制定新的或修订土地利用管理条例,如洪水分区管制;发起公共教育项目,如海啸知识普及活动。

恢复功能:其目的在于帮助系统恢复到正常水平,策略包括损失评估、危机咨询、提供临时住房等。

10.3.2　旅游目的地危机管理理论基础

1)混沌理论

混沌理论是系统从有序突然转变为无序的一种演化理论,是对确定性系统中出现的内在"随机过程"形成的途径、机制的研讨,也即研究系统的非线性特征。非线性现象是自然界和社会领域都普遍存在的一种现象,在自然、社会、经济、文化等高度综合化的旅游业内外,各种非线性现象经交叉、混合、冲突、叠加等变得更加突出和复杂。旅游目的地危机事件也具有明显的非线性特征,着重探讨非线性系统随着时间而发展变化的过程,揭示这种变化的不确定性、不稳定性、不可预测性和复杂性,为旅游业的非线性现象提供了一个认识和解决

---

① 杨宏伟,党春艳,王瑾.旅游学概论[M].北京:中国传媒大学出版社,2015.

问题的途径。

混沌理论的核心概念有"蝴蝶效应"（Butterfly Effect）和面包师效应（Breadcr Effect），可以很好地解释旅游业的高度敏感性及连锁反应与危机的联系、探索旅游目的地危机的影响机理。"蝴蝶效应"假设初始条件的细微变化将导致终端事件的动态大变革，即初始的一个小错误，通过加强相互反馈的正向过程，将可能导致将来一个巨大的错误[①]。旅游系统主要在地理空间、时间空间、产业链空间这3个维度空间内运动[②]，旅游资源、旅游季节、旅游服务3个稳定吸引子共同支配着旅游客流在旅游系统中的稳定流动。但这种稳定只是相对稳定，在旅游系统的三维空间内部隐含着不稳定的特性，主要表现为旅游活动的空间异地性、季节性、综合性等，这也为危机的发生和蔓延埋下了不稳定的种子。这些不稳定特性除了导致旅游系统不断出现一般性波动现象外，还可能在外力的作用下导致大规模的起伏波动，进而导致旅游活动呈现出某些显著的混乱现象，这时旅游目的地危机就出现了[③]。

2) 风险感知理论

风险感知是指个体对外界存在的各种客观风险的感受和认识，并强调个体因直观判断和主观感受获得的经验对认知的影响。在面对突发危机事件风险时，无论是个人还是组织都存在非理性行为选择，严重影响了风险应对的有效性。风险感知理论通过对人们在面对突发事件下的风险感知与行为反应进行分析，指导对突发事件的管理策略构建和危机沟通，为旅游目的地突发事件下的系列管理问题提供理论依据。

风险感知经过具有社会放大效应的多种放大机制后通常会导致不良的后果，致使影响超过灾害本身的直接影响，因此风险感知理论侧重于对感知过程中不同维度的测量。对风险的心理测量主要是对风险根源的主观特征和主观感受的测量，它认为感知风险是可以定量化并可以预测的，且风险对每一个人都具有独特含义，因人而异[④]，即不同的旅游者对危机的判断不同。风险感知理论利用心理范式，建立灾害分类体系，可以了解和预测旅游目的地利益相关者面对风险时的反应，定量地判断多种不同灾害的当前风险、期望风险和风险的调节期望水平。对风险的概念认知主要是对风险根源的主观特征和主观感受的测量，它认为风险感知是一个动态变化的过程，每个人心中都存在几种不同的风险评估标准，而在人的深层认知结构和外部事件中也存在一系列的联系，其中心过程、外部观察产物、重要的思想与图像信息、周边环境等因素会对感知风险产生影响[⑤]，它是依据个体对旅游目的地突发事件的风险认知过程提出对风险的概念性社会认知的。

① 罗佳明.旅游管理导论［M］.上海：复旦大学出版社，2010.
② 邹统钎.旅游危机管理［M］.北京：北京大学出版社，2006.
③ 李峰.目的地旅游危机管理：机制、评估与控制［M］.北京：中国经济出版社，2010.
④ SLOVIC P.Perception of risk［J］.Science，1987，236（4799）：280-285.
⑤ FISCHOFF B，LICHTENSTEIN S，SLOVIC P，et al. Acceptable risk［M］. Cambridge：Cambridge University Press，1981.

3) 社会角色理论

社会角色是指简单社会关系两端位置上的由社会需要所规定的个人行为模式[①],是与社会地位、身份相一致的行为规范[②],包含角色权利、角色义务、角色冲突等角色内涵。角色权利是角色扮演者应有的权利和权益。角色义务意味着每种社会角色在享受一定权利和权益的同时需要承担一定的社会责任。角色冲突是指角色扮演者在角色扮演情境中在心理或行为上的不适应、不协调的状态,主要有角色间冲突和角色内冲突。在旅游目的地危机管理中涉及旅游危机的相关行为主体,只有了解旅游危机不同阶段主要行为主体的角色定位和角色冲突,才能保证危机管理机制持续高效运行。在旅游目的地危机管理中,政府、旅游经营者、旅游组织、旅游目的地公众为主体,旅游者和社会公众为客体,媒体为第三方角色,各社会角色应基于旅游危机管理行为主体的角色定位、角色冲突,为旅游危机管理机制的确定提供依据。

10.3.3　旅游目的地危机应对措施

1) 7R 模式

危机的发生有着一定的阶段性,危机管理需要分阶段、分步骤地进行。李峰(2008)借鉴不同学者的危机管理模式,结合旅游目的地危机管理自身特征,提出建立了"7R"的旅游目的地危机管理模式,即侦测(Reconnoitering)、缩减(Reduction)、准备(Readiness)、反应(Response)、恢复(Recovery)、重振(Rejuvenation)、提升(Raise)(见图 10-1)。相对于传统的旅游目的地危机管理模式来说,7R 模式将危机管理融入日常的旅游管理中,强调在旅游目的地危机中寻找发展和提升的机会,体现了旅游目的地危机管理的连续性和循环性。

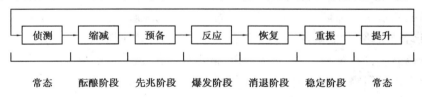

图 10-1　旅游目的地危机管理"7R"模式

资料来源:李峰.目的地旅游危机管理:机制、评估与控制[M].北京:中国经济出版社,2010.

①侦测:收集分析和传播信息是危机管理的首要任务和直接任务。旅游目的地危机管理是从危机信息的侦测开始的、信息管理贯穿整个危机管理的全过程。

②缩减:管理的重点和目的是提高危机意识、化解危机根源,尽量避免危机生成因素的恶化和危机的形成。

③预备:当危机已经形成,应做好应对危机的准备,成立危机管理小组,选取危机应急预

---

① 丁水木,张绪山.社会角色论[M].上海:上海社会科学院出版社,1992.
② 白以娟.旅游者角色的社会学阐释[J].商场现代化,2008,30:386-387.

案,加强信息沟通,强调纪律,明确责任和权力,保障危机应对工作的效率。

④反应:做好危机救援和危机沟通管理,依据管理过程中的信息反馈灵活执行危机应急预案。

⑤恢复:阻止危机的蔓延和遏制危机的发展,评估旅游目的地危机的影响和发展趋势,采取合理措施、恢复旅游业,适当营销,实现旅游目的地旅游正常化。

⑥重振:因旅游目的地旅游形象和旅游服务设施会受危机的影响,因此应着重开展旅游形象的修复和重振工作,振兴旅游目的地旅游业。

⑦提升:进行日常管理和危机管理的反思和总结,对危机影响的结果进行发散思维和逆向思维,从危机中寻求机遇,促进旅游业素质的提升。

以 7R 模式为基础,处理危机的应对措施也要根据不同阶段的特点采取不同的策略,具体应对措施应集中在 7 个方面:一是迅速反应,把握危机的最佳应对时机;二是查找危机根源,果断做出危机决策;三是实施危机隔离与救助;四是积极面对公众,争取外界援助;五是发挥政府职能,寻求权威支持;六是加强信息沟通,统一消息口径;七是收集舆论动态,及时调整应对策略①。

2) 危机营销

旅游目的地危机若处理得当也能成为旅游目的地发展的机遇,通过有效的动态营销及管理,旅游目的地可以将危机转化为发展的催化剂,重新取得危机前的地位,甚至可以获得进一步的提升。旅游目的地危机营销是指旅游营销主体(如政府、旅游企业等)面对可能发生或已经发生的危机,采取特殊的营销措施,最大限度地减少危机带来的损失和负面影响。

从旅游目的地政府视角出发,旅游目的地政府在危机营销中的策略有以下五点:

①在不同发展阶段,旅游目的地危机的影响范围、危害程度和公众反应都有所不同,因此在旅游目的地危机生命周期的不同阶段,旅游目的地政府应制定和实施有针对性的旅游目的地危机营销策略,并根据各策略的重要程度合理分配营销资源。

②市场调研和分析预测、公共关系营销、整合营销和绿色营销是旅游目的地政府在危机各阶段都应重视的策略。市场调研和分析预测是制定其他营销策略的前提;公共关系营销是为了获取有利的公众舆论,建立良好的公众形象;整合营销是通过对各种营销手段和因素的系统化结合,提高旅游目的地政府危机营销的效果;绿色营销是以保护环境为主要思想、力求满足绿色消费需求的营销观念。

③在旅游目的地危机潜伏期,旅游目的地政府的危机营销策略还应包括:以法律形式规范旅游目的地政府的危机营销、危机营销战略资源库的准备、危机预警、营销信息化。

④在旅游目的地危机爆发期,旅游目的地政府的危机营销策略还应包括:特殊情况下考虑适当程度的反营销,采用概念营销引导旅游者行为,针对危机爆发期实施新的营销组合。反营销策略是指利用某种营销技术劝导人们不要购买某种产品或做某件特殊的事情;概念营销能降低危机过渡期的损失,提升旅游者消费信心,力推安全、健康的旅游新概念,确立旅

---

① 李雪松. 旅游目的地管理[M].北京:中国旅游出版社,2017.

游目的地优势;针对危机爆发期旅游市场和营销环境的变化,实施新的旅游营销组合策略,如加强产品设计、定向折价促销、培养营销渠道等。

⑤在旅游目的地危机恢复期,旅游目的地政府的危机营销策略应包括:创造良好的营销外部环境;重塑旅游目的地形象,坚持旅游品牌营销;邀请媒体、旅行商、相关权威机构等对旅游目的地进行考察;针对危机恢复期实施新的营销组合;节事营销①。

从旅游企业层面考虑,危机营销应按照危机发生演变的时间序列进行分阶段管理:

①危机发生前,旅游企业须建立企业危机管理预警机制,建立企业危机营销的战略资源库,充分利用网络信息技术实施营销战略,分别对营销部门员工、旅游者进行培训。

②危机发生中,旅游企业应主动配合政府、媒体的工作,与公众建立及时有效的沟通,根据实际情况设计新的营销组合。

③危机发生后,旅游企业应树立危机意识,扩宽融资渠道,建立旅游企业多元化发展模式,加大企业宣传促销力度,加速旅游产品的开发与更新,以全新的面貌吸引旅游者②。

3)媒体管理

媒体主要是指大众传媒,如广播电视、报刊、电影、网络等。媒体是旅游目的地与旅游者之间的传递媒介,直接影响旅游者对旅游目的地的印象,潜在旅游者的出行决策也会受媒体的影响而发生变化。因此,在旅游目的地危机的应对措施中,媒体管理对恢复旅游目的地旅游形象十分重要。

(1)注重自媒体社交,形成口碑效应

自媒体时代信息传播的速度十分迅速,通过自媒体实现的人际传播也十分便捷。社交形成的信息传播范围有限,但可信度高、宣传费用低、针对性强,对潜在旅游者的想法具有重要影响,在很大程度上决定潜在旅游者的旅游行为。旅游目的地发生危机后,潜在旅游者受负面危机信息的影响,会对旅游目的地甚至整个旅游业产生负面印象。这时政府旅游管理部门和旅游企业需要真诚地处理危机、安抚游客,加强对旅游者和旅游目的地居民的宣传,修复完善服务设施,通过自媒体社交形成口碑效应。

(2)用广告重塑形象,借传播打造形象

广告能满足企业和公众对形象的需求与消费,是树立现代企业形象、打造旅游目的地品牌的重要途径之一。旅游目的地在遭受危机事件后,其自身形象必然会受损,而具有突出特色和针对性的广告可以增强旅游者的消费信心,恢复旅游目的地旅游形象。通过良好的广告对旅游目的地旅游产品及旅游文化进行挖掘和包装,可以恢复甚至创新旅游目的地形象。

(3)多种媒体资源综合运用,全方位传播

旅游业可以采取多种信息传递方式,运用多种媒体资源,全方位塑造旅游目的地形象,如影视旅游传播、名人效应传播、互联网传播等。影视旅游传播是通过影视形象将地区旅游

---

① 邵冬梅.我国目的地政府的旅游危机营销研究[D].成都:电子科技大学,2007.

② 苗维亚,田敏.论旅游危机突发事件应对的营销战略——基于企业层面的几点思考[J].经济体制改革,2007(6):178-180.

符号融入影视作品中,达到旅游产品营销的目的;名人效应传播就是旅游目的地利用大众对名人的崇拜模仿心理,聘请知名度高的名人代言旅游产品,以提高知名度;互联网络传播是利用其高速、高效的特点,加深与大众媒体的沟通合作,及时公布危机处理情况,有效防止负面危机信息的网络传播,将旅游目的地危机给旅游业造成的损失降到最小[①]。

【本章小结】

旅游安全是旅游业的生命线,是旅游业发展的基础和保障,是旅游目的地旅游发展的基本要素,由于会受旅游环境、旅游者行为和管理失误的影响,因此应着重掌握旅游目的地的安全预防和安全应对。

旅游目的地危机是指可能威胁到旅游目的地正常运营和旅游目的地社区正常生活,使旅游目的地旅游经济出现一定幅度波动震荡,使旅游者对旅游目的地信心产生消极影响,给旅游者的身心健康带来实际或潜在影响的突发性自然或人为事件。为尽可能地防止和规避危机,最大限度地减少危机带来的损害,旅游目的地危机管理应遵循旅游目的地危机的生命周期,采用7R模式、危机营销、媒体管理等措施来应对危机。

【关键术语】

旅游目的地安全;旅游目的地危机;旅游目的地危机生命周期;旅游目的地危机管理。

复习思考题

1.旅游目的地安全的表现形式有哪些?其有哪些影响因素?

2.如何进行旅游目的地的安全预防与安全应对?

3.什么是旅游目的地危机?旅游目的地危机具有哪些特点?

4.举例说明旅游目的地危机的类型及影响。

5.针对各种类型的旅游目的地危机各搜集一个案例,分析其发展演变规律。

【案例分析】

九寨沟旅游目的地危机管理

一、九寨沟景区现状

九寨沟是以自然风光为主的风景区,岩层结构以喀斯特地貌为主,植被类型丰富,其主

---

① 赵志磊.旅游危机管理研究[D].成都:四川师范大学,2012.

要灾害形式有森林火灾、泥石流、山体滑坡(崩塌)、洪水等。九寨沟存在其他旅游景区所共同面对的人为危机,例如经济危机导致的旅游市场萎缩,以及重大疫情等,都会给旅游业带来巨大的冲击。危机可能产生的影响有4种:一是对景区内人员(包括游客、景区居民、景区工作人员)的生命财产安全造成影响;二是对景区资源环境或旅游配套设施造成影响;三是对景区品牌形象造成影响;四是对景区经济效益造成影响。

二、九寨沟景区危机管理策略

为了科学应对危机,九寨沟提出了"防范、处理、善后"的三段式危机应对策略:

危机防范。该阶段管理的目的是有效防范危机的发生。百治不如一防,避免危机是最好的危机管理。九寨沟景区从强化危机意识、建立组织保障、制定危机预案、完善保险制度四个方面给出了应对措施。

危机处理。危机处理的目的就是有效减轻危机对景区造成的破坏,尽量减少人员伤亡和财产损失。在此阶段,九寨沟管理局拟采用的办法是:首先启动危机应急预案,根据预案成立危机应急指挥小组,迅速做到"相关人员、危机信息、处置措施"三到位;强化媒体协作,做到信息的及时、主动发布,主动引导正面舆论,以赢得公众的理解和支持。

危机善后。旅游景区危机发生后都应有一个恢复过程,在这个过程中及时对危机中被破坏的景区资源环境、旅游基础配套设施等进行修复,设计重建规划,让景区快速恢复正常运转。重塑景区形象,强化市场营销,转危为机,为景区发展提供新的机遇。同时总结经验教训,加强资源配置,优化组织结构,完善规章制度,提高危机管理水平。

2008—2010 年是九寨沟旅游市场的恢复阶段。应尽快将旅游市场恢复到灾前水平,增加景区的经济效益,依托九寨沟的核心竞争力,实现产品项目多元化,为九寨沟未来的发展奠定坚实的物质基础。

2011—2015 年是九寨沟灾后的发展阶段,前期产品项目的多元化,帮助实现经济增长持续化。在积极稳步提高景区经济效益的同时,九寨沟还积极寻求景区与环境、景区与社区、景区与区域、景区与产业的和谐联动发展模式,经济增长方式从传统的数量型经济转变为综合质量型经济,以实现九寨沟健康持续的发展。

2016—2020 年是九寨沟旅游的提升阶段,在此阶段九寨沟将围绕建设国际旅游目的地的要求,全面打造国际旅游品牌的新内涵,以此进入国际旅游目的地的产能发挥期,进一步增强在国际上的影响力。

目前,九寨沟景区旅游已基本恢复并超过了震前水平,2012 年总游客量达 363 万人次,创造历史新高。

三、九寨沟景区危机管理技术支撑

危机既是我们都不愿意看到的灾难,也是我们快速发展的机会。面对可能到来的压力,九寨沟管理局着眼大局,立足实际,在"数字九寨"基础之上,依托国家重大课题,创新景区管理理念,积极推进智慧景区建设,打造景区综合集成管理平台,进一步加快技术建设以服务于景区的保护、管理、运营。对九寨沟而言,建设智慧景区既是立足于解决九寨沟所面临的问题,更是满足建设现代旅游服务业要求,使运行管理有序、可控、安全、节能;景区服务简捷、高效、可靠、随身;处置突发事件快速、准确、协同、并行,达到"信息实时、功能联动、运作分工、控制集中"的总体要求,并最终为游客提供安全有序、优质高效的服务。

长期以来,九寨沟管理局牵头承担了一系列国家重大课题研究工作,如国家高技术发展计划的"863"课题"基于时空分流导航管理模型的RFID技术在生态景区与地震博物馆的应用",以重点解决景区票务与游客管理;国家科技支撑计划的"智能导航搜救终端景区应用示范"课题,重点解决了景区卫星定位精度、信号覆盖与应急搜救。以此为依托,利用地理信息(GIS)结合遥感(RS)、卫星定位(GPS、北斗)、视频监控与分析、RFID等技术,有效地整合和管理景区的各种信息资源,构建了面向景区特定业务的专项应用,如景区森林防火、生态监测、旅游服务调度、应急指挥、卫生防疫等。现已建成并投入使用的应用系统有景区游客时空分流管理系统、地质灾害监测系统、森林防火监测系统等。

2012年国庆长假,九寨沟景区游客量呈井喷式增长,最高日游客量达53 000余人次,这对景区环境、旅游配套基础设施等,造成很大的压力。据此,九寨沟管理局紧急启动了游客量突发性急增接待预案:使用LED大屏滚动播放入沟须知及护林防火宣传标语,建立微群指挥中心,利用"863"课题研究成果,结合基于人脸识别技术的游客流量视频分析系统,及时全面掌握景区内车辆、人流时空分布状况,统一安排,合理调度,圆满完成了各项工作任务,实现了无重大影响投诉、无重大安全事故、无刑事治安案件"三无"目标。

为了提高九寨沟景区旅游承载力,减小自然灾害和不可预见性事故,九寨沟管理局提出以云为框架,打造2个支撑平台,支撑3个核心业务,建立以6个主题数据库为主体的"1236"工程,并以此为核心,研发旅游景区危机管理体系,打造常态危机管理平台和旅游运营平台,落实九寨沟景区综合管理、营销管理和游客体验等,创建了具有危机意识和危机执行力的智慧九寨。

资料来源:中国网,2013-01-19.

问题:

1.九寨沟案例提及了哪些旅游目的地危机?分别属于哪类危机?对旅游业有哪些影响?

2.请说明九寨沟的旅游目的地危机管理侧重哪些方面,有哪些值得借鉴和改进的地方。

第 11 章
旅游目的地环境管理

【教学目标与要求】

理解：

- 旅游环境影响的特征
- 旅游环境管理的特点和对象
- 旅游环境管理的执行原则及途径

熟悉：

- 旅游环境管理的定义及内容
- 旅游环境质量评价的类型
- 旅游环境影响评价的内容与步骤

掌握：

- 旅游环境系统的概念及构成
- 旅游与环境的关系
- 旅游环境管理的执行手段

【知识架构】

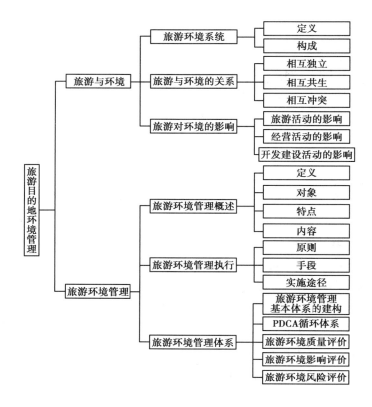

【导入案例】

定日县珠峰管理局发布公告保护珠峰生态

位于喜马拉雅山脉的世界最高峰珠穆朗玛峰,每年吸引不少登山发烧友朝圣,但同时亦带来了日益严重的垃圾问题。日前,日喀则市定日县珠峰管理局发布公告,禁止任何单位和个人进入珠穆朗玛峰国家级自然保护区绒布寺以上核心区域旅游,这意味着珠峰生态保护再度升级。

目前,珠峰国家级自然保护区已经制定了《珠穆朗玛峰国家级自然保护区垃圾(污水)管理制度》《珠穆朗玛峰国家级自然保护区登山管理制度》《珠穆朗玛峰国家级自然保护区行政审批制度》等10余个管理办法,初步探索了一套长效管理机制。

据了解,2018年以来,自治区组织清理珠峰保护区海拔5 200米以上的垃圾8.4吨。日喀则市定日县对珠峰大本营海拔5 200米以下区域内的垃圾进行了收集、清运和处置,大本营沿线配备了环卫工27人、垃圾箱63个、清运车4辆,投入资金360万元委托第三方公司负责运营,已收集转运垃圾约335吨。

日喀则市珠峰管理局副局长格桑表示:"保护珠峰是我们义不容辞的责任,我们将严守生态保护红线,全力保护好珠峰国家级自然保护区,进一步筑牢国家生态安全屏障。"

资料来源:西藏日报,2019-01-16.

11.1　旅游与环境

11.1.1　旅游环境系统

1)定义

环境是围绕某一中心事物而言的相对概念,环境的存在和划分是由中心事物及其外部世界决定的。旅游环境系统,不是单纯的自然环境系统,而是包含了社会、经济、自然环境在内的复合环境系统,该系统是围绕环境主体的游客建立起来的,具有多种组合并通过物质循环、能量流动和信息传递与主体产生相互联系的复杂系统。旅游环境系统可以划分成四维结构,包含时间特性、空间结构、功能结构和组分结构(见图 11-1)[①]。

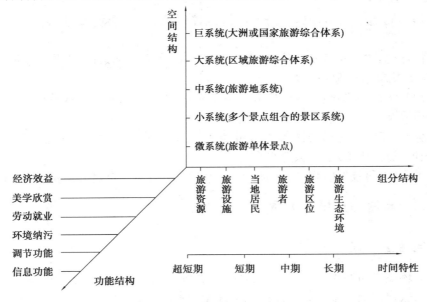

图 11-1　旅游环境系统的四维结构

2)构成

旅游环境系统是多要素组成的复合系统,常见的分类方式有以下三种:

(1)以游客为中心划分

①旅游自然生态环境:由旅游目的地和旅游目的地的大气、水体、土地、生物及地质地貌等组成的综合体,并不是直接的旅游吸引物,而是承载旅游活动或衬托旅游资源的自然背

---

①　崔凤军.论旅游环境承载力——持续发展旅游的判据之一[J].经济地理,1995(1):105-109.

景,是旅游业生存和发展的基础环境。

②旅游人文社会环境:由旅游目的地和旅游目的地的政治局势、社会治安情况、经济发展水平、卫生及健康状况、社区居民对外来游客的态度,以及配套的各项服务等组成的人文社会环境,是影响游客旅游目的地决策的重要因素。

③旅游资源环境:是指可供人们进行旅游活动的自然生态旅游资源和人文社会旅游资源。

④旅游气氛环境:是指由游客对自然生态旅游资源和人文社会旅游资源感受以及游客对周围人(旅游经营者、社区居民、同行其他游客)的感受所形成的气氛环境。

(2)按旅游资源的属性划分

①自然旅游资源环境:包括旅游目的地的自然旅游资源和自然生态环境,如大气环境、水环境、地质地貌环境和生物环境。

②人文旅游资源环境:包括旅游目的地的人文旅游资源和人文社会环境,如文物古迹环境、民族风情环境、旅游目的地政治环境、治安环境、接待服务环境等。

(3)按组成要素划分①

①地理环境:包括自然地理位置、经济地理区位、自然环境质量、自然资源供给及使用等。

②经济环境:包括经济发展阶段、行业发展水平、贸易平衡、外汇兑换、能源供应、居民收入、居民支出模式与消费结构等。

③政治和法律环境:包括政治形势和法律环境,是一个国家或地区发展旅游业的重要外部宏观环境要素。

④社会文化环境:包括居民态度、文化素养、人口结构、环境意识公众道德、传统意识、宗教民俗、民风民情、价值观念、教育水平等。

⑤技术环境:科技发展程度、意识,成果应用方式,政府及市民的创新意识、能力等。

11.1.2　旅游与环境的关系

1)相互独立

旅游与环境之间的相互独立关系,是指二者各自保持独立、平行发展,相互之间没有接触和干扰。这种情况在旅游业不发达或是开发初期较为常见,小规模的旅游活动对环境的影响几乎可以忽略。

2)相互共生

旅游发展与环境保护有着内在统一性。一方面,优美的环境是发展旅游业的基础;另一方面,通过对环境资源的合理开发利用,旅游发展能够为保护和改善环境提供物质基础,培养人们的环境保护意识,对环境保护起到促进作用。

---

① 崔凤军.区域旅游开发中的环境分析方法与案例研究[D].北京:北京大学, 1999.

3）相互冲突

旅游与环境之间的冲突实质上是缺乏可持续的开发利用和科学有效的管理。两者之间的冲突一方面表现为环境对旅游活动的制约，另一方面表现为旅游发展对环境的负面作用和消极影响[①]。如旅游会使环境质量下降或环境状况恶化，破坏自然生态平衡，对旅游目的地的人文社会环境造成不良影响。

11.1.3　旅游对环境的影响

旅游活动如果管理得当，会促进环境的保护；如果管理不善，会给旅游环境带来负面影响，最终破坏旅游业赖以生存和发展的基础。旅游对环境的影响主要来自旅游活动、经营活动和开发建设活动三方面。

1）积极影响

（1）旅游活动的影响

旅游活动为游客提供了一个亲近自然、获得美感体验的机会。伴随着旅游活动的开展，人们能够了解更多关于自然、生态和环境的知识，通过领略旅游目的地的秀丽风景、民俗风情等产生移情作用，从而提高环境保护意识，实现人与环境的和谐相处。如生态旅游、负责任旅游、绿色旅游等新型旅游活动方式都在倡导游客应提升生态道德素质，杜绝旅游不文明行为，与自然和谐相处，在保护自然环境的前提下获得良好的旅游体验。

（2）经营活动的影响

旅游业是一个劳动密集型、服务型的第三产业，旅游业能够有效地带动地方经济发展，创造大量的旅游就业机会，提高社区居民、特别是旅游经营者的收入水平和生活质量。因为旅游经营活动是以良好的环境为基础，因此旅游发展带来的多种效益能使旅游经营者充分认识到环境保护对发展旅游和提升地方经济的重要性，从而推动旅游经营者对经营和管理活动的重视，如根据资源特性有选择地开发不同的旅游体验产品，根据旅游环境质量和风险状况适时调整经营策略，并利用旅游经营活动的收益对环境问题进行及时预防和治理，保证旅游环境的可持续发展利用。

（3）开发建设活动的影响

首先，科学合理的开发建设有利于为资源环境保护募集资金，增加资源环境保护投入，加强资源环境保护。其次，旅游发展依赖于良好的资源与环境，因此会不断唤醒人们对资源的保护意识，旅游开发过程中也会遵循环境友好理念，承担旅游目的地环境责任。

2）消极影响

（1）旅游活动的影响

旅游活动的消极影响是指游客的游览活动对旅游目的地环境产生的毁损和破坏等影响。一方面，旅游活动的开展不可避免地会对环境造成影响，游客通常在无意间就会对环境

[①]　王湘.旅游环境学[M].北京：中国环境科学出版社，2001.

造成影响,如踩踏会造成土壤紧实,影响植物的生长。另一方面,游客的不文明旅游行为,如乱丢垃圾、随意吐痰、乱刻乱画、抛砸动物、攀枝折花、不尊重当地风俗等也会破坏旅游环境。旅游活动对环境的影响强度受使用数量、使用类型和行为方式、使用季节和环境条件的影响[1]。

（2）经营活动的影响

经营活动的消极影响主要指经营管理者因经营管理方法与策略不当对旅游目的地环境造成的影响,如未根据旅游目的地环境脆弱程度进行合理的分区或者设计相适应的产品、未根据目的地环境风险设立相应的防护设施与手段等。在旅游需求旺盛的背景下,没有良好运营管理的旅游目的地往往会在旅游高峰期发生过度拥挤和超容量接待现象。高度密集的人流量不仅降低了游客的体验质量,更会造成对景区资源、设施和环境的破坏。

（3）开发建设活动的影响

开发建设活动的负面影响主要是指旅游投资者、旅游经营管理者在旅游目的地的设施建设和项目开发等过程中,因缺乏系统全面的旅游规划,未恰当地考虑环境影响,而对环境造成不可逆的毁灭与破坏。不恰当的旅游开发建设活动会给自然环境中的地表形态、动植物群落、水体,甚至是区域内的生态系统都带来负面影响。旅游开发项目往往会占据大量的土地,旅游设施的建设使很多原来完整的生态系统被强制分割,形成岛屿化,或在经过人工改造后,自然生态结构受到破坏,生物群落的层次和数量下降,原本稳定多元的自然生态系统被单一脆弱的人工生态系统所代替,加剧了自然生态环境的退化。

3）旅游环境影响的特征[2]

旅游环境影响是一种综合性的影响,但在进行影响分析时,人们会将旅游环境的影响拆解为多个单一的环境影响或者称作一种环境影响,然后再分别和互相联系地进行研究,在这基础上再进行综合。一种环境影响具有以下八种特征:

第一,一种环境影响具有社会性,旅游环境的后果对不同人群或个体的影响程度存在差异,不同群体对旅游影响的态度、受益或受害程度均是不平衡的。

第二,一种环境影响可以是明显的、已经发生的,也可以是潜在的、可能发生的。在多数情况下,潜在的影响往往比明显的影响更加严重。

第三,在一种环境影响因素作用下,环境因子的变化具有空间分布的特征。例如,距离污染源远近不同的地方受到的影响程度存在差异。

第四,一种环境影响是随时间变化的,这种影响所产生的变化可以是长期的或短期的。一方面在不同时期旅游对环境有不同的影响;另一方面随着时间的推移,影响的强度和性质也会发生变化。

第五,一种环境影响因素引起环境因子变化的可能性和大小是随机的,具有一定概率分布的特征。

第六,一种环境影响有可逆和不可逆。一般来说,所谓可逆和不可逆影响是相对的;可逆影响是可以恢复的,不可逆影响是不可恢复的。可逆影响如施工噪声,当施工结束时,该

---

① 巩劼,陆林.旅游环境影响研究进展与启示[J].自然资源学报,2007,22(4):545-556.
② 颜文洪,张朝枝.旅游环境学[M].北京:科学出版社,2005.

影响便会随之结束,而不可逆影响主要是作用于不可再生资源的。

第七,各种影响之间是相互联系的,可以转化的。例如,排放燃煤废气会造成大气中 SO_2 和 TSP(总悬浮微粒)浓度的增加,而 SO_2 和 TSP 在一起又会产生协同作用,加大污染的危害。

第八,原发性(初级)环境影响往往会产生继发性(次级)影响。原发性(初级)影响是开发行动的直接结果,继发性(次级)影响是由原发性影响诱发的影响。继发性影响应与原发性影响应受到同等的重视。

11.2　旅游环境管理

11.2.1　旅游环境管理概述

1)定义

旅游环境管理,是指运用法律、经济、行政、科技、教育等手段,对一切可能损害旅游环境的行为和活动施加影响,协调旅游发展与环境保护之间的关系,使旅游发展既能满足游客的需求,又能保护旅游资源,实现经济效益、社会效益和环境效益的有机统一[①]。

2)对象

旅游环境管理的研究对象包括人、物、资金、信息和时空 5 个方面[②]。

人:管理过程是人与人之间发生复杂作用的过程,人是旅游环境管理的主体,同时也是旅游环境管理的主要对象和核心,包括游客、社区居民、旅游开发者、旅游经营者和政府管理者等利益相关者。

物:旅游环境管理可以认为是为实现预定环境目标而组织和使用各种物质资源、合理开发利用旅游资源的全过程,因此物质资源也是旅游环境管理的对象之一。

资金:是管理系统赖以实现其目标的重要基础。从社会经济角度出发,旅游为社会创造了就业机会,增加了经济总量,其所创造的资金又可以为保护环境提供支持。

信息:指能够反映管理内容、传递和加工处理的文字、数据或符号,如报表、报告和数据等。管理中的物质流、能量流,都要通过信息来反映和控制,只有通过信息的不断交换和传递,把各个要素有机结合起来,才能实现科学的管理。

时空:按照一定的时序来管理和分配各种管理要素是旅游环境管理中的一个重要问题,同一管理活动处在不同的时空区域,就会发生不同的管理效果,因此需要因地制宜地进行科学的管理。

---

①　林越英.旅游环境保护概论[M].北京:旅游教育出版社,2001.
②　杨美霞.旅游环境管理[M].长沙:湖南大学出版社,2007.

3) 特点

（1）综合性

旅游业是一个综合性产业，旅游环境不仅涉及自然生态环境，还包括了人文社会旅游环境。旅游环境管理的领域涉及一个国家或地区的旅游、交通、文化、宗教、城建、环保、工商、水利等多个方面，是一项包含多要素的系统工程，具有高度的综合性。

（2）区域性

旅游环境会受旅游目的地的地理位置、气候条件、人口密度、交通条件、经济发展、工业布局、环境质量标准、社会文明程度、旅游资源及开发程度等多方面的影响和制约，所以，旅游环境管理具有明显的区域性，必须根据区域环境的特征，因地制宜采取不同的管理措施。

（3）广泛性

环境问题需要公众的普遍参与，旅游环境的管理需要游客、居民、旅游企业、环保部门等多个利益相关者之间的广泛配合，因此旅游环境管理又具有相当的广泛性。只有拥有了广泛的群众基础和居民参与度，环境管理才能得到全面深入的落实。

（4）长期性

旅游目的地的环境管理贯穿整个旅游开发与经营过程。在开发前期就要将对环境的调研纳入环境管理范畴中，旅游活动开展后要进行长期的跟踪管理，确保旅游资源利用与旅游环境保护的和谐发展。

4) 内容

（1）旅游环境规划管理

旅游环境规划管理是优化利用旅游区环境资源的前提条件，是指通过制定旅游环境规划，使之成为经济社会发展规划的有机组成部分，然后利用规划指导具体的环境保护工作，并根据实际情况不断地调整环境规划。

（2）旅游环境质量管理

旅游环境质量管理是旅游环境管理的核心和根本目标。旅游环境质量管理是为了保持开展适宜的旅游活动所必需的环境质量而进行的各项管理工作，包括建立指标体系、监控体系，组织调查、报告旅游环境质量状况和预测变化趋势，研究确定环境质量管理的重点领域和管理程序等。

（3）旅游环境技术管理

旅游环境技术管理工作主要是指通过科学技术防治旅游环境污染，包括制定旅游环境质量标准和旅游污染源排放标准、研制应用于旅游污染防治的技术、制定防治旅游环境污染和破坏的保护政策等。

（4）旅游环境监督管理

旅游环境的监督管理是指运用法律、行政、技术等手段，根据国家或地区环境保护的法律法规、标准、规划的要求，对旅游景区的环境保护工作进行监督，以保证各项活动符合规范,落实旅游环境管理的目标。

11.2.2　旅游环境管理执行

1)原则

(1)旅游发展与环境保护协调发展的原则

旅游发展与环境保护必须同步规划、同步实施、同步发展,以实现经济效益、社会效益和环境效益的统一。在旅游开发中要做到保护与开发建设兼顾,以保护优先;生态效益和经济效益兼顾,以生态效益优先;长远利益与当前利益兼顾,以长远利益优先;全局利益与局部利益兼顾,以全局利益优先的协调发展原则。

(2)预防为主,防治结合,综合治理的原则

旅游环境一旦遭到破坏,要使其恢复到原来的状态是非常困难的,有些不可再生的旅游资源甚至可能会消失。因此,环境管理的重点应以预防为主,做到防患于未然,采取各种预防性手段和措施,防止环境问题的产生和恶化。同时,对已形成的环境污染和破坏要进行积极治理,采取一切可能的措施,减轻旅游资源开发对环境的破坏,防治结合才能取得良好的环境管理效果。

(3)全面规划,合理布局的原则

全面规划、合理布局的原则是指在旅游目的地的经济和社会发展中,要对工业、农业、城市、乡村、生产和生活的各个方面进行综合考虑,把旅游环境保护作为其中的组成部分进行统筹安排,从经济、生态、社会等多角度进行规划和布局,以实现旅游目的地的经济、社会和环境的协调发展。

(4)谁开发谁保护,谁污染谁治理的原则

谁开发谁保护,谁污染谁治理的原则,是在责任归属上所采用的一种最基本的原则。在开发过程中对旅游环境和资源造成污染或破坏的主体,有义务对环境进行保护和治理。要建立起严格的奖惩制度,谁保护奖励谁,谁污染谁付费,将环境保护和个人自身经济利益紧密结合,使资源环境的使用者牢记环境保护的理念,承担保护环境的义务。

2)手段

(1)法律手段

法律手段是指涉及旅游资源及环境保护的有关法律、法规等,是利用法律途径对旅游环境进行保护,约束旅游开发者和游客的行为。其包括调整人们在旅游资源开发、利用、管理和保护过程中所发生的各种社会关系的法律规范,以及风景名胜区、文物古迹保护、自然保护区等方面的法律、法规、法令、条例和章程等。法律手段的基本特点是权威性、强制性、规范性和综合性,基本要求是有法必依、执法必严和违法必究,是环境管理的强制性措施。

(2)经济手段

经济手段是指一系列主要以资金的运作来影响被调控对象的行为,并且达到保护旅游环境目标的若干措施,如价格、工资、利润借贷、利息税收、奖金罚款等经济杠杆和价值工具。

经济手段的核心在于通过物质性利益处理各种经济关系,将企业的局部利益同社会的整体利益有机地结合起来,制止损害环境的活动,调动保护环境的积极性。

(3)规划手段

旅游规划是旅游业发展的长远、全面的计划,规划手段包括制定合理的目标和制定实现目标的行动顺序和步骤。旅游规划是城市或旅游区发展旅游业的纲领性文件,也是发展旅游业的宏观指导方针和战略推进的依据。

(4)行政和政策手段

行政和政策手段,是指各级政府及有关主管部门为达到保护旅游环境的目的而制定的行为规范和准则,是依靠行政组织,运用行政力量,按照行政方式来管理旅游环境的手段。

(5)宣传教育手段

开展环境教育和保护宣传活动,提高人们环境意识,使公众了解环境问题的严重性,激发人们关心和保护环境的自觉性、紧迫感和责任感。宣传教育手段包含环境宣传和环境教育两个方面,宣传是手段,教育是目的,两者相辅相成,紧密结合。

(6)科技手段

科技手段主要包括数学手段、物理手段、化学手段、生物手段和工程手段,人们可以利用和发挥它们的单独优势,又可以组合各自的优势提高效率,达到保护旅游环境的目的。

3)实施途径

(1)加强旅游环境政策及法律法规的制定、监督和执行

强化旅游环境管理的执行必须从旅游环境立法入手,健全完善、切实可行的法律法规才能使旅游环境管理有章可循。同时若无有效的监督管理和执行,法律法规最后等于一纸空文。因此,旅游环境管理主体必须按照旅游环境法律、法规进行监督和执行管理,真正做到有法可依、有法必依、执法必严、违法必究。

(2)建立统一领导下的分工协作的旅游环境管理体制

旅游环境的管理需要多部门、多组织和多个体之间的协作。只有在相应一级政府的统一领导下,各部门、各单位合理分工、密切协作,才能强化旅游环境管理的组织保证。如加强环境监测工作各部门之间的相互配合和协作,定期进行环境质量监测,建立各功能区环境质量档案,对出现环境问题及时发现、及时处理。

(3)重视旅游环境规划管理

在开发前进行旅游环境规划是避免旅游开发对环境产生的负面影响、加强其产生正面影响的最佳办法,制定旅游环境规划是执行旅游环境管理、实现旅游业可持续发展的重要途径。旅游环境规划管理是在旅游环境质量评估和环境效应评估的基础上完成的,旨在保障旅游资源与环境得到合理可持续地利用,避免环境污染。

(4)开展宣教活动,增强公众环境保护意识

旅游环境管理的执行需要有公众广泛的理解和支持,开展全民环保意识的宣传和教育活动,加强生态伦理建设,提高全民生态伦理道德水平,使游客将环境保护的社会要求转化

为个人生态伦理的要求和个人自觉的行为,这将有利于旅游环境管理工作的顺利开展。

11.2.3　旅游环境管理体系

1) 旅游环境管理基本体系的建构

旅游环境管理基本体系的建立从时间上可分为前期管理、中期管理和后期管理 3 个阶段,每个阶段都有不同的管理重点[1]。

（1）前期管理

前期管理是指对当地旅游环境进行调查与分析,包括旅游资源调查和旅游环境承载力测算,这些基础调查有利于对旅游目的地的资源做出全面而系统的评价,从而选择合理的开发模式。

①资源调查:对自然环境资源和社会经济环境资源进行调查,真实地描述该地区的自然环境和社会环境现状,并编写调查报告。

②景区环境承载力测算:以资源调查报告为基础,测算旅游目的地在不同时空下的旅游承载力,为中后期管理提供保障。

（2）中期管理

中期管理阶段的旅游开发会有大量的建设工程,也是对环境影响最为明显的阶段,管理内容包括旅游环境质量评价、旅游环境影响分析以及旅游环境影响监控。

①旅游环境质量评价:从时间的尺度,对开发过程中的旅游目的地环境质量变化进行评价,为整个中期旅游目的地环境管理提供数据支持。

②旅游环境影响分析:以旅游环境质量评价为基础,研究旅游活动对旅游目的地环境的影响,为旅游目的地环境管理提供针对性的目标。

③旅游环境影响监控:在环境质量评价和环境影响分析之后,针对旅游开发中可能会引发环境问题的活动进行调整,再对改善后的环境进行新一轮的环境质量评价,最终形成一套旅游开发环境影响监控机制。

（3）后期管理

旅游环境的后期管理是整个旅游目的地环境管理的核心部分,包括旅游目的地的环境维护、旅游环境信息系统动态监控以及建立旅游环境预警系统。

①环境维护:对水、大气、噪声、固体废弃物的管理以及对动植物的保护,维护现有旅游目的地的环境质量。

②旅游环境信息系统动态监控:通过 GIS 等新技术,构建旅游环境信息系统,做到对整个旅游目的地环境质量的动态监控。

③旅游环境预警系统:形成一套以旅游环境承载力为主要理论依据的旅游环境预警系统,依照既定的管理和修复措施,对旅游环境进行维护,确保在最短时间内发现问题并进行环境修复。

---

① 高峻,刘世栋.可持续旅游与环境管理[J].生态经济,2007(10):114-117.

2）PDCA 循环体系

PDCA 循环体系由美国质量管理专家戴明博士提出。PDCA 循环体系包括 4 个阶段、8 个步骤（见图 11-2），是循环进行质量管理的科学程序。旅游环境管理 PDCA 循环体系是指旅游区以环境管理标准为依据，参照相应的环境标准，依据质量管理 PDCA 循环模式，建立起来的针对旅游区环境的管理体系①。

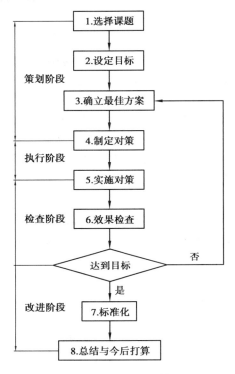

图 11-2　PDCA 循环体系

资料来源：李瑞丹.创新过程 PDCA 循环运用初探［J］.标准科学，2009（5）：71-73.

在策划阶段，旅游环境管理首先要通过最高管理者的决策，才能开展旅游环境的基础性研究，才能对旅游目的地的环境问题、环境影响、环境行为以及有关管理活动进行综合分析，并在此基础上确立环境方针、环境目标和环境管理方案。

在执行阶段，需要确定环境管理组织机构，落实职责和权限，进行全员培训，共同提高环境管理意识；同时结合组织性质和特点将管理标准具体化为组织的环境管理体系文件，实施日常监控与文件管理，做好运行控制与应急准备。

在检查阶段，环境管理体系检查是指客观地获取检查证据并予以评价，判断一个组织的环境管理体系是否符合该组织所规定的审核标准，审核步骤主要包括内部审核、管理评审和第三方审核。

---

① 高峻，刘世栋.可持续旅游与环境管理：理论·案例［M］.天津：南开大学出版社，2009.

在改进阶段,旅游区建立了环境管理体系后,仍需不断地调整改进,旅游区要在分析现状的基础上确定持续改进的方向,并找出改进的内容,采取有效的预防和纠正措施,实现环境管理体系的持续改进,以减少和防止负面影响的发生。

3) 旅游环境质量评价

（1）定义

旅游环境质量评价是对旅游发展需要与环境系统状态之间存在的客观关系进行评定,即从旅游开发经营和旅游活动的需要出发,运用相应的数理方法,对旅游目的地环境系统状态的价值进行科学的评定[1]。旅游环境质量是表征和判定旅游环境系统优劣的重要因素,有利于及时评估环境状况,调整旅游活动,使环境质量在人为调控下朝着更加有利于旅游发展需要的方向变化。

（2）评价类型

按照时间因素,可将旅游环境质量评价的类型分为以下三类[2]:

①旅游环境质量回顾评价:根据历史资料对旅游区过去某一历史时期的环境质量进行的回顾性评价,揭示出旅游目的地环境污染的发展变化过程,推测今后的变化趋势。

②旅游环境质量现状评价:根据近一两年环境监测、调查资料,对旅游目的地内环境质量的变化及现状进行评定。它可以近似地反映环境质量现状,探索形成环境质量现状的原因,为该区域环境污染的综合防治和制定旅游环境规划等提供科学依据。

③旅游环境影响评价:这类评价是对旅游区拟议的开发行动方案或规划所产生的环境影响进行识别、预测和评价,并在评价基础上提出合理消减和避免负面环境影响的对策,它的评价结论是环境管理决策的重要依据。

按评价基本内容,其类型还可分为以下四类:

①旅游景观环境质量评估:对作为旅游对象的景观要素本身的美学价值、历史意义和科学价值等进行考察。

②旅游自然生态环境质量评估:对自然生态环境要素进行质量评估。

③旅游社会文化环境质量评估:对游客所接触的社会、经济及文化状况进行评估,如旅游目的地的政策、物资供应、社会治安、居民对游客的态度等。

④旅游专业设施质量评估:对主要为游客提供服务的设施质量进行评估,如酒店、旅游交通以及购物和娱乐设施的卫生环境质量以及服务质量等。

（3）评价程序

旅游环境质量评价的程序包括以下六部分[3]:

①确定评价对象、评价目的和评价精度。首先要确定选取的环境评价对象,评价范围、目的不同,对评价的精度要求就不同。

②收集、整理、分析监测数据和调查资料。

① 王湘.论旅游地的旅游环境质量评价[J].北京联合大学学报, 2001,15(2):35-38.
② 杨美霞.旅游环境管理[M].长沙:湖南大学出版社, 2007.
③ 杜炜.关于旅游对环境影响问题的思考[J].旅游学刊, 1994(3):49-52,63.

③根据评价目的确定环境质量评价的要素及评价参数的选择。

④建立评价的数学模型,制定环境质量系数或指数。

⑤利用选择或制定的评价方法,对环境质量进行等级或类型划分,以及绘制环境质量图。

⑥提出环境质量评价的结论。环境质量的优劣通常是根据人们的某种要求而评定的,由于各种要求的出发点和目标不同,对同一环境的质量优劣评定结果也往往不同。

4）旅游环境影响评价

（1）定义及评价内容

旅游环境影响评价是对地区旅游开发行为（建设项目）及发展政策对当地环境的影响评价[①]。它能够有效地预测和及时消除旅游活动对环境的消极影响,为旅游规划和管理提供依据。

环境影响评价的内容包括[②]:

①说明旅游项目的建设意图和法律依据。

②说明拟开发旅游项目所在地的环境条件。

③提出对自然生态和人文社会环境的影响。

④预测旅游项目开发后对环境产生的不利影响。

⑤综合分析旅游项目对环境有利的和不利的影响。

⑥提出相应的监测、防范、治理、补救措施和办法。

（2）评价阶段及程序

环境影响评价工作大体分为3个阶段[③]:第一阶段为准备阶段,主要工作为研究有关文件,进行初步的工作分析和环境现状调查,筛选重点评价项目,确定各单项环境影响评价的工作等级,编制评价工作大纲;第二阶段为正式阶段,主要工作为工程分析和环境状况调查,并预测和评价环境影响;第三阶段为报告书编制阶段,主要工作为汇总、分析第二阶段工作所得数据,同时编制环境影响报告书。

旅游环境影响评价的程序包括以下6个部分[④]:

第一,确定评价范围。

第二,选择评价要素和参数。

第三,确定评价标准。

第四,环境现状监测、分析与评估。

第五,预测对自然生态环境和人文社会环境的影响。

第六,编制环境影响报告书并制定防止环境污染的对策,为项目设计和管理部门提供决策依据。

① 崔凤军.风景旅游区的保护与管理[M].北京:中国旅游出版社,2001.

② 林越英.旅游环境保护概论[M].北京:旅游教育出版社,2001.

③ 李洪波.旅游景区管理[M].北京:中国科学技术出版社,2009.

④ 张光生.旅游环境学[M].北京:中国科学技术出版社,2009.

5）旅游环境风险评价

（1）旅游环境风险[①]

环境风险是指由自发的自然原因和人类活动引起的，通过环境介质传播，能对人类社会及自然环境产生破坏、损害乃至毁灭性作用等不幸事件发生的概率及其后果。

环境风险系统由以下四部分组成：

①风险源——指可能产生危害的源头。

②初级控制——指人为地对风险源的控制与维护管理。

③二级控制——指对传播风险的自然条件的控制。

④目标——指敏感受体如人、敏感的物种和环境区域。

环境风险评价，广义上是指对人类的各种开发行为所引发的或面临的危害（包括自然灾害）对人体健康、社会经济发展、生态系统等造成风险后可能带来的损失进行评估，并据此进行管理和决策。狭义上常指对有毒化学物质危害人体健康的程度进行概率估计，并提出减小环境风险的方案和对策。

（2）评价的分类

根据评价对象的不同，环境风险评价可分为自然灾害的风险评价、有毒有害化学品的风险评价和生产过程与建设项目的风险评价。

自然灾害的风险评价是对地震、火山、洪水、台风等自然灾害的发生及其带来的化学性与物理性风险进行评价。

有毒有害化学品的风险评价是对某种化学物品从生产、运输、消耗到最终进入环境乃至进入环境后，对人体健康、生态系统造成危害的可能性及其后果进行评价。

生产过程与建设项目的风险评价是对一个生产过程或建设项目本身的危害事件发生的概率及其危害后果进行评价。

（3）评价的范围[②]

风险评价涉及面很广，从范围上来看，包括受项目风险事件影响的所有范围；从时间跨度上来看，应覆盖规划设计、原料运输、施工、调试运行和日常维护，以及服务期满后可能出现的风险；从风险影响的对象来看，除了环境中的空气、水分，以及周围的建筑及设施等物质对象，还应包括不同的人群，特别是敏感人群。

（4）评价的层次

拟议开发的行动或项目就其风险影响的范围和程度可以从 3 个层次进行评价：

①受影响区域的社会经济层次，即全面评估该拟议项目的重大风险给社会经济带来的影响。

②拟议行动或开发项目及与之有关联的周围环境条件层次，即按"环境风险系统"的概念，对风险源、初级控制条件、二级控制条件以及目标进行评价。

①　颜文洪，张朝枝.旅游环境学[M].北京:科学出版社，2005.

②　同①。

③从行动或项目的具体问题出发,评价其风险的重大性和可接受性。

(5)环境风险评价的步骤

环境风险评价包括3个紧密相联的基本步骤,即环境风险识别、环境风险预计、环境风险评价与对策。

①环境风险识别:根据因果分析的原则,识别环境系统中会给人类社会、生态系统带来风险的因素。风险影响识别首先要进行项目筛选,其次对筛选出的项目进行识别并评价出重大风险因素,分析引起这些风险的主要原因和传播途径。

②环境风险预计:是指预测和度量环境风险的发生概率以及评估事件的后果。环境风险发生概率的度量可以依据历史上和现实同类事件的调查统计资料确定,或是向专家(包括评价人员)咨询,采用德尔菲法,估计事件的发生概率(用极少、偶尔、有时、经常和反复出现表示)。事件的后果包括预测给定事件影响的范围、评估严重程度(用灾难性、严重、有限、较小、可忽略等表示)、预测对人群健康和安全的影响以及预测对生态系统的破坏。

③环境风险评价与对策:根据风险识别、预计的结果,结合风险事件承受者的承受能力,确定风险是否可以接受,并提出减小风险的措施与对策。

【本章小结】

旅游环境系统是围绕环境主体的游客建立起来的,具有多种组合并通过物质循环、能量流动和信息传递与主体产生相互联系的复杂系统。旅游与环境之间存在相互独立、相互共生和相互冲突三种关系。旅游对环境的影响可以从旅游活动的影响、经营活动的影响和开发建设活动的影响三方面进行评价。

旅游环境管理涉及人、物、资金、信息和时空多个管理对象,其主要内容包括规划管理、质量管理、技术管理和监督管理四方面。旅游环境管理的执行手段包括:法律、经济、规划、行政和政策、宣传教育和科技六种手段。旅游环境管理基本体系内容主要包括旅游环境质量评价、旅游环境影响评价、旅游环境风险评价三方面。

【关键术语】

旅游环境系统;旅游环境管理。

复习思考题
1.简述旅游与环境的关系。
2.试阐述旅游对环境的影响。
3.简述旅游环境管理执行的手段。
4.简述旅游环境管理基本体系的建构过程。
5.怎样才能让旅游与环境长期保持相互共生的关系?

【案例分析】

旅游资源屡遭破坏 中国景区环境质量下降问题突出

近年来,我国旅游资源遭破坏、旅游区环境质量下降等问题日益突出。这不仅给景区带来负效应,还阻碍了旅游业持续发展。

我国旅游资源保护存在的主要问题有以下几点:立法滞后和不完善,缺乏专门的旅游资源保护法;已有法律法规存在交叉重叠,可操作性和技术性较差,条块分割和多头管理,导致权限不清、责任不明晰;处罚力度不够。

2018 年 8 月,一个越野车队碾轧内蒙古锡林郭勒草原的网络视频引起舆论一片哗然。从视频内容来看,越野车在草原上快速转弯,所经之处,泥草飞溅。草地被碾出多条沟槽,植被遭严重破坏。8 月 10 日,北京洪坦汽车订制改装中心总经理李彬就此事录制道歉视频,对视频中涉及员工邵某予以开除,并称今后每年将在多伦县义务植树 10 亩以上。与邵某同行的 4 名越野车司机,迫于舆论压力,主动归案,接受罚款并公开道歉。

同月,一则游客破坏丹霞地貌的炫耀视频引起关注。视频中共有 4 名游客,一边踢踩一边说:"不是说踩一脚需 60 年恢复,我们不知道踩了多少脚。"在舆论压力下,4 人最后主动向公安机关自首。

资料来源:法制日报,2019-08-28.

问题:旅游对环境产生了哪些影响? 面对破坏环境的行为,舆论会产生哪些影响? 我们该怎么做?

第 12 章
旅游目的地发展演化

【教学目标与要求】

理解：

- 旅游目的地演化的基本概念
- 旅游目的地演化的内涵

熟悉：

- 旅游目的地发展演化的基本理论
- 旅游目的地空间演化特征
- 旅游目的地阶段演化特征

掌握：

- 旅游目的地发展演变的主要解释模型
- 旅游目的地发展的驱动与阻力因素
- 旅游目的地发展演变的 RICI 模型

【知识架构】

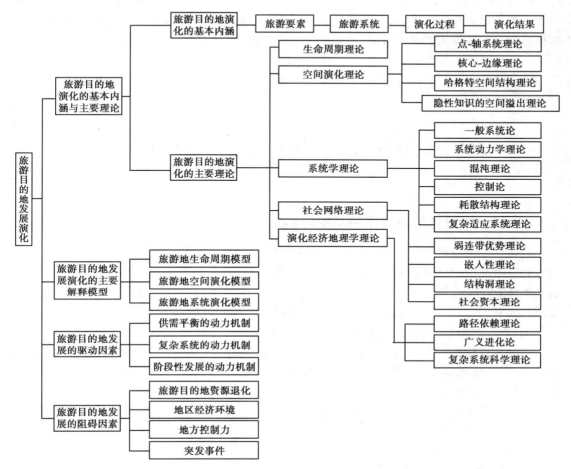

【导入案例】

聚焦张家界旅游目的地演化:从无到有的旅游发展历程

张家界因旅游建市,以旅游兴市。自 1988 年建市以来,坚持把旅游作为支柱产业,打响品牌、打造精品,先后获得中国首批世界自然遗产、全球首批世界地质公园、世界"张家界地貌"命名地、中国第一个国家森林公园、中国首批 AAAAA 级风景名胜区、全国文明风景名胜区等 6 张"烫金名片",实现了从养在深闺到享誉中外的跨越。30 年来,年接待旅游人数从建市之初的 54.7 万人次增加到 2017 年的 7 335.8 万人次,增长了 130 多倍;年旅游总收入从2 491 万元增加到 623.8 亿元,翻了约 25 倍。目前,张家界已基本形成以铁路、公路、航空为主的立体交通体系。能源、电信、旅游接待等方面的基础设施已基本完善配套。武陵源风景区无论是自然风光还是管理水平都已跻身一流水平。

资料来源:湖南日报,2018-06-29.

　　张家界的旅游发展变化,是我国旅游目的地演化的生动缩影。那么,究竟什么是旅游目的地演化,旅游目的地演化涉及哪些基本内容,本章将梳理旅游目的地演化的基本概念、基础理论及其发展影响因素,进一步回应上述问题。通过旅游目的地演化的学习,可以理解并掌握旅游目的地发展的某种规律,更加科学地指导和促进地方旅游的可持续发展。

12.1　旅游目的地演化的基本内涵与主要理论

12.1.1　旅游目的地演化的基本内涵

　　演化在不同学科领域有不同的释义。演化源于生物学的"Evolution"一词,又称"进化",指生物在不同世代之间具有差异的现象,以及解释这些现象的各种理论。在哲学领域,演化是名词,侧重于"发展",与其生物学含义相似。在经济学领域,演化被理解为一个从适应环境到自我发展、自我改造、震荡后自我组织的过程,在很长的一段时期内会有序地继承事件①,且这个过程是不可逆的②;也可以理解为事物前进性变化的结果③。

　　从时间视角看,旅游目的地演化指旅游目的地发展遵循着一个"从发现到增长再到衰退"的相对一致的演化过程④。旅游目的地可被视为一个生命体,其发展具有阶段性特征,并且驱使旅游目的地从一个阶段走向下一个阶段的动力都是不同的⑤。

　　从空间视角看,旅游目的地演化是指其旅游要素的空间形态、空间结构、空间网络的形成、变化、更新及其相互作用的过程。

　　从时空演变视角看,在国内,旅游目的地演化是指旅游目的地处在不断的变化和发展之中,其旅游系统内部构成要素及要素结构的交替演变促使旅游目的地系统随时间和空间变化而发生渐变或质变⑥,这种变化通过旅游目的地游客数量、游客增长率、旅游业态、空间建设等多方面的变化来表现。

　　因此,旅游目的地演化是指在特定空间范围内,旅游各个要素或整体随时间发展变化的过程以及结果。

　　① 颜银根,安虎森.演化经济地理:经济学与地理学之间的第二座桥梁[J].地理科学进展,2013,32(5):788-796.

　　② JOVANOVIC M N. Evolutionary economic geography:location of production and the European Union[M]. New York:Routledge,2009.

　　③ 胡志丁,葛岳静.经济地理研究的第三种方法:演化经济地理[J].地域研究与开发,2012,31(5):89-94.

　　④ CHRISTALLER W. Some considerations of tourism location in Europe:the peripheral regions—underdeveloped countries—recreation areas[J]. Papers in Regional Science,1964,12(1):95-105.

　　⑤ BURT R S. Models of network structure[J]. Annual Review of Sociology,1980,6(1):79-141.

　　⑥ 陆林,储小乐.旅游目的地演化研究进展与启示[J].安徽师范大学学报(自然科学版):2018,41(1):77-84.

12.1.2　旅游目的地演化的主要理论

在理论方面,与旅游目的地演化相关的理论主要有生命周期理论、空间演化理论、系统学理论、社会网络理论和演化经济学理论。

1)生命周期理论

生命周期作为生物学概念,是指具有生命现象的有机体从出生、成长、成熟、衰老直至死亡的整个过程。经济学与管理学最先将这一概念应用于产品研究,并提出了产品生命周期理论,而后扩展到企业和产业,相应产生了企业生命周期理论和产业生命周期理论。其中,产品生命周期理论(Product Life Cycle Theory)是旅游地生命周期理论的主要来源,通常指产品的市场生命周期,即从产品进入市场到退出市场的全过程。这个过程分为投入期、成长期、成熟期和衰退期 4 个阶段(见图 12-1)。在产品生命周期的不同阶段中,销售量、利润、购买者、市场竞争等都有不同的特征。

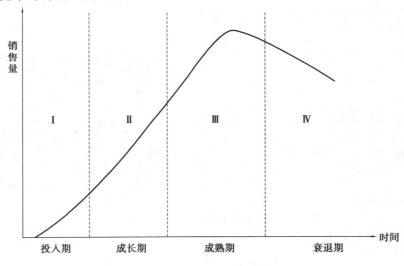

图 12-1　产品生命周期曲线图

资料来源:MBA 智库·百科,2016-01-02.

①投入期(Introduction Stage):指产品从设计生产到投入市场进行测试的阶段。由于生产技术方面的限制,该阶段产品生产规模小、成本高,广告费用高,销售价格偏高,销售量有限。企业通常不能获利,反而可能亏损。

②成长期(Growth Stage):该阶段产品试销效果良好,需求量和销售额迅速上升,生产成本大幅度下降,利润迅速增长。与此同时,竞争者纷纷进入市场参与竞争,使同类产品供给量增加,价格下降,企业利润增长速度逐步减慢,最后达到生命周期利润的最高点。

③成熟期(Maturity Stage):指产品大批量生产并稳定进入市场的阶段。该阶段市场需求趋于饱和,产品日益普及并日趋标准化,成本低而产量大,销售增长速度缓慢直至下降,竞争的加剧在一定程度上增加了同类产品生产成本。

④衰退期(Decline Stage):指产品进入淘汰阶段。该阶段产品的销售量和利润持续下

降,产品在市场上已经老化,不能适应市场需求。成本较高的企业由于无利可图而陆续停止生产,该类产品的生命周期也就逐步结束,直至最后完全撤出市场。

2)空间演化理论

空间性是旅游目的地基本属性,透过空间演化能反映旅游目的地发展演变的过程和内在规律。目前学界关于旅游目的地空间演化的理论主要有点-轴系统理论、核心-边缘理论、哈格特空间结构理论、隐性知识的空间溢出理论四种。

①点-轴系统理论(Pole-Axis System Theory):由我国著名经济地理学家陆大道先生基于克里斯泰勒(Cristaller)的中心地理论、赫格尔斯德兰(Haegerstrand)的空间扩散理论、佩鲁克斯(Perroux)的增长极理论提出,他认为区域发展经历了由点到轴到区域均衡发展的过程。"点"指各级居民点和中心城(镇),是人口和各种职能的集聚点、"增长极"。"轴"指由交通、通信干线和能源通道连接起来的基础设施束,对附近区域有很强的经济吸引力和凝聚力,而轴线上集中的社会经济设施通过物质流和信息流对附近区域有扩散作用①。

点-轴系统理论的空间演化示意图如图 12-2 所示。

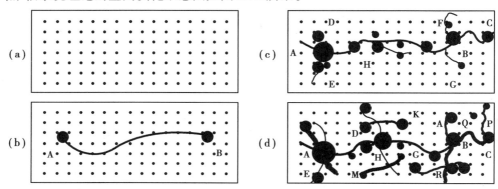

图 12-2　点-轴系统理论的空间演化示意图

资料来源:卞显红.城市旅游核心-边缘空间结构形成机制——基于协同发展视角[J].地域研究与开发,2009,28(4):67-71.

②核心-边缘理论(Core-Periphery Theory):由美国区域规划专家弗里德曼(Friedmann)根据缪尔达尔(Myrdal)和赫希曼(Hirschman)等学者关于区域间经济增长和相互传递的理论提出,他认为任何一个国家都是由核心区域和边缘区域组成的。核心区域由一个城市集群及其周围地区组成,是指城市集聚区,即工业发达、技术水平较高、资本集中、人口密集、经济增长速度快的区域;边缘区域的界限由核心与外围的关系来确定,指那些相对于核心区域来说经济较为落后的地区,可分为过渡区域(上过渡区域和下过渡区域)和资源前沿区域。在区域经济增长过程中,核心区域与边缘区域之间存在着不平等的发展关系,核心区域居于主导地位,边缘区域在发展上依赖于核心区域②。核心-边缘理论的空间演化示意图如图12-3所示。

---

① 陆大道.区域发展及其空间结构[M].北京:科学出版社,1995.
② FRIEDMANN J. Regional development policy:a case study of Venezuela[M].Cambridge:MIT Press,1966.

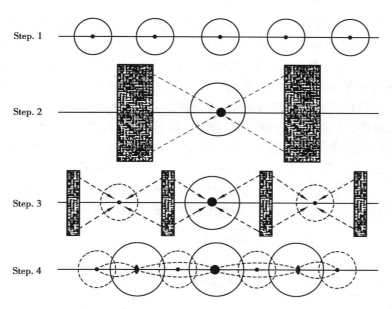

图 12-3　核心-边缘理论的空间演化示意图

资料来源：张秀生，卫鹏鹏.区域经济理论［M］.武汉：武汉大学出版社，2005.

③哈格特空间结构理论（Haggett's Spatial Structure Theory）：英国地理学家哈格特（Haggett），认为区域空间结构包括 6 个几何要素，即运动模式（事物的空间移动特点）、路径（事物运动沿着特定的路线）、结点（运动路径的交点，诸多结点控制着整个系统）、结点层次（各个结点的重要程度）、地面（位于由结点和路径形成的框架中）、扩散（地面的时空变化过程叫空间扩散），提取空间要素时主要面向系统间的联系和作用①，其演化示意图如图 12-4 所示。

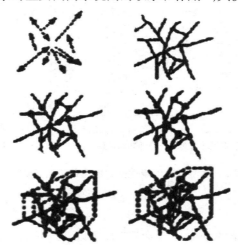

图 12-4　哈格特空间结构理论的演化示意图

---

① HAGGETT P，CHIFT A D，FREY A. A locational analysis in Human geography［M］. London：Edward Amoid，1977.

④隐性知识的空间溢出理论（Spatial Evolution Theory of Tacit Knowledge Spillover）：知识溢出是解释集聚、创新和区域经济增长的重要概念之一。张朝枝等学者认为"创新者生产知识-模仿者跟随模仿"是旅游目的地转型中隐性知识溢出的关键特征；隐性知识的空间溢出是从中心向外围发展，同时遵循随距离递减的规律，具有"按地缘相近性进行集聚，并呈随距离衰减趋势"和"按环境相似性进行集聚，按资源差异性进行分散"两个典型特征。前者指追随者总是采用相邻原则来进行模仿，随着距离的递增，追随者相应减少。在这个过程中，隐性知识的空间溢出模式会由原始创新阶段的"单核模式"（一个创新者和多个学习者）开始向二次创新阶段的"中心-极点模式"（一个干预协调者和多个创新-学习者）转变，从而形成"多点创新、互相学习"的隐性知识溢出网络，推动旅游目的地的成功转型与可持续发展①。旅游目的地隐性知识的空间溢出理论示意图如图12-5所示。

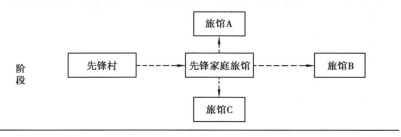

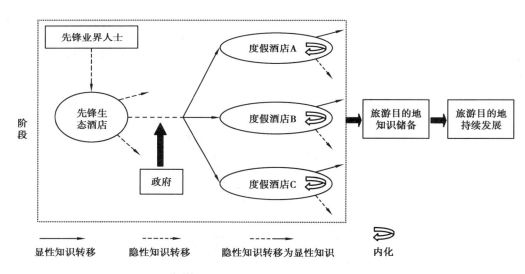

图12-5　旅游目的地隐性知识的空间溢出理论示意图

3）系统学理论

旅游目的地是一个复杂的系统。不少学者指出以系统学的视角审视旅游目的地系统的

① ZHANG C Z, XIAO H G, GURSOY D, et al. Tacit knowledge spillover and sustainability in destination development [J]. Journal of Sustainable Tourism, 2015, 23(7)：1029-1048.

演化更容易把握旅游目的地主要矛盾,更能深入研究其演化背后的运行机制与规律①。目前关于旅游目的地演化研究的系统学理论依据主要有以下六种:

①一般系统论(General System Theory):由美籍奥地利生物学家贝塔朗菲(Bertalanffy)创立的一门逻辑和数学领域的科学,旨在运用完整性、集中化、等级结构、终极性、逻辑同构等概念,确立适用于一切综合系统或子系统的一般原则和规律②。

②系统动力学理论(System Dynamics Theory):一开始称作"工业动力学"(Industrial Dynamics),由美国麻省理工学院福雷斯特教授提出,强调从系统内部的微观结构入手,基于系统内部结构、参数及其总体功能分析并把握系统的特性与行为,本质上是带时滞的一阶微分方程组,主要用于处理非线性和时变现象,能做长期的、动态的、战略性的仿真分析与研究③。系统动力学模型是一种面向实际的结构型的建模方法,其构建需要借助系统流图(stock and flow diagram)、流率变量(rate /flow)、辅助变量(auxiliary)等具有明确物理(或经济)意义的概念。

③混沌理论(Chaos Theory):也称非均衡理论,是一种研究客观系统中的有序状态和无序状态相互变化的理论,其内涵主要由随机吸引子、蝴蝶效应、水龙头效应和面包师效应等构成,用于研究世界如何在不稳定的环境中稳定发展的问题和探寻如何把复杂的非稳定事件控制到稳定状态的方法。

④控制论(Control Theory):指研究系统调节与控制的一般规律的科学,其任务是实现系统的稳定和有目的的行动④。以控制论为基础的系统理论与方法主要用于旅游规划的实践研究⑤,其典型的规划过程是:规划师列出广泛的目标,根据这些目标确定具体的任务,并借助系统模型决定采取的若干行动方向,随后根据这些任务和可能的财力评价各个比较方案,最后实施最优方案,在此过程中还要根据反馈修正行为,并不断重复。

⑤耗散结构理论(Dissipative Structure Theory):由比利时物理学家普里高津提出,该理论把远离平衡态的、稳定的、有序的物质结构称为"耗散结构",能较清楚地反映旅游目的地演化的过程并剖析其系统从无序到有序的发展脉络⑥。

⑥复杂适应系统理论(Complex Adaptive System Theory):由美国科学家 Holland 提出,其核心观点是"适应性造就复杂性"。该理论认为主体是由具备适应能力的主动个体构成,宏观层面强调主体通过与外部环境的信息、能量、物质的相互作用来促进系统的演变和进化,微观层面强调主体的适应性与主动性,基本特性分别是聚集、非线性、流、多样性、标识、内部

---

①　GILBERT D, CLARK M. An exploratory examination of urban tourism impact, with reference to residents attitudes, in the cities of Canterbury and Guildford[J]. Cities, 1997, 14(6): 343-352.

②　BERTALANFFY L V. General system theory[J]. General Systems, 1956, 1(1): 11-17.

③　FORRESTER J W. Industrial Dynamics: a major breakthrough for decision makers[J]. Harvard Business Review, 1958, 36(4): 37-66.

④　龚德恩.经济控制论概论[M].北京:中国人民大学出版社, 1998.

⑤　GETZ D. Models in tourism planning: towards integration of theory and practice[J]. Tourism Management, 1986, 7(1): 21-32.

⑥　PRIGOGINE J. Structure, dissipation and life[M]. Amsterdam: North Holland Publication Company, 1969.

模型以及积木等①。

4)社会网络理论

旅游目的地是由不同类型、不同层次的旅游供应商和旅游组织构成的,所有的这些机构和组织围绕为游客服务这一纽带交织成了关系复杂的综合网络②。社会网络理论是研究和分析旅游目的地网络演化与变迁的新范式和有效工具。

社会网络理论(Social Network Theory,SNT),也可称为社会网络分析(Social Network Analysis,SNA)或社会网络科学(Science of Social Network)。20世纪30年代,英国人类学家布朗(Brown)正式提出"社会网络"(Social Network)一词。随后的几十年里,多学科学者的接入构建了不同视角的社会网络理论体系(见表12-1)。

表 12-1　社会网络理论体系

时期	阶段	主要思想贡献	主要代表人物
20世纪 30—70年代	早期萌芽	社会计量学、图论、社群图、矩阵、小群体、网络分析	莫雷诺(Moreno)、沃纳(Warner)、梅奥(Mayo)、霍曼斯(Homans)、巴恩斯(Barnes)、博特(Bott)、米歇尔(Mitchell)、格鲁克曼(Glukman)、纳德尔(Nadel)
20世纪 70—90年代	趋于成熟	网络结构观、弱关系的力量、嵌入性、社会资本	怀特(White)、雷恩哈德(Leinhardt)、格兰诺维特(Granovetter)、诺克(Knoke)、科尔曼(Coleman)、威尔曼(Wellman)
20世纪 90年代至今	快速发展	结构洞理论、社会资本理论、小世界现象	伯特(Burt)、林南(Nan Lin)、斯科特(Scott)、布雷格(Breiger)、沃瑟曼(Wasserman)、加拉斯基维克兹(Galaskiewicz)、卡林顿(Carrington)、瓦茨(Watts)

资料来源:刘冰.旅游学科研究中的社会网络思想及其研究范式[J].中山大学学报(社会科学版),2005,55(2):205-210.

一般而言,社会网络有两种含义。一是作为分析工具和分析方法,以便研究个人之间、非正式群体之间以及正式群体之间的关系并通过关系内涵、社会网结构解释社会现象③。二是指由行动者之间的关系所构成的社会结构④,作为研究对象主要有基于个体行动者的自我中心社会网(Egocentric Network)和基于全体行动者的整体网(Whole Network)两种研究视角,前者聚焦于由特定行动者的网络连带情况,后者聚焦于由所有行动者组成的封闭网的关系结构⑤。社会网络理论主要涉及3个关键概念:节点、连线和关系⑥。节点即网络中的行

---

① HOLLAND J. Can there be a unified theory of complex adaptive systems? [M].[S.L.]: MI, 1994.
② PEARCE D G. Tourist organization in Sweden[J]. Tourism Management, 1996, 17(6): 413-424.
③ BURT R S. Models of network structure[J]. Annual Review of Sociology, 1980, 6(1): 79-141.
④ 朱国宏.经济社会学[M].上海:复旦大学出版社,1999.
⑤ SCOTT N, BAGGIO R, COOPER C. Network analysis and tourism: from theory to practice[M]. New York: Channel View Publications, 2008.
⑥ DEGENNE A, FORSE M. Introducing social networks[M]. London: Sage Publications, 1999.

动者;连线表现为行动者之间的关系①;而关系是行动者在网络中得以连接的"实质",其基本内容主要包括:交换关系、沟通关系、交叉关系、互动关系、情感关系、权力关系、亲属关系②。具体地说,罗家德将社会网络分为七种理论流派,即弱连带优势理论、强连带优势理论、镶嵌理论(嵌入性理论)、结构洞理论、人际信任理论、社会资本理论和系统崩溃理论③。其中,代表性的社会网络理论主要有以下四种:

①弱连带优势理论(The Strength of Weak Ties Theory,简称弱关系理论):主张将网络中的关系分为"强关系"和"弱关系"。弱关系能够充当"信息桥",作为一种有效的途径,在网络中不同的群体之间传递非重复的信息④。在旅游目的地研究中,弱关系理论重点用于探讨其相关企业或组织间的关系强度以及旅游相关人群之间的"弱关系"的"桥"作用,如图 12-6 所示。旅游目的地关系网络中,需求视角的弱关系表征是旅游目的地未来发展需要关注的方向⑤。

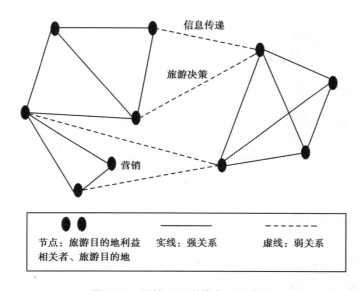

图 12-6　弱关系理论的应用示意图

②嵌入性理论(Embeddedness Theory):提出了"经济行为嵌入社会关系之中"的观点,认为行动者之间的关系纽带是真正的社会结构,是解释经济行动的基础。强调非经济因素对经济行动的影响,并将嵌入性分解为关系嵌入和结构嵌入两个变量,认为关系嵌入对个体的经济行动有直接影响,而结构嵌入对个体经济行动的影响是间接的⑥。

---

① KNOKE D, KUKLINSKI J H. Network Analysis[M]. California: Sage Publications, 1982.

② 罗家德.NQ 风暴——关系管理的智慧[M].北京:社会科学文献出版社,2002.

③ GRANOVETTER M. The strength of weak ties[J]. American Journal of Sociology, 1973, 78(6): 1360-1380.

④ GRANOVETTER M. The strength of weak ties: a network theory revisited[J]. Sociological Theory, 1983, 1: 201-233.

⑤ LEE Y, KIM I. Change and stability in shopping tourist destination networks: the case of Seoul in Korea[J]. Journal of Destination Marketing Management, 2018(9): 267-278.

⑥ GRANOVETTER M. Economic action and social structure: the problem of embeddedness[J]. American Journal of Sociology, 1985, 91(3): 481-510.

③结构洞理论(Structural Holes Theory):认为行动者在网络中的位置比关系的强弱更为重要。强调占据结构洞位置的个体可以为其他个体和组织提供信息和资源,也会获得信息收益和控制收益①。在旅游目的地社会网络关系中,结构洞位置与行动者获取资源的能力直接相关,更利于行动者间的信息传递与知识分享,如图 12-7 所示。

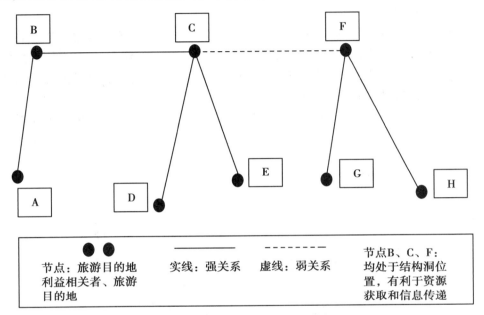

图 12-7　结构洞理论的应用示意图

资料来源:PAVLOVICH K. A rhizomic approach to tourism destination evolution and transformation[J]. Tourism Management,2014(41):1-8.

④社会资本理论(Social Capital Theory):提出社会资本是指嵌入社会网络且在目的性行动中被获取的或被动员的资源。个体社会网络的异质性、网络成员的社会地位、个体与网络成员的关系力量会促进或者约束行动者对社会资本的获取和使用②。

5) 演化经济地理学理论

演化经济地理学理论(Evolutionary Economic Geography Theory)兴起于 20 世纪 90 年代,汲取了演化经济学和经济地理学的成果,其核心是从演化的角度解释地区经济发展不平衡的问题及其演化机制和过程,注重动态性、不可逆性以及创新性的研究。该理论以路径依赖理论、广义进化论和复杂系统科学理论为主要理论基础(见图 12-8)。这三种理论虽然是相互独立的,但在实际研究过程中,仍然会存在三种理论路径的交叉,研究者甚至可能提取两

① BURT R. Structural holes:The social structure of competition[M]. Cambridge:Harvard University Press,1992.

② LIN N. Social capital:a theory of social structure and action[M].Cambridge:Cambridge University Press,2001.

种或三种理论路径的要素形成一个新的混合框架进行研究①。

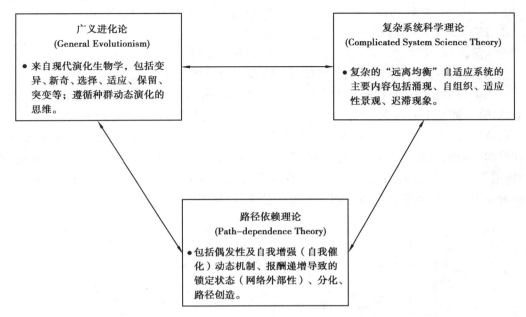

图 12-8　演化经济地理学的主要理论基础

资料来源:李文静,张朝枝.过程研究转向:旅游地理研究的理论建构新视角[J].旅游导刊,2019,3(2):19-39.

一方面,演化经济地理学的核心概念——路径依赖和共同进化有助于解释旅游目的地多层次的共同进化过程和因果机制,尤其是"路径形成—路径创新—路径发展—路径停滞或动态发展"四阶段路径依赖模型在解释旅游目的地衰落方面具有明显效果;另一方面,演化经济地理学的复杂系统论范式强调对更为广泛的区域综合要素的关注,能够为旅游目的地演变研究提供一个超越单线逻辑的叙事框架。

12.2　旅游目的地发展演化的主要解释模型

12.2.1　旅游地生命周期模型

20 世纪 60 年代初,产品生命周期理论被引入到旅游研究领域,产生了"旅游地生命周期理论"。旅游地生命周期理论主要用于识别、划分旅游目的地的演化阶段,大体上有六种不同观点:

---

① BOSCHMA R, MARTIN R. The handbook of evolutionary economic geography [M]. Cheltenham:Edward Elgar Publishing Limited,2010.

①三阶段观:发现、成长和衰落阶段①;辖域、解域和归域阶段②。

②四阶段观:探索、发展、成熟和衰退阶段③;宣传、警惕、适应和知识运用阶段④。

③五阶段观:引入、参与、发展、成熟和衰退阶段⑤。

④六阶段观:探索、参与、发展、稳固、停滞、衰退或复兴阶段⑥。

⑤七阶段观:探索、参与、发展、稳固、停滞、衰退或复兴、退出阶段⑦。

⑥八阶段观:预开发、探险旅游、第一家酒店出现、条块状发展、酒店远离沙滩建设、第二条道路建成、商业中心建立、中心商业区与游憩商务区分开等沙滩度假区演化模式⑧。

　　总体来看,这六种旅游目的地生命周期划分方式都反映了旅游目的地由开始起步到最后衰退的一般演化过程。其中,巴特勒(Butler)提出的S形旅游地生命周期六阶段观(模型)传播最广、影响最大,学术界多以此作为旅游目的地演化进程的基本理论框架,描述旅游目的地在不同生命周期阶段的不同发展特点和规律(见图12-9)。

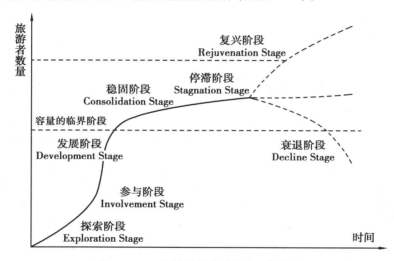

图 12-9　巴特勒的旅游地生命周期模型

资料来源:BUTLER R W. The concept of a tourist area cycle of evolution:implications for management of resources[J]. Canadian Geographer, 1980,24(1):5-12.

①　CHRISTALLER W. Some considerations of tourism location in Europe:the peripheral regions—underdeveloped countries—recreation areas[J]. Papers Regional Science, 1964,12(1):95-105.

②　XIE P F. A life cycle model of industrial heritage development[J]. Annals of Tourism Research, 2015,55:141-154.

③　COOPER C, JACKSON S. Destination life cycle:the isle of man case study[J]. Annals of Tourism Research, 1989, 16(3):377-398.

④　JAFARI J. Research and scholarship:the basis of tourism education[J]. Journal of Tourism Studies, 1990, 1(1):33-41.

⑤　HOVINEN G R. Revisiting the destination lifecycle model[J]. Annals of Tourism Research, 2002, 29(1):209-230.

⑥　BURT R S. Models of network structure[J]. Annual Review of Sociology, 1980, 6(1):79-141.

⑦　BAUM T. Taking the exit route:extending the tourism area life cycle model[J]. Current Issues in Tourism, 2010, 1(2):167-175.

⑧　SMITH R A. Beach resort evolution:implications for planning[J]. Annals of Tourism Research, 1992, 19(2):304-322.

①探索阶段(Exploration Stage):自然和文化吸引物吸引来少量"异向中心型"旅游者,或探险者。此时旅游目的地很少有专门的旅游服务设施。

②参与阶段(Involvement Stage):旅游人数增多,社区居民为旅游者提供简便旅游服务,制作广告宣传旅游目的地。旅游市场的季节性、区域性出现。旅游业投资主要来自本地区。公共投资开始注意旅游基础设施建设。

③发展阶段(Development Stage):旅游人数增长迅速,并超过社区居民。外来资本大量投入与外来旅游公司大量进入,这不仅给旅游目的地带来大量先进的旅游设施和服务,也控制了当地的旅游业。大量人造旅游吸引物出现,并逐步取代原有自然和文化吸引物。大量旅游广告吸引更多旅游者,较为成熟的旅游市场逐渐形成。"混合中心型"旅游者取代"异向中心型"旅游者,旅游设施过度利用和旅游环境恶化的现象开始出现。

④稳固阶段(Consolidation Stage):旅游人数增长速度下降,为了缓和旅游市场季节性差异及开拓新的旅游市场,旅游目的地推出更多的旅游广告。"自向中心型"旅游者光临。旅游目的地有了明确的功能分区,社区居民也感受到旅游业的重要性。

⑤停滞阶段(Stagnation Stage):旅游人数已经达到或超过旅游容量。旅游目的地依赖比较保守的回头客。大批旅游设施被商业利用,旅游经营业主变换频繁,致使旅游目的地出现环境、社会、经济问题。旅游目的地开始发展外围区域。

⑥衰退阶段(Decline Stage):旅游者流失,旅游目的地依靠邻近地区的一日游和周末游的旅游者来支撑。旅游目的地产权变更频繁,旅游设施被移作他用,本地投资重新取代外来投资并占据主导地位。

⑦复兴阶段(Rejuvenation Stage):旅游目的地出现全新的旅游吸引物,并取代原有旅游吸引物。

12.2.2　旅游地空间演化模型

1) 点状、放射、凝聚、扩展演化模式

陈志军学者依据区域旅游空间结构系统理论及不同阶段区域旅游系统的形态和特征,将区域旅游空间结构的演变模式分为点状、放射、凝聚和扩展四种模式,如图 12-10 所示①。

①点状模式(Point Model):处于旅游地域系统的起步阶段。该阶段旅游景点数量较少,旅游活动尚未形成规模,旅游活动基本上处于一种起步阶段的自发状态,旅游目的地影响空间较为狭小,对区域经济的带动作用较小。

②放射模式(Radiation Model):处于旅游地域系统的发展阶段。该阶段旅游景点数量有所增加,旅游活动、旅游企业的规模有所扩大,但尚未形成规模效应,对区域经济的带动作用有明显提升。

① 陈志军.区域旅游空间结构演化模式分析——以江西省为例[J].旅游学刊, 2008, 23(11):35-41.

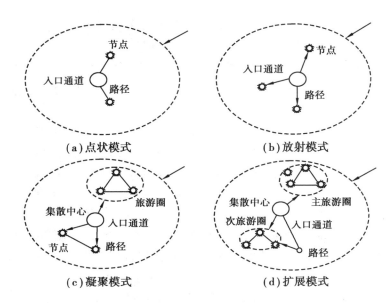

图 12-10 点状、放射、凝聚、扩展演化模式

资料来源：陈志军.区域旅游空间结构演化模式分析——以江西省为例[J].旅游学刊,2008,23(11)：35-41.

③凝聚模式(Condensation Model)：处于旅游地域系统的相对成熟阶段。该阶段旅游目的地区域内外通达、路径完善,区域内形成旅游集散中心,旅游目的地辐射范围扩大,逐渐形成旅游圈层结构。

④扩展模式(Extension Model)：处于旅游地域系统的优化阶段。该阶段旅游业逐渐发展成为区域经济增长极,主旅游圈影响范围逐渐扩大,区域内旅游节点数量的增加,导致新的次级旅游圈出现,推动区域旅游可持续发展。

2) 单节点、多节点、链状节点演化模式

卞显红学者依据城市旅游空间成长阶段理论与旅游节点数量,将城市旅游空间结构演变归为单节点、多节点、链状节点三种模式,如图 12-11 所示[1]。

①单节点模式(Single Node)：处于城市旅游空间成长的第一阶段。区域内只有单一旅游节点,旅游目的地空间范围狭小,区域内尚未形成旅游循环线路。

②散块模式(Multiple Nodes)：处于城市旅游空间成长的第二阶段。多节点旅游目的地系统开始出现,旅游节点可划分为首要节点、次要节点与末端节点三类,旅游目的地内外交通系统逐渐完善,旅游循环路线形成。

③链状节点(Chained Nodes)：处于城市旅游空间成长的第三阶段。多个旅游区的旅游空间增长模式开始出现,旅游节点数量增加,各个旅游区之间的竞争与合作关系逐渐增强。

---

[1] 卞显红.城市旅游空间成长及其空间结构演变机制分析[J].桂林旅游高等专科学校学报,2002,13(3)：30-35.

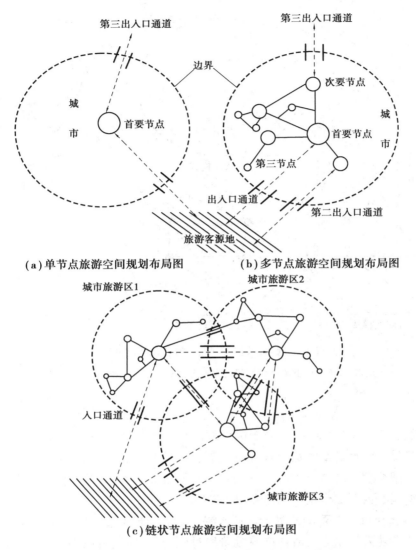

（a）单节点旅游空间规划布局图　　（b）多节点旅游空间规划布局图

（c）链状节点旅游空间规划布局图

图 12-11　单节点、多节点、链状节点演化模式

资料来源：卞显红.城市旅游空间成长及其空间结构演变机制分析［J］.桂林旅游高等专科学校学报，2002（3）：30-35.

3）疏点、散快、条带、团块、板块演化模式

沈惊宏等学者根据点-轴结构理论、旅游目的地发展阶段特征，以面要素为基础，把区域旅游系统空间结构演化模式分为疏点模式、散块模式、条带模式、团块模式、板块模式五种类型，如图 12-12 所示①。

---

① 沈惊宏，余兆旺，沈宏婷.区域旅游空间结构演化模式研究——以安徽省为例［J］.经济地理，2015，35（1）：180-186.

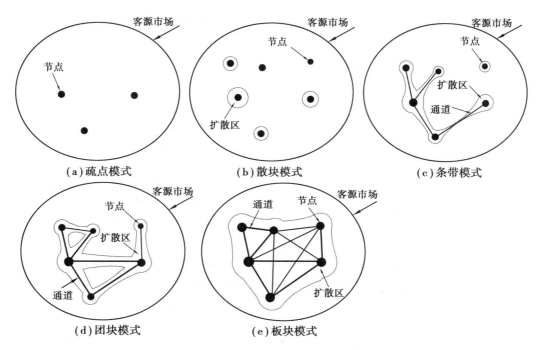

图 12-12　疏点、散快、条带、团块、板块演化模式

资料来源:沈惊宏，余兆旺，沈宏婷.区域旅游空间结构演化模式研究——以安徽省为例[J].经济地理，2015，35（1）：180-186.

①疏点模式（Sparse Dot Mode）:处于区域旅游系统的萌芽阶段。此阶段区域旅游的发展属于一种自发形式,旅游活动活跃在经济发展相对较好、旅游资源丰富、内部交通便利的城市,区域内一般会萌生 2~3 个城市。城市内通道路径系统简单,旅游流向呈单向性,旅游业辐射和带动力较弱,无法带动周围地带的旅游发展。

②散快模式（Scattered Mode）:处于区域旅游系统的起步阶段。旅游区以大块状散落分布于区域内,旅游业发展由自发阶段向自觉阶段过渡,开始向其腹地进行邻接扩散,其影响面已经大大超出本身的萌生区,但仍没有达到完全自觉发展状态。

③条带模式（Stripe Mode）:处于区域旅游系统的发展阶段。此阶段不再催生新的旅游城市,并且旅游城市等级体系从此进入较稳固状态,出现中心旅游城市或副中心旅游城市、二等旅游城市和一般旅游城市 3 个级别。此阶段区域旅游开发、市场联系和区域联系都发展到完全自觉阶段。由于旅游交通轴线的显著作用,区域旅游系统空间结构上呈现条带状。

④团块模式（Rounded Massive Mode）:处于区域旅游系统相对发达阶段。此阶段旅游空间模式相对较合理,中心城市以外的近距离旅游节点间开始通过发展轴线加强区域合作,由条带状的定向发展向多向发展迈进,即区域旅游系统扩散作用不再主要体现为高等级向低等级城市扩散,而体现为低等级城市向高等级城市扩散,中心旅游城市和副中心旅游城市间旅游影响力也出现相互扩散。

⑤板块模式（Plate Mode）:处于区域旅游系统的成熟阶段。此阶段旅游业从多向发展转

向全方位扩展,以区域旅游中心(副中心)城市为核心的主旅游圈内各节点的活动空间范围扩大,低等级旅游城市内及彼此间建立起次旅游圈。

12.2.3 旅游地系统演化模型

1)基于一般系统论的旅游地系统演化模型

在旅游研究领域,学者强调旅游目的地系统的整体性、有机性、动态性。基于一般系统论构建的旅游地系统演化模式主要有两种。一是 Gunn(1972)提出的旅游功能系统模型,强调围绕旅游供需关系来阐释旅游目的地的结构、功能以及演化(见图 12-13)[①]。二是 Leiper 提出的旅游地理系统模型,强调从地理空间视角来阐释旅游目的地系统的概念(见图 12-14)[②]。

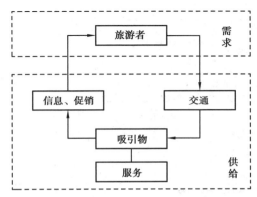

图 12-13 Gunn 的旅游功能系统模型

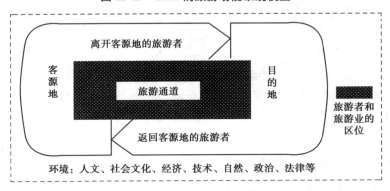

图 12-14 Leiper 的旅游地理系统模型

---

① GUNN C, VAR T. Tourism planning: basics, concepts, cases[M]. 4th ed. London: Routledge, 2002.

② LEIPER N. The framework of tourism: towards a definition of tourism, tourist, and the tourist industry[J]. Annals of Tourism Research, 1979, 6(4): 390-407.

2）基于系统动力学的旅游地系统演化模型

学者徐红罡认为系统动力学对于旅游目的地生命周期研究具有适用性和有效性，并提出了城市旅游目的地的生命周期系统动态模型①。该模型的主要假设条件包括：①旅游目的地只提供单一的旅游产品，旅游市场是同质市场；②旅游产品接纳游客的能力是完全弹性的，即此旅游产品的周期只受市场的限制，而不受环境容量、建设和运营资金等的影响，扩大产品容纳能力所需的时间为无限小；③所有人当收入升高时，都转变为该产品的潜在游客，但是，是否能实现旅游动机、成为真正的游客，却受广告、口碑、其他同类产品竞争的影响；④游客没有季节性；⑤游客增长不会导致内部的瓶颈，游客的旅游体验都是正面的，即口碑产生正面的效益；⑥人口的基数是一定的，且人口是零增长。该模型的主要结构是游客市场，可分为潜在游客、出游游客和累计游客（见图12-15）。

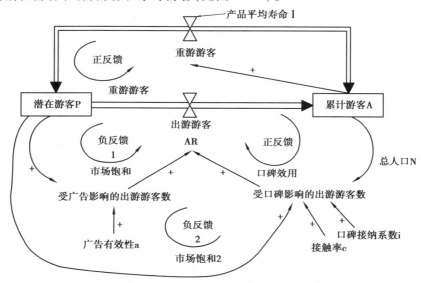

图12-15 城市旅游目的地的生命周期系统动态模型

注：图中带方框的变量为库存量，阀形符号表示的变量为流量，双线箭头表示流量的方向，单线箭头表示影响流量的变量。

3）基于混沌理论的旅游地系统演化模型

McKercher基于混沌理论和复杂性理论提出了旅游目的地复杂系统模型（见图12-16），强调旅游系统是一个以非线性方式运行的、具有混沌特点的复杂系统，包含旅游者、信息向量、影响信息沟通效率的因素、旅游目的地或内部旅游主体、外部旅游主体、旅游外部影响因素、旅游内部影响因素、系统输出、混沌制造者9个要素②。

① 徐红罡，郑海燕，保继刚.城市旅游目的地生命周期的系统动态模型[J].人文地理，2005，20（5）：66-69.
② MCKERCHER B. A chaos approach to tourism[J]. Tourism Management，1999，20（4）：425-434.

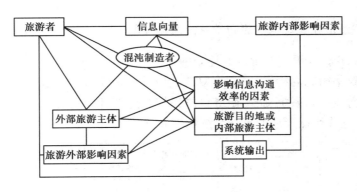

图 12-16　McKercher 的旅游目的地复杂系统模型

4) 基于耗散结构理论的旅游地系统演化模型

应用耗散结构理论研究的前提条件是旅游目的地系统内部必须具备开放性、远离平衡性，存在非线性作用、随机涨落等特征[1]，耗散结构理论的代表性观点是"旅游目的地耗散结构系统（Tourism Destination Dissipative Structure System, TDDSS）"概念及其框架[2]，即将旅游目的地系统视为一个由旅游目的地系统和外部环境构成的耗散结构，旅游目的地系统由旅游吸引物子系统、设施子系统、服务子系统和支持子系统四部分构成，外部环境则包括了外部自然生态环境、外部人文社会环境以及客源市场环境（见图 12-17）。

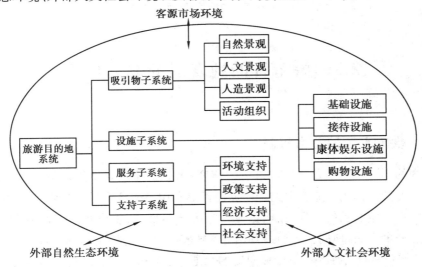

图 12-17　旅游目的地耗散结构系统模型

①　陆林，储小乐.旅游地演化研究进展与启示[J].安徽师范大学学报（自然科学版）：2018，41（1）：77-84.
②　王迪云.旅游耗散结构系统开发理论与实践[M].北京：中国市场出版社，2006.

5) 基于复杂适应系统理论的旅游地系统演化模型

在旅游领域,Baggio 提出旅游目的地是一个复杂适应系统,具有自组织和自相似性、鲁棒性、韧性和远离平衡态的特点①。根据复杂适应系统理论,杨仲元等学者提出旅游目的地由主体系统、旅游吸引物系统、旅游服务设施系统和外部环境系统 4 个部分组成,是通过多个适应性主体相互作用而形成的复杂系统②(见图 12-18)。

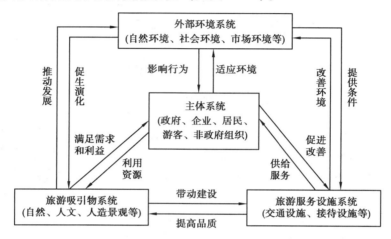

图 12-18　旅游目的地复杂系统结构模型

12.3　旅游目的地发展的驱动因素

12.3.1　供需平衡的动力机制

供需平衡的动力机制主要是指从市场的角度,来分析需求和供给两个方面的因素对旅游目的地发展的推进作用。旅游目的地是旅游产品和服务生产和销售的地方。当旅游者对旅游产品和服务产生需求的时候,就会鼓励供给方产生回应,提供相应的产品和服务;当供给方生产出了一个产品,他们就会通过营销等手段将产品卖给相应的旅游者,进而创造出这个产品的需求③。例如当游客希望有更便捷的交通、更舒适的住宿设施、更丰富的游憩和娱乐活动时,旅游目的地的公共部门和私人部门将努力满足旅游者的需求;当旅游目的地新建了一个高端酒店时,那么也会向其目标旅游消费群体推销,进而产生需求。旅游目的地的发

①　BAGGIO R. Symptoms of complexity in a tourism system[J]. Tourism Analysis, 2008, 13(1): 1-20.

②　杨仲元, 徐建刚, 林蔚.基于复杂适应系统理论的旅游目的地空间演化模式——以皖南旅游区为例[J].地理学报, 2016, 71(6): 1059-1074.

③　PRIDEAUX B. The resort development spectrum—a new approach to modeling resort development [J]. Tourism Management, 2000, 21(3): 225-240.

展有赖于供给和需求双方面的作用。

Gunn 将旅游系统分为需求(旅游者)和供给(交通、吸引物、服务、信息和促销)两个部分(见图 12-19、图 12-20),系统中的供需双方相互依赖、相互作用,共同推进旅游目的地的发展。系统中任何一个要素发生变化都将引起其他要素的变化、如旅游者偏好发生变化、交通状况得到改善、旅游吸引物增加、服务质量提高,或促销增加,会导致系统的其他要素也发生相应的变化,旅游系统原来的平衡状态就会偏移[1]。现有的对旅游目的地发展的驱动因素的研究,也可从需求和供给两个角度来理解。

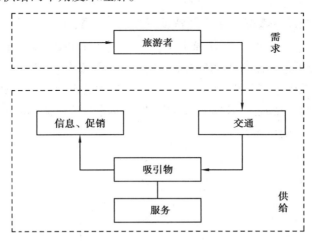

图 12-19 Gunn(1972)的旅游功能系统模型

资料来源:GUNN C A, VAR T. Tourism planning: basics, concepts, cases[M]. 4th ed. London: Routledge,2003.

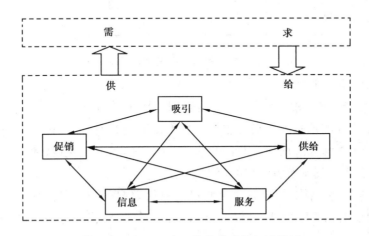

图 12-20 Gunn(2002)的旅游功能系统模型

资料来源:GUNN C A, VAR T. Tourism planning: basics, concepts, cases[M]. 4th ed. London: Routledge,2003.

① 郭长江,崔晓奇,宋绿叶,等.国内外旅游系统模型研究综述[J].中国人口·资源与环境,2007,17(4):101-106.

1) 需求驱动

旅游者的需求是旅游目的地发展的重要的驱动因素之一。旅游者是一个旅游目的地发展过程中的消费者,没有旅游者也就没有发展,在多年的旅游目的地发展研究过程中,旅游者人数一直是旅游目的地发展程度的重要衡量标准之一。研究发现,旅游者的个性特征、知识水平以及个人偏好会影响其消费选择,同时对旅游目的地的产品供给结构产生影响,进而推进旅游目的地发展。

①旅游者的个性特征:旅游者的个性特征是影响其旅游消费进而反映旅游目的地发展状态的重要指标。Plog 从心理学角度提出了"多中心型-中间型-自我中心型"理论,认为旅游者的个性特征决定了他们选择的旅游目的地的特征,当旅游目的地发生变化的时候,就会失去部分细分市场(见图 12-21)[①]。Cohen 从旅游人数和是否有组织计划将旅游者分为有组织的大众旅游、个人的大众旅游、探险者和漂流者。旅游者是根据闲暇时间、经济水平、个人偏好等因素而选择相应的旅游目的地[②]。

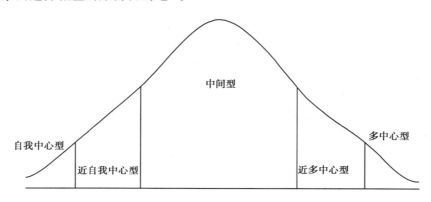

图 12-21　Plog 的游客心理类型及其分布

②旅游者的知识水平:旅游者对旅游目的地拥有的知识水平也会影响他们的选择,进而反映了一个旅游目的地的发展情况。研究发现,人们对一个旅游目的地"熟悉",会比他们只是"有感知"具备更高的消费和购买可能性,但"不知道"和"有感知"两个群体之间却不存在消费可能性的差异[③]。因此,增加旅游目的地的营销宣传和形象建设,使人们对一个旅游目的地"熟悉",将有效提高旅游者到访的可能性。

③旅游者影响供给结构:旅游者对旅游目的地的影响还体现在旅游目的地为了迎合旅游者的需求而提供的活动。例如,在海滨度假地,为了迎合旅游者喜爱海边风光的特点,接

---

①　PLOG S C. Why destination areas rise and fall in popularity[J]. Cornell Hotel and Restaurant Administration Quarterly, 1974, 14(4): 55-58.

②　COHEN E. Towards a sociology of international tourism[J].Social Research, 1972,39(1): 164-182.

③　MILMAN A, PIZAM A. The role of awareness and familiarity with a destination: the central Florida case[J]. Journal of Travel Research, 1995, 33(3): 21-27.

待设施和基础设施等均临海而建,以占据最佳海景风光为目标①。早期的探索者以最佳的自然风光为旅游目的,随着旅游目的地知名度上升,后期到来的旅游者除了海滨风光,还希望有舒适的住宿设施、丰富多彩的娱乐活动等,进而催生了旅游目的地相关设施的出现。

2) 供给驱动

①吸引物:是旅游目的地借以吸引旅游者的最重要因素,也是确保旅游开发成功的必要条件之一,是旅游目的地发展的核心动力②。除了核心吸引物之外,一些新的吸引物的出现也会对旅游目的地的发展产生影响,如农场景点③、冬季活动④。不论是哪一类吸引物为主导的旅游目的地,自然环境都是其发展中很重要的承载基础。在评估旅游目的地竞争力最具决定性的属性时,结果显示核心资源和吸引物位列第一,自然地理和气候是子属性中最重要的因素⑤。当自然环境是核心旅游资源时,自然环境既是生产要素,也是吸引物,同时还是旅游目的地竞争力的核心要素。

②交通:是旅游目的地发展演变过程中重要的驱动因素之一。旅游交通条件的改善提高了旅游目的地的可进入性,降低了出行的时间成本和花费成本,同时也降低了旅游者的感知距离,在一定程度上能够促进旅游者的购买需求。便捷的交通设施会成为旅游目的地的吸引力之一,吸引更多游客到访⑥。已有研究指出,各种度假地的每一发展阶段都是由特定的基础设施类型(如交通与旅馆类型)所代表和决定的,后增长阶段(复苏阶段)主要是基于交通因素在内的一系列供给方因素,而关键因素则是交通设施的提供,如国际航线的开通为旅游目的地带来了国际客源市场⑦。因此,交通设施被视为旅游目的地走向更高发展阶段的主导力量。

③旅游利益相关者:既包括政府、企业、居民、游客,有时还包括非政府组织如行业协会、NGO 等。旅游利益相关者是旅游产品、服务、信息和促销的主要提供者,在旅游目的地的发展过程中起到相应的推动作用,但在不同的案例中呈现出不同角色占主导推动作用的现象。一方面,政府是旅游目的地旅游产业发展的重要支持者、引导者,有时候也会成为主导者,推动旅游目的地的发展⑧。另一方面,企业家是旅游目的地的重要供应者之一。相较于政府,企业家对旅游者的需求更敏感,也能更快做出反应,在有些旅游目的地中甚至表现出主导作

---

①　MEYER-ARENDT K J. The Grand Island, Lousiana resort cycle[J]. Annals of Tourism Research, 1985, 2(3): 449-465.

②　保继刚, 楚义芳.旅游地理学[M].北京:高等教育出版社, 1999.

③　CAPRIELLO A, ROTHERHAM I D. Farm attractions, networks, and destination development: a case study of Sussex, England[J]. Tourism Review, 2008, 63(2): 59-71.

④　STRAPP J D. The Resort Cycle and Second Homes[J]. Annals of Tourism Research, 1988, 4(15): 504-516.

⑤　CROUCH G I. Destination competitiveness: an analysis of determinant attributes[J]. Journal of Travel Research, 2011, 50(1): 27-45.

⑥　KHADAROO J, SEETANAH B. The role of transport infrastructure in international tourism development: a gravity model approach[J]. Tourism Management, 2008, 29(5): 831-840.

⑦　PRIDEAUX B. The resort development spectrum—a new approach to modeling resort development [J]. Tourism Management, 2000, 21(3): 225-240.

⑧　张朝枝.旅游与遗产保护:政府治理视角的理论与实证[M]. 北京:中国旅游出版社, 2006.

用。企业家在旅游目的地发展过程中既是"混沌的制造者",也是"破坏者",其个人特质和行为可以直接推动旅游目的地发展的整个过程①,其创新精神也会带动旅游目的地向下一个阶段发展②。此外,其他旅游利益相关者对旅游业管理和产业发展的知识和经验,以及他们对旅游规划和发展的支持,是旅游目的地成功运作、管理和长期可持续发展的关键因素③。

12.3.2 复杂系统的动力机制

旅游目的地实质上是一个复杂的、混沌的系统,其发展是各种因素混杂其中、共同作用的结果。因此,混沌理论被引入用于研究影响旅游目的地发展的因素,可从5个核心概念来理解旅游目的地的发展。

①蝴蝶效应:指在一个不稳定的系统中,一个小变化或者小波动可能会引起巨大的变化。例如,美国长期实行禁赌制度,但对拉斯维加斯开放赌博之后,却引起了拉斯维加斯旅游业的快速发展,拉斯维加斯迅速成为美国最热门的旅游目的地之一。另外,一些与旅游不相关的制度的改变也能对旅游业产生重大影响,例如,在1970年代后期,澳大利亚昆士兰政府废除了遗产税,这一改变结合已有的建设和投资环境,引起黄金海岸和阳光海岸海滨公寓的建设热潮,进而推进了这两个海滨旅游目的地的快速发展④。

②自组织:指在一个混乱的、无序的、复杂的系统中,混乱本身可以创造出新的秩序,即系统本身可以采取自身的各个部分并依赖内部的规则工作,进而建立一个适合各个方面的秩序。这与自上而下的控制手法是完全不同的。这种运动规则使系统在宏观层面上来看是非常混乱的,但是从微观层面上来看则是高度有组织的。在旅游业中,自组织现象发生在旅游目的地的各个运营者之间。运营者们相互作用,自主地形成了一些关系网络,有一些是竞争关系,有一些是合作关系,共同为旅游目的地发展而运作。以新西兰 Waitomo Caves 旅游目的地为例,运营企业通过自我管理和相互依赖,建立起旅游目的地运营企业的网络,使该地区的核心吸引物从一个简单的洞穴转变为各个企业共同参与、相互依赖的洞穴探险活动,共同推进了旅游目的地的发展⑤。

③锁住效应:指系统中某些要素具备足够的能力能承受变化并限制变化,它能够识别出系统中一些保持不变的东西。具备锁住能力的要素通常是系统根深蒂固的基础,对变化免疫。例如:在拉斯维加斯之后美国其他城市也允许开放赌博,但被冠以"赌博之城"的只有拉

① JOHNS N, MATTSSON J. Destination development through entrepreneurship: a comparison of two cases [J]. Tourism Management, 2005, 26(4): 605-616.

② FAULKNER B, RUSSELL R. Chaos and complexity in tourism: in search of a new perspective [J]. Pacific Tourism Review, 1997, 1(2): 93-102.

③ PAVLOVICH K. The evolution and transformation of a tourism destination network: the Waitomo Caves, New Zealand [J]. Tourism Management, 2003, 24(2): 203-216.

④ FAULKNER B, RUSSELL R. Chaos and complexity in tourism: in search of a new perspective [J]. Pacific Tourism Review, 1997, 1(2): 93-102.

⑤ PAVLOVICH K. The evolution and transformation of a tourism destination network: the Waitomo Caves, New Zealand [J]. Tourism Management, 2003, 24(2): 203-216.

斯维加斯,这是其"先发优势";在澳大利亚废除遗产税之后,尽管后来其他州也废除了遗产税,但是公寓建设热潮之后的破产却在昆士兰是最严重的,这也说明先发是有风险的。

④混沌边缘:指看起来很稳定,但是实际上却已经准备好彻底改变的状态。这种状态对企业来说正是理想的状态,企业为了存活下来,总能在混沌边缘上产生并适应新的活动,从而带动旅游目的地的发展。另外,如技术的发展改善了交通类型,使处于混沌边缘的系统产生了新的需求,自驾车旅游者开始出现。随着世界迈入信息时代,信息技术对旅游目的地发展的影响也备受关注。信息技术的应用可以满足游客各方面信息需求,让旅游目的地在一个不断激烈化的市场环境中获得长期竞争力。信息技术也正逐渐成长为决定未来成败、影响旅游目的地发展的关键因素之一①。

⑤多种选择:当系统处于混沌的状态下时,它存在着各种可能。通常情况下,旅游目的地作为一个混沌的系统,其未来的发展方向是很难确定的,改变任一变量,旅游目的地的未来会产生多种可能。例如,喜来登酒店在北昆士兰的一个小渔村开张时,旅游目的地未来的发展方向产生了新的发展可能性。在这个案例中,喜来登酒店引入了高端客户,随后其他五星级产品和服务的出现,使这个小渔村朝着一个之前从未想过的路径发展②。

混沌理论是通过整体的视角来理解一个不可预测的、非线性的、动态的旅游系统,它可以较好地描述旅游系统如何运作,帮助理解旅游目的地的各个角色之间的相互作用和关系,从而厘清旅游目的地发展演变中每一个变化背后的逻辑关系,但是在时序演变上的应用能力仍有所欠缺,也无法预测未来发展。

12.3.3　阶段性发展的动力机制

阶段性发展是旅游目的地时序性演变发展概念的一个重要特点。国内外的代表性理论有"旅游地生命周期(Tourism Area Life Cycle,TALC)理论"与"资源、制度、资本、创新"驱动模型(Resource,Institution,Capital,Innovation Model,RICI Model)

1)TALC 理论

Butler 结合了 Christaller(1963)、Plog(1972)、Brougham(1972)、Doxey(1975)和 Stansfield(1978)等多位学者的研究成果,总结了旅游目的地的发展速度、可进入性、政府政策、市场趋势、竞争对手、旅游者类型、参与主体等因素的变化特点,引入产品生命周期概念,并根据TALC 理论提出了"旅游地生命周期模型"③。该模型将旅游目的地作为一个生命体,将旅游目的地的发展历史分为探索阶段、参与阶段、发展阶段、稳固阶段、停滞阶段、衰退/保持/复兴阶段(见图 12-22)。这一模型的特点是认为旅游目的地发展具有阶段性特征,且驱使旅游

---

①　BUHALIS D, SPADA A. Destination management systems: criteria for success—an exploratory research[J]. Information Technology & Tourism, 2000, 3(1): 41-58.

②　BREAKEY N M. Tourism destination development—beyond Butler[M]. Queensland: University of Queensland, 2006.

③　BURT R S. Models of network structure[J]. Annual Review of Sociology, 1980, 6(1): 79-141.

目的地从一个阶段走向下一个阶段的动力都是不同的。

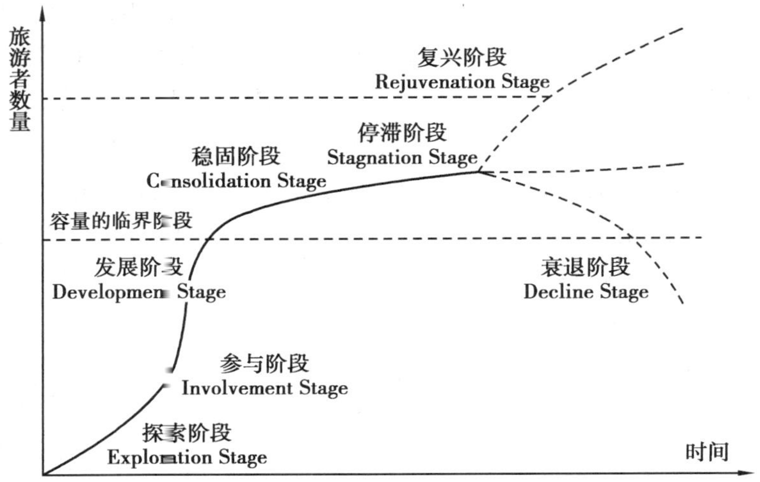

图 12-22　巴特勒的旅游地生命周期模型

资料来源：BUTLER R W. The concept of a tourist area cycle of evolution：implications for management of resources［J］. Canadian Geographer，1980，24（1）：5-12.

①探索阶段：促使一个未知名的地方成为具备旅游功能的旅游目的地的驱动因素包括优美的自然环境、历史悠久的社会背景、政府机构的推进、探险者的发现和宣传、地方参与行为、企业家精神等。

②参与/发展/巩固阶段：这些阶段的共同特征是旅游目的地在发展，旅游供给在增多、旅游人数也在不断上升。在这个阶段，参与者行为、企业家精神、政府和私人部门、旅游代理商、基础设施、外来的投资行为等是这一阶段的主要驱动因素，另外，旅游目的地本身固有的历史文化资源也会发挥一定的驱动作用。

③停滞/衰退/保持/复兴阶段：停滞和衰退是旅游目的地所不愿看到的，因此学者们多研究如何让旅游目的地再次复兴，在这个过程中，政策因素、区位优势、产品多样化、客源市场优势、新技术的引入、参与者的行为、新的旅游活动、良好的管理和长期规划等都能够阻止旅游目的地走向衰退，并推动其进入新一轮的发展周期。

旅游目的地生命周期模型的一个重要优势是能够描述一个旅游目的地的长期发展和演变过程，并且从相关的驱动因素的研究成果中也可以看出，在不同的旅游目的地，各驱动因素的作用能力各不相同。在有些旅游目的地，使其生命周期发展曲线产生拐点的作用力各不相同；但在另一些旅游目的地，却是同一个因素在产生持续的影响，并且在不同阶段起到不同的作用，这取决于不同的案例背景。

2）RICI 模型

RICI 模型基于对张家界的历史观察，总结提炼出了过去 30 年中国的旅游目的地发展的核心推动力分别经历了资源驱动阶段、制度驱动阶段、资本驱动阶段、创新驱动阶段(见图12-23)①。

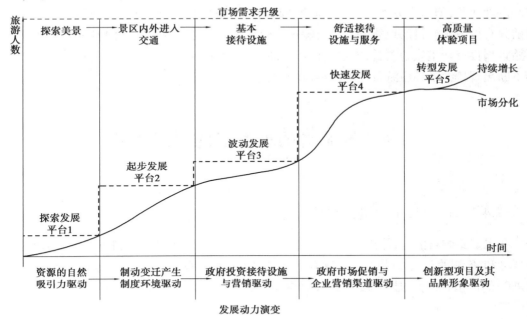

图 12-23　旅游目的地发展的动力演变模型

①资源驱动发展阶段:在旅游目的地发展初期,游客处于自然增长状态,推动市场不断增长的核心动力是资源本身的吸引力。在此阶段,文化精英对资源的宣传和推广起了重要作用,但其发展瓶颈是道路与基础设施不足。

②制度驱动发展阶段:旅游发展导致地方各利益相关者矛盾冲突不断加剧,特别是各政府部门的利益冲突直接影响了旅游目的地发展,这种冲突矛盾最终推动管理体制改革,而经过改革的新的管理体制使利益初步形成合力,加快了公共设施如道路等的建设,同时对旅游营销也初步形成合力。在这一阶段,大部分旅游目的地的基础设施以及一些基本的服务接待设施都是由政府或国有企业投资建设的。

③资本驱动发展阶段:一方面,基础设施初步完善,管理体制初步理顺,多方形成旅游发展合力,但建设资本短缺成为发展瓶颈;另一方面,由于旅游市场需求的提高升级,旅游服务设施质量提升需要大量投资,此时外来资本的进入为解决这一问题提供了动力,资本成为推动旅游目的地服务设施升级、营销手段多元化的重要推手,同时,这一阶段旅游发展的矛盾也日益多元化。在这一阶段,旅游需求的迅猛增长导致旅游服务接待设施严重短缺,各种资本对由政府或国有企业投资的旅游接待设施进行收购与重组,或者直接投资建设全新的接待设施并投资开发新景区,同时这些资本对旅游目的地营销的投入也成倍增长,游客人数因此飞速增长。

---

①　ZHANG C Z, XIAO H G. Destination development in China: towards an effective model of explanation[J]. Journal of Sustainable Tourism, 2014, 22(2): 214-233.

④创新驱动发展阶段(知识驱动阶段):经过资本强势推动发展的高潮后,旅游目的地已经成为知名品牌,其发展陷入停滞波动阶段,一方面,大量的旅游投资导致服务设施与旅游产品恶性竞争,但另一方面,一些创新的产品与服务设施持续推动旅游目的地向前发展,但目前只有少数旅游目的地能够顺利突破这一瓶颈实现可持续发展。此阶段有大量外来资本开始策划投资新型旅游项目,如演艺产品、惊险刺激的旅游产品、高端度假酒店等,这些项目的不断出现持续推动旅游目的地游客市场增长。

12.4　旅游目的地发展的阻碍因素

12.4.1　旅游目的地资源退化

在很多旅游目的地,旅游带来的经济效益是以当地社区承受社会和环境代价为前提的,而环境和资源的退化,最终会引起旅游目的地走向衰落。Lagiewski 重新解读了 Butler(1980)的模型,认为人造景观、自然吸引物和服务的逐渐退化是旅游目的地走向衰落的根本原因。

人们的过度开发和污染,导致环境恶化、资源退化,例如在中央格兰德岛,旅游发展不断侵蚀海滩,导致海滩景观质量下降、自然环境恶化,并最终导致旅游目的地衰退①。

这种现象已经被学者们发现,20 世纪90 年代的可持续发展概念的提出,让人们开始意识到旅游的发展需要兼顾自然环境的质量,才能达到旅游目的地的可持续发展。Carlsen 以海岛旅游目的地为例,提出了一个系统的管理方法,用于保护和改善旅游目的地的环境,确保旅游目的地的基础生产要素和吸引物要素的发展②。

12.4.2　地区经济环境

地方经济水平低会抑制旅游目的地的发展,如武传震在分析山东曲阜旅游发展中发现,曲阜在发展高层次、多样化的旅游住宿设施和娱乐设施时面临地方经济发展水平低、无法抵抗来自大城市的经济吸引力的困境③。Stansfield 指出美国 Atalantic 旅游目的地衰落的主要原因之一是美国城市的整体衰落④。另外,地方的经济结构也会影响旅游业的稳定性,如过度依赖旅游业、过度商业化等⑤。

---

① MEYER-ARENDT K J. The Grand Island, Lousiana resort cycle[J]. Annals of Tourism Research, 1985, 2(3): 449-465.

② CARLSEN J. A systems approach to island tourism destination management[J]. Systems Research and Behavioral Science, 1999, 6(4): 321-327.

③ 武传震.论弱经济支撑力下国际知名旅游目的地发展研究——以曲阜为例[J]. 旅游论坛, 2008,1(2): 252-255.

④ STANSFIELD C. Atlantic city and the resort cycle background to the legalization of gambling[J]. Annals of Tourism Research, 1978, 5(2): 238-251.

⑤ OGLETHORPE M K. Tourism in Malta: a crisis of dependence[J]. Leisure Studies, 1984, 3(2): 147-161.

12.4.3　地方控制力

尽管外来投资者极大地促进了旅游目的地快速发展,但是地方的经济控制力外移会对旅游目的地的发展带来负面效应。如 Oglethorpe 发现地方经济控制力外移会对旅游业的稳定性造成影响。而在 Bahamas 的 Paradise Island 案例中发现,跨国集团的控制会影响旅游目的地旅游客源市场分布与旅游产品的结构,也会导致旅游目的地吸引力的下降①。同时,当地方缺乏足够的人力资源和专业知识,也会成为旅游业发展的阻碍力量②。尽管企业家精神在旅游目的地发展中发挥了巨大的驱动作用,但在旅游目的地发展的后期阶段,旅游业小企业家自身的局限性会成为阻碍旅游目的地进一步发展的因素之一③。

地方控制力的问题在中国的世界文化遗产地宏村和西递两个古村落发展的对比中可以体现出来,缺乏地方控制力的宏村在作为文化旅游目的地的发展过程中遭受了各种矛盾和冲突,严重影响了其发展;而由地方主导的西递则不断发展,游客人数节节攀升④。地方控制力的问题也关系到社区参与和地方支持的问题,居民的态度对于旅游目的地特别是文化类别的旅游目的地而言具有决定性的影响,若居民产生消极行为,那么旅游目的地的发展也势必会受到阻碍。

12.4.4　突发事件

能源危机、战争、自然灾害、疾病等因素会短暂影响旅游目的地发展。例如,2003 年非典与 2020 年新冠肺炎袭击中国,国内各旅游目的地都遭受了旅游业的寒冬;而 2008 年和 2009年的全球金融危机,则导致入境旅游市场下滑明显。在 Lancaster County,空气危机、邻近的核爆炸事件、能源供应不足导致旅游目的地人数陡然下降⑤。中东地区政局不稳定是制约迪拜旅游发展的因素之一⑥。突发事件对旅游目的地发展的影响可以从太平洋岛屿国家的旅游曲线中看出,由于受各种突发事件的影响,岛屿国家的旅游发展曲线呈现不规则的形状⑦。

突发事件的影响相对较为短暂。因为当事件发生之后,人们会尽力、尽快地寻找方法解决这些问题。随着事件的处理,旅游目的地通常又能够恢复生产和发展。

①　DEBBAGE K. Oligopoly and the resort cycle in the Bahamas[J]. Annals of Tourism Research, 1990, 17(5): 513-527.

②　KELLER C P. Stages of peripheral tourism development—Canada's northwest territories[J]. Tourism Management, 1987, 8(1): 20-32.

③　WEIERMAIR K, PETERS M, SCHUCKERT M. Destination development and the tourist life-cycle: implications for entrepreneurship in Alpine tourism[J]. Tourism Recreation Research, 2007, 32(1): 83-93.

④　王燕华.利益主体视角下的古村落旅游经营模式探讨[D].北京:北京第二外国语学院, 2008.

⑤　HOVINEN G R. A tourist cycle in Lancaster County Pennsylvania[J]. Canadian Geographer, 1981, 25(3): 283-286.

⑥　HENDERSON J C. Tourism in Dubai: overcoming barriers to destination development[J]. International Journal of Tourism Research, 2006, 8(2): 87-99.

⑦　CHOY D J L. Life cycle models for Pacific Island destinations[J]. Journal of Travel Research, 1992, 30(3): 26-31.

【本章小结】

　　旅游目的地演化是旅游目的地研究的重要内容之一,主要以生命周期理论、空间演化理论、系统学理论、社会网络理论和演化经济地理学理论等作为理论基础。

　　关于旅游目的地演化的解释模型主要有 Butler 的旅游地生命周期模型;"点状、放射、凝聚、扩展","单节点、多节点、链状节点","疏点、散快、条带、团块、板块"三种旅游目的地空间演化模型;Gunn 的旅游功能系统模型、Leiper 的旅游地理系统模型、徐红罡的城市旅游目的地的生命周期系统动态模型、McKercher 的旅游目的地复杂系统模型、王迪云的旅游目的地耗散结构系统模型、杨仲元等学者的旅游目的地复杂系统结构模型六种旅游目的地系统演化模型。

　　旅游目的地发展主要受到三种动力机制作用,即供需平衡的动力机制、复杂系统的动力机制和阶段性发展的动力机制。同时,旅游目的地的发展过程也同样受各种阻碍因素影响,如旅游目的地资源退化、地区经济环境、地方控制力及突发事件的负面影响。

【关键术语】

　　旅游目的地;演化;发展;动力机制。

复习思考题

1.试述旅游目的地演化的概念。

2.与旅游目的地演化相关理论有哪些? 请列举 3 个不同理论并作
　简述。

3.关于旅游目的地空间演化的理论有哪些?

4.关于旅游目的地系统演化的解释模型有哪些? 请列举 2~3 个并
　作简述。

5.简述 RICI 模型的结构和要素演化特征。

【案例分析】

我国古镇旅游开发的另类路径——以北京古北水镇为例

　　北京古北水镇由中青旅控股股份有限公司发起投资,地址选在北京市密云区古北水镇。那里背靠中国最美、最险的司马台长城,坐拥鸳鸯湖水库,是京郊罕见的山、水、长城结合的区域。在此基础上,古北水镇依托司马台遗留的历史文化进行深度挖掘,将 9 平方千米的度假区整体规划为"六区三谷",分别为老营区、民国街区、水街风情区、卧龙堡民俗文化区、汤河古寨区、民宿餐饮区与后川禅谷、伊甸谷、云峰翠谷,成为集观光游览、休闲度假、商务会展、创意文化等多种旅游业态于一体,服务与设施水平较高,参与性和体验性较好的综合性特色休闲国际旅游度假目的地。其成功可通过营业两年多来的数据说明:2014 年,古北水镇景区开业第一年实现客流量接近 100 万人次,远超市场预期,实现旅游综合收入 2 亿元,占全区景区综合收入的 56%,安置本地劳动力近 1 000 人,带动司马台雾灵山沟域全年实现旅游综合收入 3.15 亿元。2015 年,古北水镇景区实现营业收入 4.62 亿元,净利润 4 701 万元;全年接待游客 147 万人次,同比增长 50.85%。由此可见,古北水镇复制乌镇模式取得了成功。

这两年,古北水镇也像某些主题公园一样,在营销推广上做足了文章。比如,不断充实景区内容,加快推进商铺招商工作,拓宽销售渠道,增加地铁广告、互联网广告投放,继冬季的温泉、冰雪等项目以后又推出新的游览设计和夜游票方案,加强同 OTA 的合作,承接《奔跑吧兄弟》《真心英雄》等多个综艺节目的录制等。这些卓有成效的措施,使古北水镇内部参与性、娱乐性不断增强,景区知名度和影响力有了较大提升,团队占比也提升至 30%。

资料来源:中国旅游报,2016-08-30.

问题:根据案例,结合相关的旅游目的地发展驱动力理论,谈一谈你对古北水镇旅游发展的驱动因素的认识。结合你所熟悉的古镇类旅游目的地发展模式,提出一些有助于古北水镇旅游目的地可持续发展的建议。

第 13 章
新时代旅游目的地发展的趋势与挑战

【教学目标与要求】

理解：
- 旅游目的地旅游业态的概念内涵
- 旅游目的地旅游产业融合的概念内涵
- 旅游目的地全域旅游发展的概念内涵

熟悉：
- 旅游目的地发展的新趋势
- 旅游目的地发展面临的新挑战

掌握：
- 旅游目的地业态创新的动力、发展过程及模式
- 旅游目的地产业融合的路径、演化过程及模式
- 旅游目的地全域旅游的空间建设和发展模式

【知识架构】

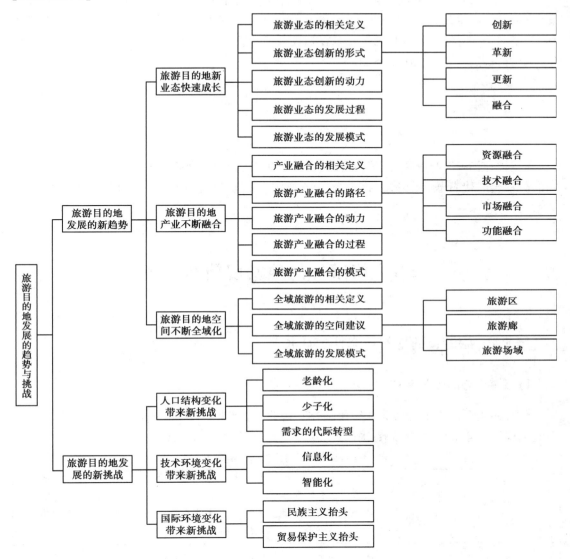

【导入案例】

旅游业新趋势呼唤旅游目的地创新发展

2016 年 5 月 19 日,首届世界旅游发展大会高峰论坛在北京举行。国家旅游局局长李金早表示,未来 5 年中国出境旅游将超过 6 亿人次,中国正进入"大众旅游"时代,旅游业作为综合性产业在经济社会发展中发挥的作用和影响将更加广泛。

在新时期,居民消费升级、交通改善、互联网科技快速发展将是助力旅游业快速发展的重要原因。旅游业软硬兼备、融合度高、覆盖面广、拉动力强,可通过产业融合开发新业态,满足多元化消费需求,"旅游+"将成为下一阶段行业发展的新趋势。

李金早指出,要在全域配置优化交通、水利、城建等各类资源,以旅游促进经济社会统筹发展;按景区标准统筹规划建设,优化综合服务;构建全域大旅游综合协调管理体制;全域发挥"旅游+"功能,将旅游与其他产业融合形成新的生产力和竞争力。

资料来源:新华网,2016-05-20.

面对"旅游+"、产业融合、消费升级、科技创新等新趋势,本章将梳理旅游目的地发展面临的新社会时代背景、新业态、产业融合新要求及新挑战,以回应旅游目的地创新发展的需求。

13.1 旅游目的地发展的新趋势

13.1.1 旅游目的地新业态快速成长

1) 旅游业态的相关定义

业态的概念源于 20 世纪 20 年代国外零售业,常译为"Type of Operation"。学者们通常将业态理解为企业的经营形态,国内外关于"业态"的不同定义如表 13-1 所示。

表 13-1 国内外关于"业态"的不同定义

学者	年份	定义
Hower	1943	业态是具有主导地位的经营方法的交替现象,一方面向专业化发展,另一方面从专业化向多元化发展
McNair	1958	业态大多由初期的低地位、低毛利、低服务的状态逐步向高毛利、高价格的状态发展,并被新的"三低"业态取代
Dressman	1968	业态能最有效地适应由顾客、竞争者和变化着的技术所组成的环境的各种形态
Gist	1968	业态是零售商面对激烈的竞争将向竞争对手学习并逐渐在产品、设施和价格等方面趋向一致,组成一种新的零售业态
Davidson	1976	业态具有像人一样的生命现象,即存在一个从产生到消亡的过程,而在每一不同阶段,零售业态表现出不同的特征

续表

学者	年份	定义
铃木安昭	1980	业态指零售店铺的营业形态
安士敏	1992	业态是营业的形态
刘汝驹	1999	业态是零售业经营的形态
蔡文浩	2001	业态指的是零售业为实现销售目的所采取的组织形式和经营方式的总称
《零售业态分类标准》（GB/T 18106—2004）	2004	业态指零售企业为满足不同的消费需求进行相应的要素组合而形成的不同经营形态

资料来源：杨玲玲，魏小安. 旅游新业态的"新"意探析［J］. 资源与产业，2009，11(6)：135-138.

　　狭义的旅游业态指旅游企业的经营形态；广义的旅游业态指旅游产业部门根据市场变化由相应的要素组合形成的产品、经营方式和组织形式所呈现的形态。旅游新业态是一个相对概念，通常理解为旅游产业部门根据需求与供给环境变化而针对传统旅游业态的拓展与创新。目前，旅游传统业态和新业态有很多不同的理解（见表 13-2）。

表 13-2　传统旅游业态与旅游新业态的比较

项目	旅游传统业态	旅游新业态
旅游方式	以团队为主（如旅行社组团、单位组织等）	有散客、自助游、团队等形式（如组拼团、自驾等）
旅游资源	实体资源（以山水、湖泊、寺庙等有形的自然与文化景观为主）	创新（意）资源（工农业、动漫游戏等转化为旅游资源）
旅游目的	以观光为主	多样化旅游诉求（观光、休闲、度假、购物、养生、探险等）
产品特征	淡旺季明显，满足大众旅游需求	个性化、定制性旅游（医疗、探险、公务、修学、会展旅游等）
经营形态	传统的商业营销方式（景区和旅行社的广告宣传、价格刺激）	旅游目的地经营（联合经营、网络营销、媒体宣传、事件营销、虚拟化经营、服务外包等）
组织形态	以单个旅游企业为主（旅行社、酒店、景区等）	战略联盟、链条型集团、平台企业等（如家连锁酒店、携程网等）
竞争手段	广告、价格竞争（报纸、电视宣传、促销等）	创新、品牌、科技竞争（创意旅游、"CCTV 中国品牌"7 天连锁酒店集团、实景演艺）

续表

项目	旅游传统业态	旅游新业态
产业技术	信息化程度较低(旅行社报团、电话预订)	数字娱乐、旅游电子商务等
产业关联	产业关联度较低,产业边界相对清晰(旅游业与其他服务业、工农业关联性不强)	旅游业与三次产业的关联性较高,产业边界模糊(如旅游房地产、创意旅游、工业旅游等)
产业空间形态	以景点为依托,分布相对分散(旅行社、景区、酒店相分离,购物、娱乐点分散)	以集聚区为中心集群分布(如798创意产业园、上海"8号桥创意工业园区"、品牌购物 shopping mall)
产业导向	以资源导向型为主(景区知名度吸引旅游者)	市场导向型[旅游者的养生休闲需求刺激新型(兴)产品形成]
产业目标	以经济效益为主,兼顾生态效益	生态效益、社会效益和经济效益相统一

资料来源:张瑞真,马晓冬.我国旅游新业态研究进展及展望[J].旅游论坛,2013,6(4):53-58.

2) 旅游业态创新的形式

旅游新业态主要通过以下几种形式出现:

①创新:指不同于现有的任何业态的经营内容和经营方式,并根据发展的需求,重新组合资源和要素推出新产品、新方法,开辟新的市场形成新的组织,完全创造的新型模式。创新的实质是从无到有。例如,根据技术进步、生活条件改变等增加的旅游项目,如自驾车旅游、邮轮旅游等。

②革新:指改变或提升原有业态的经营模式或将原有业态的某一环节或某一项目独立出来做强、做大,注重差别,突出特色细化服务,从而创立出异质化的业态模式。革新的实质是从同到异,将传统业态的功能转变成一种新的模式,如乡村度假、休闲旅游、商务会展等。

③更新:指改造或替换旧的经营模式,即通过增加新的内容、新的技术、新的方法、新的功能等因素,实现更新换代,进而发展成为新型的业态模式。更新的实质是从旧到新,在传统业态模式中注入新的功能而形成新的业态形式,如度假酒店、主题酒店等。

④融合:指将旅游业的两种或几种功能整合到一起,或者重新组合,形成一个独立的业态形式。融合的实质是从一到专,从单到丰,如旅游业与文化产业的融合而形成的文化创意旅游产品,旅游业与信息产业的融合而产生的旅游信息网络、旅游电子商务业。

3) 旅游业态创新的动力

旅游新业态产生的动力主要包括五种因素(见图13-1)[①]:

①市场规模:市场规模的不断扩大和国民出游范围的不断增大,导致旅游市场不断细

---

① 张文建.旅游服务经济与业态创新[M].北京:北京大学出版社,2012.

分,推动了新业态的出现。

②旅游需求:人们旅游消费经历的不断成长,使旅游消费的需求也不断变得多元化、个性化和品质化,这也成为推动旅游产业业态创新的重要动力。

③专业化分工:社会化大生产条件下的专业化分工是推动新型旅游企业和新业态出现的直接动力。建立在市场规模化和社会化基础上的专业化分工与产业融合可以为新业态的产生创造条件。

④技术进步:互联网、云计算、VR、人工智能等新技术的创造和应用是旅游业态创新的关键因素,也是旅游企业创新商业模式和获取市场竞争优势及话语权的核心手段。

⑤政府政策:近年来,国家不断出台新政策推动旅游与健康、养老、互联网、体育、农业、文化等进行融合,为旅游新业态、新模式的产生和发展提供了一系列政策红利。

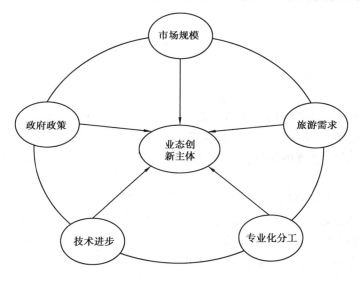

图 13-1　旅游业态创新的动力

资料来源:张文建.旅游服务经济与业态创新[M].北京:北京大学出版社,2012.

4) 旅游业态的发展过程

旅游业态的发展过程包括初成、加强、稳定、更替或衰落 4 个阶段。从时间维度来看,处于初成期、加强期和稳定期前段的业态属于旅游新业态,而处于稳定期后段和更替期或衰落期的业态属于旅游传统业态,也可以称为旅游旧业态(见图 13-2)。

初成阶段:某一旅游业态从概念到雏形的发展阶段,即旅游新业态萌芽和出现。在这一阶段,旅游新业态是企业在经营管理过程中有意或无意间逐渐形成的,它虽然具有一定的时空耦合性,但是也是一定条件下的必然产物。旅游新业务的形成需要一定量的资金、人力、物力等的投入,这一阶段旅游新业态的数量相对较少,并存在根本性的创新行为或对原有组织体系、管理体系、制度体系等进行较大变革,更多表现为质变过程。

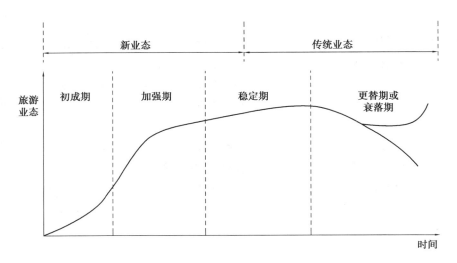

图 13-2 旅游业态的发展过程

资料来源:郭峦.旅游新业态的演进规律[J].沿海企业与科技,2011(7):60-63.

加强阶段:某一旅游业态从雏形到一定规模的过程。旅游新业态在数量上增长较快,并达到一定的规模。旅游新业态在发展过程中,会随着市场需求、市场竞争、国家政策等发展条件的变化,不断进行较大的调整和修正,呈现出渐进性创新。这一阶段旅游业态的发展以量变为主。

稳定阶段:由于市场的约束,某一旅游业态的数量基本处于饱和,呈现稳定状态的阶段。旅游新业态在这一阶段不断完善,调适幅度和频率越来越少。随着时间的推移,逐步形成了较为稳定,并被市场广泛认可的业态,最终成为旅游旧业态。

更替或衰落阶段:由于内外部环境的变化,某一旅游业态逐渐弱化,退出市场或在原有的基础上萌生出新的旅游业态的过程。

5)旅游业态的创新模式

从创新机制的角度看,旅游业态创新的基本模式包括资源整合式、专业分化式、组织创新式、服务外包式、技术推动式、区域集中式、业务融合式以及俱乐部式等基本模式(见表 13-3)[1]。

表 13-3 旅游业态创新的基本模式

业态创新模式	基本含义	举例	出发点和侧重点	适应对象
资源整合式	通过建立特定的组织把同种类型的旅游资源加以分类整合,成立类似于旅游超市和专卖店的形态,以利于集中推广	旅游集散中心、工业旅游促进中心、农业旅游促进中心、水上旅游促进中心等	资源共享营销推广	政府和行业协会

① 张文建.旅游服务经济与业态创新[M].北京:北京大学出版社,2012.

业态创新模式	基本含义	举例	出发点和侧重点	适应对象
专业分化式	随着市场的不断扩大和分工专业化的加深,在原有比较成熟的旅游企业内部由某些部门功能强化后独立出来所形成	导游服务公司、租车服务公司、专业会议组织公司、目的地管理公司、旅游管理公司、旅游专业服务公司	市场细分专业提升	中小型企业
组织创新式	大型旅游企业集团为占领市场和扩大规模,在经营和管理上的组织表现形式	经济型酒店、连锁酒店、连锁旅行社、景区联盟、饭店联盟	市场份额规模经济	企业集团
服务外包式	企业集团或政府部门为节约成本、减少开支和便于管理把内部的某些业务和事物外包出去以提高核心竞争力的行为	旅游呼叫中心运营商、差旅管理公司、会奖旅游服务公司	成本节约优化管理	大型企业
技术推动式	在电子信息和网络技术高度发达的基础上直接催生的新型业态	以"携程""艺龙""杠果网"为代表的第三方中介、以"去哪儿"为代表的垂直搜索引擎、移动通信信息提供商、数字旅游服务商等	资本技术网络经济	IT 企业、信息部门、高科技产业
区域集中式	企业为获取集聚优势在某一特定区域功能上的联合	品牌购物 shopping mall、精品综合度假 mall、旅游总部经济集聚区(项目集聚与推广中心)、旅游综合体	综合效益集聚经济	开发区、商务区、现代服务集聚区
业务融合式	企业为获取规模经济和范围经济在某一产业范围内业务上进行联合	旅行社+航空(旅游航运公司)、会展+酒店(会议型酒店)、演艺+主题景区(旅游演艺公司)、旅游+地产(旅游房地产公司)	化解风险范围经济	归属第三产业的大型企业或综合性企业集团
俱乐部式	为吸引特定的人群而成立并为其服务的具有定内部开放性的组织	"汽车营地"服务商、自驾车俱乐部、"俱乐部式"餐饮/酒店、老人俱乐部式公寓、换房旅游俱乐部、海上游艇俱乐部	特定团体群体价值	行业协会、自发性组织

13.1.2　旅游目的地产业不断融合

1)产业融合的相关定义

在《经济学大辞典》中,产业是指国民经济的各行各业[①]。一般理解为产业是介于宏观经济(国民经济)和微观经济(企业经济)之间的中观经济;产业是由国民经济中具有同一性质的经济社会活动单元构成的组织结构体系[②]。在《现代汉语词典》中,融合指"几种不同的事物合成一体"。产业融合的现象出现于 20 世纪 60 年代,是在以信息技术为核心的高新技术的快速发展推动下产生的经济现象。国内外学者从不同的角度或领域对其进行了界定(见表 13-4),产业融合可以理解为由技术进步、放松管制和管理创新而导致的不同产业边界的模糊或消失,各产业之间相互交叉、相互渗透,联系更紧密,最终形成新的产业的动态发展过程。

表 13-4　关于"产业融合"的不同定义

学者	年份	定义
植草益	1988	产业融合是原本属于不同产业或市场的产品,因技术创新而具有了相互替代关系,从而使两个产业或市场中的企业转为竞争关系的一种现象
Yoffie	1997	产业融合指采用数字技术后将原本各自独立的产品进行整合
Greenstein & Khanna	1997	产业融合作为一种经济现象,是指为了实现产业增长而发生的产业边界的收缩或消失
Raghuram	2000	产业融合从根本上是指运用数字技术将传统的和新的通信服务(包括声音、数据和图片)在许多不同的网络中进行共同传送的现象
Malhotra	2001	产业融合指两个或两个以上原本各自独立的产业,当它们的企业成为直接竞争对手时所发生的融合现象
厉无畏	2002	产业融合指不同产业或同一产业内的不同行业之间相互渗透、交叉,逐渐融为一体,最后形成新产业的动态发展过程
何立胜	2005	产业融合是不同产业或同一产业内的不同行业在技术创新与制度创新的作用下,相互交叉、相互渗透,进而融为一体,形成新型产业的动态发展过程
胡金星	2007	产业融合是指在开放产业系统中,新奇的出现与扩散引起不同产业构成要素之间相互竞争、协作与共同演进而形成一个新兴产业的过程
刘祥恒	2016	产业融合是以前各自独立、性质不同的产业或同一产业内的不同行业突破彼此的边界,相互渗透,逐渐融合成具有多个产业特性的新业态或新产品的过程

资料来源:刘祥恒.旅游产业融合机制与融合度研究[M].合肥:中国科学技术大学出版社,2019.

---

①　梁小民.经济学大辞典[M].北京:团结出版社,1994.

②　周新生.产业分析与产业策划方法及应用[M].北京:经济管理出版社,2005.

关于旅游产业融合的概念众多,大多数侧重于产业系统、旅游企业、产业结构和产业关联等方面(见表 13-5)。综合来看,旅游产业融合的核心概念是旅游服务这一无形要素跨越旅游产业与其他产业的产业边界,从而改变其他产业链并实现新产业的过程;其外延概念是指其他产业的无形要素跨越旅游产业与其他产业的产业边界从而改变旅游产业并形成新业态的过程。

表 13-5　旅游产业融合的不同定义观

定义视角	内容
产业系统观	旅游产业融合是指在一种开放的旅游产业系统中,产业系统的各构成要素通过扩散变革引起不同产业要素之间相互竞争、相互协作与共同演进,进而形成一个新型产业的过程①
旅游企业观	旅游产业融合是指为了实现更优发展,旅游产业内外各旅游企业通过发挥相关的新技术和新创意的作用,在旅游产业内外不断寻求相互融合的契机,从资本市场、旅游人才、旅游资源、业务市场等方面进行动态的融合发展,以实现旅游企业自身综合价值最大化,从而实现旅游产业结构的升级和转型②
	旅游产业融合是指旅游企业在遗传机制作用下,所继承的原有惯例已不能带来满意的利润,从而重新搜寻和创造新的惯例,将有针对性地与目标产业融合作为旅游产品创新的主要路径,通过市场选择机制的作用,引起同行的模仿和追随,最终扩散至整个旅游产业的过程
产业结构观	旅游产业融合是指在整个大旅游产业结构中,在企业对规模经济的追求、产业管理规制放松、旅游需求升级、技术创新等因素的作用下,固有的旅游产业结构发生变化,旅游业与相关产业发生跨界融合的现象③
产业关联观	旅游产业融合是指旅游产业与其他产业或者旅游产业内部不同行业之间相互渗透、相互关联,最后形成新的产业的动态发展过程④
	旅游产业融合是指旅游业和其他产业之间在共生发展中相互渗透与融合,最终形成一种得到市场认可的新型业态和新型产品,从而能够迅速成长为一种新的行业⑤
	旅游产业融合是指旅游产业与其他产业或旅游产业内不同行业相互渗透、相互交叉,最终融合为一体,逐步形成新产业或产业链的动态发展过程⑥
	旅游产业融合是指旅游产业和其他产业之间在共生发展中相互渗透、相互融合,最终创立一种新型的业态和一种新的共生产品,以获得市场的认可,从而能够迅速成长为一种新的行业⑦

资料来源:基于文献整理。

①　徐虹,范清.我国旅游产业融合的障碍因素及其竞争力提升策略研究[J].旅游科学,2008,22(4):1-5.

②　李锋,陈太政,辛欣.旅游产业融合与旅游产业结构演化关系研究——以西安旅游产业为例[J].旅游学刊,2013,28(1):69-76.

③　严伟.基于 AHP-模糊综合评价法的旅游产业融合度实证研究[J].生态经济,2014,30(11):97-102.

④　程锦,陆林,朱付彪.旅游产业融合研究进展及启示[J].旅游学刊,2011,26(4):13-19.

⑤　王朝辉.产业融合拓展旅游发展空间的路径与策略[J].旅游学刊,2011,26(6):6-7.

⑥　何建民.我国旅游产业融合发展的形式、动因、路径、障碍及机制[J].旅游学刊,2011,26(4):8-9.

⑦　李树民.旅游产业融合与旅游产业协整发展[J].旅游学刊,2011,26(6):5-6.

2) 旅游产业融合的路径

因不同产业的不同功能作用、技术优势、特色及其与旅游业关联方式的差异,融入旅游产业的途径也各不相同。旅游产业融合有资源融合、技术融合、市场融合和功能融合四条路径(见图13-3)①。

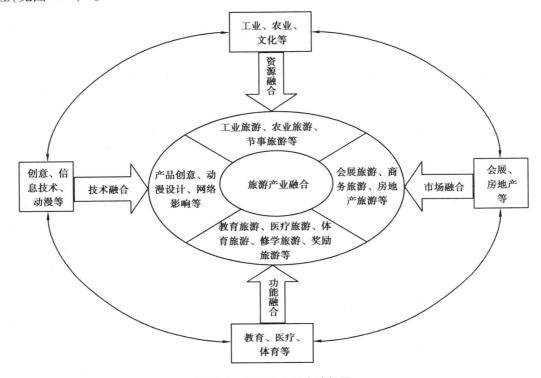

图 13-3　旅游产业融合路径图

①资源融合路径:指其他产业以旅游资源的形式融入旅游产业,即其他产业的生产经营活动及其产品通过精心策划组织和创新性开发利用,形成新型的旅游产品,从而丰富旅游产品类型,满足多样化的旅游需求。例如:农业旅游是指以农业生产过程、农村风貌、农民劳动生活场景为主要吸引物的旅游活动;工业旅游则是指以工业生产过程、工厂风貌、工人工作生活场景为主要旅游吸引物的旅游活动。

②技术融合路径:指在技术创新或管理创新的推动下,通过技术的渗透融合,将原属于不同产业的价值链活动环节,全部或部分无摩擦地渗透到另一产业中,相互交融,形成新型的产业。比如:旅游业在发展过程中积极与动漫产业、文化创意产业等相结合,形成新型的旅游产品,产生新型的旅游形式,诸如印象刘三姐、西湖烟雨等。

③市场融合路径:指市场成为相关产业融入旅游产业的有效路径。各相关产业的企业为保持、提升自身核心竞争力,瞄准旅游市场寻找发展契机。如旅游房地产业、会展旅游、公

---

① 麻学锋,张世兵,龙茂兴.旅游产业融合路径分析[J].经济地理,2010,30(4):678-681.

务旅游、商务旅游等均是以市场为融合路径与旅游业相融合,形成新型的旅游业态。

④功能融合路径:指以功能为共融路径的旅游产业融合。比如:体育的主要社会功能是使人们强身健体、放松身心等,而旅游也具有帮助人们健身强体、消除疲劳,获得生理和心理上的满足与放松,使人们善度余暇等功能特点。体育与旅游相结合所形成的新型业态——体育旅游,能使旅游促进人们身心健康的功能得以充分展示、发挥与强化,同时也使体育产业的发展方式得到进一步拓展。

3) 旅游产业融合的动力

促进旅游产业融合的动力是多方面的,主要包括旅游需求的拉动力、旅游企业内在驱动力、技术创新的推动力以及旅游产业融合外部环境四种(见图 13-4)[①]。

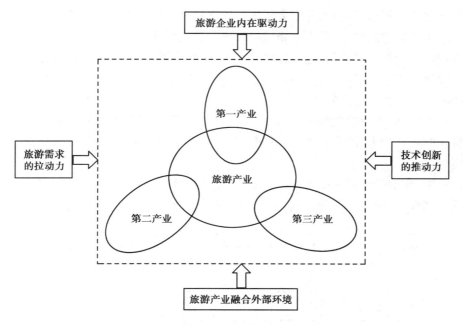

图 13-4　旅游产业融合动力机制模型

①旅游需求的拉动力:旅游是以需求为导向的产业,其产业链围绕旅游需求构成。旅游需求变化调整时,旅游产业链也会随之变化调整,这种对旅游需求的拉动力会促进旅游产业与其他产业融合发展,不断扩大旅游产业的外延,从而开发出新的旅游产品以满足旅游者的多样化需求。

②旅游企业内在驱动力:随着旅游市场的不断成熟,竞争愈加激烈,为了实现利润最大化和保持长期竞争优势,旅游企业必须不断创新旅游产品和服务来更好地满足消费者的旅游需求,必须通过跨产业的重组与融合来为消费者提供各种具有复合价值的产品。

③技术创新的推动力:技术创新通过在旅游资源整合、项目开发、市场开拓、企业管理、

---

① 高凌江, 夏杰长.中国旅游产业融合的动力机制、路径及政策选择[J].首都经济贸易大学学报, 2012, 14(2):52-57.

营销模式、咨询服务等领域的应用,逐步引起旅游发展战略、经营理念和产业格局的变革,带来产业体制创新、经营管理创新和产品市场创新,最终改变旅游产业的发展方式。因此,技术创新使旅游产业的科技含量不断提高,为旅游产业的发展注入新的活力、增添新的内容,加速旅游产业融合和结构优化的步伐,是旅游产业融合的直接推动力。

④旅游产业融合外部环境:诸如经济、政治、文化等外部因素是旅游产业融合的支撑力。近年来,国家出台一系列政策促进旅游产业融合发展,明确提出"大力推进旅游与文化、体育、农业、工业、林业、商业、水利、地质、海洋、环保、气象等相关产业和行业的融合发展",同时积极推广"旅游+"模式,促进了旅游产业转型升级和拓展了旅游产业发展空间。

4)旅游产业融合的过程

基于演化经济理论,旅游产业融合可理解为旅游企业在遗传机制作用下,所继承的原有惯例已不能带来满意的利润,从而重新搜寻和创造新的惯例,将有针对性地与目标产业融合作为旅游产品创新的主要路径,通过市场选择机制的作用,引起同行的模仿和追随,最终扩散至整个旅游产业的过程①。在旅游产业发展的不同阶段,旅游产业融合发展的水平是有差异的(见图 13-5),主要表现在:

①萌芽期:旅游产业的创新能力非常有限,旅游产业与相关产业的交叉渗透很少,对传统旅游资源的依赖较大,融合发展水平很低,融合型旅游产品的技术含量较低,旅游产业边界比较明显。

②成长期:旅游产业创新能力提高,旅游产业与相关产业交叉渗透增多,跨产业融合发展现象明显,旅游产业边界逐渐模糊,融合型旅游产品的技术含量增多,旅游产业融合程度稳步提升。

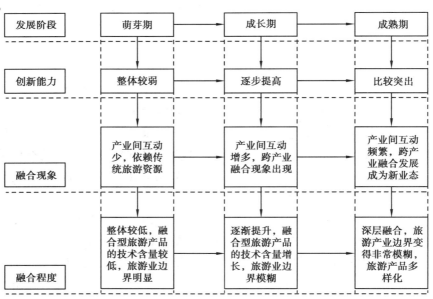

图 13-5 旅游产业融合发展的演化过程

---

① 刘祥恒.旅游产业融合机制与融合度研究[M].合肥:中国科学技术大学出版社,2019.

③成熟期:旅游产业与相关产业的交叉渗透频繁,跨产业融合发展已成为创新常态,旅游产业边界非常模糊,旅游产业进入深层融合发展阶段。

5) 旅游产业融合的模式

旅游产业融合的模式主要包括纵向融合和横向融合两种[①]。

①纵向融合:指不同产业间渗透、延伸,以实现融合。如工业与旅游产业融合发展出工业旅游,农业与旅游产业融合发展出农业旅游。

②横向融合:指产业内部各要素的重组融合,它发生于具有密切联系的同一产业内部不同行业之间。如第三产业服务业内部的动漫产业与旅游产业的融合发展、会展产业与旅游产业的融合发展。

13.1.3　旅游目的地空间不断全域化

1) 全域旅游的相关定义

全域旅游的定义主要有以下四种观点:

①需求观:全域旅游指各行业积极融入其中,各部门齐抓共管,全城居民共同参与,充分利用旅游目的地全部的吸引物要素,为前来旅游的游客提供全过程、全时空的体验产品,从而全面地满足游客的全方位体验需求[②]。其核心是全行业中全要素的整合,全过程、全时空的旅游产品的供给以及全方位的游客体验[③]。

②系统观:全域旅游指全部区域一体化发展旅游,是旅游产业的全景化、全覆盖,是资源优化、空间有序、产品丰富、产业发达的科学的系统旅游[④],主要包括游客子系统、旅游企业子系统、旅游目的地管理子系统和旅游吸引物子系统[⑤]。

③理念和模式观:全域旅游指在一定区域内,以旅游产业为优势产业,通过对区域内经济社会资源尤其是旅游资源、相关产业、生态环境、公共服务、体制机制、政策法规、文明素质等进行全方位、系统化的优化提升,实现区域资源有机整合、产业融合发展、社会共建共享,以旅游产业带动和促进经济社会协调发展的一种新的区域协调发展理念和模式[⑥]。

④场— 观:全域旅游的空间域指改变以景区为主要架构的旅游空间经济系统,构建起以景区、度假区、休闲区、旅游购物区、旅游露营地、旅游功能小镇、旅游风景道等不同旅游功能区为框架的旅游目的地空间系统,推动我国旅游空间域从景区为重心向旅游目的地为核心

①　丁雨莲,赵媛.旅游产业融合的动因、路径与主体探析——以深圳华强集团融合发展旅游主题公园为例[J].人文地理,2013,28(4):126-131.
②　厉新建,张凌云,崔莉.全域旅游:建设世界一流旅游目的地的理念创新——以北京为例[J].人文地理,2013,28(3):130-134.
③　李君轶,高慧君.信息化视角下的全域旅游[J].旅游学刊,2016,31(9):24-26.
④　吕俊芳.城乡统筹视阈下中国全域旅游发展范式研究[J].河南科学,2014,32(1):139-142.
⑤　戴学锋.全域旅游:实现旅游引领全面深化改革的重要手段[J].旅游学刊,2016,31(9):20-22.
⑥　杨振之.全域旅游的内涵及其发展阶段[J].旅游学刊,2016,31(12):1-3.

转型;产业域指改变以单一旅游形态为主导的产业结构,构建起以旅游为平台的复合型产业结构,推动我国旅游产业域由"小旅游"向"大旅游"转型;要素域指改变以旅游资源单一要素为核心的旅游开发模式,构建起旅游与资本、旅游与技术、旅游与居民生活、旅游与城镇化发展、旅游与城市功能完善的旅游开发模式,推动我国旅游要素域由旅游资源开发向旅游环境建设转型;管理域指改变以部门为核心的行业管理体系,构建起以旅游领域为核心的社会管理体系,推动我国旅游的行业管理向社会管理转变①。

全域旅游的核心内涵强调的是"全"与"域"。大多数学者强调全域旅游的特征是全要素、全行业、全过程、全时空、全方位、全社会、全部门、全游客②,要求旅游景观全域优化、旅游服务全域配套、旅游治理全域覆盖、旅游产业全域联动、旅游成果全民共享(见图 13-6)③。部分学者认为全域旅游的核心不在"全"而在"域",也可称为"域的旅游完备",主要指空间域、产业域、要素域和管理域的完备,转变之前以景区为主要架构、以单一旅游形态为主导、以旅游资源单一要素为核心、以部门为核心的开发管理理念,强调以空间全景化为理念④。在现实意义方面,全域旅游是旅游业贯彻落实新发展理念的重要体现,是促进旅游业转型升级和可持续发展的必然选择,是推进我国新型城镇化和新农村建设的有效载体,有助于全面提升我国旅游业的国际竞争力⑤。在战略意义方面,全域旅游是大旅游时代产业创新发展的战略路径,是新常态下国民经济振兴的战略杠杆,是践行"创新、协调、绿色、开放、共享"五大发展理念的战略抓手。

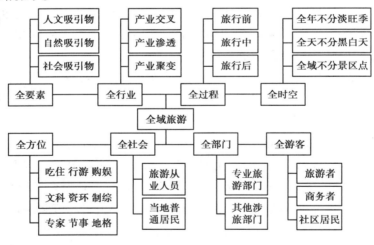

图 13-6　全域旅游"八全"结构图

2) 全域旅游的空间建设

全域旅游将区域整体作为旅游目的地发展的新理念和新模式,标志着现代旅游发展的

① 张辉,岳燕祥.全域旅游的理性思考[J].旅游学刊, 2016, 31(9):15-17.
② 吕俊芳.城乡统筹视阈下中国全域旅游发展范式研究[J].河南科学, 2014, 32(1):139-142.
③ 石培华.如何认识与理解"全域旅游"[J].西部大开发, 2016(11), 102-104.
④ 李金早.全域旅游的价值和途径[J].领导决策信息, 2017(5):16-17.
⑤ 魏成元, 马勇.全域旅游:实践探索与理论创新[M].北京:中国旅游出版社, 2017.

重心开始从单一景区景点建设到综合性目的地统筹进行转变。全域旅游空间由旅游区、旅游廊、旅游场域组成(见图 13-7)[①]。

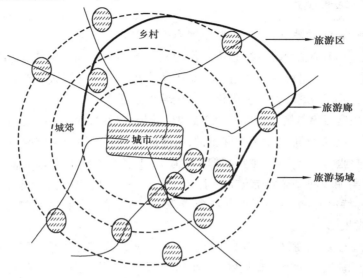

图 13-7　全域旅游的空间模型

①旅游区:是旅游吸引物、旅游要素、游客活动和消费相对集中的地域空间,是全域旅游的核心载体、旅游目的地吸引力所在、旅游活动的主要承载区以及区域有限发展的空间。全域旅游中的旅游区具有核心吸引明确、边界相对模糊、空间形态多样、服务设施相对集聚、功能更加多元等明显特征,主要呈现出城市休闲区、旅游城镇、旅游度假区、大旅游景区、旅游乡村五种形态。旅游区的建设方法总体遵循"选定潜力区域、落实空间载体、提升核心吸引、配置旅游要素、完善服务设施"五大要点,以促进旅游区竞争力从弱到强发展。

②旅游廊:是以旅游区为端点、以旅游交通为联系纽带、以旅游服务和观光休闲要素为节点,经协同作用形成的线性旅游空间,是全域旅游的连接纽带。在全域旅游中,旅游廊具有服务完备、旅游吸引力强以及价值叠加丰富等特征。同时,旅游廊承担连接不同旅游区的交通、提供便利的旅游服务和观光休闲,以及优化配置线性区域内的生产要素的旅游产业等工作。按交通方式分类,旅游廊可分为旅游公路、轨道交通、水上交通、休闲绿道等不同类型。打造旅游廊具体要抓紧"布局谋划、功能完善、效用放大"三大要点。

③旅游场域:是不直接承载一般旅游活动,仅向旅游区和旅游廊提供生态背景、文化底蕴、产业分工协作等支撑功能的区域,是全域旅游的环境背景,通常表现为自然保护区、遗址遗迹区、历史和事件发生地、农业区、工业区、居住区等。旅游场域可分为城市型旅游场域、城郊型旅游场域、乡村型旅游场域等类型。良好的场域是旅游目的地吸引力构成要素之一,不仅可以为旅游活动提供各类支持,也会影响旅游目的地整体形象和游客体验质量。旅游场域的独特性体现在它是全域旅游的必要组成部分,也是全域旅游与传统旅游的最大差异所在。旅游场域的提升需通过"环境空间提升、人文氛围营造、产业供给优化、潜力旅游区孵

①　北京巅峰智业旅游文化创意股份有限公司课题组.图解全域旅游理论与实践[M].北京:旅游教育出版社,2018.

化"4 个要点。

3)全域旅游的发展模式

根据内在动力机制的不同,全域旅游发展模式可以划分为以下六种①。

①核心景区型全域旅游区:将核心景区作为发展的动力源和吸引核,主要通过做大核心景区,以市场消费为核心完善服务配套体系,带动周边景区、乡村、城镇等发展,最终形成大规模综合性目的地型旅游景区,逐步优化形成全域旅游区。

②综合发展型全域旅游区:典型的全域旅游目的地,存在多个核心景区多个旅游吸引核,经综合开发,多个核心景区形成旅游发展廊道,最终成为综合性的全域旅游目的地。此类全域旅游目的地以旅游业为主导产业、主打品牌和主攻方向,整合资源构建国际旅游胜地。

③特色村镇美丽乡村型全域旅游区:主要以全域一体的大地风景或整体城镇风貌作为核心吸引源,拥有特色文化、特色风貌与特色景观等资源,是"望得见山、看得见水、记得住乡愁"的全域旅游发展形态。

④城市依托型全域旅游区:此类型全域旅游目的地的城市自身品牌特色吸引力很强,城市集旅游休闲区、商业区、社区、文化区、产业集聚区、生态优化区等多功能区为一体,使居民、旅游者共享,全域城市形成综合吸引力。

⑤交通依托型全域旅游区:主要以交通线路或自然山脉河流等自然地貌整合串联起景区景点,形成廊道型的全域旅游区。

⑥特色产业依托型全域旅游区:依托特色产业、拓展特色产业链、构建全产业链联动的全域旅游新模式。主要以特色产业的集聚和创意体验,构建新型的全域旅游区。

13.2 旅游目的地发展的新挑战

13.2.1 人口结构变化带来新挑战

1)老龄化

中国将会迎来"老龄化"社会(Aging Society)或"超老龄化"社会(Superaging Society)。所谓人口老龄化是指人口生育率降低和人均寿命延长导致年轻人口数量减少、年长人口数量增加。年龄超过 65 岁的人口占总人口比率超过 7% 的被称为老龄化社会;比率超过 21% 的被称为超老龄化社会。联合国人口预测数据显示,到 2050 年,在不考虑"全面开放二孩"的情况下,中国将继日本、德国之后成为第三大老龄化国家,将有 36.5% 的中国人在 60 岁以上。而我国人力资源和社会保障部预测,到 2030 年、2050 年,我国老人数量将达到 3.1 亿、

---

① 李金早. 当代旅游学[M]. 北京:中国旅游出版社, 2018.

4.5 亿,约占总人口的 21.76%、30.76%。超老龄化社会时代的到来,不仅会影响旅游需求的结构,也会影响旅游服务人员的供给,将对我国旅游目的地发展与管理形成巨大的挑战。

2) 少子化

所谓人口少子化是指生育水平下降引起少儿人口逐渐减少的现象。狭义人口少子化指少儿人口比重下降。当少儿人口占总人口比率低于 20% 时,标志着社会进入少子化状态。根据人口统计学标准,一个社会 0～14 岁人口占总人口比率 18%～20% 为"初始少子化",15%～18% 为"严重少子化",15% 以内为"超少子化"。数据显示,2010 年中国 0～14 岁人口总量为 2.2 亿,占总人口的 16.6%,2018 年 0～14 岁人口为 23 523 万人,占总人口的 16.9%,表明我国社会已经处于严重少子化水平。同时,我国生育水平持续下降,2018 年新出生人口降低了 200 万人至 1 523 万人,人口出生率为 10.94%,创下新中国成立以来的最低水平,2019 年又下降了 58 万人。据专家预测,在"全面二孩"政策背景下,2020—2050 年我国少儿人口规模将分别表现出小幅上升、快速下降、缓慢下降 3 个阶段,而人口少子化状态可划分为严重少子化强化(2020—2030 年)、超少子化(2031—2040 年)、超少子化弱化(2041—2050 年)3 个阶段[①]。未来我国仍可能长期面临超少子化的人口年龄结构环境。

人口少子化加速了人口年龄结构老化进程,既会给未来我国旅游目的地养老产品和服务发展带来机遇,也会给旅游目的地社会经济的可持续发展带来很大的不确定性。例如,未来旅游目的地劳动力人口的更替、大规模旅游项目投资建设与市场规模缩小之间产生的不平衡、人工技能技术的创新与投入成本加剧等问题。

3) 需求的代际转型

代际差异(Generational Differences)指不同代的人之间思想和行为方式上的差异与冲突。当前我国已迈入大众旅游时代,随着物质层面条件的不断改善以及精神层面需求的不断增加,我国旅游出游群体越加多元化。当前,我国出游群体主要由"60 后"和"70 后"离退休老年群体,"80 后"中年群体,"90"和"00 后"新世代群体组成,呈现出年轻化与老龄化两极分化的发展趋势。

一方面,游客出游群体年龄日渐年轻化。2017 年,"90 后"和"00 后"的人口数量达 3.3 亿,在旅游消费的各年龄段中占据优势。《旅游调查资料 2017》显示,近 5 年城镇和农村的青年出游人数均达 70% 左右,年轻人已经开始主导旅游市场。具体地,年轻一代的旅游需求特征表现为:①拥有一定的经济基础且出游动机多样,追求独立自由,对周围抱有强烈的社交和探索欲;②出游意愿高且越发常态化,普遍出游次数集中在 3~5 次;③出游消费区间集中在 3 000~5 000 元,追求优质、个性化旅游服务;④多偏好参与性、互动性强的旅游项目。以"90"和"00 后"为代表的"Z 世代"是当下旅游市场最具活力的旅游消费群体,更是未来增长最快、影响力最大的新兴旅游消费力量。

另一方面,老年人已经成为中国旅游市场重要的"一极"。目前我国每年旅游人数中,老

---

① 茆长宝,穆光宗.国际视野下的中国人口少子化[J].人口学刊,2018,40(4):19-30.

年人的数量已经占到全国旅游总人数的 20% 以上,2018 年我国老年旅游市场规模约为 12 520亿元,同比增长 5.6%。随着消费观念的改变,老年人出游需求旺盛,老年康养旅游的市场规模呈现快速增长的态势。具体地,老年人的旅游需求特征表现为:①60~70 岁老年人是老年出游的主要人群;②在出游时间方面,老年人偏爱春秋错峰出游和淡季出游,出游频次明显高于其他年龄层,更偏爱长线游(出游天数超过 3 天);③在出游方式上,跟团游是老年人出行的首选。另外,老年人偏好“慢旅游”,选择邮轮出行的比例也高于整体市场水平,而定制旅游已成为近年来老年群体出游的新选择。

面对出游群体的代际变化及其需求的大变革,旅游目的地必须重视全新崛起的消费阶层和消费需求。如何迎合年轻一代多元化、个性化、品质化的消费需求以及年老一代对健康、休闲、便利的需求,是旅游目的地未来急需解决的问题。

13.2.2 技术环境变化带来新挑战

1)信息化

信息化(Informatization)是以信息技术为主导,以信息资源为核心,以信息网络为基础,以信息产业为支撑,以信息人才为依托,以法规、政策、标准为保障的综合体系。旅游信息化主要是将信息技术应用于旅游产业,进行跨界融合,推进旅游生产方式、管理模式、营销模式和消费模式的转变,全面提升旅游产业的质量效益和核心竞争力,更好地满足游客个性化服务需求。旅游产业是典型的信息密集型产业,其增长对信息和信息技术的依赖性很强。从宏观层面看,信息化是推动旅游产业转型升级的重要手段和动力,有助于转变旅游产业发展模式,促进旅游产业融合。从微观层面看,信息化有助于提升旅游目的地营销能力,提高旅游企业交易效率,促进旅游者消费行为升级。近年来,我国旅游信息化建设取得长足发展,已经步入智能化发展阶段。信息化有狭义和广义之分,人类信息化的阶段形态如表 13-6 所示。

表 13-6　人类信息化的阶段形态表

阶段	形态	属性	作用	途径	解决	生成	备注
第一	信息化	基础	互相沟通	技术	信息对称问题	知识和噪声	狭义的信息化
第二	数字化	手段	覆盖整合	技术	职能功效问题	知识	广义的信息化
第三	智能化	目标	思维活动	技术与人工的结合	全面方案问题	智慧	

资料来源:魏小安,杨劲松,魏诗华.智能化:中国旅游业应对危机的金钥匙[EB/OL].(2013-01-01)[2020-03-31].豆丁网.

信息化必然会推动旅游目的地转型发展,给旅游目的地带来新机遇的同时,也会给旅游目的地带来新挑战。这些挑战包括电子支付、可穿戴体验等为旅游目的地产品、运营管理和监测等带来的全新的挑战。

2) 智能化

智能化(Smartization)是通过人类智能的手段,针对某一对象进行系统化处理的过程。这一过程伴随着一系列的信息传递、数据存储、语言表达、行为发生以及感觉认知和逻辑思维,由智能设备、智能技术、智能头脑三大要素有机整合构成。智能化是广义人类信息化的最高形态及发展目标,主要通过包括知识在内的资源的有效配置与合理运行、获取知识并运用知识求解问题的能力、协调各个发展要素之间的关系、生成最优的信息和资源使用结构、大幅度提高运营效能、创造信息的核心竞争力——智慧。旅游智能化是智能化系统应用于旅游产业而产生的作用和效果,是旅游信息化发展的高级阶段,主要解决有效配置和运行的问题,为旅游业发展提供全方面解决方案,创造核心竞争力[①]。智能化将对旅游目的地服务供给、产品更新、监督管理等产生巨大影响,对旅游目的地管理形成挑战。

13.2.3　国际环境变化带来新挑战

1) 民族主义抬头

民族主义(Nationalism)既是一种政治思维,也是一种政治运动。首先,民族主义是一种源于族际沟通过程中的受激反应,并在很大程度上是利己性的民族掌握中心意识、排他性的民族至上精神和因沟通障碍引发的对他民族的不信任和畏惧心态,从而体现为一种政治行为,它在社会心理层面多表现为过度的民族尊严感和民族至上观念;在行动层面上则一般呈现为具有极端自我保护意识的攻击性防御行为[②]。民族主义的具体表现形式有领土民族主义、宗教民族主义、族群民族主义、经济民族主义、资源民族主义等。近年来,多个国家的民族主义情绪都有所抬头。由于金融危机和难民危机的冲击,美国和欧洲等西方国家和地区的民族主义思潮和运动尤其突出,主要表现有:在国内动员中下层民众反精英、反权威、反建制派,同时反外来文化、反移民;在国际则举起维护民族利益和国家利益的大旗,反自由贸易、反资本输出、反区域一体化,要求国家采取一系列措施去全球化,如采取贸易保护主义、限制对外直接投资、拒绝接受难民、排斥外来移民以及退出区域一体化机制等。

当前,我国正处在由中等收入国家迈向高收入国家的关键阶段,经济社会发展面临着前所未有的深刻转型,收入差距拉大、供给结构性失衡等一系列深层次矛盾问题日益凸显。在民族主义抬头的形势下,我国的出境旅游、入境旅游以及中外旅游投资、经营、服务等会受到一定的阻碍。

---

① 李云鹏,晁夕,沈华玉.智慧旅游:从旅游信息化到旅游智慧化[M].北京:中国旅游出版社,2017.
② 中国社会科学院民族学与人类学研究所,王建娥,陈建樾,等.族际政治与现代民族国家[M].北京:社会科学文献出版社,2004.

2）贸易保护主义抬头

贸易保护主义（Trade Protectionism）指通过关税和各种非关税壁垒限制进口，以保护国内产业免受国外商品竞争的国际贸易理论与政策。2008 年全球金融危机后，贸易保护主义压力就不断加大。近十多年来，贸易保护主义冲破多边贸易体制的束缚，在美欧多国大范围存在，且与民粹主义、"逆全球化"互相呼应，成为急需警惕的重大社会思潮之一。经济危机、片面追求国家利益、维护经济霸权是贸易保护主义抬头的重要原因。在美国，特朗普政府实施"全球收缩，美国优先"的经济政策，实施的贸易保护主义政策数量多于以往，如启动"301 调查""增加自华进口商品关税"等。在欧洲，贸易保护主义主要体现在 3 个维度：政治上，奉行民族主义和本土主义，政策保守化趋势明显；经济上，对市场、产品、技术等过分保护；文化上，强调意识形态差异和其他文化的威胁①。与传统的贸易保护主义手段相比，绿色壁垒、技术壁垒、反倾销、知识产权保护等非关税壁垒措施，成为新贸易保护主义比较突出的手段。

中国作为全球旅游目的地的国际竞争优势不明显，仍存在消费链、服务链和产业链不完善，国际旅游吸引力不强，资源配置力低，旅游品牌缺乏，旅游供需结构矛盾突出，公共设施不完善等问题。在全球贸易保护主义抬头的大环境下，我国国际一流旅游目的地的建设、对外旅游投资以及旅游产品的输出将会受阻。

【本章小结】

我国旅游目的地发展面临"旅游目的地新业态快速成长""旅游目的地产业不断融合""旅游目的地空间不断全域化"三大趋势。旅游新业态的发展面临创新、革新、更新、融合四大发展新趋势，并受市场规模、旅游需求、专业化分工、技术进步、政府政策五种力量驱动。旅游产业融合的路径主要包括资源融合、技术融合、市场融合和功能融合。旅游空间的全域化包括景观全域优化、旅游服务全域配套、旅游治理全域覆盖、旅游产业全域联动、旅游成果全民共享。

我国旅游目的地发展将面临三大挑战：一是我国人口年龄结构少子化与老龄化带来的旅游代际需求转型挑战；二是信息化与智能化技术进步带来的旅游产业融合与创新挑战；三是国际上民族主义与贸易保护主义抬头带来的全球旅游竞争力提升挑战。

【关键术语】

旅游目的地；旅游业态；产业融合；全域旅游。

---

① 姜跃春，张玉环.2019 年世界经济：同步放缓，复苏乏力［J］.世界知识，2020（2）：62-64.

复习思考题

1. 新时代,我国旅游目的地发展面临的社会情境变化主要体现在哪些方面?
2. 试述业态、旅游业态、旅游新业态及其发展模式。
3. 试述旅游产业融合的路径与特征。
4. 分析人口结构、技术环境、国际环境等方面变化对旅游目的地的影响。

【案例分析】

大力培育西安文旅融合新业态

　　西安市委十三届十次全会明确提出,历史文化是西安最独特的资源。西安文化旅游资源底蕴丰厚、类型齐全。根据相关研究显示,西安人文类旅游资源较自然类资源从总体数量、规模和等级上看都更加突出。资源禀赋优势令西安旅游产业起步较早,兵马俑、华清池、西安城墙等文化旅游景区早在改革开放之初就家喻户晓,成为陕西甚至是中国的形象代表。因此,自发展之初,文旅融合就成为西安旅游产业发展的必然选择。

　　近年来,西安不断优化整合文化旅游资源,通过创新融合性文旅产品、创新节庆活动、开发专题旅游线路、开设旅游观光巴士、支持夜游经济等措施,不断增加文旅产业活力。在市委、市政府的大力扶植和引导下,旅游产业、文化产业依托资源优势发展速度不断加快,已经成为西安经济社会发展的支柱产业。多年的发展实践证明,西安文化旅游产业要实现高质量发展目标,必须以文促旅、以旅彰文,不断深化文化和旅游融合。

　　市委十三届十次全会提出,要扎实加强文化建设,传承好历史文脉,推进文旅产业供给侧结构性改革,打造中华文明根脉城市和传承中华文化的世界级旅游目的地,并明确了围绕发展目标,拓展文旅融合发展新空间、增强文旅融合发展新动力、塑造美丽古都新形象、培育文旅融合发展新业态、营造文旅融合发展新环境五个方面的重点任务和工作方向。其中,培育文旅融合发展新业态对于西安贯彻"宜融则融,能融尽融"发展要求,推动文旅产业和产品创新,具有重要的现实意义。

　　对照市委要求,西安文旅产业虽然成绩显著,但仍然存在一些短板和不足。尤其在全国各地市纷纷将发展文旅产业作为主抓工作的背景下,西安旅游产业大而不强,叫好不叫座的问题较为突出。从产业上看,西安"吃、住、行、游、购、娱"基础性产业要素发展较好,但融合性、新业态产业要素发展较弱,特别是新业态产业要素匮乏,文旅产业单一化问题明显。此外,虽然资源丰富,但挖掘与利用多侧重于观光性产品,休闲体验、游憩度假等文旅产品发展严重滞后,特别是度假类产品,至今没有国家级旅游度假区,与以休闲度假、参与体验、自驾游为代表的多元化大众旅游市场之间还需要进一步对接。

资料来源:西安日报,2020-01-13.

问题:根据案例,结合相关的旅游业态与旅游产业融合理论,谈一谈你对西安市文旅融合新业态的驱动机制的认识。结合你所熟悉的旅游产业融合的路径,提出一些有助于西安旅游目的地文旅融合的建议。

第 14 章
旅游目的地可持续发展

【教学目标与要求】

理解:
- 可持续发展思潮的产生与演变
- 旅游可持续发展理论的产生与演变

熟悉:
- 我国旅游目的地发展的理念误区
- 我国旅游发展目标的不协调表现及影响因素
- 我国旅游发展的负面影响

掌握:
- 旅游目的地可持续发展的定义
- 旅游目的地可持续发展的目标
- 旅游目的地可持续发展的内容

【知识架构】

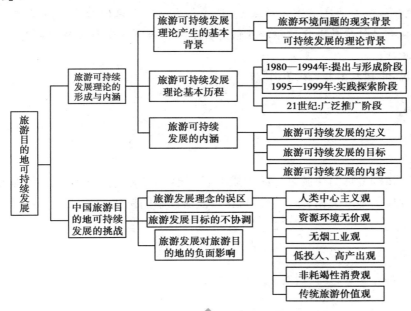

【导入案例】

"可持续旅游发展"需要大家共同努力

2015年12月4日,联合国宣布将2017年定为国际可持续旅游发展年。这是自1957年首次确定"国际年"活动以来,联合国第三次做出以旅游为主题的"国际年"活动的决议。第一次是将1967年定为"国际旅游年",确认"旅游是人类活动中基本的、合乎需要的一项活动,应受到所有人和所有政府的赞誉和鼓励",可以说这是旅游发展的动员令,旅游活动的大力推进在世界范围展开。第二次是将2002年定为"国际生态旅游年",以鼓励世界各国通过开展生态旅游来促进环境保护和经济发展。当时"生态旅游"概念刚刚提出,作为后来"可持续旅游"的代名词,很显然,那时的"可持续旅游"更偏向旅游对环境影响的关注。

联合国决议强调,国际旅游,特别是设置"国际可持续旅游发展年",旨在增进各地人民之间的了解,提高对各种文明丰富遗产的认知和对不同文化的内在价值的尊重,进而意识到对促进世界和平做出贡献的重要性。决议明确提出,要"促使旅游发展在全球经济、社会和环境三个重要支柱领域实现可持续发展中做出更多、更大的贡献"。这次提出的要求明显要比前两次更高、更全面,意义更深远。

很显然,这是世界各国的大事,是事关人类发展的大事,更是全球旅游界的大事。因此,这一决议得到了联合国各成员国的认可和重视,作为联合国直属的专门机构,联合国世界旅游组织对这一决议在第一时间做出了积极的反应。该组织秘书长塔勒布·瑞法依表示,"联合国宣布2017年为'国际可持续旅游发展年'的决议提供了一个特殊的机会,促进旅游部门为经济、社会和环境可持续性发展三大支柱做出贡献,从而提高人们对这一部门的真实贡献往往被低估的认识。"

在可持续发展已经成为世界各国协调经济、人口、资源与环境关系的重要发展战略之一的背景下,现代旅游业的高速增长对社会、环境与生态所带来的影响日益受到关注,如何实现旅游目的地可持续发展并通过旅游业促进当地社会与环境生态可持续发展是当今旅游界面临的共同挑战。

资料来源:中国旅游报,2017-01-04.

本章从可持续发展与旅游可持续发展的思潮形成与演变分析出发,重点阐述目的地旅游与可持续发展的基本关系,以及旅游可持续发展面临的挑战。

14.1　旅游可持续发展理论的形成与内涵

14.1.1　旅游可持续发展理论产生的基本背景

1) 旅游环境问题的现实背景

20 世纪 50 年代,旅游活动的规模尚小,对环境造成的影响并没有引起人们的关注。20 世纪 60 年代以来,随着旅游业的急剧发展,旅游对环境、社会、文化的负面影响也慢慢被人们认识。旅游业带来巨大社会经济效益的同时,也带来了一系列生态环境问题,如旅游设施过度膨胀、旅游景观遭到破坏、水土流失严重等,极大地危害了旅游业赖以生存的资源和环境。

20 世纪 70 年代初以来,随着大众旅游的普及,世界对环境恶化的日益关注逐步反映到发展中国家的旅游业活动中。1980 年 9 月,世界旅游组织(WTO)在菲律宾首都马尼拉召开世界旅游大会,通过了《马尼拉世界旅游宣言》,全面提出了"旅游权利、旅游环境、国内旅游地位"3 个问题,并指出发展旅游的根本目的是提高生活质量并为所有的人创造更好的生活条件。大会上"可替代性旅游"概念的提出,标志着人类进入了"环境公平"旅游发展观时代,其核心思想是"旅游对环境也会造成破坏,给他人带来不利影响,因此应加强环境保护,提倡环境公平"[①],它是针对传统发展观中存在的旅游与环境关系的错误认识问题进行的修正。

2) 可持续发展的理论背景

自 20 世纪 80 年代以来,可持续发展思潮在世界范围内兴起,鉴于旅游发展中产生的日益突出的环境、经济和社会问题,可持续发展思想逐渐引起了旅游界的关注,旅游可持续发展问题也逐渐成为一个新议题。随着 20 世纪 90 年代全球可持续发展思想日益盛行与大众旅游的逐渐普及,学术界关于旅游的环境与社会影响研究日益增多,越来越多的人意识到不当的旅游发展方式可能带来的后果,这些理论主要包括:

①居民愤怒指数理论:居民愤怒指数理论模型产生于 20 世纪 70 年代,该理论认为,旅游目的地居民对外来游客的态度会经历兴奋、漠然、厌恶和对抗 4 个不同阶段,从而影响旅游目的地发展。这一理论一经提出,引起了大量关注和系列实证研究,旅游的社会负面影响开始逐渐深入人心,不断激起人们对可持续发展观的认识。

②旅游地生命周期理论:旅游地生命周期理论认为,旅游目的地一般会经历探查、参与、发展、巩固、停滞和衰落或复苏 6 个阶段,即旅游目的地并不会永远持续增长,而是会在一定

---

① 　孟华,秦耀辰.20 世纪下半叶旅游发展观的演进及启示[J].经济研究参考,2006(7):37.

阶段后出现停滞或衰退,甚至死亡。这一理论产生于 20 世纪 80 年代,很快得到众多旅游学者的追随,不断地被讨论,成为迄今引用率最高的理论之一,在很大程度上唤起了人们对旅游可持续发展的认识。

③可持续旅游概念:如生态旅游、负责任旅游、可替代性旅游等可持续旅游概念。20 世纪 80 年代,面对不断引起人们关注的旅游负效应,一种新的旅游理论——生态旅游被提出,强调在自然地域中进行有责任的旅游行为,在享受和欣赏历史的和现存的自然文化景观的同时,不干扰自然地域、保护生态环境、降低旅游的负面影响。随后类似的概念如负责任旅游、绿色旅游、可替代性旅游等不断被提起,标志着可持续发展观开始逐渐进入旅游业领域。

大众旅游、选择性旅游、可持续旅游的主要特征比较如表 14-1 所示。

表 14-1 大众旅游、选择性旅游、可持续旅游的主要特征比较

大众旅游	选择性旅游	可持续旅游
观光者	旅行者	—
大企业	独立特色化经营	—
大规模	小规模	适宜性规模
国际化饭店连锁	小规模设施	—
不断地快速开发	稳健而有节制的开发	不追求计划的速度
国际化决策	区域性决策	区域性决策
不注重对环境的影响	将负面影响最小化	代偿性成长
燃料效率性的交通	非燃料效率性的交通	—

资料来源:韩鲁安.旅游地可持续发展理论与实践的探索[M].北京:旅游教育出版社,2011.

14.1.2 旅游可持续发展理论基本历程

1)提出与形成阶段

第一阶段为旅游可持续发展理论的提出与形成。在 20 世纪 80 年代,面对资源约束趋紧、环境污染严重、生态系统退化的严峻形势,国际社会不断努力探寻新的旅游业的发展模式以改进旅游业中日益突出的环境问题。为此,1989 年 4 月,各国议会联盟和世界旅游组织在荷兰海牙召开"各国议会旅游大会",会上第一次明确而正式地提出可持续旅游发展的口号。在 1990 年的加拿大全球旅游大会上,旅游组行动策划委员会提出了一个旅游业可持续发展行动战略草案,首次将"可持续旅游"定义为"引导所有资源管理,既能满足经济、社会和美学需要的同时,也能支持文化完整性、基本生态过程、生物多样性是生命支持系统"[①]。这次大会全面阐述了旅游业可持续发展目标体系,不仅构筑了旅游可持续发展基本

---

① 戴凡.旅游持续发展行动战略[J].旅游学刊,1994(4):51-54.

理论和基本框架,同时促进了全球范围内倡导旅游可持续发展的新潮流。在 1992 年的联合国环境与发展署的会议上,旅游与旅行产业已经被确认为实现 21 世纪议程、促进可持续发展的重要产业之一,会上宣称旅游业应该成为经济和环境可持续发展的组成部分。1993 年,《可持续旅游杂志》(*Journal of Sustainable Tourism*)学术刊物在英国的问世,标志着旅游可持续发展的理论体系已初步形成。

2) 实践探索阶段

第二阶段为旅游可持续发展实践探索。随后联合国及其他国际组织提出了一系列计划方案以推广可持续旅游发展(见表 14-2),并将可持续旅游列入可持续发展议程,将实施可持续旅游发展战略纳入可持续发展战略的社会、经济和环境 3 个目标,将可持续旅游的基本原则运用于旅游发展过程。1995 年,由世界旅游组织和联合国教科文组织联合在西班牙发起的"可持续旅游世界会议"通过的《可持续旅游发展宪章》和《可持续旅游发展行动计划》[①],表明了旅游的可持续发展已成为一项国际可持续发展的重要议题,《可持续旅游发展宪章》列出了旅游业发展的十八条原则和目标,充分肯定了环境对发展旅游业的重要意义,也明确了可持续旅游的概念和原则——"可持续旅游的实质,就是要求旅游与自然、文化和人类生存环境成为一个整体"[②],即将旅游、资源、人类生存环境三者统一,以形成一种旅游业与社会经济、资源、环境良性协调的发展模式。这两份文件为旅游可持续发展制定了一套行为准则,并为世界各国推广可持续旅游提供了具体操作程序,标志着可持续旅游已经进入了实践性阶段。作为对联合国《里约环境与发展宣言》的响应,1996 年 9 月,世界旅游组织(WTO)、世界旅游理事会(WTTC)与地球理事会(EC)为响应联合国《21 世纪议程》提出的可持续发展理念及其行动计划,联合制定《关于旅游业的 21 世纪议程》,并于 1997 年在联合国第 19 届特别会议上正式发布,其首次将可持续旅游列入可持续发展议程,旅游与旅游业是全球第一个为实现《21 世纪议程》、制订具体行动计划来推动可持续发展的产业部门。1998 年,在墨西哥召开的国际环保大会上,作为环境发展战略,生态旅游被首次提出。近年来生态旅游获得了长足的发展。1999 年 2 月,联合国环境规划署(UNEP)执行理事会通过了《可持续旅游原则草案》,号召各国政府部门将可持续旅游发展原则融入国家可持续发展战略和多边环境公约当中。同时,在联合国框架内肩负促进可持续发展使命的联合国可持续发展委员会(CSD)也将目光转向了可持续旅游的发展。同年 10 月,世界旅游组织高峰会议通过《全球旅游业道德守则》,总结和合并了以往有关可持续旅游的文件和宣言,确立了使全球自然资源和文化遗产免受旅游活动的破坏、同时确保从旅游业中获得的收入能在旅游目的地得到公平公正的分配的旅游发展目标。

3) 广泛推广阶段

第三阶段为可持续旅游广泛开展期。进入 21 世纪后,可持续旅游得到了更广泛层面的重视,多次成为世界旅游大会、可持续发展会议及其他相关国际会议的重要议题。2002 年,

---

① 　1995 年 4 月 28 日,由"可持续旅游发展世界会议"通过。

② 　JAFARI J. World conference on sustainable tourism[J]. Annals of Tourism Research, 1996,23(4):958-960.

在南非约翰内斯堡召开的可持续发展世界首脑会议专门成立了可持续旅游发展工作组。2011 年在美国拉斯维加斯市召开的第 11 届世界旅游旅行大会，可持续旅游是会议主要议题之一。2014 年，关于促进包括生态旅游在内的可持续旅游，实现减贫和环境保护，联合国大会决议指出，"包括生态旅游在内的可持续旅游业作为可持续经济增长和创造体面就业的重要驱动力量，能够对创造收入和教育产生积极影响，进而消除贫穷和饥饿，并可直接推动各项国际社会商定的发展目标的实现"。2016 年，由中国政府和联合国世界旅游组织共同主办的首届世界旅游发展大会发布《旅游促进发展北京宣言》（以下简称《宣言》），指出"在加速实现增长同资源消耗脱钩，以及消除包括极度贫困在内的所有形式与层次的贫困方面，旅游业对所有发展中国家、最不发达国家、内陆发展中国家和小岛屿发展中国家的贡献尤为显著"。各国就"旅游业已经成为落实可持续发展的重要力量"达成共识。《宣言》认为，旅游业能够激发经济增长活力，促进就业，吸引投资，提升当地人民生活质量，鼓励创业，维护生态系统和生物多样性，保护文化遗产，促进社区的自主、自强和包容性发展，从而为实现可持续发展提供重要手段。

通过以上一系列宣言、建议、计划等国际政治法律文件可看出，可持续旅游是 20 世纪 90 年代之后才产生的一个全新的概念，它是在旅游业发展到一定阶段后，人们对旅游业发展再认识的结果，是在国际社会提出可持续发展原则的大背景之下确立起来的。可持续旅游是可持续发展理论在旅游产业中的具体实践。如今，"可持续发展"已成为世界各国经济、协调人口、资源、环境之间关系的重要战略。在旅游业快速发展的情况下，保护好生态环境和文化遗产、推动旅游业向可持续旅游业转变，是当今世界环境与发展的一个重大而紧迫的课题。现整理了旅游可持续发展历程中的重要事件，如表 14-2 所示。

表 14-2　旅游可持续发展历程中的重要事件

时间	重要事件	形成成果
20 世纪 80 年代	可持续旅游的思想萌芽	国际有识之士对"可持续旅游"的主旨和内涵进行探索
1990 年	《可持续旅游发展宪章》和《旅游持续发展行动战略》草案出台	首次提出"可持续旅游"的概念，构筑了可持续旅游理论的基本框架和主要目标
1993 年	*Journal of Sustainable Tourism* 学术刊物问世	标志着可持续旅游思潮已在旅游理论界形成规模
1994 年	世界旅行旅游理事会（WTTC）创立"绿色环球 21"（Green Global 21，GG21）认证体系	"绿色环球 21"成为目前全球旅行旅游业唯一公认的可持续旅游标准体系
1995 年	WTTC、联合国世界旅游组织与地球理事会联合制定《关于旅游业的 21 世纪议程》	制定了详细的行动纲领
1995 年	联合国教科文组织、环境规划署及世界旅游组织召开"可持续旅游发展世界会议"	制定并通过了《可持续旅游发展宪章》和《可持续旅游发展行动计划》
1996 年	世界旅游组织、世界旅游理事会、地球理事会	联合制定《关于旅游业的 21 世纪议程》

时间	重要事件	形成成果
1997 年	联合国第 19 届特别会议	首次将可持续旅游业列入联合国可持续发展议程
1997 年	世界旅游组织授权中国国家旅游局出版《旅游业可持续发展——地方旅游规划指南》	指导各地旅游发展事业
2002 年	可持续发展世界首脑会议	国际旅游可持续发展工作组诞生
2004 年	联合国世界旅游组织编制完成旅游目的地可持续发展指标体系项目	制定了旅游目的地可持续发展指数
2008 年	联合国世界旅游组织、环境规划署编制完成全球可持续旅游标准项目	制定了全球可持续旅游标准
2009 年	国际旅游可持续发展工作会议	探讨生物多样性、气候变化、地区发展可持续旅游方式等问题
2011 年	第 11 届世界旅游旅行大会	围绕全球旅游新趋势、旅游业可持续发展等议题展开讨论
2013 年	世界旅游交易会	《全球可持续旅游目的地标准》正式发布
2015 年	联合国大会通过《变革我们的世界：2030 年可持续发展议程》	明确指出其中三项可持续发展目标与旅游直接相关，并将 2017 年定为国际可持续旅游发展年
2016 年	首届世界旅游发展大会	以"旅游促进和平与发展"为主题，通过《旅游促进发展北京宣言》

资料来源：基于文献整理。

14.1.3　旅游可持续发展的内涵

1) 旅游可持续发展的定义

在英文语境，旅游可持续发展（Sustainable Tourism Development）定义比较权威的有两个：①1993 年世界旅游组织《旅游业可持续发展——地方旅游指南》中对"Sustainable Tourism Development"的完整表述是："可持续发展的旅游是既顾及现时的旅游者和旅游地区的需要，同时又保障和增加未来的发展机会。为达到这个目标，在管理资源时便须同时满足经济、社会和美学的需要，也要保存当地的文化传统、基本的生态发展、生物品种和生态系统"[1]。②1995年《可持续旅游发展宪章》中提出的"可持续旅游发展的实质就是要求旅游与

---

[1]　张广瑞.关于旅游业的 21 世纪议程（一）——实现与环境相适应的可持续发展[J]. 旅游学刊，1998（2）：49-53.

自然、文化和人类生存环境成为一个整体"①,即将旅游、资源、人类生存环境三者统一,以形成一种旅游业与社会经济、资源、环境良性协调的发展模式。

在中文语境中,关于旅游可持续发展的定义尚未形成普遍共识,比较有代表性的定义有3个:①保证从事旅游开发的同时,不损害后代为满足其旅游需求而进行旅游开发的可能性②;②满足当代人的旅游需求,又不损害子孙后代满足其旅游需求能力的发展③;③在全世界范围内实现旅游的环境资源保护目标、社会发展目标和经济发展目标相结合,在不超越资源与环境承载能力的前提下,促进旅游可持续发展,提高人类的生活质量④。国内探讨的"旅游业可持续发展",其实质是经济效益、社会效益和环境效益相统一,旅游开发是以生态效益为前提、经济效益为依据、社会效益为目标,使旅游取得最佳生态效益、经济效益和社会效益的一种发展模式⑤。

综上,旅游可持续发展主要包括3个方面的内涵:①公平性,强调本代人的公平、代际的公平以及旅游资源分配的公平;②持续性,强调旅游资源的开发与旅游业的发展应在生态系统的承载能力之内,保持生态生命支持系统和生物多样性,保证可更新资源的持续利用,同时使不可更新资源的消耗最小化;③共同性,强调把可持续作为全球发展的总目标,强调公平性和持续性是共同的,因此,为实现这一总目标全球必须采取共同的行动。

2)旅游可持续发展的目标

在1990年加拿大全球可持续发展大会上通过的《旅游持续发展行动战略》草案上,提及的旅游可持续发展目标主要有5个⑥:第一,增进人们对旅游所产生的环境效应与经济效应的理解,强化其生态意识;第二,促进旅游的公平发展;第三,改善旅游接待地区的生活质量;第四,向旅游者提供高质量的旅游经历;第五,保护未来赖以开发的环境资源。

随后,1995年的《可持续旅游发展宪章》和《可持续旅游发展行动计划》提出了旅游可持续发展理论的基本框架,包括18条原则和目标和6项行动计划,更加具体地阐述了旅游可持续发展的目标,构成了可持续旅游目标体系(见表14-3)。

表14-3 可持续旅游的18条原则和目标

序号	原则与目标
1	旅游发展必须建立在生态环境的承受能力之上,符合当地经济发展状况和社会道德规范
2	可持续旅游发展的实质,就是要求旅游与自然、文化和人类生态环境成为一个整体
3	必须考虑对当地文化、传统习惯和社会活动的影响

---

① 《可持续旅游发展宪章》,1995年4月28日由"可持续旅游发展世界会议"通过。
② 谢彦君.永续旅游:新观念、新课题、新挑战[J]. 旅游学刊, 1994, 9(1):21-26.
③ 田道勇.浅谈旅游可持续发展[J]. 人文地理, 1996,11(2):16-19.
④ 汪剑明, 鲁瑾.在我国发展可持续旅游的价值导向[J]. 旅游科学, 1997(3):4-5.
⑤ 许涛, 张秋菊, 赵连荣.我国旅游可持续发展研究概述[J]. 干旱区资源与环境, 2004,18(6):123-127.
⑥ 戴凡.旅游持续发展行动战略[J]. 旅游学刊, 1994(4):51-54.

续表

序号	原则与目标
4	为了使旅游对可持续发展做出贡献,所有从事这项事业的人们必须团结一致、互相尊重和积极参与
5	保护自然和文化资源,并评定其价值,这同时也为我们提供了一个特殊的合作领域
6	地方政府要下定决心,保证旅游目的地的质量和满足旅游者的需求
7	为了与可持续发展相协调,旅游必须以当地经济发展所提供的各种机遇作为发展基础
8	所有客观选择的旅游发展方案都必须有助于提高人民的生活水平,又有助于促进与社会文化之间的关系,并产生积极影响
9	各国政府和政府机构应该加强与当地政府和环境方面非政府组织的写作,完善旅游规划,实现可持续旅游发展
10	可持续发展的基本原则,是全世界范围内实现经济发展目标和社会发展目标相结合
11	环境文化易受破坏的地区无论现在还是将来,在技术操作和资金方面应给予优先考虑,以实现可持续旅游发展
12	完善那些与旅游可持续发展原则相协调的旅游形式,以及各种能够保证中期和长期可持续旅游发展的旅游形式
13	对旅游和环境负责人的政府、政府机构和非政府组织应当指出并参与建立一个开放式信息网络,以便交流信息,开展科学研究,传播旅游和环境知识,转移环境方面的可持续发展技术
14	需要加强可行性研究,支持普及性强的科学试点工作,落实可持续发展框架下的师范工程,扩大国际合作领域的合作范围,引进环境管理系统
15	对旅游发展及富有责任的政府机构、协会、环境方面的非政府组织要拟订可持续发展框架,并建立实施这些方案的项目,检查工作进展,报告结果,交流经验
16	要注意旅游中交通工具的作用和环境影响,应用经济手段减少对不可再生资源的使用
17	旅游发展中的主要参与者,特别是旅游从业人员坚决遵守这些行为规范,是旅游持续发展的根本所在
18	应采取一切必要措施,使旅游行业的所有团体,无论当地的、地区的、国家的,还是国际的,都必须重视"可持续旅游发展世界会议"的内容和目标,执行由全体会议代表一致通过的《可持续旅游发展行动计划》

资料来源:《可持续旅游发展宪章》。

2013 年,全球可持续旅游委员会(GSTC)牵头制定促进旅游目的地可持续发展的战略工具——《全球可持续旅游目的地标准》(*Global Sustainable Tourism Criteria for Destinations*)(以下简称《标准》)。《标准》指出,为了实现可持续旅游,旅游目的地应当采取跨学科的、综合性的方法来实现:①可持续的旅游目的地管理;②当地社区经济利益最大化和负面影响最小化;③社区、游客和文化遗产保护的效益最大化和负面影响最小化;④环境效益最大化和负面影响最小化。该标准适用于不同类型与规模的旅游目的地,具体指标可以划分为 4 个主类 51 个子指标(见表 14-4)。

表 14-4　全球可持续旅游目的地标准的指标

主类指标	具体指标	具体要求
A.旅游目的地可持续营运管理	A-1 旅游目的地可持续发展战略	制定与其规模相适应的中长期发展战略,该战略综合地考虑了环境、经济、社会、文化、质量、健康与安全、审美等各种因素;旅游目的地在制定该战略的过程中,应当有公众参与,且应当向公众公开
	A-2 旅游目的地管理组织	建立工作职能部门、工作组或工作委员会等有效的组织体系,这些机构通过与私营、公共部门携手合作的方法与途径来促进旅游业可持续发展。工作组应当与旅游目的地规模相适应,并明确其在环境、经济、社会、文化等方面的管理职责、监管责任以及执行能力。工作组的活动经费应当有保障
	A-3 监测体系	针对环境、经济、社会、文化、旅游、人权等方面的事务建立了监测、公开报告、应对措施等综合体系。同时,旅游目的地应当对这些监测系统进行周期性的复审与评估
	A-4 旅游季节性调控	动用多种手段并以适宜的方式来降低旅游季节性波动,努力平衡当地经济、社区、文化、环境等方面的需求,并努力寻求不同季节的旅游发展机遇
	A-5 应对气候变化	建立能够识别因气候变化而带来的风险与机遇的管理体系。该体系倡导旅游目的地在项目开发、选址、设计以及管理等各个方面应考虑应对气候变化的措施。该体系要求有助于实现旅游目的地可持续发展以及提高适应能力,并要求旅游目的地向社区居民、游客进行气候方面的公共宣传与教育
	A-6 旅游资源与吸引物普查与分类	对自然与文化景观景点等方面的旅游资源与吸引物进行普查、分类与评价;这些信息应当及时更新,并供公众查询
	A-7 规划法规体系	颁布并实施包括规划准则、法规条例和/或方针政策在内的规划法规体系,该体系应当展开对环境、经济、社会影响的评估,并综合考虑土地使用、规划设计、建筑物拆除等方面的可持续性。该体系旨在保护自然与文化资源,在制定过程中,应当吸纳当地公众意见并通过全面评审、公众咨询等环节之后再加以实施
	A-8 满足不同人群的可进入条件	在一定前提条件下,旅游目的地景点及设施都应当向所有人群开放(景点包括具有重要自然与文化价值的景点;人群包括残疾人以及其他有特殊需求的人们)。一些无法直接进入的景点及设施,应当通过妥善的设计以及实施方案来解决可进入性的问题;该方案应当在维护景观景点完整性的前提下,适度考虑游客住宿等问题

续表

主类指标	具体指标	具体要求
A.旅游目的地可持续营运管理	A-9 所有权的获得与保障	关于所有权征用方面的法律法规,在旅游目的地被颁布并得到了实施,这些法律法规应当遵从公众以及原居民的权利,且应进行公众咨询,在没有事先告知他们、没有征求他们同意和/或他们没有得到合理的补偿的情况下,不允许对他们进行重新安置
	A-10 游客满意度监测	建立对游客满意度监测以及公开报告的机制,并视情开展相应行动来提升游客满意度
	A-11 可持续发展标准化水平提升	建立相应的机制来促进企事业单位可持续发展标准化水平提高,旅游目的地所执行的可持续发展标准应当与全球可持续旅游系列标准保持一致。旅游目的地应当让公众知悉那些已通过可持续发展认证或鉴定的企事业单位名录
	A-12 安全与安全保障体系	建立应对犯罪、安全与健康危害等方面的机制,包括监测、预防、处置以及公开报告等
	A-13 危机预防与应急管理	建立适用于自身危机预防与紧急事件应对的计划。该计划中的重要内容要与社区居民、游客以及企事业单位进行有效沟通。该计划要有明确的工作流程、实施步骤,以及针对员工、游客、社区居民的教育培训计划及相应的资源保障,该计划应当根据外部环境、内部条件的变化进行及时更新
	A-14 营销宣传	关于可持续发展的主张(要求)及其产品、服务等方面的营销宣传必须表达准确,这些营销与宣传信息应当秉持诚信、尊重他人的原则与当地社区、游客进行沟通
B.当地社区经济利益最大化与负面影响最小化	B-1 经济效益监	至少每年开展一次旅游业对旅游目的地经济的直接与间接贡献方面的监测并向公众公开。在条件允许情况下,监测对象应当包括游客消费支出、平均可供出租客房收入、就业人数、投资成本与收益等内容
	B-2 居民就业机会	旅游目的地企事业单位为其所有员工提供平等的聘用与培训机会,并提供可靠的职业安全保障以及合理的薪酬
	B-3 公众参与机制	建立鼓励公众持续地参与旅游目的地规划与决策的机制
	B-4 当地社区民意	及时监测、记录并且公开报告当地社区对于旅游目的地管理的期望值、关注度、满意度
	B-5 社区居民的进入与访问权利	监测、保障社区居民进入与访问自然与文化景观景点的权利

续表

主类指标	具体指标	具体要求
B.当地社区经济利益最大化与负面影响最小化	B-6 旅游意识宣传与教育	定期举办社区活动,提高居民对旅游业存在机遇与挑战的认识,增强居民对可持续发展重要性的理解
	B-7 反对剥削	制定并实施相关法律与惯例来防止商业剥削、性剥削或者其他形式的剥削、骚扰行为,尤其是制止对儿童、青少年、妇女、少数族裔的剥削、骚扰行为。这些法律与惯例应当经过公众咨询
	B-8 支持社区发展	提供便利条件,鼓励企事业单位、游客、公众积极参与社区活动、支持社区可持续发展,并建立相应的机制
	B-9 扶持当地企业主与支持公平贸易	着眼该地区的自然与文化资源,建立扶持当地企业、支持中小型企业发展的机制,开发与推广具有地方特色的可持续产品,促进公平贸易。可持续产品包括食品、饮料、农产品、工艺品以及艺术表演等
C.社区特色性保护、游客体验、文化传承效益最大化与负面影响最小化	C-1 旅游吸引物保护	制定政策并建立机制,鉴定、评价、恢复[重建、保育(保存)]自然与文化景观景点。这些场所包括(历史的、考古的)建筑遗产、乡村风光、城市风情
	C-2 游客管理	制定旅游景区景点的游客管理制度,包括保存、保护自然与文化资源以及提升环境品质、提高资源价值等
	C-3 游客行为指南	发布并提供《敏感区域游客行为指南》,以减少敏感区域的负面影响,并强化游客行为的正面影响
	C-4 文化遗产保护	制定相关法律法规,对历史与考古文物的出售、交易、展示或馈赠等方面的事务进行妥善管理
	C-5 景区景点解说	境内的自然与文化景区景点应当向游客提供科学准确的、有适当文化含量的解说信息。编写这些信息时,应当考虑与社区共同合作,并以适宜的语言向不同来访者进行有效的传播
	C-6 知识产权保护	建立保护社区以及个人的知识产权体系
D.环境效益最大化与负面影响最小化	D-1 环境风险评估与处置	对所面临的环境风险进行识别与评估,并建立相应的机制来应对和处置这些风险
	D-2 脆弱环境保护	建立旅游业影响环境的监测机制,保护动物栖息地、动植物种群以及生态系统,并防止外来物种入侵
	D-3 野生物种保护	建立机制,确保对野生动、植物进行捕获或采集、展示、出售等行为必须遵守当地的、国家的以及国际层面上的法律与准则
	D-4 温室气体减排	建立机制,鼓励企事业单位在其运营的各个环节进行计量、监测、公开报告温室气体排放量,并采取措施最大化减少、减缓温室气体排放(包括来自服务提供商的温室气体排放)

续表

主类指标	具体指标	具体要求
D.环境效益最大化与负面影响最小化	D-5 节约能源	建立相应机制,鼓励企事业单位计量、监测、公开报告能源消耗量,不断减少能源消耗以及减少对化石燃料的依赖度
	D-6 水资源管理	建立鼓励企事业单位计量、监测、公开报告并且不断减少用水量的相关机制
	D-7 用水供需保障	建立水资源的监测机制,统筹兼顾企事业单位的用水量与旅游目的地社区的需水量之间的平衡
	D-8 水质监测	建立机制,对饮用水、休闲疗养用水的水质进行达标监测。旅游目的地应当发布水质监测报告,并且就监测报告中所反映的问题及时采取相应的处理措施
	D-9 废水管理	确立污水、排放物处理系统的选址、维护、检测等方面的方针与准则,并强制实施这些方针与准则,确保污水得到合理处置、再利用或实现安全排放,确保对社区居民与环境的不利影响最小化
	D-10 固体废弃物减排	鼓励企事业单位根据减量化、再利用、再循环(3R)原则处置固体废弃物并建立相应的机制。任何没有被再利用或再循环利用的剩余固体废弃物,均要进行安全处置以及按照可持续发展要求的方式进行妥善处理
	D-11 噪声与光污染控制	制定尽量减少噪声与光污染的方针与规范,并鼓励企事业单位遵循这些方针与规范
	D-12 降低交通运输系统的负面影响	采取措施,推广使用公共交通、动态交通(步行、骑行)等对环境影响较小的交通运输系统,并建立相关机制

资料来源:《全球可持续旅游目的地标准(GSTC-D)1.0 版》。

可见,旅游可持续发展是一个综合目标体系,与可持续发展目标相对应,其核心是将满足游客的需求和满足旅游目的地居民的需求相统一,保证当代人在从事旅游活动的同时不要损害后代为满足其旅游需求而进行的旅游开发的可能性。实现这一核心目标的基本前提是通过对旅游资源的合理利用、旅游业发展方式和规模的合理规划和管理,保持旅游供给地区环境的协调性和文化完整性。

3)旅游可持续发展的内容

旅游可持续发展包含了旅游经济可持续发展、旅游生态环境可持续发展和旅游社会文化可持续发展 3 个基本要素,即在旅游发展过程中,既要保证旅游业的经济增长,又不能破坏环境,还要兼顾社会文化因素,尽量做到经济、社会、生态三者协调发展。旅游可持续发展是三者的交集(见图 14-1)。

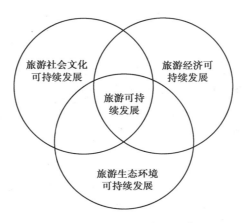

图 14-1 旅游可持续发展要素图

资料来源:鲍俊堂.旅游与款待业趋势及议题[M].香港:香港特别行政区政府,2014.

①旅游经济可持续发展:要求确保长远可行的经济运行模式,能公平地向所有利益相关者分配社会经济利益,包括向旅游目的地社区提供稳定的就业机会及创造收益机会、社会服务,以及致力消灭贫困;确保观光地点及旅游行业的生存能力与竞争力,使之足以持续发展以创造长远利益,最大限度地发挥旅游业对当地经济繁荣的贡献作用。

②旅游生态环境可持续发展:旅游资源环境的持续性,是指旅游业的发展必须建立在生态环境和资源的承受能力之上,以现实的旅游资源存量为基础,保证旅游资源的永续利用和旅游环境的保护与改善;是对资源进行全面管理的指导性方法,以有效运用资源,维护自然完整性以及生物多样性。

③旅游社会文化可持续发展:要求在制定旅游发展战略过程中,必须考虑旅游对当地文化遗产、传统习惯和社会活动的影响,要充分理解当地传统习惯和社会活动,要注意保护地方特色、文化和旅游胜地,尤其在发展中国家更是如此;尊重所在社区的历史传统、文化、习俗和独特性;扶持弱势群体,促进社会公平;消除性别歧视、种族歧视以及残疾歧视,向所有旅客提供让他们满意、充实的旅游体验。

14.2 中国旅游目的地可持续发展的挑战

14.2.1 旅游发展理念的误区

1)人类中心主义观

现代的工业文明是建立在"人与自然相对立、人征服自然及以人类利益为中心"的世界观上①。传统的人类中心主义思想发展成为人类统治自然的理论和实践依据,是导致当代社会生态危机的基本因素之一。诞生于工业文明时期的现代旅游活动,受到人类中心主义观的影响,在旅游开发过程中,没有处理好人与自然的关系,太注重人的利益,而忽视自然的利益,导致生态环境被严重破坏和许多景点环境恶化、旅游价值消逝的现象,具体可表现在旅游规划中生态意识薄弱、景区开发和管理中以短期利益为导向等方面。此外,人类中心主义观容易导致"人治"代替"法治"。我国近些年旅游设施过度膨胀、竞相建设、重复建设,且《建设项目环境保护管理条例》《中华人民共和国城乡规划法》等规章制度在地方没有得到落实的原因之一,就是"官僚主义泛滥、机构臃肿、人浮于事,以及以言代法、以权代法、长官意志"②。

2) 资源环境无价观

"资源环境无价"思想主要源于马克思的劳动价值论,认为"价值只是商品的价值,商品的价值只能理解为人类劳动",即没有参与劳动的东西没有价值,或不能交易的东西没有价值。这种"资源环境无价"的观念以及在这种观念基础上形成的理论和政策,只重视物质设施建设的价值,而忽略了资源与生态环境价值,导致了对旅游资源的无偿占有和掠夺性开发,最终造成旅游资源损毁、生态破坏和环境恶化③。

3) 无烟工业观

无烟工业观认为旅游业不会像其他产业那样对环境造成污染。该观点至今仍在一定程度上主导着中国各地的旅游开发,影响着各级政府及旅游主管部门对旅游发展的决策,导致部分地区对旅游资源的盲目开发与过度利用。另一方面,学术界关于对旅游环境与生态负面影响的呼吁没有引起足够的重视,旅游业是无烟工业的观念依然主导旅游发展决策。在这种思想观指导下,各类"大项目""大手笔""大策划"旅游开发项目在缺乏严格资源与环境影响评价的基础上不断上马,待人们意识到后果时已经无法逆转,导致资源与环境持续恶化,影响旅游目的地可持续发展。

4) 低投入、高产出观

"旅游业是低投入,高产出的产业"的观点形成于我国旅游业超速增长阶段,这种观点认为"旅游业是一项投资少、见效快、高产出的劳动密集型产业"④。旅游井喷式发展初期,旅游开发大多依赖于自然资源,相对稀缺的旅游资源使旅游产品处于"卖方市场"状态,旅游开发投资回报率很高,旅游业是"低投入,高产出"的观点也因此盛行。在此观点影响下,一方面,越来越多的资本盲目涌入旅游资源开发领域,出现一哄而上办旅游的现象,旅游企业呈现"散、小、差、弱、低"的特点,走上一条低层次的数量扩张的发展道路,造成旅游资源的严重破坏和生态环境的不断恶化。另一方面,旅游投资热导致生产能力过剩、设施利用率不足、

---

①　龚建华.论可持续发展的思想与概念[J].中国人口·资源与环境,1996(3):9-13.
②　徐德成,余海涛,倪玉乐,等.可持续发展——中国旅游业的抉择[J].地域研究与开发,1996,15(4):87-90.
③　敖荣军,韦燕生.中国可持续旅游的资源环境政策思考[J].旅游学刊,1999,14(5):58-61.
④　林幼斌,杨文凯.我国旅游业发展非持续现象的几点思考[J].云南财经大学学报,2002(S1):42-45.

资源浪费和供需失调,同时也导致行业竞争加剧、利润水平下降、旅游投资效率低下①,影响旅游业可持续发展。

5)非耗竭性消费观

非耗竭性消费观认为"旅游资源主要是由可再生性资源组成的,而旅游消耗又基本上是'感觉消费'(或称精神消费)的过程,因此,旅游资源不存在耗竭的问题"②,旅游业也因此是"永不衰竭的朝阳产业"。这种观念的产生来自人们对旅游资源可再生性的片面理解,认为旅游资源是天然可持续利用,而忽略了旅游资源承载力极限。还有人认为"旅游资源一旦开发出来就可以永续利用",这也是这种观点的反映③。这种片面认识对近年我国自然风景区的开发影响十分显著。众多山岳型风景区一旦开始接待游客,管理部门便很少对景区保护进行投入,无视旅游资源的承载力而进行耗竭式开发,导致旅游目的地生态系统遭受破坏和整体环境退化。

6)传统旅游价值观

虽然习总书记的"加强生态文明建设"思想已经深入人心,但受以往传统旅游价值观的影响,各地旅游开发大多仍以追求 GDP 为目标,强调旅游发展带来的经济收益,重视旅游业产生的直接经济效益,把旅游业作为招商引资的重要手段,甚至假借旅游开发之名,大规模侵占旅游资源,导致旅游资源被占、旅游目的文化丧失和道德下降、旅游诚信丧失等问题④。

14.2.2　旅游发展目标的不协调

1)旅游发展目标不协调的表现

我国早期旅游发展目标在于拉动经济增长、创造旅游外汇收入,追求旅游发展的直接经济效益。但经过 40 多年的改革开放,旅游业的目标使命已经发生根本性变化,但仍有许多地方将经济效益作为旅游发展的终极目标,"片面追求旅游业的经济效益,习惯于以接待规模、收入增幅等指标来衡量旅游发展的效益,而淡忘了旅游的社会总成本和忽视了旅游的文化熏陶功能"⑤。这种目标不协调直接表现在了地方旅游发展与管理中:

①地方旅游发展目标与成绩"数字竞赛",每年初上报发展目标与年底汇报旅游发展成绩时,地方政府与旅游主管部门对旅游接待人数、旅游总收入等数字持续夸大,虚报、瞒报旅游统计数据,追求旅游经济效益"账面上可持续发展"。

②贪大求全、好大喜功式的招商引资,为追求旅游业的 GDP 数字目标,在地方旅游开发过程中,忽视旅游发展的本身规律,盲目追求重大旅游投资项目,进行大体量、大规模的开发

①　陈秀琼,黄福才.中国旅游业发展质量的定量评价研究[J].旅游学刊,2006,21(9):59-63.
②　徐德成,余海涛,倪玉乐,等.可持续发展——中国旅游业的抉择[J].地域研究与开发,1996(4):87-90.
③　周东东.旅游业不是"无烟工业"——对旅游与环境关系的再认识[J].财经问题研究,2001(10):50-53.
④　谢清溪.和谐社会背景下和谐旅游的构建及其实现[J].人文地理,2006,21(4):98-101.
⑤　夏林根.小议"和谐旅游"[J].旅游学刊,2005,20(5):8-9.

建设,追求旅游产业规模"预期可持续增长"。

③保护为开发让路,竭尽所能调整保护规划,挤出旅游项目建设用地,忽略当地生态环境承载力,忽略地方社会文化传统等因素,导致地方生态资源遭受破坏、主客关系紧张、强势文化对弱势文化产生消极影响等①。

2)旅游发展目标偏离的影响因素

旅游发展目标偏离问题受主客观因素双重影响:

①主观因素:受人们对旅游业价值与影响认识的限制。人们仍持传统旅游价值观,同时也认为旅游业是投入低、产出高、无污染、非耗竭性产业,受这种观念与认识的影响,在旅游产业政策制定、旅游发展措施实施、旅游行业管理手段上都以旅游经济建设为中心,单纯追求旅游者数量增长,忽视了经济、环境、社会效益的统一②,影响了旅游业可持续发展。

②客观因素:我国区域经济发展差距大,部分地区仍然没有摆脱"靠山吃山"的经济产业发展模式,脱贫致富的压力巨大,政府部门自上而下的经济发展考核体系迫使地方政府以经济发展为第一目标,强势推动旅游发展。在这种现实原因推动下,地方政府急于脱贫,采取了先破坏、后治理,先开发、后管理的发展模式,严重影响了旅游业可持续发展。

14.2.3　旅游发展对旅游目的地的负面影响

1)掠夺式旅游开发的负面影响

掠夺式旅游开发指在短期经济利益目标驱逐下,旅游开发活动缺乏合理的旅游开发规划与环境保护的意识,超出资源承载能力且忽略环境效益。这种开发模式给旅游目的地带来的负面影响有:①造成资金和旅游资源的浪费,以及旅游资源开发的恶性循环,最终导致旅游资源枯竭;②破坏人文生态和自然生态的原真性和完整性;③加剧旅游目的地商业化,削弱地方文化特色。

2)旅游目的地超载的负面影响

旅游目的地超载指游客接待量超过旅游目的地容量。旅游目的地环境容量(Tourism Destination Environmental Bearing/Carrying Capacity)是指"在某一旅游目的地环境的现存态和结构组合不会对当代人及未来人有害的前提下,在一定时期内旅游目的地所能承受的旅游活动强度",由环境生态承纳量、资源空间承载量、心理承载量、经济承载量四项组成,具有客观性和可量性、变易性与可控性,存在最适值和最大值等特征,同时又是旅游可持续发展的重要判据之一③。旅游目的地超载带来的负面影响有:①社区居民(包括旅游从业人员与非从业人员)产生抗拒心理,挤兑居民生活空间和降低居民生活环境质量;②产生噪声污染和垃圾污染,不利于旅游目的地生态环境的恢复与人文环境的维护,从而影响旅游资源的可

---

① 梁留科,曹新向.和谐旅游的价值、构建及其实现[J].经济地理,2007,27(4):681-685.
② 谢雨萍.旅游业发展与环境保护——实现与环境相适应的可持续发展[J].社会科学家,2003(5):79-83.
③ 崔凤军.论旅游环境承载力——持续发展旅游的判据之一[J].经济地理,1995(1):105-109.

持续发展;③损坏旅游吸引物和旅游接待设施,降低旅游服务质量;④影响游客心情,降低旅游体验质量,也容易引发公共安全突发事件,从而影响游客满意度和破坏旅游目的地形象。

3)旅游目的地社区搬迁的负面影响

旅游目的地社区居民搬迁主要指旅游目的地在旅游发展目标的驱动下采取社区搬迁策略的行为。在社区居民日益成为目的地旅游可持续发展的核心力量趋势下,社区居民搬迁带来的负面影响如下:

①旅游目的地整体经济效益下降、旅游非正规就业增加、金融与物质成本提高。

②破坏当地传统文化的原真性和完整性,导致传统文化场域的消失,不利于当地传统文化的传承。

③冲击社区居民的传统价值观,滋生不良社会风气,使旅游目的地社会治安变差。

④破坏原有生态平衡,生态环境效益下降。

⑤改变居民生计方式,居民的旅游从业机会减少,旅游收入降低,容易陷入贫困状态。

【本章小结】

旅游可持续发展是从可持续发展的概念演化而来,要求将旅游、资源、人类生存环境三者统一,以形成一种旅游业与社会经济、资源、环境良性协调的发展模式。它是可持续发展思想在旅游发展中的运用和延伸,是人们在旅游开发领域中对可持续发展主题的积极响应和深刻理解。

21世纪,旅游业已经成为最需要贯彻以及最能体现可持续发展思想的领域之一,是实现全球可持续发展目标的重要手段。而今,旅游业已成为我国国民经济的重要组成部分和国家重要发展战略,是我国可持续发展的重要领域。但我国旅游目的地可持续发展仍受到长期以来发展观念落后、环保意识缺乏、旅游发展目标不协调以及旅游发展负面影响等因素的威胁。

【关键术语】

可持续发展;旅游可持续发展;可持续旅游;挑战。

复习思考题

1.什么是可持续发展与可持续旅游?

2.可持续旅游发展的目标与内容是什么?

3.可持续旅游发展的内容是什么?

4.我国主要面临哪些旅游发展理念的误区?

5.旅游可持续发展产生的理论背景有哪些?

【案例分析】

可持续旅游发展必须处理好主客关系

西班牙是世界著名的旅游接待大国,是联合国世界旅游组织的驻地,其旅游 GDP 占国家 GDP 总值比例是最高的。实际上,西班牙经济发展在欧洲处于偏低水平,多年来,这个国家在入境旅游目的地国家中一直以低价旅游为竞争优势。意大利是老牌的旅游目的地国,也是欧洲最早关注入境旅游在国家进出口贸易中作用的,意大利专家最早提出了国际旅游收支的统计体系。小城威尼斯更是誉满全球,早在欧洲"大巡游"时代,就成为上流社会一生必去的地方,长期以来被誉为旅游发展的成功范例。应当说,在很长的一段历史时期内,或者说早在全球大众旅游到来之前,他们都获得了发展入境旅游的红利。然而,"成也萧何,败也萧何"。过分依赖入境旅游,过分强调旅游的经济利益,不惜以环境、文化和社区居民的利益为代价。殊不知,在过去的几十年里,在旅游经济发展成功的光环下,一些负面影响的警告与抱怨被一次又一次地掩盖了、屏蔽了。然而,脚最知道鞋子是否合适,社区居民则采取了忍耐或逃避的方式,任其负面影响加剧。

2017 年,国内外媒体报道了南欧一些国家居民纷纷上街游行,抗议"旅游入侵",其中西班牙和意大利的呼声最为强烈。这一现象引起了国际社会的关注,相关的国际组织、当地政府、旅游业界以及专家也纷纷表态,赞成支持者有,反对者也有。可以想象,更多人正在仔细地琢磨,这一现象的出现到底向人们昭示了什么样的信息和诉求。

联合国世界旅游组织首先表态称,"反旅游情绪增长,其态势很严重,必须严肃对待"。从该组织多次表态看,目前问题的关键在于对旅游的"正确管理"。诚然,可持续旅游发展是这个组织一直推崇与恪守的原则,而实现"精心设计和良好管理的旅游"是践行这一原则的途径,如果管理得当,旅游可以成为保护社区的"最佳盟友"。因此,该机构呼吁"不能因为管理失当而放弃旅游"。不过,世界旅游组织官员还强调,要实现可持续旅游发展,要"主人"和"客人"双方都满意,解决当地人的需求是最重要的。

资料来源:中国旅游报,2017-08-18.

问题:根据案例,结合可持续旅游的理论内涵,谈一谈你对西班牙作为国际热点旅游目的地主客矛盾冲突的认识,并在可持续旅游发展目标框架下提出一些有助于缓解旅游目的地主客矛盾冲突的建议。

参考文献

［1］AP J. Residents' perception on tourism impacts［J］. Annals of Tourism Research, 1992, 19 (4): 665-690.

［2］ALDRED R. 'On the outside': constructing cycling citizenship［J］. Social & Cultural Geography, 2010, 11(1): 35-52.

［3］BAGGIO R. Symptoms of complexity in a tourism system［J］. Tourism Analysis, 2008, 13 (1): 1-20.

［4］BAUM T. Taking the exit route: extending the tourism area life cycle model［J］. Current Issues in Tourism, 2010, 1(2): 167-175.

［5］BOSCHMA R, MARTIN R. The handbook of evolutionary economic geography［M］. Cheltenham: Edward Elgar Publishing Limited, 2010.

［6］BERTALANFFY L V. General system theory［J］. General Systems, 1956, 1(1): 11-17.

［7］BREAKEY N M. Tourism destination development—beyond Butler［M］. Queensland: University of Queensland, 2006.

［8］BURT R S. Models of network structure［J］. Annual Review of Sociology, 1980, 6(1): 79-141.

［9］BURT R. Structural holes: The social structure of competition［M］. Cambridge: Harvard University Press, 1992.

［10］BUHALIS D, SPADA A. Destination management systems: criteria for success—an exploratory research［J］. Information Technology & Tourism, 2000, 3(1): 41-58.

［11］BUTLER R W. Seasonality in tourism: issues and implications［M］//BAUMT, LUNDTORP S. Seasonality in tourism. Kidlington: Elsevier Ltd, 2001:5-21.

［12］BUTLER R W. The concept of a tourist area cycle of evolution:Implications for management of resources［J］. Canadian Geographer, 1980, 24 (1): 5-12.

［13］BALOGLU S, MCCLEARY K W. A model of destination image formation［J］. Annals of Tourism Research, 1999, 26(4): 868-897.

［14］BROWN K M. Sharing public space across difference: attunement and the contested burdens of choreographing encounter［J］. Social & Cultural Geography, 2012, 13(7): 801-820.

［15］ BARRETT S D. The emergence of the low cost carrier sector［M］. Aldershot: Ashgate Publishing Company, 2008.

［16］ BJORKLUND E M, PHILBRICK A. K. Spatial configurations of mental process［D］. London: Unversity of Western Ontario, 1972.

［17］ BLAIN C, LEVY S E, RITCHIE J R B. Destination branding: insights and practices from destination management organizations［J］. Journal of Travel Research, 2005, 43（4）: 328-338.

［18］ BIEGER T, WITTMER A. Air transport and tourism—perspectives and challenges for destinations, airlines and governments［J］. Journal of Air Transport Management, 2006, 12（1）:40-46.

［19］ BUTLER G, HANNAM K. Independent tourist's automobilities in Norway［J］. Journal of Tourism & Cultural Change, 2012, 10（4）: 285-300.

［20］ COSTANZA R, KUBISZEWSKI I, GIOVANNINI E, et al. Development: time to leave GDP behind［J］. Nature, 2014, 505（7483）: 283-285.

［21］ CHAMBERS R, CONWAY G. Sustainable rural livelihoods: Practical concepts for the 21st century［M］. London: London Institute of Development Studies（UK）, 1992.

［22］ TAO T C H, WALL G. Tourism as a sustainable livelihood strategy［J］. Tourism Management, 2009, 30（1）: 90-98.

［23］ CHEN G H, XIAO H G. Motivations of repeat visits: A longitudinal study in Xiamen, China［J］. Journal of Travel & Tourism Marketing, 2013, 30（4）: 350-364.

［24］ CHEN G H, HUANG S S. Towards an improved typology approach to segmenting cultural tourists［J］. International Journal of Tourism Research, 2018, 20（2）: 247-255.

［25］ CHEN G H, HUANG S S. Understanding Chinese cultural tourists: typology and profile［J］. Journal of Travel & Tourism Marketing, 2018, 35（2）: 162-177.

［26］ CAI L A. Cooperative branding for rural destinations［J］. Annals of Tourism Research, 2002, 29（3）: 720-742.

［27］ CAPRIELLO A, ROTHERHAM I D. Farm attractions, networks, and destination development: a case study of Sussex, England［J］. Tourism Review, 2008, 63（2）: 59-71.

［28］ CARLSEN J. A systems approach to island tourism destination management［J］. Systems Research and Behavioral Science, 1999, 6（4）: 321-327.

［29］ CHRISTALLER W. Some considerations of tourism location in Europe: the peripheral regions—underdeveloped countries—recreation areas［J］. Papers in Regional Science, 1964,12（1）: 95-105.

［30］ CHOY D J L. Life cycle models for Paciffic Island destinations［J］. Journal of Travel Research, 1992, 30（3）: 26-31.

［31］ COOPER C, JACKSON S. Destination life cycle: the isle of man case study［J］. Annals of Tourism Research, 1989, 16（3）: 377-398.

[32] COHEN E. Towards a sociology of international tourism[J].Social Research, 1972, 39(1): 164-182.

[33] COOPER C, FLETCHER J, GILBERT D, et al. Tourism: principles and practice[M]. New York: Longman, 1998.

[34] CROUCH G I. Destination competitiveness: an analysis of determinant attributes[J]. Journal of Travel Research, 2011, 50(1): 27-45.

[35] CROMPTON J L. Motivation for pleasure vacation[J]. Annals of Tourism Research, 1979, 6(4): 408-424.

[36] CRONIN J J, TAYLOR S A. Measuring service quality: a reexamination and extension[J]. Journal of Marketing, 1992, 56(3): 55-68.

[37] DEBBAGE K. Oligopoly and the resort cycle in the Bahamas[J]. Annals of Tourism Research, 1990, 17(5): 513-527.

[38] DEGENNE A, FORSE M. Introducing social networks[M]. London: Sage Publications, 1999.

[39] DIMITRIOS B. Marketing the competitive destination of the future[J]. Tourism Management, 2000, 21(1): 97-116.

[40] DREDGE D, JENKINS J. Tourism planning and policy[M]. Melbourne: Wiley Australia Ltd., 2007.

[41] DANN G M S. Anomie, ego-enhancement and tourism[J]. Annals of Tourism Research, 1977, 4(4): 184-194.

[42] DECROP A, SNELDERS D. A grounded typology of vacation decision-making[J]. Tourism management, 2005, 26(2): 121-132.

[43] DOXEY G. A causation theory of visitor resident irritants: methodology and research inference[D]. San Diego: Unversity of San Diego, 1975.

[44] DAVIS J A. A formal interpretation of the theory of relative deprivation[J]. Sociometry, 1959, 22(4): 280-296.

[45] ELKINGTON J. Enter the triple bottom line[M]. Britain: Earthscan, 1994.

[46] ENGELBRECHT H. Natural capital, subjective well-being, and the new welfare economics of sustainability: some evidence from cross-country regressions[J]. Ecological Economics, 2009(2): 380-388.

[47] ECHTNER C M, RITCHIE B. The measurement of destination image: an empirical assessment[J]. Journal of Travel Research, 1993, 31(4): 3-13.

[48] EDENSOR T. Mundane mobilities, performances and spaces of tourism[J]. Social & Cultural Geography, 2007, 8(2): 199-215.

[49] EDENSOR T. Travel connections: tourism, technology, and togetherness in a mobile world [J]. Annals of Tourism Research, 2013, 40(2): 442-444.

[50] FAULKNER B, RUSSELL R. Chaos and complexity in tourism: in search of a new perspective[J]. Pacific Tourism Review, 1997, 1(2): 93-102.

[51] FISCHOFF B, LICHTENSTEIN S, SLOVIC P, et al. Acceptable risk[M]. Cambridge: Cambridge University Press, 1981.

[52] FRIEDMANN J. Regional development policy: a case study of Venezuela[M].Cambridge: MIT Press, 1966.

[53] FORRESTER J W. Industrial Dynamics: a major breakthrough for decision makers[J]. Harvard Business Review, 1958, 36(4): 37-66.

[54] FAULKNER B, TIDESWELL C. A framework for monitoring community impacts of tourism. Journal of Sustainable Tourism, 1997, 5(1): 3-28.

[55] FREDLINE E, FAULKNER B. Host community reactions: a cluster analysis[J]. Annals of Tourism Research, 2000, 27(3): 763-784.

[56] GALLARZA M G, SAURA I G, GARCÍA H C. Destination image: towards a conceptual framework[J]. Annals of tourism research, 2002, 29(1): 56-78.

[57] GARTNER W C. Image formation process[J]. Journal of Travel & Tourism Marketing, 1994, 2(2-3): 191-216.

[58] GUPTA G, GOODCHILD A, HANSEN M. A competitive, charter air-service planning model for student athlete travel[J]. Transportation Research Part B: Methodological, 2010, 45(1): 128-149.

[59] GILLMOR D A. Evolving air-charter tourism patterns: change in outbound from the Republic of Ireland [J]. Tourism Management, 1996,17(1):9-16.

[60] GRONROOS C. A service quality model and its marketing implications[J].European Journal of marketing,1984,18(4):36-44.

[61] GU H M, RYAN C, CHON K Y. Managerial responsibility, environmental practice, and response sets in a sample of Chinese hotel managers [J]. Journal of China Tourism Research, 2009, 5(2): 140-157.

[62] GILBERT D, CLARK M. An exploratory examination of urban tourism impact, with reference to residents attitudes, in the cities of Canterbury and Guildford[J]. Cities, 1997, 14(6): 343-352.

[63] GETZ D. Models in tourism planning: towards integration of theory and practice [J]. Tourism Management, 1986, 7(1): 21-32.

[64] GRANOVETTER M. The strength of weak ties[J]. American Journal of Sociology, 1973, 78(6): 1360-1380.

[65] GRANOVETTER M. The strength of weak ties: a network theory revisited[J]. Sociological Theory, 1983,1: 201-233.

[66] GRANOVETTER M. Economic action and social structure: the problem of embeddedness [J]. American Journal of Sociology, 1985, 91(3): 481-510.

[67] GUNN C, VAR T. Tourism planning: basics, concepts, cases [M]. 4th ed. London: Routledge, 2003.

[68] HOBSON J S P. Analysis of the U.S. cruise line industry[J]. Tourism Management, 1993, 14(6): 453-462.

[69] HSU C H C, CAI L A. Brand knowledge, trust and loyalty—a conceptual model of destination branding[R].San Francisco: ICHRIE and Conference, 2009.

[70] HANNAM K, SHELLER M, URRY J. Editorial: mobilities, immobilities and moorings[J]. Mobilities, 2006, 1(1): 1-22.

[71] HUDSON S, HUDSON P, MILLER G A. The measurement of service quality in the tour operating sector: a methodological comparison[J]. Journal of Travel Research, 2004, 42(3): 305-312.

[72] HAGGETT P, CHIFT A D, FREY A. A locational analysis in Human geography[M]. London: Edward Amoid, 1977.

[73] HOLLAND J. Can there be a unified theory of complex adaptive systems? [M].[S.l.]: MI, 1994.

[74] HOVINEN G R. Revisiting the destination lifecycle model[J]. Annals of Tourism Research, 2002, 29(1): 209-230.

[75] HOVINEN G R. A tourist cycle in Lancaster County Pennsylvania [J]. Canadian Geographer, 1981, 25(3): 283-286.

[76] HENDERSON J C. Tourism in Dubai: overcoming barriers to destination development[J]. International Journal of Tourism Research, 2006, 8(2): 87-99.

[77] ISO-AHOLA S E. Toward a social psychological theory of tourism motivation: a rejoinder [J]. Annals of Tourism Research, 1982, 9(2): 56-62.

[78] INOUE Y, LEE S. Effects of different dimensions of corporate social responsibility on corporate financial performance in tourism-related industries [J]. Tourism Management, 2011, 32(4): 790-804.

[79] JAFARI J, XIAO H G. Encyclopedia of tourism[M]. New York: Springer, 2016.

[80] JACOBSEN J K S. Anti-tourist attitudes: mediterranean charter tourism [J]. Annals of Tourism Research, 2000, 27(2): 284-300.

[81] JAFARI J. Research and scholarship: the basis of tourism education[J]. Journal of Tourism Studies, 1990, 1(1): 33-41.

[82] JAFARI J. World conference on sustainable tourism [J]. Annals of Tourism Research, 1996,23(4):958-960.

[83] JOVANOVIC M N. Evolutionary economic geography: location of production and the European Union[M]. New York: Routledge, 2009.

[84] JOHNS N, MATTSSON J. Destination development through entrepreneurship: a comparison of two cases[J]. Tourism Management, 2005, 26(4): 605-616.

[85] KANG K H, LEE S, HUH C. Impacts of positive and negative corporate social responsibility activities on company performance in the hospitality industry[J]. International Journal of

Hospitality Management, 2010, 29(1): 72-82.

[86] KIM J H, RITCHIE B W. Motivation-based typology: an empirical study of golf tourists [J]. Journal of Hospitality & Tourism Research, 2012, 36(2): 251-280.

[87] KELLER C P. Stages of peripheral tourism development—Canada's northwest territories[J]. Tourism Management, 1987, 8(1): 20-32.

[88] KNOKE D, KUKLINSKI J H. Network Analysis[M]. California: Sage Publications, 1982.

[89] KHADAROO J, SEETANAH B. The role of transport infrastructure in international tourism development: a gravity model approach[J]. Tourism Management, 2008, 29(5): 831-840.

[90] LEW A, MCKERCHER B. Modeling tourist movements: a local destination analysis[J]. Annals of Tourism Research, 2006, 33(2): 403-423.

[91] LAWTON T C, SOLOMKO S. When being the lowest cost is not enough: building a successful low-fare airline business model in Asia [J]. Journal of Air Transport Management, 2005, 11(6): 355-362.

[92] LOBBENBERG A. Strategic responses of charter airlines to single market integration[J]. Journal of Air Transport Management, 1995, 2(2): 67-80.

[93] LEIPER N. Tourism management[M]. Collingwood, VIC: TAFE Publications, 1995.

[94] LOHN L C, STACEY L M. Motives of visitors attending festival events [J]. Annals of Tourism Research, 1997, 24(2): 425-439.

[95] LEE S, SINGAL M, KANG K H. The corporate social responsibility—financial performance link in the U.S. restaurant industry: do economic conditions matter? [J]. International Journal of Hospitality Management, 2013, 32: 2-10.

[96] LANKFORD S V, HOWARD D R. Developing a tourism impact attitude scale[J]. Annals of Tourism Research, 1994, 21(1): 121-139.

[97] LARSEN J. Tourism mobilities and the travel glance: experiences of being on the move[J]. Scandinavian Journal of Hospitality & Tourism, 2001, 1(2): 80-98.

[98] LIN N. Social capital: a theory of social structure and action[M].Cambridge: Cambridge University Press, 2001.

[99] LEE Y, KIM I. Change and stability in shopping tourist destination networks: the case of Seoul in Korea[J]. Journal of Destination Marketing Management, 2018,9: 267-278.

[100] LEIPER N. The framework of tourism: towards a definition of tourism, tourist, and the tourist industry[J]. Annals of Tourism Research, 1979, 6(4): 390-407.

[101] MURPHY P E, MURPHY A E. Strategic management for tourism communities: bridging the gaps[J].Toursim Management, 2007,28(3): 940-946.

[102] MCCOOL S F, MARTIN S R. Community attachment and attitudes toward tourism development[J]. Journal of Travel Research, 1994, 32(3): 29-34.

[103] MACBETH J. Dissonance and paradox in tourism planning: people first[J]. ANZALS Research Series, 1994,18(3): 2-18.

[104] MENTZAKISA E, MOROB M. The Poor, the rich and the happy: exploring the link between income and subjective well-being[J]. The Journal of Socio-Economics, 2009, 38 (1): 147-158.

[105] MCKERCHER B. Towards a classification of cultural tourists[J]. International Journal of Tourism Research, 2002, 4(1): 29-38.

[106] MCKERCHER B. Cultural tourism market: a perspective paper[J]. Tourism Review, 2020, 75(1): 126-129.

[107] MCKERCHER B. A chaos approach to tourism[J]. Tourism Management, 1999, 20(4): 425-434.

[108] MORRISON A M. Marketing and managing tourism destinations [M]. London: Routledge, 2013.

[109] MARTILLA J A, JAMES J C. Importance-performance analysis[J]. Journal of Marketing, 1977, 41(1): 77-79.

[110] MILMAN A, PIZAM A. The role of awareness and familiarity with a destination: the central Florida case[J]. Journal of Travel Research, 1995, 33(3): 21-27.

[111] MEYER-ARENDT K J. The Grand Island, Lousiana resort cycle[J]. Annals of Tourism Research, 1985, 2(3): 449-465.

[112] OGLETHORPE M K. Tourism in Malta: a crisis of dependence[J]. Leisure Studies, 1984, 3(2): 147-161.

[113] OETTING E R, BEAUVAIS F. Orthogonal cultural identification theory: the cultural identification of minority adolescents[J]. International Journal of the Addictions, 1991, 25 (5): 655-685.

[114] OLIVER R L. A cognitive model of the antecedents and consequences of satisfaction decisions[J]. Journal of Marketing Research, 1980, 17(4): 460-469.

[115] PAVLOVICH K. The evolution and transformation of a tourism destination network: the Waitomo Caves, New Zealand[J]. Tourism Management, 2003, 24(2): 203-216.

[116] PARASURAMAN A, ZEITHAML V A, BERRY L L. SERVQUAL: a multiple-item scale for measuring consumer perceptions of service quality [J]. Journal of Hospitality and Leisure Marketing, 1988, 64(1):12-40.

[117] PIKE S. Destination marketing: an integrated marketing communication approach[M]. Oxford: Elsevier, 2008.

[118] PLOG S C. Why destinations areas rise and fall in popularity[J]. Cornell Hotel and Restaurant Quarterly, 1974, 14(4): 55-58.

[119] PARK S Y, LEE S. Financial rewards for social responsibility[J]. Cornell Hospitality Quarterly, 2009, 50(2): 168-179.

[120] PEARCE P L, MOSCARDO G, ROSS G F. Tourism community relationships[M]. New York: Pergamon, 1996.

[121] PEARCE P L, MOSCARDO G, PEARCE D C. Tourism community analysis: asking the right questions[A]. London: Routledge, 1999.

[122] PEATTIE S, CLARKE P.PEATTIE K.Risk and responsibility in tourism: promoting sun-safety[J].Tourism Management,2005,26(3):399-408.

[123] PRIDEAUX B, WEI S, RUYS H. The senior drive tour market in Australia[J]. Journal of Vacation Marketing, 2001, 7(3): 209-219.

[124] PEARCE D. Tourist Development[M]. Harlow: Longnan, 1989.

[125] PRIDEAUX B. The resort development spectrum—a new approach to modeling resort development[J].Tourism Management, 2000, 21(3): 225-240.

[126] PALANG H, HELMFRID S, ANTROP M, et al. Rural landscapes: past processes and future strategies[J]. Landscape and Urban Planning, 2005, 70(1): 3-8.

[127] PETRICK J F. Segmenting cruise passengers with price sensitivity [J]. Tourism Management, 2005, 26(5): 753-762.

[128] PRIGOGINE J. Structure, dissipation and life[M]. Amsterdam: North Holland Publication Company, 1969.

[129] PEARCE D G. Tourist organization in Sweden[J]. Tourism Management, 1996, 17(6): 413-424.

[130] PLOG S C. Why destination areas rise and fall in popularity[J]. Cornell Hotel and Restaurant Administration Quarterly, 1974, 14(4): 55-58.

[131] ROBBINS J. Tourism and transport: globals perspectives[M]. London: Routledge, 2007.

[132] ROSENTHAL U, CHARLES M T, HART P T. Coping with crises: the management of disasters, riots, and terrorism[M].Springfield: Charles C Thomas Publisher Ltd., 1989.

[133] SHELLER M, URRY J. The new mobilities paradigm[J]. Environment & Planning A, 2006, 38(2): 207-226.

[134] SHELLER M. Automotive emotions: feeling the car[J]. Theory Culture & Society, 2004, 21(4): 221-242.

[135] SERVAES H, TAMAYO A. The impact of corporate social responsibility on firm value: the role of customer awareness[J]. Management Science, 2013, 59(5): 1045-1061.

[136] SKIDMORE W. Theoretical thinking sociology[M]. Cambridge: Cambridge University Press, 1975.

[137] SCHEYVENS R. Ecotourism and the empowerment of local communities[J]. Tourism Management, 1999,20(2): 245-249.

[138] SCOONES I. Livelihoods perspectives and rural development[J]. The Journal of Peasant Studies, 2009,36(1): 171-196.

[139] SELBY M, MORGAN N J. Reconstruing place image: a case study of its role in destination market research[J]. Tourism Management, 1996, 17(4): 287-294.

[140] SONMEZ S F, BACHMANN S J, ALIEN L R. Managing crises[M].South Carolina:

Clemson University, 1994.

[141] SLOVIC P. Perception of risk[J].Science, 1987, 236 (4799): 280-285.

[142] SCOTT N, BAGGIO R, COOPER C. Network analysis and tourism: from theory to practice [M]. New York: Channel View Publications, 2008.

[143] SMITH R A. Beach resort evolution: implications for planning[J]. Annals of Tourism Research, 1992, 19(2): 304-322.

[144] STRAPP J D. The Resort Cycle and Second Homes[J]. Annals of Tourism Research, 1988, 4(15): 504-516.

[145] STANSFIELD C. Atlantic city and the resort cycle background to the legalization of gambling[J]. Annals of Tourism Research, 1978, 5(2): 238-251.

[146] SVENSSON B, NORDIN S, FLAGESTAD A. A governance perspective on destination development: exploring partnerships, clusters and innovation systems[J]. Tourism Review, 2005, 60(2): 32-37.

[147] TUAN Y F. Space and place: the perspective of experience[M]. Minneapolis: University of Minnesota Press, 1977.

[148] WILLIAMS D R, ROGGENBUCK J W. Measuring place attachment: some preliminary results[J]. Leisure Research Symposium of National Recreation and Park Association Arlington, 1989(10): 20-22.

[149] WEIERMAIR K, PETERS M, SCHUCKERT M. Destination development and the tourist life-cycle: implications for entrepreneurship in Alpine tourism[J]. Tourism Recreation Research, 2007, 32(1): 83-93.

[150] XIE P F. A life cycle model of industrial heritage development[J]. Annals of Tourism Research, 2015,55: 141-154.

[151] ZHANG C Z, XIAO H G, GURSOY D, et al. Tacit knowledge spillover and sustainability in destination development [J]. Journal of Sustainable Tourism, 2015, 23 (7): 1029-1048.

[152] ZHANG C Z, XIAO H G. Destination development in China: towards an effective model of explanation[J]. Journal of Sustainable Tourism, 2014, 22(2): 214-233.

[153] ZHANG H Q, CHONG K, AP J. An analysis of tourism policy development in modern China[J]. Tourism Management, 1999, 20(4): 471-485.

[154] 安德鲁·海伍德.政治学核心概念[M].吴勇,译.天津:天津人民出版社,2008.

[155] A.V.菲根堡姆.全面质量管理[M].北京:机械工业出版社,1991.

[156] 敖荣军,韦燕生.中国可持续旅游的资源环境政策思考[J].旅游学刊,1999,14(5): 58-61.

[157] 北京巅峰智业旅游文化创意股份有限公司课题组.图解全域旅游理论与实践[M].北京:旅游教育出版社,2018.

[158] 保继刚,文彤.社区旅游发展研究述评[J].桂林旅游高等专科学校学报,2002,13(4):

13-18.

[159] 保继刚,楚义芳.旅游地理学[M].北京:高等教育出版社,1999.

[160] 保继刚,楚义芳.旅游地理学[M].3版.北京:高等教育出版社,2012.

[161] 保继刚,等.旅游开发研究——原理·方法·实践[M].北京:科学出版社,1996.

[162] 保罗·伊格尔斯,斯蒂芬·麦库尔,克里斯·海恩斯.保护区旅游规划与管理指南[M].张朝枝,罗秋菊,译.北京:中国旅游出版社,2005.

[163] 白以娟.旅游者角色的社会学阐释[J].商场现代化,2008,30:386-387.

[164] 程国平.质量管理学[M].武汉:武汉理工大学出版社,2003.

[165] 崔凤军.中国传统旅游目的地创新与发展[M].北京:中国旅游出版社,2002.

[166] 崔凤军.论旅游环境承载力——持续发展旅游的判据之一[J].经济地理,1995(1):105-109.

[167] 崔凤军.区域旅游开发中的环境分析方法与案例研究[D].北京:北京大学,1999.

[168] 崔凤军.风景旅游区的保护与管理[M].北京:中国旅游出版社,2001.

[169] 陈志军.区域旅游空间结构演化模式分析——以江西省为例[J].旅游学刊,2008,23(11):35-41.

[170] 陈钢华,孙九霞.现代旅游消费者行为学[M].广州:中山大学出版社,2019.

[171] 陈秀琼,黄福才.中国旅游业发展质量的定量评价研究[J].旅游学刊,2006,21(9):59-63.

[172] 程锦,陆林,朱付彪.旅游产业融合研究进展及启示[J].旅游学刊,2011,26(4):13-19.

[173] 杜炜.关于旅游对环境影响问题的思考[J].旅游学刊,1994(3):49-52,63.

[174] 丁水木,张绪山.社会角色论[M].上海:上海社会科学院出版社,1992.

[175] 丁雨莲,赵媛.旅游产业融合的动因、路径与主体探析——以深圳华强集团融合发展旅游主题公园为例[J].人文地理,2013,28(4):126-131.

[176] 戴凡.旅游持续发展行动战略[J].旅游学刊,1994(4):51-54.

[177] 戴学锋.全域旅游:实现旅游引领全面深化改革的重要手段[J].旅游学刊,2016,31(9):20-22.

[178] 谷惠敏.旅游危机管理研究[M].天津:南开大学出版社,2007.

[179] 巩劼,陆林.旅游环境影响研究进展与启示[J].自然资源学报,2007,22(4):545-556.

[180] 高峻,刘世栋.可持续旅游与环境管理[J].生态经济,2007(10):114-117.

[181] 高峻,刘世栋.可持续旅游与环境管理:理论·案例[M].天津:南开大学出版社,2009.

[182] 高凌江,夏杰长.中国旅游产业融合的动力机制、路径及政策选择[J].首都经济贸易大学学报,2012,14(2):52-57.

[183] 葛成唯.基于智慧旅游的目的地旅游管理体系研究[J].中国西部科技,2013,12(1):73-74.

[184] 郭国庆.市场营销学通论[M].北京:中国人民大学出版社,2014.

[185] 郭长江，崔晓奇，宋绿叶，等.国内外旅游系统模型研究综述[J].中国人口·资源与环境，2007，17(4)：101-106.

[186] 龚德恩.经济控制论概论[M].北京：中国人民大学出版社，1998.

[187] 龚建华.论可持续发展的思想与概念[J].中国人口·资源与环境，1996(3)：9-13.

[188] 何建民.我国旅游产业融合发展的形式、动因、路径、障碍及机制[J].旅游学刊，2011，26(4)：8-9.

[189] 胡志丁，葛岳静.经济地理研究的第三种方法：演化经济地理[J].地域研究与开发，2012，31(5)：89-94.

[190] 黄安民.旅游目的地管理[M].武汉：华中科技大学出版社，2016.

[191] 黄超，李云鹏."十二五"期间"智慧城市"背景下的"智慧旅游"体系研究[D].北京：北京联合大学，2011.

[192] 黄翔.旅游区管理[M].武汉：武汉大学出版社，2004.

[193] 黄甘霖，姜亚琼，刘志锋，等.人类福祉研究进展——基于可持续科学视角[J].生态学报，2016，36(23)：7519-7527.

[194] 黄山市旅游局，中山大学旅游发展与规划中心.黄山旅游发展总体规划[M].北京：中国旅游出版社，2007.

[195] 胡兵，李婷，文彤.上市旅游企业社会责任的结构维度与模型构建——基于扎根理论的探索性研究[J].旅游学刊，2018，33(10)：31-40.

[196] 韩鲁安.旅游地可持续发展理论与实践的探索[M].北京：旅游教育出版社，2001.

[197] 霍洛韦.论旅游业[M].孔祥义，译.北京：中国大百科全书出版社，1997.

[198] 菲利普·科特勒，凯文·莱恩·凯勒.营销管理：第15版[M].何佳讯，于洪彦，牛永革，等译.上海：格致出版社，上海人民出版社，2016.

[199] 菲利普·科特勒，约翰·T.保文，詹姆斯·C.迈肯斯.旅游市场营销：第4版[M].谢彦君，译.大连：东北财经大学出版社，2006.

[200] 贾跃千，李万立，何佳梅.旅游专列的市场优势及营销技巧[J].铁道运输与经济，2005，27(4)：56-57.

[201] 姜跃春，张玉环.2019年世界经济：同步放缓，复苏乏力[J].世界知识，2020(2)：62-64.

[202] 卞显红.城市旅游空间成长及其空间结构演变机制分析[J].桂林旅游高等专科学校学报，2002，13(3)：30-35.

[203] 克莱尔·A.冈恩，特格特·瓦尔.旅游规划理论与案例：第4版[M].吴必虎，吴冬青，党宁，译.大连：东北财经大学出版社，2005.

[204] 马晓龙，张晓宇，克里斯·瑞安.影视旅游者动机细分及其形成机制——新西兰霍比特村案例[J].旅游学刊，2013，28(8)：111-117.

[205] 莫志明.铁路旅游专列的整合营销发展探讨[J].铁道运输与经济，2014，36(3)：61-64.

[206] 孟华，秦耀辰.20世纪下半叶旅游发展观的演进及启示[J].经济研究参考，2006(7)：37.

[207] 吕俊芳.城乡统筹视阈下中国全域旅游发展范式研究[J].河南科学,2014,32(1):139-142.

[208] 卢建亚,等.中小旅游企业成长之路[M].北京:旅游教育出版社,2007.

[209] 吕萍.霍曼斯与布劳的社会交换理论比较[J].沈阳师范学院学报(社会科学版),1996(3):27-29.

[210] 陆林,储小乐.旅游地演化研究进展与启示[J].安徽师范大学学报(自然科学版):2018,41(1):77-84.

[211] 陆林,鲍捷.基于耗散结构理论的千岛湖旅游目的地演化过程及机制[J].地理学报,2010,65(6):755-768.

[212] 陆林.山岳风景区国际旅游经济效益探析——以黄山国际旅游业为例[J].旅游学刊,1991,6(1):39-43.

[213] 陆大道.区域发展及其空间结构[M].北京:科学出版社,1995.

[214] 林德荣,刘卫梅.旅游不文明行为归因分析[J].旅游学刊,2016,31(8):8-10.

[215] 林越英.旅游环境保护概论[M].北京:旅游教育出版社,2001.

[216] 林幼斌,杨文凯.我国旅游业发展非持续现象的几点思考[J].云南财经大学学报,2002(S1):42-45.

[217] 李金早.当代旅游学[M].北京:中国旅游出版社,2018.

[218] 李金早.全域旅游的价值和途径[J].领导决策信息,2017(5):16-17.

[219] 李平,吕宛青.浅析旅游弱势群体的"相对剥夺感"[J].中国人口·资源与环境,2014,24(1):207-209.

[220] 罗桂芬.社会改革中人们的"相对剥夺感"心理浅析[J].中国人民大学学报,1990,4(4):84-89.

[221] 罗文斌,唐沛,孟贝,等.国外旅游可持续生计研究进展及启示[J].中南林业科技大学学报(社会科学版),2019,13(6):93-100.

[222] 刘冠超.城市水上旅游项目游客满意度与忠诚度研究——以珠江夜游为例[D].广州:中山大学,2019.

[223] 陆均良,杨铭魁,李云鹏,等.旅游信息化管理[M].北京:中国人民大学出版社,2015.

[224] 骆小平."智慧城市"的内涵论析[J].城市管理与科技,2010,12(6):34-37.

[225] 刘祥恒.旅游产业融合机制与融合度研究[M].合肥:中国科学技术大学出版社,2019.

[226] 厉新建,张凌云,崔莉.全域旅游:建设世界一流旅游目的地的理念创新——以北京为例[J].人文地理,2013,28(3):130-134.

[227] 罗家德.NQ风暴——关系管理的智慧[M].北京:社会科学文献出版社,2002.

[228] 罗佳明.旅游管理导论[M].上海:复旦大学出版社,2010.

[229] 罗明义.旅游管理学[M].天津:南开大学出版社,2007.

[230] 李蕾蕾.跨文化传播及其对旅游目的地地方文化认同的影响[J].深圳大学学报(人文社会科学版),2000(2):95-100.

[231] 李仲广.旅游经济学:模型与方法[M].北京:中国旅游出版社,2006.

[232] 李君轶,高慧君.信息化视角下的全域旅游[J].旅游学刊,2016,31(9):24-26.

[233] 李洪波.旅游景区管理[M].北京:中国科学技术出版社,2009.

[234] 李雪松.旅游目的地管理[M].北京:中国旅游出版社.2017.

[235] 李峰.目的地旅游危机管理:机制、评估与控制[M].北京:中国经济出版社,2010.

[236] 李锋,陈太政,辛欣.旅游产业融合与旅游产业结构演化关系研究——以西安旅游产业为例[J].旅游学刊,2013,28(1):69-76.

[237] 李树民.旅游产业融合与旅游产业协整发展[J].旅游学刊,2011,26(6):5-6.

[238] 李云鹏,晁夕,沈华玉,等.智慧旅游:从旅游信息化到旅游智慧化[M].北京:中国旅游出版社,2013.

[239] 李云鹏.以信息化和电子商务促进我国旅游产业地位提升[J].旅游学刊,2007,22(10):8-9.

[240] 李君轶,高慧君.信息化视角下的全域旅游[J].旅游学刊,2016,31(9):24-26.

[241] 林毅夫.信息化——经济增长新源泉[J].科技与企业,2003(8):53-54.

[242] 陆均良,杨铭魁,李云鹏,等.旅游信息化管理[M].北京:中国人民大学出版社,2015.

[243] 陆均良,宋夫华.智慧旅游新业态的探索与实践[M].杭州:浙江大学出版社,2017.

[244] 梁小民.经济学大辞典[M].北京:团结出版社,1994.

[245] 梁留科,曹新向.和谐旅游的价值、构建及其实现[J].经济地理,2007,27(4):681-685.

[246] 麻学锋,张世兵,龙茂兴.旅游产业融合路径分析[J].经济地理,2010,30(4):678-681.

[247] 茆长宝,穆光宗.国际视野下的中国人口少子化[J].人口学刊,2018,40(4):19-30.

[248] 苗维亚,田敏.论旅游危机突发事件应对的营销战略——基于企业层面的几点思考[J].经济体制改革,2007(6):178-180.

[249] 彭建,王剑.旅游研究中的三种社会心理学视角之比较[J].旅游科学,2012,26(2):1-9+28.

[250] 石培华.如何认识与理解"全域旅游"[J].西部大开发,2016(11):102-104.

[251] 沈鹏熠.旅游企业社会责任对目的地形象及游客忠诚的影响研究[J].旅游学刊,2012,27(2):72-79.

[252] 苏志平,顾平.基于供应链的旅游企业社会责任研究[J].江苏科技大学学报(社会科学版),2010,10(3):41-46.

[253] 苏明明.可持续旅游与旅游地社区发展[J].旅游学刊,2014,29(4):8-9.

[254] 马丁·赛利格曼.真实的幸福[M].洪兰,译.沈阳:万卷出版公司,2010.

[255] 邵冬梅.我国目的地政府的旅游危机营销研究[D].成都:电子科技大学,2007.

[256] 沈惊宏,余兆旺,沈宏婷.区域旅游空间结构演化模式研究——以安徽省为例[J].经济地理,2015,35(1):180-186.

[257] 唐晓云.古村落旅游社会文化影响:居民感知、态度与行为的关系——以广西龙脊平

安寨为例[J].人文地理,2015,30(1):135-142.

[258] 唐文跃,张捷,罗浩,等.古村落居民地方依恋与资源保护态度的关系——以西递、宏村、南屏为例[J].旅游学刊,2008,23(10):87-92.

[259] 田道勇.浅谈旅游可持续发展[J].人文地理,1996,11(2):16-19.

[260] 汪剑明,鲁瑾.在我国发展可持续旅游的价值导向[J].旅游科学,1997(3):4-5.

[261] 魏成元,马勇.全域旅游:实践探索与理论创新[M].北京:中国旅游出版社,2017.

[262] 吴必虎.区域旅游规划原理[M].北京:中国旅游出版社,2001.

[263] 吴必虎,俞曦.旅游规划原理[M].北京:中国旅游出版社,2010.

[264] 吴国清,申军波,冷少妃,等.智慧旅游发展与管理[M].上海:上海人民出版社,2017.

[265] 吴思.旅游产业信息化创新的理论与实践研究[M].武汉:武汉大学出版社,2010.

[266] 吴寅姗,陈家熙,钱俊希.流动性视角下的入藏火车旅行研究:体验、实践、意义[J].旅游学刊,2017,32(12):17-27.

[267] 王龙杰,曾国军,毕斗斗.信息化对旅游产业发展的空间溢出效应[J].地理学报,2019,74(2):366-378.

[268] 汪德根,陈田,陆林,等.区域旅游流空间结构的高铁效应及机理——以中国京沪高铁为例[J].地理学报,2015,70(2):214-233.

[269] 汪德根,陈田,李立,等.国外高速铁路对旅游影响研究及启示[J].地理科学,2012,32(3):322-328.

[270] 汪德根,牛玉,王莉.高铁对旅游者目的地选择的影响——以京沪高铁为例[J].地理研究,2015,34(9):1770-1780.

[271] 汪德根.京沪高铁对主要站点旅游流时空分布影响[J].旅游学刊,2014,29(1):75-82.

[272] 王有成,亚伯拉罕·匹赞姆.目的地市场营销与管理:理论与实践[M].张朝枝,郑艳芳,译.北京:中国旅游出版社,2014.

[273] 王翔宇,翁时秀,彭华.旅游地乡村社区居民利益诉求归类与差异化表达——以广东南昆山核心景区为例[J].旅游学刊,2015,30(5):45-54.

[274] 王宁.相对剥夺感:从横向到纵向——以城市退休老人对医疗保障体制转型的体验为例[J].西北师大学报(社会科学版),2007,44(4):19-25.

[275] 王会战.旅游增权研究:进展与思考[J].社会科学家,2013(8):87-90.

[276] 王湘.旅游环境学[M].北京:中国环境科学出版社,2001.

[277] 王湘.论旅游地的旅游环境质量评价[J].北京联合大学学报,2001,15(2):35-38.

[278] 王迪云.旅游耗散结构系统开发理论与实践[M].北京:中国市场出版社,2006.

[279] 王燕华.利益主体视角下的古村落旅游经营模式探讨[D].北京:北京第二外国语学院,2008.

[280] 王朝辉.产业融合拓展旅游发展空间的路径与策略[J].旅游学刊,2011,26(6):6-7.

[281] 王丽华.服务管理[M].3版.北京:中国旅游出版社,2016.

[282] 邬建国,郭晓川,杨稢,等.什么是可持续性科学?[J].应用生态学报,2014,25(1):1-11.

[283] 武传震.论弱经济支撑力下国际知名旅游目的地发展研究——以曲阜为例[J].旅游论坛,2008,1(2):252-255.

[284] 夏林根.小议"和谐旅游"[J].旅游学刊,2005,20(5):8-9.

[285] 许振晓,张捷,曹靖,等.居民地方感对区域旅游发展支持度影响——以九寨沟旅游核心社区为例[J].地理学报,2009,64(6):736-744.

[286] 肖红军,许英杰.企业社会责任评价模式的反思与重构[J].经济管理,2014,36(9):67-78.

[287] 徐虹,路科.旅游目的地管理[M].天津:南开大学出版社,2015.

[288] 徐虹,范清.我国旅游产业融合的障碍因素及其竞争力提升策略研究[J].旅游科学,2008,22(4):1-5.

[289] 徐红罡.探索旅游目的地服务质量的波动[J].桂林旅游高等专科学校学报,2006,17(4):485-490.

[290] 徐红罡,郑海燕,保继刚.城市旅游地生命周期的系统动态模型[J].人文地理,2005,20(5):66-69.

[291] 徐德成,余海涛,倪玉乐,等.可持续发展——中国旅游业的抉择[J].地域研究与开发,1996,15(4):87-90.

[282] 许涛,张秋菊,赵连荣.我国旅游可持续发展研究概述[J].干旱区资源与环境,2004,18(6):123-127.

[293] 夏书章.行政管理学[M].3版.北京:高等教育出版社,2005.

[294] 谢彦君.永续旅游:新观念、新课题、新挑战[J].旅游学刊,1994,9(1):21-26.

[295] 谢彦君.基础旅游学[M].北京:中国旅游出版社,2011.

[296] 谢清溪.和谐社会背景下和谐旅游的构建及其实现[J].人文地理,2006,21(4):98-101.

[297] 谢雨萍.旅游业发展与环境保护——实现与环境相适应的可持续发展[J].社会科学家,2003(5):79-83.

[298] 余建辉,张健华.基于经济学视角的中国游客不文明行为探因[J].华东经济管理,2009,23(10):121-124.

[299] 余青,韩淼.风景道空间结构与路侧要素[J].旅游规划与设计,2014(3):46-51.

[300] 应益华.三重底线报告——政府财务报告未来的发展方向[J].华东经济管理,2012,26(6):122-126.

[301] 应天煜.浅议社会表象理论(Social Representation Theory)在旅游学研究中的应用[J].旅游学刊,2004,19(1):87-92.

[302] 杨宏伟,党春艳,王瑾.旅游学概论[M].北京:中国传媒大学出版社,2015.

[303] 杨美霞.旅游环境管理[M].长沙:湖南大学出版社,2007.

[304] 杨仲元,徐建刚,林蔚.基于复杂适应系统理论的旅游目的地空间演化模式——以皖南旅游区为例[J].地理学报,2016,71(6):1059-1074.

[305] 杨振之.全域旅游的内涵及其发展阶段[J].旅游学刊,2016,31(12):1-3.

[306] 约瑟夫·M.朱兰,约瑟夫·A.德费欧.朱兰质量手册:第6版[M].焦叔斌,苏强,杨坤,等译.北京:中国人民大学出版社,2014.

[307] 颜文洪,张朝枝.旅游环境学[M].北京:科学出版社,2005.

[308] 颜银根,安虎森.演化经济地理:经济学与地理学之间的第二座桥梁[J].地理科学进展,2013,32(5):788-796.

[309] 严伟.基于AHP-模糊综合评价法的旅游产业融合度实证研究[J].生态经济,2014,30(11):97-102.

[310] 张光生.旅游环境学[M].北京:中国科学技术出版社,2009.

[311] 张朝枝.旅游与遗产保护:政府治理视角的理论与实证[M].北京:中国旅游出版社,2006.

[312] 张朝枝.旅游与遗产保护:基于案例的理论研究[M].天津:南开大学出版社,2008.

[313] 张朝枝,游旺.遗产申报与社区居民遗产价值认知:社会表象的视角[J].旅游学刊,2007,24(7):23-47.

[314] 张朝枝,曾莉萍,林红霞.社区居民对景区开发企业社会责任的感知——基于地方依恋的视角[J].人文地理,2015,30(4):136-142.

[315] 张朝枝.遗产责任:概念、特征与研究议题[J].旅游学刊,2014,29(11):45-51.

[316] 张朝枝,张鑫.流动性的旅游体验模型建构——基于骑行入藏者的研究[J].地理研究,2017,36(12):2332-2342.

[317] 张朝枝,游旺.互联网对旅游目的地分销渠道影响——黄山案例研究[J].旅游学刊,2012,27(3):52-59.

[318] 张文建.旅游服务经济与业态创新[M].北京:北京大学出版社,2012.

[319] 张辉,岳燕祥.全域旅游的理性思考[J].旅游学刊,2016,31(9):15-17.

[320] 张广瑞.关于旅游业的21世纪议程(一)——实现与环境相适应的可持续发展[J].旅游学刊,1998(2):49-53.

[321] 张俐俐.旅游行政管理[M].3版.北京:高等教育出版社,2014.

[322] 张秀生,卫鹏鹏.区域经济理论[M].武汉:武汉大学出版社,2005.

[323] 周新生.产业分析与产业策划方法及应用[M].北京:经济管理出版社,2005.

[324] 周振东.旅游业不是"无烟工业"——对旅游与环境关系的再认识[J].财经问题研究,2001(10):50-53.

[325] 邹统钎.旅游目的地管理[M].北京:高等教育出版社,2011.

[326] 邹统钎.旅游危机管理[M].北京:北京大学出版社,2006.

[327] 张大钊,曾丽.旅游地居民相对剥夺感的应对方式理论模型[J].旅游学刊,2019,34(2):29-36.

[328] 周玲强,李罕梁.游客动机与旅游目的地发展:旅行生涯模式(TCP)理论的拓展和应用[J].浙江大学学报(人文社会科学版),2015,45(1):131-144.

[329] 赵志磊.旅游危机管理研究[D].成都:四川师范大学,2012.

[330] 朱国宏.经济社会学[M].上海:复旦大学出版社,1999.

[331] 左冰,保继刚.从"社区参与"走向"社区增权"——西方"旅游增权"理论研究述评[J].旅游学刊,2008,23(4):58-63.

[332] 詹姆斯·A.菲茨西蒙斯,莫娜·J.菲茨西蒙斯.服务管理:运作、战略与信息技术:第7版[M].张金成,范秀成,杨坤,译.北京:机械工业出版社,2002.

[333] 张凌云,乔向杰,黄晓波.智慧旅游的理论与实践[M].天津:南开大学出版社,2017.

[334] 张凌云,黎巎,刘敏.智慧旅游的基本概念与理论体系[J].旅游学刊,2012,27(5):66-73.

[335] 占少贵,王圣云,傅春.福祉研究文献综述[J].广西社会科学,2014(12):100-105.

[336] 赵士洞,张永民.生态系统与人类福祉——千年生态系统评估的成就、贡献和展望[J].地球科学进展,2006,21(9):895-902.

[337] 中华人民共和国国家旅游局.旅游行业安全管理实务[M].北京:中国旅游出版社,2012.

[338] 中国社会科学院民族学与人类学研究所,王建娥,陈建樾,等.族际政治与现代民族国家[M].北京:社会科学文献出版社,2004.